Herm

Strahlend in Purpur und Gold

Gerhard Herm

Strahlend in Purpur und Gold

Das heilige Reich von Konstantinopel

Econ Verlag
Düsseldorf · Wien

Nachweis für die Schwarz-Weiß-Abbildungen:
Nils Loose (4); dpa (2); Dr. Stoedtner / Heinz Klemm (19);
Archiv für Kunst und Geschichte (4); Archiv des Verfassers (1)

Zweite, verbesserte Auflage des 1968 erschienenen Buches
»Das Zweite Rom. Konstantinopel, Drehscheibe zwischen Ost und West.«

Gesetzt aus der Times der Linotype GmbH
Satz: Zobrist & Hof AG, CH-4133 Pratteln, Schweiz
Papier: Papierfabrik Schleipen GmbH, Bad Dürkheim
Druck und Bindearbeiten: May & Co, Darmstadt
Printed in Germany
ISBN 3 430 14455 8

VORWORT

Im ausgehenden Mittelalter, als Konstantinopel angesichts der osmanischen Bedrohung Europa um Hilfe bat, waren die christlichen Führsten nicht bereit, die Nachfolgerin Roms zu verteidigen. Konstantinopel, achthundert Jahre lang glänzendste Metropole der Welt sah sich an die Peripherie des Abendlandes gerückt. Nach ihrem Fall waren Macht, Einfluß und die ursprüngliche Funktion dieser Stadt dann vollkommen vergessen. Es blieb die vage Erinnerung an ein goldüberglänztes, fremdartiges Gemeinwesen, hoch über der blauen Fläche des Marmarameeres.

Wer die Nachfolgerin Konstantinopels das heutige Istanbul, kennenlernt, wird von seiner einstigen Größe nur noch einen Hauch verspüren. Er sieht eine Balkanstadt mit ausgeprägt orientalischen Zügen, vom Staub überweht. Mühsam aus kleinsten Mosaikteilchen, muß das Gesicht des alten Byzanz wieder zusammengesetzt werden.

Seit der Mitte des vorigen Jahrhunderts bemühen sich immer größere Scharen von Wissenschaftlern um die Deutung der Geschichte des Oströmischen Reiches. Sie treiben ihre Stollen in den gewaltigen Schutthaufen, den Konstantinopel hinterlassen hat, und fördern Kostbarkeiten, Belangloses und Erregendes zutage. Aber auch die Publizistik beginnt sich im Zeichen der ost-westlichen Auseinandersetzung dieses lang vergessenen Themas wieder anzunehmen und daran zu erinnern, daß die Bosporusstadt schon immer ein Bollwerk Europas an der Grenze gegen Asien gewesen war.

Mir, der ich kein Fachwissenschaftler bin, sondern nur ein

neugieriger Reisender, will es dagegen eher scheinen, als sei Byzanz in seiner ganzen Geschichte, vor allem aber in seiner Blütezeit, mehr gewesen als nur das. Es war nicht asiatisch und nicht europäisch, sondern beides. Es unternahm den Versuch, zwei Welten miteinander zu vereinen oder zumindest eine goldene Folie zu schaffen, in der sich die eine wie die andere spiegeln konnte.

An diesem Experiment ist es gescheitert. Europa wollte Europa sein, Asien Asien. Wir meinen noch heute, das sei natur- und geschichtsnotwendig gewesen, die Byzantiner haben es nie geglaubt.

Ihr Irrtum indes – wenn es einer war – scheint mir schon deshalb aller Ehren wert zu sein, weil er eine gute Portion Utopie enthält, und weil das Problem, mit dem sie sich herumschlugen, immer noch aktuell ist.

Kapitel I

AN DER WIEGE EUROPAS

Der Vater aller gewachsenen Städte ist der Verkehr. Städte entstehen an Straßen, Karawanenwegen, Flußübergängen, Gebirgspässen und vor allem an den großen natürlichen Verkehrsadern der Menschheit, den schiffbaren Strömen und dem Meer. Insgesamt kann man den Satz aufstellen, je bedeutender und wichtiger die Straße, desto größer und reicher die Stadt, die an ihr liegt. Ergänzen muß man ihn allerdings durch die Anfügung: Und desto gefährdeter ist sie auch.

An großen Straßen lebt es sich profitabel, doch riskant. Sobald Mars sein Haupt erhebt, gilt jenes uralte Gesetz, welches das Oberkommando der Deutschen Wehrmacht noch am 12. April 1945 so umschrieb: »Städte liegen an wichtigen Verkehrsknotenpunkten. Sie müssen bis zum äußersten verteidigt oder gehalten werden.« Aber das hieß für die Angreifer stets: »Städte müssen genommen werden.« Was wiederum durch den Nachsatz zu ergänzen wäre: »Je wichtiger sie sind, desto massierter der Einsatz.«

Entschließt sich also ein Städtegründer, seinen Spaten an einer besonders wichtigen Verkehrsader anzusetzen, dann kann man dem Gemeinwesen, welches er aufbaut, schon in der Stunde seiner Geburt voraussagen, daß es ein abwechslungsreiches Leben haben wird. Sein Horoskop weist Perioden auf, in denen die Schatztruhen der Bürger überquellen, und Nächte, die durchtobt sind vom Kriegsgeschrei und erleuchtet vom Feuerschein brennender Häuser.

Entsteht diese Stadt aber gar an dem Weg, der einen der ältesten Kulturräume der Menschheit mit dessen Hinterland verbindet, dann reicht die Phantasie nicht aus, sich vorzustellen, was ihr alles widerfahren wird.

Das gilt für Konstantinopel, die Beherrscherin der Schiffspassage zwischen dem Ägäischen und dem Schwarzen Meer. Im Altertum wie im Mittelalter war diese Seestraße eine der wichtigsten der Welt, und die Stadt an ihren Ufern avancierte denn auch zu einer der größten und reichsten, die es in jenen Zeiten gab. Allerdings waren die Katastrophen, die über sie hereinbrachen, ebenfalls ohne Parallele. Die Seestraße wurde zum Schicksal Konstantinopels. Ein Blick auf seine Geschichte muß darum mit einem Blick auf den Verkehrsweg beginnen, an dem es liegt.

Durch die Rinderfurt nach Norden

Dieser Weg gliedert sich in drei deutlich voneinander unterscheidbare Teile, den *Bosporus*, das *Marmarameer* und jene Durchfahrt, die die Griechen *Hellespontos* nannten, die wir aber als die *Dardanellen* kennen.

Der südliche Eingang der Dardanellen öffnet sich zur Ägäis hin. Der Schiffer, der ihn durchfährt, findet sich in einem engen Tal wieder, das an manchen Stellen sieben, an anderen nur etwas mehr als einen Kilometer breit ist. Auf beiden Seiten erheben sich spärlich bewachsene, zum Teil sehr schroffe Berge, im Westen auf der langgestreckten Halbinsel *Gallipoli* (griechisch: *Chersones*), im Osten auf dem kleinasiatischen Festland. Beide Gebirgszüge gehören jedoch, geologisch gesehen, zusammen. Die *Dardanellen* sind nichts anderes als ein im Meer ertrunkenes Flußtal, das sich nach 56 Kilometern zum *Marmarameer* (Propontis) hin öffnet.

Wer mit den primitiven Booten der archaischen Frühzeit diese Wegstrecke gemeistert hatte, konnte zunächst einmal aufatmen. Er war einer Reihe von gefährlichen Untiefen entronnen, hatte, gegen die Strömung ankämpfend, die gefährliche Enge an der Mündung des *Rhodios* bezwungen und trieb nun auf einem Gewässer, das ungefähr 83 000 Quadratkilometer groß war (rund 150mal größer als der Bodensee, ein Drittel so groß wie die amerikanischen Great Lakes) und das alle Züge eines Binnenmeeres aufwies. Inseln schwebten wie graugrüne Wolken über die Bläue des Wassers.

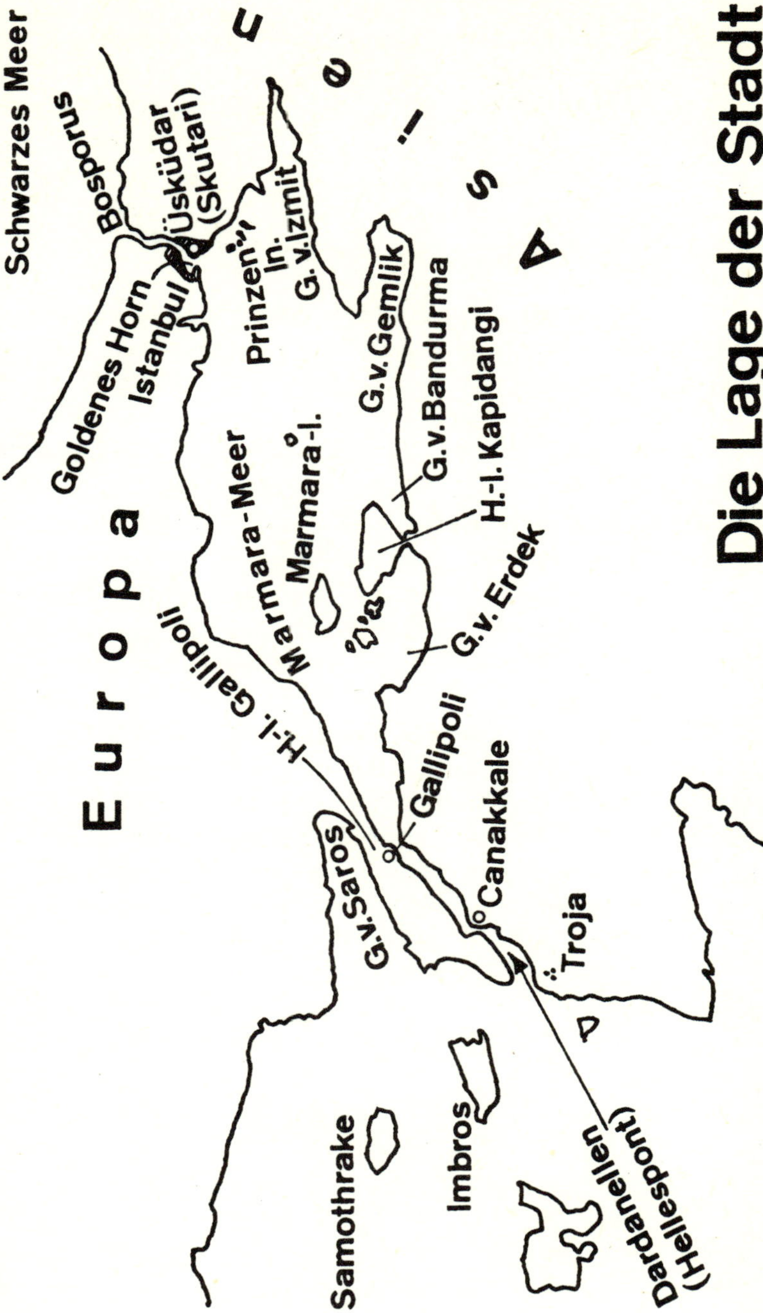

Die Lage der Stadt

Die Ufergelände waren düster im Westen, nach Osten hin aber weit geöffnet, mit flachen Hügeln und Pinienhainen.

Wer nach Norden weiterfuhr, befand sich bald erneut in Schwierigkeiten. Er mußte einem anderen, 31 Kilometer langen ertrunkenen Flußtal folgen, das ebenfalls eine kräftige Gegenströmung aufwies und das an seinen breitesten Stellen fast fünf Kilometer, an den schmalsten aber nur 450 Meter breit war.

Diese Wasserstraße hat im Verlauf der Jahrhunderte viele Namen erhalten und ist immer wieder von Reisenden und Dichtern beschrieben worden. Herodot nannte sie die *Kehle*, Aristoteles *das Tor*, den Byzantinern war sie einfach *die Enge*, den Kreuzfahrern der *Arm des heiligen Georg*, ihr türkischer Name lautet *Bogaziçi* (sprich: Bogasitschi).

Die Griechen aber nannten sie *Bos-Poros* (Rinderfurt), weil Io, die Geliebte des Zeus, die von der eifersüchtigen Hera in eine Kuh verwandelt worden war, auf ihrer Irrfahrt auch diese Enge überquert haben soll.

Später durchfuhr sie ein anderer mythologischer Held: der thessalische Königssohn Iason, der an der Spitze der *Argonauten* ausgezogen war, den Kolchiern im Kaukasus das *Goldene Vlies* zu entreißen.

Ein griechischer Kolumbus

Die Argonautensage mit ihrem ganzen märchenhaften Aufwand an Zauberern, Riesen und Drachen ist insgesamt nichts anderes als der Bericht vom Vorstoß eines frühgriechischen Kolumbus in die weiten Räume nördlich der Ägäis, der Bericht also von der Eröffnung eines neuen Zeitalters.

Welch große Bedeutung die Dichter dieser unzweifelbar historischen Tat zumaßen – *Apollonios von Rhodos* (3. Jh. v. Chr.) hat ihr ein Epos von sechstausend Versen gewidmet –, geht schon daraus hervor, daß sie alle bedeutenden Helden der griechischen Sagenwelt, darunter Herakles, Theseus, Orpheus und Peleus, den Vater des Achilles, auf Iasons Schiff zusammenkommen ließen. Die Elite Griechenlands fuhr, stellvertretend für die ganze Nation, durch die so wichtige Meerenge und begründete damit einen Anspruch, der auch politisch ausgemünzt werden konnte.

Findige Historiker haben inzwischen den Weg der *Argo* ziemlich genau rekonstruiert. Sie fanden heraus, daß der Tempel, den Iason und seine Gefährten einem geflügelten Genius errichteten, in der Nähe des Dorfes *Istinye* bei Istanbul gestanden hat und daß die *Symplegaden*, die schwimmenden Felsen, die sie durchfahren mußten, jene steilen Basaltfelsen am Schwarzmeereingang des Bosporus sind. Aber lange hatte es gedauert, bis man auch in Erfahrung bringen konnte, was es mit dem *Goldenen Vlies* auf sich hatte. Heute glaubt man es zu wissen. Sein reales Urbild sollen die Schaffelle sein, die die Bewohner des Kaukasus in die Gebirgsbäche hängten, um den von ihren reißenden Wassern mitgeführten Goldstaub herauszufischen.

Wenn das aber zutrifft, dann waren die edlen Helden der Argo, trotz ihrer klingenden Namen, nichts anderes als Goldsucher oder – Seeräuber. Und wenn sie Korsaren waren, haben sie sicherlich auch schon geprüft, wo man sich an dieser Meerenge festsetzen mußte, wenn man die hier durchfahrenden Schiffe überfallen wollte.

Dafür gab es, wie ein Blick auf die Karte beweist, vor allem einen geeigneten Platz: jenen trapezförmigen Vorsprung der thrakischen Halbinsel, auf dessen Spitze sich heute das alte Serail der türkischen Sultane erhebt.

Die Thunfische des Plinius

Dieser Ort war von der Natur geradezu für eine menschliche Ansiedlung geschaffen worden. Er beherrschte beide Ufer der Meerenge und war gegen die Landseite hin leicht zu verteidigen. Außerdem zweigte hier vom Bosporus jener lange Meeresarm ab, den schon die Griechen *Chrysokeras* nannten, das Goldene Horn, und den der Geograph *Strabo* so beschreibt: »Das Horn... ist eine Bucht, die sich über eine Entfernung von 60 Stadien *(7,5 Kilometer)* nach Norden *(genauer: Nordwesten)* erstreckt; es ähnelt einem Hirschgeweih, denn es verzweigt sich in viele *(genauer: zwei)* Buchten – Geweihenden sozusagen.« Es war und ist ein Naturhafen, wie es nur wenige in der Welt gibt.

Dennoch hat man dem Horn seinen Namen nicht der unternehmerischen Möglichkeiten wegen gegeben, die es bot, auch nicht deshalb, weil die untergehende Sonne goldene Reflexe aus seinem Wasser zaubert, sondern aus einem dritten Grund: Der Bosporus, das Marmarameer und seine Buchten waren ungeheuer fischreich. Sie wimmelten geradezu von Sardinen, Makrelen, Seezungen, Schollen, Lachsen, Knurrhähnen, Thunfischen, Meeräschen, Stinten, aber auch von Hummern und Langusten. Strabo behauptet sogar, die Fische seien dort so zahlreich gewesen, daß man sie mit der Hand aus dem Wasser hätte holen können, und ein französischer Diplomat, der im 16. Jahrhundert beim Hof von Stambul akkreditiert war, erzählt das gleiche.

Beide Berichte sind heute, im Zeitalter der vergifteten Meere, nicht mehr nachzuprüfen, wohl aber zu erklären. Die Seetiere bedienten sich, wie sie es auch immer noch tun, des Bosporus als einer Passage ins Schwarze Meer und ließen sich von der starken Unterströmung, die der südwärts führenden Oberströmung der Rinderfurt entgegenläuft, nach Norden tragen. Dabei aber mußten sie seine enge Mündung in der Höhe des *Goldenen Horns* passieren, und in den Zeiten der großen Fischzüge, vor allem im Oktober, konnte hier dann sehr wohl ein großes Gedränge entstehen, in das die Fischer nur hineinzugreifen brauchten.

Plinius der Jüngere, ein römischer Beamter und Schriftsteller, der zu Beginn des zweiten nachchristlichen Jahrhunderts Statthalter von *Bithynien*, der idyllischen Landschaft des östlichen Bosporusufers, war, fand für dieses Phänomen eine phantastischere Erklärung. Die Thunfische, so meinte er, sähen auf dem rechten Auge besser als auf dem linken, deshalb arbeiteten sie sich auf ihrem Zug vom Marmarameer ins Schwarze Meer, der Orientierung wegen, am östlichen Ufer entlang. Dort erblickten sie dann plötzlich, schräg gegenüber dem Vorgebirge, auf dem sich heute die Altstadt von Istanbul erhebt, einen »Fels von bemerkenswerter Weiße, den man tief vom Meeresgrund bis zur Oberfläche sehen kann«, und eilten, von diesem Anblick erschreckt, zur anderen Seite hinüber, genau auf die Mündung des Horns zu, wo die Fischer zu warten pflegten.

Mag der Herr Statthalter hier auch ein Seemannsgarn für bare Münze genommen haben, seine Geschichte bestätigt doch noch einmal die Tatsache, daß die großen Fischzüge in der Meerenge fast immer nur vor dem *Goldenen Horn* gemacht wurden, seltener jedoch an dem nur wenige tausend Meter entfernten asiatischen Ufer.

Millionenwerte an zappelnder Beute müssen hier im Lauf der Jahrhunderte eingebracht worden sein, und es ist denn auch einleuchtend, daß die schmale Bucht von diesem lebenden Gold des Meeres ihren Namen bekommen hat.

Die Halbinsel an ihrem südlichen Ufer wäre jedoch auch ohne die Fische für einen landsuchenden Auswanderertrupp wertvoll genug gewesen.

Der Schatten Troias über dem Horn

Der lange Grat auf dem Rücken dieses Landvorsprungs war durch fünf Quertäler in sechs Hügel unterteilt, die sich entlang der Chrysokeras-Küste aufreihten. Ein siebenter stand breit und von den übrigen isoliert über dem Marmarameer. Ein Bach durchfloß das Gelände. Von der östlichsten Erhebung, der heutigen Serailspitze aus, konnte man den Bosporus bis hin zu seinem scharfen Knick nach Westen und einen guten Teil des Marmarameers überblicken. Er war geradezu dafür prädestiniert, mit einer Burg gekrönt zu werden.

Das Klima des ganzen Landstriches ließ sich im großen und ganzen als angenehm bezeichnen. Die Hitze des Sommers milderte ein regelmäßig aufkommender Nordwind, der *Poyraz* (von griechisch *Boreas*, der Nordwind), die Kälte des Winters jener ihn ablösende Südwind, der heute noch *Lodos* heißt (von *Notus*, der Südwind). Allerdings hatte der Poyraz auch einen Nachteil: Er wehte zuweilen derart heftig, daß es den Schiffern nicht mehr möglich war, ihre primitiven Boote, die nur vor dem Wind gesegelt werden konnten – das Kreuzen lernten die Hellenen erst um 300 v. Chr. –, in das Goldene Horn hineinzubringen. Der Südwind wiederum reichte in manchen Jahren nicht aus, das Zufrieren des Chrysokeras zu verhindern. Ab und zu wurde es sogar so kalt, daß sich selbst auf dem schnellfließenden Bosporus die Eisschollen stauten. Und ein letztes Übel schließlich: Das junge Faltengebirge der thrakischen Halbinsel liegt in dem erdumspannenden Bebengürtel, der sich von Gibraltar über das Mittelmeer nach Südasien erstreckt.

Aber alle diese klimatischen und geologischen Nachteile wogen gering im Vergleich zu den verkehrsmäßigen und strategischen Vorteilen, die der Platz bot. Dennoch haben die Griechen so lange gezögert, ihn in Besitz zu nehmen, daß man fast den Eindruck gewinnt, sie seien vor dieser Halbinsel mit geradezu abergläubischer Furcht zurückgescheut. Hat etwa das Schicksal einer anderen Stadt sie abgeschreckt? Hat *Troia*, noch Jahrhunderte nach seinem Untergang, einen düsteren Schatten über das Horn geworfen? Wir wissen es nicht, aber es wäre durchaus denkbar.

Der Troianische Krieg, ein Zollstreit

Auch die »heilige Ilion« Homers hatte ja an der Wasserstraße vom Ägäischen zum Schwarzen Meer gelegen, am Eingang der Dardanellen, auf kleinasiatischem Boden. Auch Troia hatte einen Platz beherrscht, von dem aus sich der vorbeifließende Verkehr mühelos kontrollieren ließ. Und Troia war wahrscheinlich bei dem Versuch, diese Kontrollmöglichkeiten auszuüben, untergegangen.

Die Affäre zwischen Paris und Helena, mit der Homer den Ausbruch des Troianischen Krieges motiviert, ist sicherlich eine der hübschesten Skandalgeschichten der Welt, aber auch nicht mehr. Schon Thukydides, der große griechische Geschichtsschreiber, der im fünften vorchristlichen Jahrhundert lebte, glaubt nicht mehr an sie. Einige kleine griechische Fürsten, so meint er, folgten mehr oder weniger freiwillig einem Stärkeren im Zug gegen die Sperrfestung am Hellespont. Dieser Starke aber, so darf man weiter folgern, war ein großer mykenischer Herrscher, der sich nicht damit abfinden wollte, daß die Troianer seine Schiffe bei der Dardanellendurchfahrt behinderten oder mit Zoll belegten. Er hatte seine Gründe dafür: Die Menschen, die im 12. Jh. v. Chr. Hellas bewohnten, waren auf den Handel angewiesen, auf den Export ihrer Handwerksprodukte und den Import von Fischen, Weizen, Holz und Metall aus den Küstenländern des Schwarzen Meeres. Griechenland ernährte seine Bewohner damals sowenig wie heute. Wer ihre Seefahrt beeinträchtigte, bedrohte ihre Existenz.

So zog also ein kleiner, wenig geordneter Haufe hellenischer Krieger nach Osten, um die mächtige Stadt am Dardanelleneingang zu erobern. »Es fehlte ihnen an Lebensmitteln«, schrieb Thukydides, »deshalb nahmen sie nur so viele Soldaten mit, wie sie in Feindesland unterhalten zu können hofften.«

Dennoch haben sie schließlich gesiegt, wenn auch kaum aus eigener Kraft. Nicht ihren Angriffen oder der List des Odysseus erlagen »Priamos und das Volk des lanzenkundigen Königs«, sondern wahrscheinlich einem Erdbeben, von dem die Hellenen annahmen, ihr Schutzgott Poseidon habe es ausgelöst. Poseidon aber wurde damals noch in der Gestalt eines Rosses verehrt und mit entsprechenden Standbildern gefeiert. Die Statue, welche sie ihm vor der zerstörten Stadt errichteten, war aus Holz. Homer machte daraus das »Troianische Pferd«.

Insgesamt war der Kampf um die Dardanellenfestung also weder die glänzende Haupt- und Staatsaktion, die in der *Ilias* beschrieben wird, noch ein welterschütterndes Ereignis. Dennoch muß sich die Erinnerung an ihn tief in das Bewußtsein der Hellenen eingegraben haben. Vielleicht deshalb, weil dieser Krieg den Beginn ihrer kolonialen Epoche markiert, vielleicht aber auch nur darum, weil es furchtbar ist, vom Schicksal so gefällt zu werden wie die mächtigen Troer. Ihr Verhältnis zu der Seestraße nach Norden hat der Kampf um die Ilion jedenfalls in ganz besonderer Weise beeinflußt. Würde nicht jeder, der sich an den Dardanellen oder am Bosporus festsetzte, in die Rolle Troias gedrängt werden und möglicherweise auch dessen Schicksal erleiden?

Die volle Bedeutung dieser bangen Frage können wir erst heute ermessen, da wir wissen, daß an dem Platz, auf dem Troia stand, insgesamt neun Städte nacheinander aufblühten und wieder untergingen.

Das Zeitalter der Kolonisation

Zu der Zeit, da die Frage auftauchte, ob und wo man sich am Bosporus festsetzen sollte, waren die Hellenen schon längst ein Volk von erfahrenen Kolonisten. Sie waren es aus Not. Die *Illyrische* und *Dorische Wanderung*, die nach dem Troianischen Krieg über das Land der Mykener hinweggebrandet war, hatte in den engen waldreichen Gebirgstälern Griechenlands so viele Menschen zurückgelassen, daß *Hesiod*, der boiotische Rhapsode (um 700 v. Chr.), schon damals glaubte, zur Familienplanung raten zu müssen. Jedes Ehepaar, so forderte er, solle sich, um den Bevölkerungsdruck herabzumindern, auf ein einziges Kind beschränken.

Aber die Hellenen entzogen sich ihrer Zwangslage auf andere Weise. Sie begannen, für den Seehandel Stützpunkte im Ausland zu suchen, bauten Faktoreien an fremden Küsten und weiteten diese allmählich zu Kolonien aus. Eine ihrer ältesten Niederlassungen in Kleinasien war *Milet*, das selbst wieder mehr als neunzig Pflanzstädte an den Ufern des Schwarzen Meeres und des westlichen Mittelmeers gründete. Kolonialgriechen, die sich später Ionier nannten, besiedelten *Chios* und *Samos*, gründeten in der heutigen Türkei *Ephesos* und *Kolophon* und stießen bis nach Süditalien und Frankreich vor, wo sie *Neapolis* ins Leben riefen sowie *Massalia*, das heutige Marseille.

Die *Dorer*, die aus den Randgebirgen der Balkanhalbinsel nach Griechenland vorgedrungen waren, mußten sich an das Meer und die Schiffahrt erst gewöhnen, taten es aber schon bald den Ioniern nach. *Kerkyra* (Korfu) wurde von ihnen erobert. In Sizilien gründeten sie *Syrakus*. Auf *Rhodos* entstand eine ihrer blühendsten Kolonien.

Der Schwung dieser Kolonisationsbewegung, das wachsende Selbstvertrauen der Hellenen und ihre zunehmende Erfahrung überwanden schließlich auch die älteren abergläubischen Bedenken gegen die Meerenge. Zwischen 680 und 630 v. Chr. entstanden an den Dardanellen und am Marmarameer eine ganze Reihe von Pflanzstädten. Selbst das Schwarze Meer, das sie *Pontos axeinos*, die ungastliche See getauft hatten, verlor allmählich seine Schrecken und wurde in *Pontos euxeinos*, das gastliche Meer, umgetauft. Die Mündung der Donau, des Dnjestr, des Bug gerieten in griechische Hand.

Die griechische Kolonisation

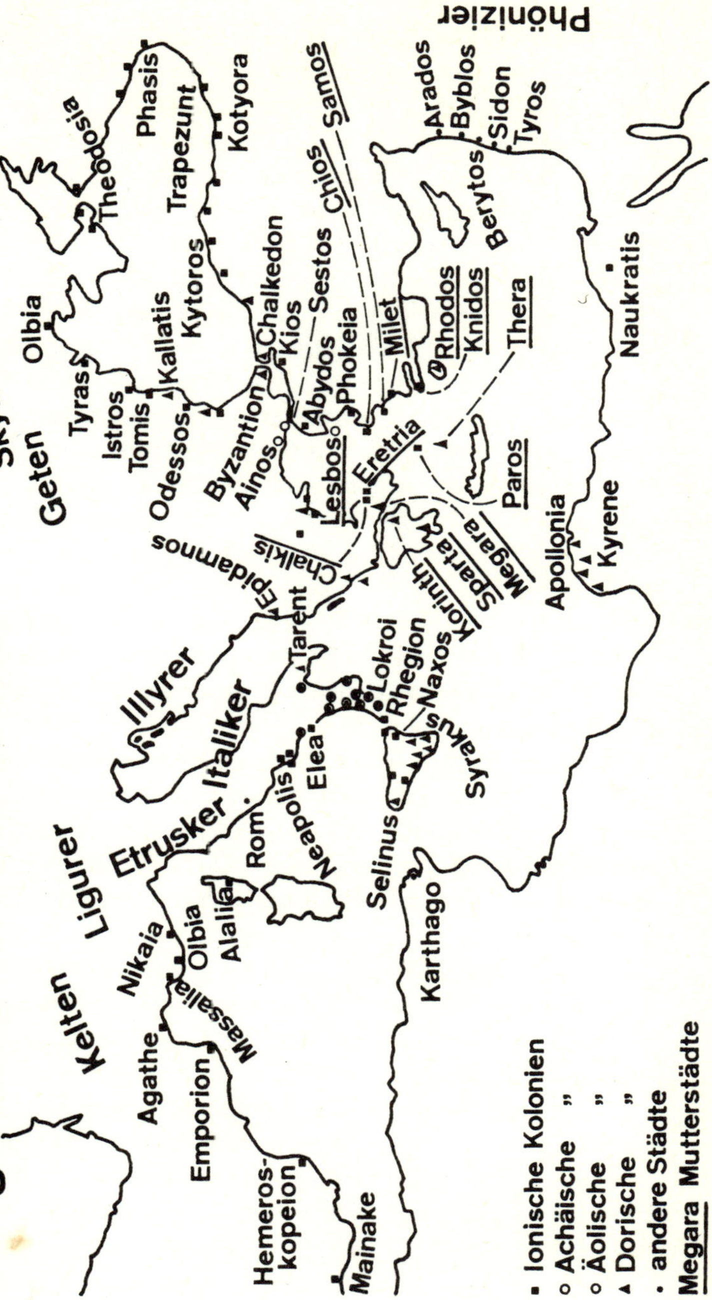

Auf der Krim setzten sich die Ionier fest, und sogar am Nordufer des Asowschen Meers, in der Unendlichkeit der südrussischen Steppe, bauten sie eine Kolonie.

Griechische Handelshäuser verschifften das Korn der Ukraine, Felle aus den russischen Wäldern und Edelmetalle aus dem Ural nach der alten Heimat. Sie lieferten Holz, Wolle, Wachs und vor allem das Äquivalent zu den modernen Maschinen: Arbeitskraft in Form von Sklaven. Sie hatten ein Handelsimperium von ungeheurer Größe aufgebaut. Neben den Phöniziern waren sie jetzt das mächtigste und reichste Seefahrervolk des Mittelmeers. Den jungen Leuten in der Heimat aber galten die griechischen Überseestädte als ein Amerika oder Australien, das ihnen alle Chancen bot, reich und wohlhabend zu werden. Sie fuhren hinaus, ihre ganze Habe in ein ärmliches Bündel gewickelt, und kamen, wenn sie Glück gehabt hatten, Jahre später als der reiche Onkel aus Übersee zu Besuch.

Durch diese ganze Entwicklung war die Bedeutung der Seestraße nach Norden ins Unmeßbare gestiegen. Vollbeladene Schiffe fuhren jetzt regelmäßig an der trapezförmigen Halbinsel südlich des Goldenen Horns vorbei, die noch immer von Hellenen unbesiedelt ins Marmarameer hinausragte.

Tölpel gründen eine Stadt

Es waren Dorer, die sich schließlich entschlossen, diesem Zustand ein Ende zu bereiten. Sobald ihr Interesse für das Schwarze Meer – bis dahin eine rein ionische Domäne – wachgeworden war, begannen sie sich intensiv auch in der Meerenge umzusehen.

Die Besatzungen ihrer ersten Beobachtungsboote stammten aus *Megara*, jener unglückseligen Stadt am Saronischen Golf, der es trotz verzweifelter Bemühungen nie gelingen wollte, das benachbarte Athen zu übertrumpfen und die darob weidlich verspottet wurde. Ihre Bürger galten in ganz Griechenland als Tölpel. Bauernwitze hießen »megarische Späße«. Was man den braven und etwas schwerfälligen Burschen aber vor allem zum Vorwurf machte, war ihre nüchterne, bierernste Denkweise.

Stilpon, ein kynischer Philosoph, hat dafür später ein

berühmt gewordenes Beispiel geliefert. Er sagte von dem Standbild der Pallas Athene auf der athenischen Akropolis, dies sei keine Tochter des Zeus, sondern ein Geschöpf des Bildhauers Phidias. Damit entschied er zwar kühl und trocken eine theologische Frage, über die sich Jahrhunderte später im byzantinischen Bilderstreit ein ganzes Volk entzweien sollte, doch in Athen schätzte man derlei »Zynismen« gar nicht.

Man war dort wahrscheinlich auch nicht sehr glücklich, als es sich herumsprach, daß Menschen aus seiner Heimatstadt nun auf Landsuche im Marmarameer kreuzten. Doch man lachte befreit auf, als sie, zurückgekehrt, ihre Forschungsergebnisse präsentierten. Jedermann wußte ja, daß es am Bosporus vor allem einen günstigen Platz für die Gründung einer Stadt gab, eben die Halbinsel vor seinem südlichen Eingang. Aber was empfahlen diese megarischen Tolpatsche? Den Ort, der schräg gegenüber am asiatischen Ufer lag.

Das Orakel von Delphi, dessen Priester nicht ganz humorlos gewesen zu sein scheinen, bezeichneten denn eine dort entstehende Siedlung auch prompt als die »Stadt der Blinden«. Die Megarer selbst nannten sie *Prokerastis*, später *Kalchedon* oder *Chalkedon*. Inzwischen ist sie ein Vorort von Istanbul geworden und heißt *Kadiköy* (Dorf des Richters).

Wer heute mit der Fähre in diesem Wohnviertel ankommt und auf die Minaretts der ehemaligen osmanischen Hauptstadt zurückblickt, mag sich freilich fragen, ob die Pythia damals nicht zu hart geurteilt hat. Kadiköy liegt hübsch, an einer kleinen windgeschützten Bucht. Der hohe Uferstrand, auf dem es sich ausbreitet, war zweifellos müheloser zu besetzen gewesen als die thrakischen Hügel der gegenüberliegenden Seite. Außerdem, und das hatte wahrscheinlich schwerer gewogen, konnte man hier weitaus ungestörter leben als auf dem dominierenden Punkt über dem Horn. Wer sich dort niederlassen wollte, mußte stark sein. Eine die Meerenge beherrschende Stadt würde die Mißgunst der seefahrenden Nationen erregen und früher oder später, eben wie Troia, schweren Angriffen ausgesetzt sein. In Chalkedon hatte man es etwas leichter.

Vielleicht aber war diese erste megarische Siedlung an der oberen Meerenge auch nur als Brückenkopf für spätere, größere Landnahmeaktionen gedacht. Diese letzte Annahme ist vielleicht sogar die wahrscheinlichere.

Byzas, Mensch oder Gott?

Die Griechen fanden am Bosporus ja keineswegs nur herrenlosen Boden vor. Auch die Phönizier hatten frühzeitig den verkehrsmäßigen Wert der Meerenge erkannt und an ihrem asiatischen Ufer eine Niederlassung gegründet. Die Thraker, Myser und Phryger waren hier während der Illyrischen Wanderung von Europa nach Asien übergewechselt, und schon vor ihrem Einbruch hatte es im küstenfernen Hinterland bedeutende Siedlungen gegeben.

Selbst die Ufer des Goldenen Horns waren bewohnt. An seinem Ende, dort wo die beiden Flüsse *Kydaris* und *Barbyzes* zusammenfließen, lag das Dorf *Semistra*. Und von seinen Bürgern hatten sich einige auch bereits auf den vordersten jener sieben Hügel vorgewagt, die heute von der ungeheuren Holz- und Steinmasse Istanbuls bedeckt sind. Ihre Siedlung – sie soll *Lygos* geheißen haben – mußte also erobert werden, bevor die zweite megarische Expedition zur Landnahme schreiten konnte.

Sieben Jahre nach der Gründung von Chalkedon, etwa um 675 v. Chr., kam sie an, zumindest weiß Herodot das zu berichten. Andere antike Autoren nennen die Jahre 703 oder 705, und Strabo erzählt: »Die Männer von Megara, geführt von Byzas, segelten nach Norden, nachdem sie das Delphische Orakel befragt hatten, und landeten in Chalkedon. Sofort erkannten sie die Bedeutung des Spruches *(es war ihnen gesagt worden, sie sollten gegenüber der Stadt der Blinden siedeln)* und sahen die Vorteile, die das Goldene Horn und der Vorsprung von Lygos für die Errichtung einer Stadt zu bieten hatten. Deshalb bauten sie sie dort und nannten sie, nach dem Namen ihres Führers, *Byzantion* und erkoren die Göttin Rhea zu ihrer Schutzpatronin.«

Aber so einfach, wie der belesene Geograph sie schildert, dürfte die Gründung von Byzantion in Wirklichkeit kaum verlaufen sein. Die ganze Aktion war sorgfältig vorbereitet worden. Von Chalkedon aus hat man wahrscheinlich die ersten Verhandlungen mit den Bewohnern von Lygos geführt und sie entweder im guten überredet oder mit Drohungen eingeschüchtert – wenn man sie nicht einfach überfiel.

Dann schlugen die Siedler ein erstes primitives Lager auf, umgaben es mit Wällen und verteilten das Land, wobei die Götter als eigentliche Gründer des Gemeinwesens einen besonderen Ausschnitt erhielten, den *temenos* (lateinisch: *templum*), den Tempel.

Einige Ernten waren schon eingebracht, als die ersten festen Häuser errichtet wurden, und es dürfte Jahre gedauert haben, ehe über dem Horn ein an den Boden geschmiegtes Gebilde entstanden war, das von Ferne einer Stadt glich: Holz- und Lehmbauten, umgeben von zunächst noch recht einfachen Befestigungen.

Dabei blieb es dann freilich auch für nahezu ein Jahrhundert. Die Kunst, in Stein zu bauen, die ihre mykenischen Vorfahren so ausgezeichnet beherrschten, scheinen die Griechen nach der Dorischen Wanderung wieder völlig verlernt zu haben.

Inzwischen war auch ein neuer Schub von Auswanderern eingetroffen, und *Leostenion*, ein Gefährte des *Byzas*, hatte am asiatischen Ufer des Bosporus eine neue Niederlassung, das heutige *Kanliça*, gegründet. Waren die beiden im Streit auseinandergegangen? Wir wissen es nicht, wissen nicht einmal, ob dieser legendäre Byzas überhaupt jemals gelebt hat oder ob er nicht der Gott des Flusses *Barbyzes* war, an dessen Ufern seine Mutter *Kereossa* geboren worden sein soll. In einigen Legenden figuriert er tatsächlich als Sohn des *Poseidon* und als Enkel des klassischen Paares *Io* und *Zeus*. Ob das aber nun zu bedeuten hat, daß er als Mensch gelebt und später zur mythischen Gestalt erhoben worden ist, oder ob er von Anfang an nur ein Schutzpatron der Ansiedler war, dürfte sich kaum noch ergründen lassen.

Strabo und die Mythologie

Die Hellenen haben sich ja nahezu systematisch ihre ganze Vergangenheit mit Mythen zugestellt, haben selbst Vorgänge, die nur wenige Generationen zurücklagen, ins Wolkig-Gigantische projiziert und damit Heroenbilder geschaffen, von denen ein Glanz auf ihre eigene Gegenwart fiel.

Strabo, der aus Byzas einen Kolonistenführer macht, repräsentiert schon einen späten Rationalismus. Er bemühte sich, die Welt zu entmythologisieren und folgerte wie der Philosoph Euhemeros, nach dem diese Methode benannt ist: Was in der Sage als Halb- oder Flußgott figuriert, muß ursprünglich ein Mensch gewesen sein, also war Byzas ein Mensch und also hat sich die Besiedlung der Halbinsel am Bosporus so abgespielt, wie ich es mir, unter Berücksichtigung aller bekannten Fakten, vorstellen kann.

Wie nahe er damit der historischen Wahrheit kommt, läßt sich natürlich ebenfalls nicht nachprüfen. Das aber heißt, die Geschichte der Gründung von Byzanz kann nur aus Schlußfolgerungen und Hypothesen zusammengestellt werden, denn es gibt dafür keine anderen Quellen als einige Berichte aus zweiter Hand. Uns bleibt ein Modell, das deren Autoren sich zurechtbasteln, ein Gerippe ohne Fleisch und ohne Leben. Wollen wir versuchen, beides hinzuzutun, dann sind wir wiederum auf Vermutungen angewiesen, auf Schlußfolgerungen und auf Phantasie. Die Hoffnung zu begreifen, wie das komplexe Gebilde Stadt entsteht, müssen wir begraben. Wir werden nie erfahren, welche Träume um seine Wiege standen und welche Ängste, welche Kühnheit dazu gehörte, es aufzubauen, kurzum, wie die prometheische Geste letztlich zu begreifen ist, mit der der Mensch seine Welt in die der Götter hineinstellt: die Stadt.

Da sie aber gegründet worden ist, wie hat sie sich weiterentwickelt? Auch die Antwort darauf kann lediglich aus Näherungswerten bestehen. Details kennen wir nicht, nur allgemeine Entwicklungen, aus denen sich aber, bezieht man sie auf Byzantion, wiederum ein Modell der Wirklichkeit erstellen läßt: So oder so ähnlich könnte es in der Siedlung über dem Horn weitergegangen sein.

»Wilder Westen« am Bosporus

Politisch war sie wohl, wie alle übrigen hellenischen Auslandssiedlungen, ein selbständiger Stadtstaat mit eigener Regierung und keineswegs eine auf die Mutter Megara angewiesene Kolonie. Ihre Bürger hielten zwar nach wie vor die Verbindung mit der alten Heimat aufrecht, fühlten sich aber doch von ihr so unabhängig, wie die selbständig gewordenen Kolonisten Nordamerikas von England und seinem König. Ob sie sich allerdings so demokratisch regierten wie diese, ist äußerst zweifelhaft. Zu der Zeit, da Byzantion gegründet wurde, herrschte in Athen noch ein König, in Sparta der Adel, und schon wenig später traten in fast allen griechischen Städten die sogenannten *Tyrannen* (Herren) auf, jene uneingeschränkt regierenden Fürsten und Häuptlinge, die kein geschriebenes oder überliefertes Recht anerkannten. Sie fanden gerade auch in den ionischen und dorischen Siedlungen Kleinasiens ein günstiges Betätigungsfeld, denn die ständig von Feinden umschwärmten Gemeinwesen im fremden Land waren auf starke militärische Führer angewiesen.

Überhaupt konnte die Demokratie, die die Athener später mit ähnlichem missionarischen Eifer vertraten, wie es heute die westlichen Völker tun, in den Kolonien nie so recht Wurzel schlagen. Am wenigsten wohl in Byzantion, dessen Einwohner im Verlauf ihrer weiteren Geschichte fast immer eine starke Faust im Nacken spürten.

Freilich, die Faust war notwendig. Die griechischen Kolonien glichen Inseln in einem Meer fremder Völker. Wichtiger als die Rechte und Rechtsansprüche des einzelnen waren eiserne Disziplin und das Verhältnis zu den Nachbarn außerhalb der Stadtwälle. Mit ihnen mußte man im guten zurechtkommen, wenn man überleben wollte, mit ihnen trieb man Handel, mit ihnen lebte man auf fremdem Boden zusammen. Tatsächlich haben sich die hellenischen Kolonisten in Kleinasien um ein freundliches Zusammenleben mit ihren Gastvölkern sehr bemüht. Das wird schon daran deutlich, daß sie viele ihrer Sitten, Gebräuche, Lebensgewohnheiten und sogar ihrer Götter übernahmen.

Die freundlichen Feinde

Die erste Macht, auf die die Griechen in Kleinasien gestoßen waren, waren die *Hethiter* gewesen, deren Reich im 12. vorchristlichen Jahrhundert den größten Teil der heutigen Türkei überspannte. Von ihnen übernahmen sie unter anderem die Doppelaxt, aber auch jenen seltsamen Vogel aus sumerischer Zeit, der später zum Wappen Ostroms wurde: den Doppeladler.

Bei den rauflustigen *Thrakern* und *Phrygern*, deren Großreich das der Hethiter ablöste, lernten sie dann den *Dionysoskult* kennen und möglicherweise auch die Götter *Ares* und *Apollon*. Vor allem aber galt ihnen Thrakien bald als die Heimat der Musen, der Musik, des Tanzes und der Künste überhaupt.

Auch *Midas*, der Sagenkönig, dem Apollon Eselsohren wachsen ließ und den Wunsch erfüllte, alles was er berühre, möge sich in Gold verwandeln, ist ein Phryger gewesen. Er hat im 6. vorchristlichen Jahrhundert tatsächlich gelebt. Sein historischer Name war *Mita*. Als die *Skythen*, ein innerasiatisches Reitervolk, über sein Reich hereinbrachen, beging er Selbstmord.

Zur neuen Vormacht in Kleinasien stiegen nach diesem Einfall (um 680 v. Chr.) die *Lyder* auf. Ihre Heere warfen die eingedrungenen Horden wieder zurück und etablierten sich in dem ganzen, bisher von den Phrygern kontrollierten Raum. *Kroisos*, ihr berühmtester Herrscher, unterwarf auch die ionischen Kolonien in Anatolien, die seinen Vorgängern noch hatten widerstehen können, und machte ihre bis dahin freien Einwohner zu lydischen Staatsbürgern und Steuerzahlern. Byzantion, am Rande seines Machtbereichs gelegen, blieb selbständig.

Es blieb auch noch frei, als der Perserkönig *Kyros* (559–529 v. Chr.), der in der Mitte des 5. Jahrhunderts Kroisos am Halys schlug und in die Gefangenschaft abführte, die Herrschaft über Kleinasien an sich riß. Erst dem dritten Nachfolger des Kyros, *Dareios I.* (521–486), erlag es dann.

Die Straße des Ostens

Ob es bei dieser Eroberung allerdings zu schweren Kämpfen kam, ob die thrakische Erde sich mit dem Blut erschlagener Perser färbte und die Wälle der jungen Kolonie einer ersten schweren Belastungsprobe unterworfen wurden, ist äußerst zweifelhaft. Überliefert wird nichts Derartiges – aus gutem Grund.

Die Byzantiner, stolz zwar auf ihre Unabhängigkeit und ihre blühenden Handelsunternehmen, haben sich im Angesicht der persischen Macht wahrscheinlich gefragt, ob es überhaupt sinnvoll sei, gegen Dareios zu kämpfen. Die Übermacht seiner Heere war erdrückend. Er hätte mühelos alle Zufahrtswege sperren und Byzantion aushungern können. Und selbst wenn es den Bürgern gelungen wäre, Angriff und Belagerung zu überstehen, was hätten sie gewonnen gehabt? Kleinasien, dessen Produkte über ihren Hafen verschifft wurden, war in der Hand des Perserkönigs und wäre ihnen selbst nach einem Sieg über seine Soldaten verschlossen geblieben, ebenso die Zufahrt zum Schwarzen Meer und zur Ägäis, die seine Flotten kontrollierten. Ihre Unabhängigkeit hätte also mit nichts Geringerem als dem totalen wirtschaftlichen Ruin bezahlt werden müssen.

Demgegenüber wogen die Vorteile, die eine Zusammenarbeit mit den Persern bot, unvergleichlich viel schwerer. Ihr Staat bot alle Voraussetzungen und Einrichtungen für großangelegte Handelsunternehmen. Seine Handelsrouten reichten bis nach China hinein. Eine davon, die *Alte Königsstraße*, führte von *Susa* am Persischen Golf quer durch Mesopotamien und die heutige Türkei zu den Küsten der Ägäis. Und sie war wohlausgestattet. »Längs des Weges«, so berichtet Herodot, »findet man in regelmäßigen Abständen Haltestellen mit ausgezeichneten Gaststätten. Auf der Straße selbst kann man sicher reisen, denn sie verläßt nie bewohnte Gebiete. In Lydien und Phrygien bestehen auf einer Länge von 94 ½ Parasangen *(das sind rund 550 Kilometer)* zwanzig Stationen dieser Art.« Insgesamt zählte er zwischen Susa und Sardis 111 Haltestellen oder Posthäuser. Die Fahrbahn war so gut gepflastert, daß Teile davon noch heute erhalten sind. Für Planung, Bau, Unterhalt und Überwachung sorgte ein riesiger und kostspieliger Verwaltungsapparat. Fähren erwarteten die Reisenden an den wichtigsten Flußübergängen, Polizeistreifen kümmerten sich um ihren Schutz. Sollte man auf die Chance, sich dieses Apparats zu bedienen, verzichten?

Das mögen die Argumente der persischen »Fünften

Kolonne« gewesen sein, von der wir sicher annehmen können, daß es sie in Byzantion gab. Was hätte eine patriotische Partei ihnen entgegenhalten können? Nicht viel. Einige ionische Siedlungen, die sich gegen Dareios aufgelehnt hatten, waren geschlagen und nach Westen vertrieben worden – kein aufmunterndes Beispiel. Die Städte am Hellespontos, die erklärten, sie würden sich einer Fremdherrschaft niemals beugen, hatten, außer pathetischen Reden, kaum etwas zu bieten. Ein europäisches oder großgriechisches Bewußtsein aber, das sich als antiasiatische Ideologie hätte ausspielen lassen, gab es noch nicht. Die Milesier waren Milesier, sonst nichts, die Byzantiner Byzantiner. Und deshalb unterwarfen sie sich, ohne großes Murren, der Macht des Königs Dareios. Byzantion wurde persisch.

Ein freundlicher Besatzer

Es blieb auch dann seinem neuen Herrn untertan, als es sich zu zeigen begann, daß die Perser mit der Herrschaft über Kleinasien noch keineswegs zufrieden waren, und sich anschickten, die Gebiete westlich des Bosporus ihrem Reich einzuverleiben.

Zur Motivierung dieses neuen Unternehmens erzählt Herodot eine hübsche Schlafzimmergeschichte. *Atossa*, die Hauptfrau des Dareios, habe nachts auf dem gemeinsamen Lager den Wunsch nach einigen geschickten Kammerzofen aus Hellas geäußert, und der König habe darauf drehbuchreif erwidert: »Da es dein Wunsch ist, Liebling, daß ich Griechenland angreife, will ich zuerst einige Spione dorthin schicken... Erst wenn ich die Tatsachen alle kenne, kann ich meine volle Kraft gegen dieses Land wenden.«

Die Spione fuhren auch ab, wurden jedoch von den Griechen entlarvt und mußten unverrichteterdinge wieder zurückkehren. Dareios soll daraufhin beschlossen haben, zunächst einmal nach Südrußland vorzustoßen, die dort wohnenden Skythen zu unterwerfen und sich gleichzeitig auf dem europäischen Festland einen Brückenkopf für spätere Unternehmungen gegen Hellas zu schaffen.

Das Aufgebot zu diesem Heerzug erging um 514 v. Chr. Alle Völker des Reiches, auch die Griechen, mußten ihre

Kontingente stellen. Bei Byzantion rückten die Truppen über den Bosporus, auf einer Brücke, die *Mandroklos* aus Samos ungefähr zehn Kilometer nördlich der Mündung des Goldenen Horns gebaut hatte. An derselben Stelle spannt sich heute die moderne Bosporusbrücke über den Meeresarm. Damals errichtete Dareios dort zwei marmorne Säulen, auf denen in griechischer und assyrischer Sprache die Namen aller Männer verzeichnet gewesen sein sollen, die in seinem Heer dienten: siebenhunderttausend an der Zahl.

Selbst wenn man diese Angabe, die Herodot übermittelt, um fünfundsiebzig Prozent reduziert, was wahrscheinlich angebracht ist, bleibt es immer noch ein gewaltiger Zug, der sich, unter dem Flankenschutz ionischer Schiffe, entlang der Schwarzmeerküste nach Bulgarien und Rumänien hineinwälzte. Große Erfolge waren ihm dennoch nicht beschieden. Die zerstreut angreifenden und rasch wieder zurückweichenden Skythen lockten das persische Heer immer tiefer in die weiten Räume Südrußlands hinein und stellten sich nie zu der großen Schlacht, in der man sie ein für allemal hätte schlagen können. So blieben schließlich einige siegreich bestandene Scharmützel alles, dessen sich Dareios rühmen konnte, als er das Unternehmen abbrach und wieder umkehrte.

Nach der trotzdem stattfindenden Siegesfeier belehnte er die treuesten seiner Gefolgsleute, darunter auch Griechen, mit riesigen Ländereien im neuerworbenen Thrakien. Den General *Megabyzes* (oder Megabazos) etwa ließ er als Satrap in Byzantion zurück und beauftragte ihn, die ionischen Städte am Hellespontos zu unterwerfen. Aber Megabyzes, ein offensichtlich lebenslustiger und freundlicher Herr, hielt sich öfter am Goldenen Horn als im Feldlager auf und war dort so populär, daß spätere Historiker sich fragten, ob nicht er der Stadt zu ihrem Namen verholfen habe und also der historische Byzas gewesen sei. Ähnlich klingen die beiden Namen ja. Auch der Ausspruch, Chalkedon sei die Stadt der Blinden, den Strabo dem Delphischen Orakel zuschreibt, ist möglicherweise von ihm geprägt worden. All das aber scheint zu beweisen, daß es den Byzantinern und ihren übrigen Landsleuten unter persischer Herrschaft nicht allzu schlecht ergangen ist, daß man sie menschlich behandelte und keinesfalls als Staatsbürger zweiter Klasse betrachtete.

Aufstand der Steuerzahler

Trotzdem begannen sich die Griechen bald nach dem Skythenzug gegen ihre Besatzer aufzulehnen. Der Grund: Dareios organisierte sein riesiges Reich straff durch, teilte Persien in zwanzig Provinzen oder *Satrapien* ein, ernannte für jede einen Statthalter und erließ strenge Steuergesetze für alle unterworfenen Gebiete. Er brauchte Geld. Dafür jedoch konnte er von den ionischen Kaufleuten kein Verständnis erwarten. Ihre Stimmung gegen die Fremdlinge begann sich zu wandeln, und die königlichen Boten, die die Strecke Sardis–Susa in einer Woche zurücklegten – Luftlinie etwa 2000 Kilometer –, berichteten immer häufiger von Zusammenrottungen und Demonstrationen.

Schließlich ging ein Ionier zur Aktion über: *Aristagoras*. Bundesgenossen fand er unter seinen unzufriedenen Landsleuten genug. Doch er wollte sich auch die Unterstützung des Mutterlandes sichern und fuhr nach Sparta, um König *Kleomenes* für sich zu gewinnen. Erfolg war ihm dabei nicht beschieden.

Anders in Athen. In der Stadt, die einige Jahre zuvor die Tyrannis abgeschafft und die Demokratie eingeführt hatte, ließ man sich von seinen großen Worten betören und stellte ihm zwanzig Schiffe zur Verfügung. Der *Ionische Aufstand* brach los.

Er verlief, wie er nach den Umständen nicht anders verlaufen konnte. Die völlig überraschten Perser mußten einige Niederlagen einstecken. Als aber das asiatische Weltreich seine gewaltige Kriegsmaschinerie in Bewegung gesetzt hatte, begann das Blatt sich rasch zu wenden. Bei Ephesos wurden die Ionier geschlagen, Milet, die größte und glänzendste Stadt Kleinasiens, wurde »ausradiert«, seine Bewohner nach Mesopotamien deportiert. Die griechischen Kontingente flohen entsetzt ins Mutterland zurück. Aristagoras endete als Freibeuter in Thrakien.

Wie sich die Byzantiner in diesem Aufstand verhalten

haben, ist nicht überliefert. Herodot behauptet zwar, sie seien von den bei Ephesos geflohenen Ioniern gezwungen worden, sich auf die Seite der Rebellen zu schlagen, seien dann von einem phönizischen Geschwader der persischen Flotte belagert worden und hätten, als es sich zeigte, daß Widerstand sinnlos war, ihren Wohnsitz verlassen, um weiterzuziehen, »in das Land, dem Schwarzen Meer zu«, wo sie die Stadt *Mesambria* (in der Nähe des bulgarischen Burgas) erbauten. Aber diese Geschichte ist wahrscheinlich nur zum Teil wahr. Feststehen scheint allein, daß während des Ionischen Aufstandes am Marmarameer heftig gekämpft, daß Chalkedon zerstört wurde, und möglich ist es natürlich auch, daß die Rädelsführer des Aufstandes samt einigen Patrioten die Vaterstadt verließen, um anderswo neu zu siedeln.

Wenn sie die Rache des Dareios gefürchtet haben, war ihre Flucht jedoch sinnlos gewesen. Die Perser haben, nachdem an Milet ein schreckliches Exempel statuiert worden war, die Aufständischen relativ milde bestraft. *Mardonios*, der Satrap des Großkönigs, führte, da es vor allem die Tyrannen gewesen waren, die den Aufstand entfesselt hatten, in viele ionischen Städten die Demokratie ein und besänftigte ihre Bürger so weit, daß sie wenige Jahre später Mannschaften zum nächsten Zug des Dareios stellten, obwohl es dieses Mal nicht gegen fremde Barbaren, sondern gegen das Mutterland, gegen Hellas, ging.

Marathon und die Folgen

Das Unternehmen scheiterte. Wie es verlaufen ist, berichten alle Schullesebücher. Der Flottenvorstoß der Perser endete im Sturm am Vorgebirge Athos, ihren Landangriff brachte ein ehemaliger Vasall des Dareios, der Aristokrat *Miltiades* bei *Marathon* (490 v. Chr.) zum Stehen. Es war keine Vernichtungsschlacht, die Perser wurden weder völlig auseinandergetrieben, noch allzu stark dezimiert, aber es war sicherlich eine der folgenreichsten militärischen Auseinandersetzungen aller Zeiten. Ein winziges Heer hatte die größte Macht der damaligen Welt zum Rückzug gezwungen.

Die Erinnerung daran lebt in dem Wettlauf über 42,2 Kilometer fort, der heute zum festen Programm aller Olympischen Spiele gehört und von asiatischen Läufern ebenso bestritten – und gewonnen – wird wie von Europäern, obwohl er eigentlich eine Erinnerung an den ersten Sieg Europas über Asien darstellt und ein Bestandteil jenes Mythos ist, den wir immer noch beschwören, wenn wir, aus welchem Anlaß immer, über die Auseinandersetzung zwischen Ost und West sprechen. Asien und Europa begannen sich damals voneinander zu scheiden. Es war ein Vorgang, der unsere ganze Geschichte bestimmt bis zum heutigen Tag und der für Byzantion existenzbestimmend werden sollte. Mit seiner ersten Schicksalslinie, der ökonomischen, begann sich eine zweite ideologisch zu überkreuzen.

Schwache Götter, freie Menschen

Byzantion lag ja genau auf der Linie, die heute als die Grenze zwischen Europa und Asien gilt. Auf dem östlichen Ufer des Bosporus beginnt der Orient, am westlichen endet der Okzident.

Ob die Menschen, die dazumal in Byzantion lebten, bereits in ähnlichen Begriffen dachten, ist freilich mehr als zweifelhaft. Griechische Kultur blühte auf beiden Seiten der Meerenge, griechische Städte gab es in »Asien« wie in »Europa«, in der griechischen Kunst und Mythologie hatten sich östliche mit westlichen Zügen vermischt. Die Welt, in der sich Dorer und Ionier zu Hause fühlten, war der ganze Mittelmeerraum.

Andererseits freilich wußten die Hellenen in den Kolonien und im Mutterland auch genau, wodurch sie sich von den Nichthellenen unterschieden: durch die Sprache. Alle, die ein anderes Idiom als das ihre gebrauchten, nannten sie *Barbaren*, Stammler. Spätestens seit Homer kam dann noch ein weiteres Unterscheidungsmerkmal hinzu. Die Götterwelt, die der blinde Dichter beschworen hatte, war eine Schöpfung von ausgesprochen griechischer Eigenart, vor allem aber ein durch und durch unasiatisches Phänomen.

Während die Orientalen den Himmel tödlich ernst nahmen, während der persische Religionsschöpfer Zarathustra die Menschen zu bedingungslosem Gehorsam gegenüber dem guten Gott *Ahura-Mazda* verpflichtete, der mit *Ahriman*, dem Prinzip des Bösen, im Streit lag, räumten die Griechen ihren Göttern keine allzu große Macht über die Sterblichen ein.

Zeus und die Seinen waren, betrachtet man sie näher, nichts anderes als überlebensgroße Menschenbilder. Ihre Taten, Untaten und Streiche sind häufig eher amüsant als imponierend. Sie betrügen ihre Gattinnen so oft mit irdischen Frauen, daß die Schüler Hesiods später in den *Eoien* einen ganzen Katalog von Liebesverbindungen zwischen Göttern und Menschen zusammenstellen konnten. Die Sterblichen aber konnten schon deshalb nicht hoffen, von den Olympiern in ihren Ängsten und Nöten verstanden zu werden, weil diese selbst den Schicksalsrätseln eher ratlos gegenüberstanden.

Indes hatte Homer seine Götter durchaus nicht ohne tieferen Grund vermenschlicht. Er machte sie klein, um den Menschen neben ihnen um so größer erscheinen zu lassen. Das wird schon daran deutlich, daß er den von Ekstasen umwitterten Dionysos nicht in seinen Himmel aufnahm. Dieser Gott forderte den ganzen Menschen mit Sinnen, Denken und Seele. Seine Jünger verloren sich im Rausch und Taumel der Bacchanalien, traten aus sich heraus und wurden dadurch zur wehrlosen Beute der überirdischen Mächte. Der homerische Grieche jedoch sollte seinen Göttern fast als Gleichberechtigter gegenübertreten können. Er respektierte sie zwar, wie man Fürsten und Häuptlinge respektiert, aber er gestattete ihnen nicht, restlos über sich zu verfügen. Sie konnten ihn vernichten, doch sie konnten ihm nicht seine Trauer und seinen Stolz nehmen, konnten ihn nicht brechen. Und das unterscheidet ihn am wesentlichsten auch von den Anhängern asiatischer Kulte, denen der des thrakischen Weingottes verwandt war. Im Mittelpunkt der griechischen Welt stand nicht der kosmosbeherrschende Gott, sondern der Mensch. Er war Homer wichtiger gewesen als die überirdischen Mächte und damit auch wichtiger als die Macht überhaupt.

Der marmorne Sieg der Griechen

Der Glaube an dieses homerische Weltbild aber wies die Hellenen als Europäer aus oder zumindest doch als Nicht-Asiaten.

Es war freilich ein Glaube, der ihnen keineswegs mühelos zufiel. Die Verlockung, die von theologisch höherstehenden asiatischen Religionen ausging, war stark, und die ionischen

Griechen in Kleinasien haben sich schon frühzeitig mit ihnen auseinandergesetzt. Sie übernahmen den lydischen Gott *Baki*, den sie in *Bakchos* umtauften und mit dem thrakischen Dionysos verschmolzen, sie konnten sich dem Bann der asiatischen Muttergottheiten nie ganz entziehen, und gerade ihre besten Köpfe fühlten sich auch vom gewaltigen, kühnen Weltbild Zarathustras immer wieder magisch angezogen.

So pries etwa der Astronom *Eudoxos* aus Knidos (408–355 v. Chr.) die zoroastrischen Gedanken als die herrlichsten und nützlichsten, die es gäbe. So galt *Pythagoras* aus Samos (580–500 v. Chr.) den Schülern von Aristoteles als ein Anhänger des persischen Propheten, da er, wie jener, die Größe und Erhabenheit der göttlichen Macht verfocht. So glaubt die moderne Forschung auch den Sizilianer *Empedokles* aus Agrigent (490–430 v. Chr.) in die Nähe Zarathustras rücken zu können.

Durchsetzen konnte sich jedoch keiner von den dreien. Pythagoras wurde von seinen Landsleuten aus Samos vertrieben, weil ihnen seine Lehre zu dunkel, vermutlich auch zu orientalisch war. Eudoxos ging lediglich als Geograph in die Geschichte ein. Allein Empedokles erlangte als Seher und Künder eine gewisse Popularität, die seine Schwester allerdings auch nur dadurch wahren konnte, daß sie nach seinem Tod ein allzu perserfreundliches Gedicht von ihm verbrannte. Zarathustra hat sich mit seiner Lehre bei den Hellenen letztlich nicht durchsetzen können. Aber aus alledem wird deutlich, daß der militärischen Auseinandersetzung mit der asiatischen Großmacht Persien eine lange geistige Auseinandersetzung vorausgegangen war. Die Griechen hatten in der Zeit ihres Zusammenlebens mit den Persern erkannt, daß sie einer anderen Welt angehörten als diese und also im Kampf mit ihnen nicht nur politische, sondern auch religiöse Werte verteidigten.

Ihre »marmornen, über das Ägäische Meer nach Osten hin erkämpften Sieg« (Gottfried Benn) haben sie schon lange vor Marathon errungen. Der weite Horizont asiatischen Denkens war mit farbenprächtigen Götterfiguren zugestellt worden.

Hinter diesen Statuen formierten sie sich nun zu den Schlachten, aus denen Europa geboren werden sollte.

Wider den persischen Goliath

Es war jedoch kein monolithischer griechischer Block, der sich den Persern entgegenstellte, als sie 480 v. Chr. zu ihrem zweiten Zug gegen Griechenland aufbrachen. Die Priester von Delphi standen den asiatischen Göttern durchaus nicht so ablehnend gegenüber wie ihre übrigen Landsleute. Andere griechische Stämme, wie die Thessalier, Boiotier und Argiver, hielten Widerstand für sinnlos. Byzantion und die kleinasiatischen Kolonialstädte hatten ihre Kontingente ohnehin dem Perserkönig zur Verfügung stellen müssen.

So blieb es im wesentlichen den Phokern, Spartanern und Athenern, den Festlandsgriechen also, überlassen, sich der asiatischen Invasion entgegenzuwerfen und das zu verteidigen, was wir heute »den Westen« nennen. Ihre Siege gehören zu den glänzendsten, die jemals errungen wurden, und selbst ihre einzige Niederlage, die Schlacht an den *Termopylen*, lebt als Beispiel heroischen Opfermutes in der Erinnerung fort. Bei *Salamis* wurde die persische Flotte vernichtet, bei *Plataiai* in Boiotien das persische Landheer. Am kleinasiatischen *Mykalegebirge* versetzte der Spartanerkönig *Leotychidas* den kombinierten Streitkräften des Xerxes schließlich den Todesstoß.

Ein zweites Mal hatte das kleine Griechenland die mächtigen Asiaten besiegt und dankte dafür den Göttern mit Brandopfern, Gesängen und sportlichen Wettkämpfen. Ein Denkmal seines Sieges ist heute noch in Istanbul zu sehen: die Schlangensäule. Sie wurde damals aus den Waffen der gefallenen Perser gegossen und dem Delphischen Orakel übereignet. Konstantin der Große hat sie später an den Bosporus bringen und dort aufstellen lassen, ein acht Meter hohes Monument aus den bronzenen Leibern dreier Riesenschlangen zusammengewunden, von deren Köpfen überragt und von einer goldenen Vase gekrönt. Heute ist es nur noch sechseinhalb Meter lang. Die Köpfe und die Vase fehlen.

Rivalität – Frucht des Sieges

Sosehr das Gefühl des Stolzes und des Triumphes die Griechen nach dem Sieg auch überwältigte, die volle Bedeutung dieses Kampfes haben sie dennoch nicht gleich begriffen. Sie sahen keineswegs, daß sie mit den Siegen bei Salamis und bei *Plataiai* aus ihrer krähwinkligen Poliswelt herausgetreten waren und sich künftighin als Großmacht betrachten mußten. Das gilt zwar nicht so sehr für die Athener, aber sicherlich für den Stamm, der in diesem Krieg die größten Leistungen vollbracht hatte: die Spartaner.

Als die kleinasiatischen Hellenen nach der Schlacht am Mykalegebirge ihre persischen Oberherren vertrieben, zeigten sich diese Urbilder konservativen Junkertums davon äußerst unangenehm berührt und machten den Gegenvorschlag, die Landsleute aus den transägäischen Kolonien sollten ihre Positionen aufgeben, in die westlichen griechischen Kolonien auswandern und damit alle Probleme, die sich aus einer Befreiungsaktion noch ergeben konnten, in radikaler Vorwegnahme der Lösung aus der Welt schaffen. Für die Lakedaimonier war der ganze Krieg ein notwendiger Akt der Verteidigung gewesen, nichts weiter.

Themistokles (525–459 v. Chr.), der athenische Führer, erwies sich glücklicherweise als weitblickender. Im Jahr 478/77 v. Chr. schickte er eine Flotte nach Norden mit dem Auftrag, Byzantion, den wichtigsten Platz an der Meerenge, zu erobern. Das Unternehmen gelang auch, und die Byzantiner sahen sich plötzlich in der unangenehmen Lage, nachweisen zu müssen, wie sehr sie unter der Fremdherrschaft gelitten hatten. Sie waren über ihre »Befreiung« um so unglücklicher, als es sich bald zeigte, daß die neuen Besatzer keineswegs über die guten Manieren der Perser verfügten. Ihr Chef, der Spartaner *Pausanias*, Sieger von Plataiai, führte sich wie ein übelgelaunter Sultan auf. Die Matrosen seiner Schiffe prügelten sich mit den Landsoldaten auf der Straße herum, weil sie angeblich bei der Zuteilung der täglichen Rationen von den Peloponnesiern benachteiligt worden waren.

Als die Verhältnisse untragbar wurden, rief Sparta schließlich den Pausanias ab und ersetzte ihn durch einen anderen General. Doch konnte sich auch der so wenig durchsetzen, daß die Lakedaimonier schließlich ihre ganze Streitmacht zurückziehen mußten, blamiert zwar vor ganz Griechenland, aber im Grunde doch froh darüber, daß sie mit der Befreiung Kleinasiens nun endgültig nichts mehr zu tun hatten.

Athen ergriff jetzt die Initiative, indem es sich mit den ionischen Städten zum *Ersten Attischen Seebund* zusammenschloß und damit den Anspruch der Griechen auf eine den Persern ebenbürtige Stellung im Mittelmeerraum anmeldete. Indes sollte dieser Versuch nicht zum Erfolg führen. Die unter dem Druck persischer Bedrohung zustande gekommene griechische Gemeinschaft begann bereits wieder zu zerfallen. An die Stelle, die eine geeinte Nation hätte einnehmen müssen, traten die beiden rivalisierenden Mächte Sparta und Athen, während die kleinasiatischen Kolonien allmählich in die Einflußsphäre der asiatischen Großmacht zurücksanken.

Ein spartanischer Satrap

In Byzantion trat die athenisch-spartanische Rivalität erstmals zutage. Pausanias kehrte an das Goldene Horn zurück. Dem General war nach seiner Abberufung vom Posten des Militärgouverneurs in Sparta der Prozeß wegen staatsschädigenden Verhaltens gemacht worden. Aber obwohl das Verfahren mit einem Freispruch für ihn geendet hatte, fühlte er sich in seiner Ehre gekränkt und fuhr nach Byzantion, wo man ihn mit offenen Armen empfing.

Das mutet nach allem, was er sich geleistet hatte, zwar seltsam an, doch bietet sich eine Erklärung für den Stimmungsumschwung der Byzantiner an. Die Athener hatten nicht nur die Demokratie an das Goldene Horn gebracht, sie forderten auch von den Bundesgenossen recht hohe Beiträge für den Aufbau einer Seebundsflotte, deren Oberkommando ausschließlich in ihrer Hand lag. Beides dürfte den alteingesessenen Geschlechtern des Gemeinwesens am Bosporus kaum sonderlich behagt haben. Sie wollten ihre Abhängigkeit von den Persern nicht gegen eine neue Abhängigkeit von den Festlandsgriechen eintauschen. Besser meinten sie zu fahren, wenn sie, wieder von einem Tyrannen gelenkt, die eigenen Angelegenheiten in eigener Regie regeln konnten. So hoben sie Pausanias kurzentschlossen auf den Stuhl, den kurze Zeit zuvor Megabyzes oder sein Nachfolger geräumt hatte, und jubelten ihm zu.

Doch Pausanias hielt sich auch in seiner neuen Funktion nicht allzulange. Als er in die Netze der immer noch mächtigen persischen Partei Byzantions geriet, als er sich wie ein Satrap des Großkönigs zu kleiden begann und Verbindungen zum Hof von Susa anknüpfte, schickten die Athener eine Strafexpedition, die den General vertrieb und durch einen eigenen Bevollmächtigten ersetzte. Damit hatte die Seebundshauptstadt ihre Herrschaft über die Meerenge endgültig gefestigt und Sparta von der Bühne verdrängt.

Zwar sollte auch dieser Zustand nicht allzulange anhalten, doch konnte sich auf der Basis der fürs erste gesicherten Macht immerhin jenes marmorne Wunder entfalten, dessen spärliche Reste auf der Akropolis von Athen wir noch heute bewundern. Griechenland erlebte seine klassische Epoche, das Perikleische Zeitalter. Es war jetzt auch reif genug, seinen über die Perser errungenen Sieg geistig zu verarbeiten und aus dem Homerischen Weltbild jene antiasiatische Ideologie zu entwickeln, die ihm bisher gefehlt hatte. Die Grundlagen dafür lieferte ein Zeitbeobachter, der uns heute als der Vater der Geschichtsschreibung gilt: *Herodot* (485–425 v. Chr.).

Die Entdeckung Asiens

Dieser neugierige, informationshungrige Weltenbummler war ein geschickter und verblüffend moderner Autor. Als Reporter hätte er sich bei jedem neuzeitlichen Reisemagazin erkleckliche Honorare verdienen können, denn er liebte eine gute Story über alles.

Das heißt aber nicht, daß er sich davor gedrückt hätte, den Dingen auf den Grund zu gehen. Im Gegenteil, sein ganzes Buch über die griechisch-persische Auseinandersetzung ist ein einziger Versuch, den eigentlichen Anlaß dieses Kampfes zu finden und seine Notwendigkeit zu belegen. Er greift dabei weit zurück in die griechische Frühzeit, beginnt mit dem, was in den Mythen und von den mythengläubigen *Logographen*, den ersten hellenischen Prosaschriftstellern, überliefert wurde.

Die Phönizier, erzählt er, seien die eigentlich Schuldigen an dem Zwist zwischen Europa und Asien, denn sie hätten *Io*, die Tochter des Königs *Inachos* von Argos, geraubt. Dafür hätten die Hellenen sich dann gerächt, indem sie aus *Tyros* (im Libanon) die phönizische Königstochter *Europe* und später aus Kolchis auch noch die *Medea* entführten. Dann hätten die Troianer den nächsten Zug in diesem Kidnapper-Spiel getan und sich aus Sparta die *Helena* geholt, was wiederum die Griechen durch die Zerstörung Troias vergalten. Mit jenem Eroberungszug aber sei die Feindschaft zwischen Asiaten und Hellenen begründet gewesen.

Es ist eine seltsame, im Grunde läppische Geschichte, die er auftischt. Aber er identifiziert sich keineswegs mit ihr. Er legt sie den Persern in den Mund. »Ich selbst«, schreibt Herodot, »nehme dazu keine Stellung und will nicht behaupten, daß es sich so oder vielleicht anders abgespielt hat. Den Mann jedoch, von dem ich weiß, daß er zuerst mit Gewalttätigkeiten gegen die Hellenen begonnen hat, den will ich kennzeichnen.« Er nennt ihn: »Kroisos war der erste uns bekannte Barbarenherrscher, der den einen Teil der Hellenen unterwarf und zinspflichtig machte... Vor der Herrschaft des Kroisos waren die Hellenen frei.« Mit ihm also fing alles an.

Seine Gründlichkeit, sein Zurückgreifen auf die Zeit vor dem Erscheinen der Perser im kleinasiatischen Lebensraum der Griechen zwingt Herodot aber auch, noch eine andere Konsequenz zu ziehen: Er muß die Völker des Kroisos und des Kyros, dazu noch die Phryger und Meder als eine einzige, den Griechen feindlich gesinnte Macht erscheinen lassen. Er braucht einen Oberbegriff für sie und findet ihn: Dies alles sind Asiaten.

Um sie in ihrer Gesamtheit darzustellen, blickt er wiederum weit zurück, bis zu den *Assyrern*. Er schildert, wie die Meder von ihnen abfielen, wie die Perser diese überwältigten und wie sie das ganze Gebiet östlich der Ägäis allmählich mit ihrer Macht ausfüllten. Kyros schließlich wurde »König von ganz Asien«.

Damit hat Herodot sein erstes erzählerisches Ziel erreicht. Er hat dargetan, daß die Griechen sich nicht irgendeines beliebigen Volkes erwehrten, sondern der Heere einer ihnen fremden Welt. Persien war Asien.

Die Entdeckung Europas

Auf die Darstellung der Gegenseite verwendet er ähnlich große Mühe. Er beschreibt die Geschichte Griechenlands bis ins (mythologische) Detail, aber er bezeichnet seine Landsleute nicht etwa als Abendländer, obwohl ihm bewußt ist, daß beide Parteien in diesem Krieg sich aus Bewohnern zweier verschiedener Erdteile rekrutieren. Europa ist ihm ein schleierhafter Begriff. Er glaubt zwar zu wissen, daß es von den Flüssen *Phasis* im Kaukasus und vom *Nil* begrenzt wird, aber was sein Name bedeutet, bleibt ihm unklar, »es müßte denn sein, daß wir behaupten sollen, von der Europe aus Tyros habe das Land seinen Namen bekommen«.

Dafür benutzt er zur Unterscheidung der beiden Welten eine andere Formel: die Freiheit. Diese werde zwar – so meinte er – als nationale Unabhängigkeit auch von asiatischen Völkern angestrebt, in ihrer innenpolitischen, persönlichkeitsbezogenen Spielart aber sei sie den Völkern dieses Erdteils unbekannt. Das Hofzeremoniell, das schon die Meder und nach ihnen in verstärktem Maß die Perser praktizierten, empfindet er als anstößig, ebenso ihre Bereitwilligkeit, sich einem Großtyrannen völlig auszuliefern und zu unterwerfen. Die Griechen dagegen seien für die persönliche Freiheit und unterschieden sich dadurch auch am deutlichsten von den anderen.

Herodot säkularisiert also quasi das hellenische Streben nach Unabhängigkeit von allzu mächtigen Göttern und fügt damit seinem Denkgebäude, das schon eine Ideologie ist, den Schlußstein ein. Die beiden Welten sind gegeneinander abgegrenzt, der Sinn ihrer Auseinandersetzung ist herausgearbeitet: Es ging um die Freiheit des Individuums. Die Griechen hatten jetzt die geistige Rüstung, hatten das revolutionäre Wort, die ihnen in den Kämpfen mit Xerxes noch gefehlt hatten, und Christopher Dawson konnte mit Recht schreiben: »Der europäische Freiheitsgedanke wurde in jenen schicksalhaften Tagen der Perserkriege geboren«, war zumindest deren Frucht, und das galt auch für den Begriff Europa schlechthin oder das wenigstens, was wir heute darunter verstehen.

Europa, eine Fiktion

Wie dieser Erdteil geographisch zu definieren ist, weiß man

ja im Grunde immer noch nicht. Seine östliche Grenze konnte nie exakt und allgemeinverbindlich festgelegt werden. Salvador de Madariaga meinte, Europa sei »ein Gebiet, das sich vom Atlantik bis zum Ural erstreckt«, der Gründer der Pan-Europäischen Union, Graf Coudenhove-Kalergi, und Charles de Gaulle vertraten die gleiche These, Hitler wollte die Grenzen seines Reiches bis zu diesem Mittelgebirgszug vorschieben. Dagegen sagte Metternich einmal, im Scherz zwar, aber doch nicht ohne tieferen Grund, Asien beginne gleich hinter seinem Wiener Stadtpalais. Beide Ansichten sind extrem. Aber der habsburgische Kanzler kommt mit seinem Bonmot der Wahrheit möglicherweise näher als Madariaga und de Gaulle, denn die Grenzen zwischen den beiden Welten waren tatsächlich immer fließend und mußten von jeder Generation neu bestimmt werden.

Europa als geographischer Begriff ist eine Fiktion. Es kann immer nur ideologisch definiert werden, so also, wie schon Herodot es getan hat.

Kalter Krieger Isokrates

Die Bewohner Byzantions, der Stadt an der Grenze zwischen Orient und Okzident, waren von der »Erfindung« Europas wahrscheinlich gar nicht so sehr angetan. Vielleicht haben sie sogar schon geahnt, daß ihre Existenz an der umkämpften Meerenge im Zeichen ideologischer Auseinandersetzungen noch schwieriger sein würde, als sie es ohnehin schon war. Eine Entscheidung zwischen Ost und West jedenfalls wollten weder sie noch die weltläufigen urbanen Handelsherren aus den anderen kleinasiatischen Kolonialstädten treffen. In der Welt, in der sie lebten, zählte allein das kaufmännische Kalkül, eines der ideologiefeindlichsten Elemente, die es gibt, und die persönliche Erfahrung. Sie waren bereit, mit den Persern weiterhin freund-nachbarlich zusammenzuleben, und sie haben das auch getan, ohne sich um die Klagen oder den Spott, der aus dem Mutterland herübertönte, sonderlich aufzuregen.

»Was für eine Schande ist es doch, müßig dazusitzen und zuzusehen, wie Asien schneller emporblüht als Europa«, rief der Rhetor *Isokrates* (436–338 v. Chr.) den Ioniern zu. Aber die haben ihn nicht allzu ernst genommen. Isokrates repräsentierte bereits den Typus des »kalten Kriegers«, der seit den Perserkriegen aus der Geschichte unserer Welt nicht mehr fortzudenken ist und der in extremer Weise deutlich macht, daß Europa das Produkt einer ost-westlichen Auseinandersetzung ist. In Ionien aber wollte man keinen kalten Krieg, sondern normale Beziehungen zu den Nachbarn. Man kannte die Perser, man wußte, daß ihnen nichts ferner lag, als der Versuch, die Griechen zu asiatisieren, man glaubte an die »Eine Welt« und verhielt sich entsprechend auch nach der Geburt Europas.

Die kleinasiatischen Griechenstädte litten zu dieser Zeit ohnehin mehr unter dem imperialistischen Ehrgeiz Athens als unter dem des Großkönigs. Und da sie überdies sahen, daß die griechischen Festlandsmächte den blutig erkämpften Sieg über die Asiaten schon wieder durch Leichtfertigkeit zu verspielen begannen, bemühten sie sich um Absicherung nach beiden Seiten. Sie betrieben eine elastische Schaukelpolitik zwischen Ost und West und brachten es darin bald zu einer erstaunlich hohen Perfektion. Byzantion hatte keine Lust, das Schicksal Troias zu erleiden, das ja nun als eine der Wiegen des großen Streites zwischen Ost und West galt. Es wollte nichts weiter sein als die Beherrscherin der Seestraße nach Norden. Dieses Bestreben machte es folgerichtigerweise zur Grundlage seiner Politik – wie es sich zeigen sollte, durchaus erfolgreich.

Der Platz am Bosporus war ein Begriff geworden in der griechischen Welt. Den Fremden, die ihn, von Thrakien her kommend, besuchen wollten und danach fragten, wohin der Weg unter ihren Füßen sie führe, erhielten schon damals die stolze Antwort *Eis tin polin* zugerufen, in die Stadt. Inzwischen ist aus diesem Satz der Name *Istanbul* geworden.

Kapitel 2

AUF DEM MARKT DES OSTENS

Am Ende der Perserkriege galt Byzantion als einer der stärksten und wichtigsten Plätze Griechenlands. Die Berichte, die aus dieser Zeit überliefert sind, beschreiben es als eine nahezu uneinnehmbare Festung. Ihre Mauern galten neben denen von Rhodos als die mächtigsten aller griechischen Städte. Sie waren mehrere Meter dick und in regelmäßigen Abständen mit Wehrtürmen versehen, über dreißig sollen es insgesamt gewesen sein. Am Marmaraufer hatte man sich mit geringeren Befestigungen zufriedengeben können; dort machte die felsige Küste ohnehin jedem Feind den Angriff schwer.

Der Eingang zum Chrysokeras war ebenfalls gesichert. Man hatte ihn mit einer Kette versperrt, die auf der Stadtseite im Fundament eines mächtigen Turmes, am gegenüberliegenden Ufer in den Quadern eines Forts verankert war. *Sykae*, Feigen, hieß dieses Außenwerk nach einem in der Nähe liegenden Hain, auf dessen Bäumen die süßen Früchte in besonders großer Menge wuchsen.

Gleich in seiner Nähe erhob sich ein *Amphiaros*-Tempel. Er war jenem griechischen Seher geweiht, der den Ausgang des Zuges der sieben mythologischen Heroen gegen die Stadt Theben vorausgesagt hatte. Seine Priester dürften sich, nicht anders als ihre Kollegen vom *Amphiareion* im attischen *Oropos*, vor allem auf Zukunftsdeutung spezialisiert gehabt und davon in unruhigen Zeiten beträchtlich profitiert haben. Wahrsagerei stellte in allen griechischen Städten einen nicht unwesentlichen Erwerbszweig dar.

Der Raum innerhalb der Festungswälle von Byzantion war

Byzantium, eine Mittelstadt

nicht allzugroß. Von den sieben Hügeln der Halbinsel bedeckte die Stadt nur einen, den vordersten, und entsprach damit dem Ideal der griechischen Polis, von der *Plato* gefordert hat, sie solle nicht mehr als 5000 und 40 Einwohner beherbergen – die 40 zusätzlichen für die Verwaltung.

Das heißt jedoch nicht, die Festung über dem Horn habe nur die Bevölkerungszahl eines großen Dorfes aufzuweisen gehabt. Plato hatte in seine Rechnung nur die Männer einbezogen. Nimmt man zu diesen *Politen* (Bürgern) aber noch die Frauen, Sklaven, Kinder und die in der Gemeinde lebenden Fremden hinzu, dann kommt man wohl auf eine Einwohnerschaft von etwa 15 000 bis 20 000 Menschen. Das Byzantion jener Zeit war also, nach unseren Begriffen, eine florierende Mittelstadt, aber wahrscheinlich auch nicht mehr.

Welches Bild sie bot, wissen wir nicht genau. So modern wie etwa Piräus, das der milesische Architekt *Hippodamus* nach den Perserkriegen im Gitternetzverfahren, mit geraden, rechtwinklig sich schneidenden Straßen, wieder aufbaute, dürfte sie nicht gewesen sein. Der hügelige Grund über dem Chrysokeras hat sich für eine solch methodische Anlage kaum geeignet. Wahrscheinlicher ist es deshalb, daß die Straßen von Byzantion steile und holprige Steige waren, die möglicherweise radial auf den höchsten Punkt der Siedlung zuliefen und im übrigen auch als Abwässerkanäle dienen mußten. Die Griechen pflegten ihren Unrat ja – nicht ohne vorherige Warnung freilich – einfach vor die Tür zu werfen. Wer den Ruf *exito* (es kommt etwas heraus) hörte, duckte sich oder trat beiseite.

Die Wohnhäuser selbst waren klein und unauffällig. Schmucklose Lehmziegelmauern schirmten sie gegen die Straße hin ab. Alle Wohnräume öffneten sich auf einen Innenhof, der in den Häusern der Reichen zum säulengeschmückten *Peristyl* ausgebaut war. Größte Mühe haben die Byzantiner aber sicherlich beim Ausbau der Wasserversorgungsanlagen walten lassen. Möglicherweise gab es neben vielen Zisternen, wie man sie heute noch in der Altstadt von Istanbul findet, ähnlich wie in *Akragas* (Agrigent) auf Sizilien, ein ganzes System von Kanälen, die das Wasser aus den nahegelegenen Quellen heranführten. Und prachtvoller als die Wohnhäuser waren auf alle Fälle die öffentlichen Bauten.

Die Agora, der Platz, der der Bürgerschaft bei allen wichtigen Anlässen als Versammlungsort diente, der aber auch sonst das eigentliche Herz der Stadt darstellte, umlungert von Nichtstuern, umwandelt von würdigen Herren, Caféhaus und Börse in einem, war mit Marmor gepflastert. In ihrem Zentrum erhob sich eine vergoldete Bronzestatue des Sonnengottes *Helios*.

Die Akropolis schließlich, auf dem höchsten Punkt über dem Horn, schmückten jene raffiniert einfachen Säulentempel, die wir heute als Symbole des klassischen Griechentums begreifen. Sie waren dem Zeus sowie den Göttinnen *Hekate, Artemis* und *Aphrodite* geweiht. Ein Altar der *Pallas Athene* erhob sich am Marmaraufer, daneben ein Tempel des *Poseidon*.

Im Norden der Stadt lagen das *Strategeion*, ein Exerzierplatz mit dem Altar des *Achilles*, und zwei Gotteshäuser der *Rhea*, Mutter des Zeus, und *Tyche*, der Herrin des Schicksals, geweiht. Vor den Wällen breitete sich auch das *Thrakeion* aus, ein Sportfeld mit einer weiteren Reihe von Opferstätten.

Tempel von schreiender Buntheit

Alle diese Prachtbauten dürfen wir uns keineswegs als marmorweiße, im Licht der südlichen Sonne gleißende Anlagen vorstellen. Die Akropolis von Athen in ihrem heutigen Zustand suggeriert ein völlig falsches Bild vom alten Hellas. Zu ihrer Zeit waren die griechischen Tempel schreiend bunt bemalt und mit allem möglichen Flitterzeug aufgeputzt.

»Den Hellenen«, schrieb Egon Friedell, »wäre unsere weiße Plastik und Architektur wie eine Kunst für Farbenblinde vorgekommen. Selbstverständlich haben sie auch die Augen sorgfältig aufgepinselt oder noch lieber durch eingesetzte Edelsteine, Kristalle und dergleichen wiedergegeben... An den Tempeln waren die Figuren der Friese und der Giebelfelder reizend koloriert wie Zinnsoldaten, auf einem Grund von leuchtendem Rot und Blau, die ›Tropfen‹ und ähnliches Beiwerk vergoldet, die ›Wülste‹ der Säulen und die

Traufrinnen der Dächer mehrfarbig ornamentiert, etwa in der Art unserer heutigen Emailmalerei. Auf dem Hekatompedon, dem alten Athenatempel der Akropolis...hatten die Männer sogar noch grellblaue Haare und Bärte, grasgrüne Augen und rote Körper.«

Das Byzantion jener Zeit würde also einen Touristen aus dem 20. Jahrhundert, könnte er es mit H. G. Wells' Zeitmaschine besuchen, möglicherweise recht barbarisch anmuten und eher seinen Vorstellungen von einer orientalischen als von einer hellenischen Stadt entsprechen. Wir müssen ohnehin die Phantasie zu Hilfe nehmen, wenn wir uns dorthin zurückversetzen wollen. Die Archäologie läßt uns hier im Stich, die überlieferten zeitgenössischen Berichte begnügen sich mit recht sparsamen Skizzierungen, und vielleicht ist *Karl Friedrich Schinkel* (1781–1841), der große Baumeister des deutschen Klassizismus, eben mit Hilfe der Vorstellungskraft der griechischen Wirklichkeit noch am nächsten gekommen, als er die Entwürfe für Schloß *Orianda* zeichnete, das auf der Krim entstehen sollte. Er projektierte große schattige Höfe, umrahmt von buntbemalten Säulen, leuchtende Fresken an den Mauern, Wasserbassins in den Atrien und blütenübergossene Büsche, die sich in ihnen spiegeln. Beflügelt hat ihn dabei die Entdeckung, daß die Hellenen nicht nur mit weißem Marmor arbeiteten. Seine Vision war ein in allen Farben strahlendes Bauwerk hoch über der Bläue des Meeres. Byzantion mag ihr entsprochen haben.

Die Lust am Prozessieren

Aber Byzantion war nicht nur ein Gebilde aus Stein und Erz, es war vor allem ein menschenwimmelnder Marktplatz voll prallen Lebens. In seinen Straßen und Gassen dürfte es nicht viel anders zugegangen sein, als auf den Freiluftbasars des heutigen Istanbul.

Gelassen hocken die Händler vor Bergen von grünleuchtenden Gurken, roten Äpfeln, gelben Melonen, blauen Trauben und silbern schimmernden Fischen. Gelassen beobachten sie, wie der Kunde vorübergeht, stehenbleibt, zu prüfen beginnt, und jäh springen sie dann auf, um mit sprudelnden Worten und vogelschnellen Gesten das uralte Spiel vom Feilschen um den Preis lustvoll in Szene zu setzen. Ihre Mimik, ihre Handbewegungen, ihre Taktik aber sind ewiger als die Pyramiden von Gizeh und als historische Dokumente so authentisch wie die Berichte Strabos, Herodots und Xenophons. Gehandelt wurde damals, gehandelt wird heute, das dazugehörende Ritual erlaubt wenige Variationen, deshalb decken sich hier Vergangenheit und Gegenwart, auch wenn das vokalreiche Griechisch inzwischen der nicht minder vokalreichen türkischen Sprache gewichen ist. Auf den Marktplätzen der Bosporusstadt sind wir dem alten Hellas noch am nächsten.

Abseits der Händlerbuden jedoch gelten und galten auch andere Regeln und Gesetze. In den altgriechischen Werkstätten etwa arbeitete man schon nach recht modernen Prinzipien. »Der eine«, schreibt Xenophon, »fertigt Männerschuhe an, der andere Frauenschuhe. Hier lebt einer nur vom Nähen der Schuhe, dort ein anderer lediglich vom Zuschneiden. Der eine schneidet ausschließlich Kleider zu, der andere setzt die Stücke bloß zusammen. Je einfacher die Fertigung, um so besser gelingt sie auch.« Man kannte also bereits die Arbeitsteilung, die, erst im 18. Jahrhundert von Engländern und Amerikanern wiederentdeckt, zur Grundlage der modernen Industrie wurde. Und man produzierte höchstwahrscheinlich nicht nur, um den vorhandenen Bedarf zu befriedigen, sondern auch bereits für den Export und in der Absicht, weiteren Bedarf durch ein entsprechend verlockendes und wohlassortiertes Angebot zu wecken.

Abnehmer dieser Manufakturbetriebe waren keineswegs nur Einzelhändler, sondern auch Großkaufleute, die nicht in Stücken, sondern in Schiffsladungen rechneten, ballenweise einkauften und die Ware dorthin verfrachten ließen, wo sie mit größtem Gewinn abzusetzen war. Das wieder setzte Lagerhäuser voraus, Verladeeinrichtungen und nicht zuletzt ein gut funktionierendes Informationswesen. Wer in ukrainischem Weizen spekulierte, mußte über die Marktsituation im ganzen griechischen Raum informiert sein, wer Eisen aus Kleinasien nach Süden verschiffte, war darauf angewiesen, die Preise zu kennen, die in den einzelnen Städten gezahlt wurden, wollte wissen, wo der Bedarf groß genug war, wo Schwerter geschmiedet und Kriegsschiffe ausgerüstet wurden, und das heißt, er bemühte sich, auch die politische Situation einigermaßen zu überblicken.

So prosperierten im Schatten der großen Unternehmungen die Nachrichtensammler, die Kundschafter und Spione, aber natürlich auch die Advokaten. Prozesse führen, war ohnehin eine der großen Leidenschaften der Griechen, und was *Aristophanes* (446–389 v. Chr.) in seiner Komödie *Die Vögel* den Athenern vorwirft, hätte sich zweifellos auch auf die Byzantiner anwenden lassen:

> »Nicht als wär' uns diese Stadt verhaßt und wäre
> Nicht herrlich, groß und weit und allen offen,
> Die drin ihr Geld verprozessieren wollen.
> Denn einen Monat oder zwei nur zirpen
> Im Laub die Grillen – doch ihr ganzes Leben
> Verzirpen im Gerichtshof die Athener.«

Schauplatz der juristischen Auseinandersetzungen war die Agora. Die Müßiggänger, die im Schatten ihrer Arkaden den Tag verträumten, brauchten sich über mangelnde Unterhaltung nicht zu beklagen, ihnen wurde fast stündlich Neues geboten an Verhandlungen, politischen Diskussionen, privaten Auseinandersetzungen und selbst philosophischen Debatten. Sie saßen am Rand einer marmornen Bühne, auf der in ewig neuen Abhandlungen das Drama »Leben in Byzantion« gespielt wurde, ein Stück, das insgesamt gesehen durchaus keine Komödie war. So grotesk und komisch einzelne seiner Szenen auch gewesen sein mögen, stets lag über dem ganzen Prospekt doch schwer und drohend der Schatten des Ares.

Perikles, der Tyrann

Der gefährlichste Gegner, mit dem Byzantion in diesen Jahren zu rechnen hatte, war das ihm verbündete Athen, der Hauptort des Attischen Seebundes. *Perikles* (500–429 v. Chr.), sein oberster staatlicher Repräsentant, der Freund von *Phidias, Sophokles* und *Anaxagoras*, der Abgott der athenischen Massen, der große Stratege und geschickte Politiker, dürfte in Byzantion nur wenig Freunde gehabt haben. Die Kaufleute am Goldenen Horn, wie auch ihre Standesgenossen in Milet, Samos und den anderen ionischen Poleis, sahen in ihm weniger den Beschützer vor der persischen Macht – die für sie ja keine größeren Schrecken barg – als vielmehr den ausbeuterischen Diktator, und das nicht ganz zu Unrecht.

Perikles hatte die Bundeskasse, an die sie alle ihre Abgaben leisteten, von Delos nach Athen bringen lassen und bediente sich ihrer Mittel auf recht eigenwillige Weise. Perikles ließ es zu, daß seine sophistischen Freunde in heiterer Arroganz von den verbündeten Städten als athenischen »Herrschaftsgebieten« und von ihren Bewohnern als athenischen »Untertanen« sprachen. Ja, er wehrte ihnen nicht einmal, als sie erklärten, es sei keineswegs etwas daran auszusetzen, wenn jemand die athenische Vorherrschaft im Seebund als Tyrannis bezeichne. Perikles leistete sich den für einen Staatsmann zu teuren Luxus undiplomatischer Aufrichtigkeit. Statt zu beschwichtigen und die großen gemeinsamen Ideale zu beschwören, statt zu lügen und zu taktieren, schürte er den latenten Unmut der Bündner und verstärkte ihren Widerwillen gegen den Pakt mit der von ihm so prachtvoll ausgeschmückten Stadt Athen.

Die Folgen dieser Politik ließen nicht lange auf sich warten. Die ionischen Städte begannen nach Persien hinüberzuschielen und wider den athenischen Stachel zu löcken. Milet machte den Anfang. Samos folgte ihm nach. Im Jahr 440 rebellierten die aristokratischen Familien des größten und wichtigsten aller Seebundstaaten und riefen *Pissuthenes*, den persischen Satrapen von Lydien, zu Hilfe. »Also«, schrieb Thukydides, »fuhren die Athener mit vierzig Schiffen hin, führten die Demokratie in Samos ein und nahmen fünfzig Knaben und Männer als Geiseln mit.«

Doch der Widerstandswille der Samier war mit dieser Aktion keineswegs gebrochen. Sie verbündeten sich jetzt auch mit Byzantion und verjagten ein zweites Mal die von Athen eingesetzten Aufseher. Perikles selbst mußte gegen sie vorgehen und ihre Hauptstadt neun Monate lang belagern, ehe er sie einnehmen und ihre Mauern schleifen lassen konnte.

Dann segelte er weiter nach Norden, um auch Byzantion zur Räson zu bringen. Aber der Schrecken über seine harten Vergeltungsmaßnahmen war vor ihm in der Bosporusstadt angekommen, und da man dort von fruchtlosem Heldentum noch nie viel gehalten hatte, traf er demütige Gegner an, als sein Flaggschiff im Goldenen Horn vor Anker ging. »Die Byzantiner ergaben sich mit dem Versprechen, wie bisher unter der Herrschaft von Athen zu stehen« (Thukydides).

Der Bestand des Seebundes schien fürs erste wieder gesichert zu sein. Einige Jahre lang hatte Athen nun Gelegenheit, mit seiner starken Flotte das Reich der 400 Stadtstaaten zu beherrschen, auszubeuten und mit den Vorteilen der Demokratie bekannt zu machen. Die Ionier duckten sich unter die Perikleische Knute, bemüht, aus ihrer Situation das Beste zu machen. Sie taten es mit Erfolg. Der Handel blühte in dieser kurzen Friedenszeit wie kaum jemals zuvor.

Aber dann rächte sich die perikleische Sorglosigkeit im Umgang mit der Macht ein zweites Mal. Als Griechenland in den unglückseligsten Krieg seiner Geschichte hineintaumelte, den »Peloponnesischen« (431–404 v. Chr.), erwiesen sich die Seebundstädte keineswegs als eine Stütze des von Sparta bedrohten Athen, sondern suchten sofort wieder die Wirren für ihre eigenen Zwecke zu nutzen. Das fiel vor allem Byzantion um so leichter, als es sich bald herausstellte, daß ihm in diesem Kampf eine wichtige Schlüsselposition zukam.

Alkibiades erobert Byzantium

Schon der erste große Protagonist des Peloponnesischen Krieges, der athenische Lebemann, Heerführer und Demagoge *Alkibiades* (452–404 v. Chr.), der an der Wasserstraße nach Norden zu Hause war, in Thrakien Güter besaß und später am asiatischen Ufer des Marmarameeres einen Zollturm errichtete, um von hier aus die durchfahrenden Schiffe zu schröpfen, hatte klar erkannt, daß es in diesem Kampf vor allem auch um den Zugang zum Schwarzen Meer gehen würde.

Als er nach einem kurzen Zwischenspiel im spartanischen Lager, in das er vor seinen innenpolitischen Feinden geflohen war, wieder an die Seite der Athener zurückkehrte, rüstete er sofort eine Flotte aus, um die von Athen abgefallenen Bundesgenossen in das alte Vertragsverhältnis zurückzuzwingen. Bei *Kyzikos*, einer Stadt am Marmarameer, schlug er im Jahr 410 v. Chr. die Flotte der Spartaner und segelte nach diesem Sieg weiter in Richtung Byzantion.

Wieder einmal, wie schon so oft im Lauf der Geschichte, war den Byzantinern nun Gelegenheit geboten, in ihrer hervorragend befestigten Stadt heroisch für Freiheit und Unabhängigkeit zu kämpfen. Aber wieder einmal verzichteten sie darauf, erbaten sich von den Unterhändlern des Alkibiades gewisse Garantien, ihre Handelsprivilegien betreffend, und öffneten – man schrieb das Jahr 407 v. Chr. – ihre Tore. Athen war erneut Herr über die Zufahrt zum Schwarzen Meer.

Im Triumph kehrte der siegreiche Stratege an den Saronischen Golf zurück. Er stand auf dem Höhepunkt seiner Laufbahn, im Zenit des Ruhmes – und vor dem Abgrund. Ein Jahr später mußte er die Bühne dem zweiten großen Protagonisten dieses blutigen Schauspiels räumen, dem spartanischen Feldherrn *Lysander* (gest. 395 v. Chr.).

Unter spartanischer Knute

Lysander, ein Machtpolitiker reinsten Wassers, aber härter und skrupelloser als Alkibiades – »Knaben«, pflegte er zu sagen, »betrügt man durch Würfel, Männer durch Eide« –, besiegte einen Unterfeldherrn seines athenischen Gegenspielers in einer Seeschlacht bei *Notion* an der kleinasiatischen Küste und verursachte damit dessen Sturz. Während Alkibiades daraufhin nach *Bisanthe* retirieren mußte, sein nicht weit von Byzantion gelegenes Gut, drang der Spartiat, dem Gesetz dieses Krieges folgend, ebenfalls gegen die Dardanellen vor. Am Eingang des Seeweges, bei *Aigospotamoi*, brachte er im Jahr 405 v. Chr. der attischen Flotte eine vernichtende Niederlage bei und konnte danach ebenfalls auf Byzantion vorstoßen. Dessen Tore öffneten sich widerstandslos dem übermächtigen Gegner. Der Bosporus befand sich in spartanischer Hand.

Mit diesem Sieg war die Macht der Seebundshauptstadt in der Ägäis endgültig gebrochen. Ein Jahr später wurde sie selbst belagert, erobert und ihrer Befestigungen beraubt. Der

Peloponnesische Krieg war zu Ende, und in Athen begann die Schreckensherrschaft der von Sparta eingesetzten Oligarchen.

Auch Alkibiades fiel jetzt seinen Feinden zum Opfer. Der Satrap *Pharnabazos*, zu dem er geflüchtet war, ließ ihn, auf das Drängen der Spartaner hin, ermorden.

Dennoch dürften die Spartaner an ihrem Sieg nicht allzuviel Freude gehabt haben. Sie versuchten zwar, die wichtigsten der Seebundsstädte unter ihre Knute zu zwingen – in Byzantion etwa herrschte als Statthalter der General *Klearchos*, ein Freund Lysanders –, aber am Ende erwies es sich doch, daß sie dazu auf die Dauer nicht in der Lage waren. Persien entpuppte sich als der eigentliche Gewinner dieser innergriechischen Auseinandersetzung. Dem asiatischen Großreich fiel der größte Teil der ionischen Städte als Beute anheim, und wahrscheinlich hätte es die Niederlage des Xerxes jetzt mühelos wieder ausbügeln können, wenn es nicht selbst von inneren Wirren und Thronstreitigkeiten geschwächt gewesen wäre, und wenn es, trotz allem, nicht doch einen zu großen Respekt vor der griechischen Kampfkraft gehabt hätte.

Die Erfindung der Strategie

So waren denn die Folge des Peloponnesischen Krieges zunächst weitere Kämpfe und größere Wirren. Die Spartaner zogen gegen die Perser, mit denen sie zuvor verbündet gewesen waren, und die Athener wiederum verbündeten sich eben mit diesem ihrem alten Gegner. In der Seeschlacht von *Knidos* (394 v. Chr.) siegte eine persische Flotte unter athenischer Führung über die Flotte der Spartaner. Dann tat sich Sparta wieder mit den Asiaten zusammen und suchte Athen durch eine Blockade des Bosporus auszuhungern.

Die ideologischen Grenzen, die nach den Perserkriegen errichtet worden waren, spielten in dem Hin und Her dieser Jahre nicht mehr die geringste Rolle. Das militärisch-politische Kalkül dominierte. *Artaxerxes II.* (404–358 v. Chr.) war die große Königsfigur in diesem Spiel um Macht und Einfluß, sein wertvollster Preis nach wie vor die beherrschende Festung am Bosporuseingang.

Byzantion erfreute sich nach dem *Antalkidas-Frieden* zwischen Athen und Sparta, der 387 v. Chr. abgeschlossen wurde, zunächst wieder einer kurzen Spanne der Unabhängigkeit, gehörte darauf dem *Zweiten Attischen Seebund* an, der ein Jahr später zustande kam, und sah sich endlich dem Angriff einer dritten griechischen Festlandsmacht ausgesetzt, die in den zurückliegenden Wirren groß geworden war.

Theben, die Hauptstadt Boiotiens, hatte sich zunächst den Athenern angeschlossen, um mit ihnen gemeinsam die spartanische Hegemonie auf dem Festland zu brechen. Aber nach dem Antalkidas-Frieden war es von seinem Verbündeten im Stich gelassen worden und sah sich nun plötzlich allein und schutzlos den Repressalien der mächtigen Lakedaimonier ausgesetzt. Sein Untergang schien besiegelt zu sein. Als 371 v. Chr. eine thebanische Streitmacht bei Leuktra mit dem spartanischen Heer zusammentraf, hätte kein Zeitgenosse den boiotischen Soldaten auch nur die geringste Siegeschance eingeräumt.

Dennoch gewannen sie. Nach mehrstündigem Kampf waren es nicht die Thebaner, die zu weichen begannen, sondern die bis dahin für unbesiegbar gehaltenen Spartaner. Überlegene Tapferkeit und überlegene Kriegskunst hatten die Nachkommen des Leonidas vom Feld vertrieben. Der Führer der Thebaner, ein junger General namens *Epaminondas* (420–362 v. Chr.), ging als der Vater der Strategie in die Geschichte ein. Sein Angriffsmanöver, die sogenannte »schiefe Schlachtordnung«, sollte große Schule machen. Friedrich der Große hat es bei Leuthen (1757), Napoleon bei Marengo (1800) nachvollzogen, und selbst in Schlieffens berühmt-berüchtigtem Plan für den Angriff gegen Frankreich schimmert es noch durch: Macht mir den rechten Flügel stark, durchbrecht damit die feindlichen Linien und faßt den Gegner von hinten! Bei Leuktra ist dieses Rezept zum erstenmal angewandt worden.

Aber was waren die Früchte des thebanischen Sieges? Epaminondas hatte sich eine Stellung erobert, die zu halten seine Kräfte viel zu schwach waren. Er hatte Sparta bezwungen und war damit zu einer Gefahr nicht nur für Lakedaimon, sondern automatisch auch für Athen geworden. Er störte die mühsam wiederhergestellte innergriechische balance of power. Um zu überleben, mußte er zurückstecken oder eigene Großmachtpolitik wagen.

Zusammen mit seinem Freund *Pelopidas* (gest. 364 v. Chr.), dem Führer der thebanischen Elitetruppe, der sogenannten *Heiligen Schar*, entschied er sich im Taumel seines Sieges für die letztere Möglichkeit. Er baute eine Flotte und fuhr gegen Byzantion, das ihm 364 v. Chr. kampflos die Tore öffnete und damit dem Zweiten Seebund den Rücken kehrte. Chalkedon, Kyzikos, Naxos und Keos folgten seinem Beispiel. Die Passage zum Schwarzen Meer wurde zur Abwechslung einmal von Theben kontrolliert.

Von Dauer freilich konnte auch dieser Zustand nicht sein. Athen und Sparta reagierten sofort, schlossen sich zusammen und stellten, neun Jahre nach Leuktra, den jungen Heros bei *Mantineia* auf dem Peloponnes. Sie mußten dort zwar eine weitere Niederlage hinnehmen, aber da Epaminondas in der Schlacht ums Leben kam, war ihr Problem trotzdem gelöst. Es zeigte sich nämlich, daß die thebanische Macht allein auf seinen Schultern geruht hatte. Nach dem Tode des Feldherrn zerbrach sie binnen kürzester Frist.

Ein Mann namens Mausolos

Die Städte an der Meerenge kehrten daraufhin wieder in die einzige griechische Ordnung zurück, die sich ihnen nach den Perserkriegen jemals geboten hatte: den Seebund – freilich auch das nur halben Herzens und nicht für lange Zeit. In Byzantion begann sich allmählich die Ansicht durchzusetzen, daß die Perser doch der zuverlässigere Bündnispartner seien. Und als der Satrap *Mausolos von Karien* (gest. 352 v. Chr.), der Erbauer des berühmtesten Grabmales der Antike, des *Mausoleions von Halikarnassos*, den Kaufleuten am Bosporus einen Bündnisvorschlag machte, griffen sie deshalb unbedenklich zu und kündigten ihren Pakt mit den Athenern auf.

Der Gründe für diesen Schritt dürften viele gewesen sein, der wichtigste: Unsicherheit und eine zunehmende Abneigung gegen die athenische Demokratie, die ständig neue und unübersichtliche innerpolitische Konstellationen schuf. Am Goldenen Horn hatte man sich immer nach der »guten alten« aristokratischen Ordnung gesehnt, in deren Schutz der Handel blühen konnte. Mausolos aber war ein Aristokrat, und da die ersten Kontakte mit ihm beide Seiten befriedigt hatten, kam ein Vertrag zustande. Chios, Rhodos und Kos waren mit von der Partie.

Byzantion wurde wieder das, was es vor seiner Eroberung durch Pausianas gewesen war, eine halbfreie Stadt im Bannkreis der persischen Macht. Die Uhr der Geschichte hatte eine volle Stunde durchlaufen, eine andere brach an. Der Kampf um die Meerenge würde in der nächsten Szene des Dramas erneut ein Teil der Auseinandersetzung zwischen Asien und Europa sein. Und dieses Mal sollte Europa seinen glänzendsten Sieg erringen.

Der Barbar aus dem Norden

Über Griechenland fiel der mächtige Schatten *Philipps II. von Mazedonien* (359-336 v. Chr.).

In den Jahren, in denen die Hellenen sich mit Ausdauer und Erbitterung gegenseitig zerfleischten, hatte dieser Herr eines robusten Bauernvolkes, das seinen südlichen Nachbarn als barbarisch galt, einen gewaltigen Kriegs- und Staatsapparat aufgebaut. Seine Fußsoldaten, mit *Sarissen*, überlangen Speeren und kleinen Rundschilden ausgerüstet, in viereckige Phalangen geordnet, beherrschten nicht nur die »schiefe Schlachtordnung«, sondern exerzierten auch das Zusammenspiel mit den anderen Waffengattungen in einer bis dahin unerhörten Präzision. Sie repräsentierten die schlagkräftigste Armee jener Zeit und waren allen Konkurrenzunternehmen weit überlegen.

Mit ihrer Hilfe war Philipp, die Uneinigkeit der griechischen Stadtstaaten geschickt ausnützend, Zug um Zug gegen die Ägäis und das Schwarze Meer vorgedrungen, hatte das Pangeiongebirge mit seinen Goldbergwerken eingenommen, eroberte die Chalkidike sowie Thessalien im Süden und weite Teile Thrakiens im Norden. Um 357 v. Chr. bereits beherrschte er die ganze westliche Marmaraküste einschließlich der Halbinsel *Chersonesos* (Gallipoli) und war damit zum unmittelbaren Nachbarn Byzantions geworden. Die Bosporusstadt verbündete sich mit ihm, wie es ihrer alten Praxis entsprach, und wartete ab, wie sich die Dinge weiter entwikkeln würden.

Sie entwickelten sich ungünstig. Athen konnte es nicht tatenlos hinnehmen, daß ihm die Seestraße nach Norden gesperrt wurde. Auf dem Handel mit den südrussischen Kolonien beruhte nach wie vor ein beträchtlicher Teil seines Reichtums. Wenn Philipp ihm den Zugang zur Krim und zur Dnjepr-Mündung verwehrte, drohte ihm der Ruin. Also schloß es sich mit Korinth, Messenien, Argos, Theben und anderen zum *Hellenischen Bund* zusammen und schickte seinen Admiral *Chares* mit einem riesigen Aufgebot an Schiffen und Soldaten zum Bosporuseingang.

Chares landete bei *Chrysopolis* (dem heutigen *Üsküdar*) am asiatischen Ufer und schlug dort ein mazedonisch-byzantinisches Heer binnen weniger Stunden zusammen. Dann errichtete er seiner während der Schlacht verstorbenen Frau ein mächtiges Grabmal und zwang Byzantion an die Seite von Athen zurück. Ganz Griechenland jubelte ob dieses Sieges.

Der Mond rettet Byzantium

Philipp indes, nicht gewillt, sich in seinen Eroberungsplänen behindern zu lassen, ging sofort daran, die Scharte wieder auszuwetzen. Im Jahr 340 v. Chr. rückte er vor *Perinthos*, die Nachbarstadt Byzantions, und begann sie in einer großangelegten Land und Seeoperation zu berennen. Es schien sinnlos zu sein, ihm widerstehen zu wollen. Der König dieses nördlichen Stammes kämpfte nämlich nicht nur in offener Feldschlacht mit rücksichtslosem Einsatz aller Kräfte und Mittel, er war auch der erste hellenische Feldherr, der es nicht verschmähte, die Technik für seine Zwecke einzuspannen. Sein Heer verfügte über Katapulte, Rammböcke und fahrbare Türme phönizischer Bauart. Die Perinther sahen sich ihm gegenüber in einer hoffnungslosen Situation, und Byzantion zitterte mit ihnen, denn daß es als nächste Stadt an die Reihe kommen würde, wenn Philipp sein erstes Ziel erreicht hatte, war klar vorauszusehen.

So sandten seine Bürger gleichzeitig Hilferufe nach Athen und nach Susa. Von beiden Seiten kam Unterstützung. *Artaxerxes III.* (358–338 v. Chr.) schickte Geld und Getreide, die Athener eine Flotte. Aber noch ehe die befreundeten Kriegsschiffe eintrafen, unternahm der Mazedone auch einen Angriff auf die Stadt über dem Goldenen Horn.

Es war Nacht, als seine Truppen heranrückten. Byzantion schlief, ein mächtiger schwarzer Block hoch über der silbernen Ebene des Meeres. Nur der regelmäßige Losungsruf der Wachtposten unterbrach die Stille. Am Himmel hing eine dünne Mondsichel.

Plötzlich stutzte einer der Wachsoldaten. Irgend etwas war anders, als es vorher gewesen war. Er hätte nur nicht sagen können, was. Vorsichtshalber weckte er einen seiner Kameraden. Der taumelte schlaftrunken auf die Mauerkrone, riß die Augen auf, schloß sie wieder und starrte noch einmal, zu Tode erschrocken, in den Himmel empor. Nun sah es auch der erste. Der Sichelmond, der eben noch weiß gewesen war, glühte in unwahrscheinlich hellem, orangefarbenem Licht. Keiner von beiden hatte jemals ein ähnliches Phänomen beobachtet, und instinktiv, ohne genau zu wissen was sie taten, gaben sie das Alarmsignal.

Es war die Rettung für Byzantion. Seine Soldaten kamen eben noch rechtzeitig auf die Posten, um die ersten Sturmleitern der Mazedonen, die an der Mauer lehnten, wieder umstoßen zu können. Ein Gott, so will es die Legende, hatte die Stadt gewarnt, und das Bewußtsein, daß die Himmlischen auf ihrer Seite standen, beflügelte die Verteidiger so sehr, daß sie den Handstreich Philipps blutig abwiesen. Unverrichteterdinge mußte er abziehen.

Am folgenden Morgen ging die athenische Flotte im Chrysokeras vor Anker.

Die Stadt aber revanchierte sich für das Mirakel dieser Nacht mit einem neuen Altar, der seiner Schutzgöttin Hekate geweiht wurde. Der Sichelmond erschien von nun an auf allen byzantinischen Münzen und ist auch heute noch dort zu sehen – die Türken, die später Konstantinopel eroberten, haben ihn in ihr Staatswappen übernommen.

Im Windschatten der Geschichte

Mirakel indes oder nicht, Legende hin, historische Wahrheit her, der Sieg über die Mazedonen war tatsächlich eine feierliche Messe wert. Er brachte Byzantion nicht weniger als 139 Jahre Unabhängigkeit, brachte Frieden und ein relativ geruhsames Dasein, das von keiner größeren Katastrophe mehr gestört wurde. Weder Philipp noch sein Sohn Alexander haben Byzantion je wieder belästigt. Während in Kleinasien, in Persien, Syrien und Ägypten gewaltige Reiche entstanden und zerbrachen, konnten sich die Byzantiner wieder dem Geschäft widmen, das ihnen immer das liebste gewesen war – dem Geschäft. Alle großen Ereignisse des nun anbrechenden Hellenistischen Zeitalters spielten sich fern vom Bosporus ab, der Waffenlärm drang nur gedämpft zu den Mauern der Feste empor, die seinen südlichen Eingang beherrschte, von den Weltkriegen jener Zeit erfuhren ihre Bewohner lediglich durch Botenberichte, Gerüchte und Erzählungen.

Die Schlacht von *Chaironeia* (338 v. Chr.), in der Philipp den Hellenischen Bund endgültig zerschlug, die darauf folgende Gründung des *Korinthischen Bundes*, zu dessen Feldherrn er sich ernannte, seine Ermordung und die Thronbesteigung des jungen *Alexander* (336–323 v. Chr.), den die Geschichte der Große nennen sollte, all das wurde in Byzantion nur noch notiert und diskutiert, aber nicht miterlebt. Seine Bewohner beobachteten gelassen, aber aufmerksam das blutige Treiben in Europa und Asien und zogen ihre Schlüsse daraus.

Daß die alte anti-asiatische Ideologie, die mit der griechischen Freiheitsidee längst nicht mehr identisch war, als natürliche Frucht der Einigung Griechenlands unter einem starken König wieder auflebte, dürfte am Bosporus eher Unbehagen ausgelöst haben. Daß Alexander offensichtlich unter dem Einfluß seines perserfeindlichen Lehrers *Aristoteles* (384–322 v. Chr.) stand, registrierte man mit Besorgnis. Aber als dann gerade er, vom Duft asiatischen Geistes überwältigt, in das Lager derjenigen überging, die den Ideologien nicht trauten und an den großen gemeinsamen Himmel über beiden Welten glaubten, wird man ihm dafür nicht zuletzt in Byzantion Beifall gezollt haben.

An das Goldene Horn selbst ist der junge Mazedone wahrscheinlich nie gekommen, obwohl eine türkische Sage – er ist ja als *Iskender* oder *Iskander* auch in die orientalische Märchenwelt eingegangen – ihn dort einige Wunder vollbringen läßt. Als er noch Kronprinz war, hatten die Byzantiner ihm einmal Schiffe zum Kriegszug gegen die Thraker und Illyrer, die an der Donaumündung saßen, zur Verfügung gestellt, aber sein großer Zug gegen Persien, zu dem er 331 v. Chr. aufbrach, führte ihn über Troia nach Asien und nicht über Chalkedon.

Auch in die Wirren, die dem Zusammenbruch seines Reiches folgten, ist Byzantion nicht hineingezogen worden. Nur mit einem der hellenistischen Staaten, die in seiner unmittelbaren Nachbarschaft emporblühten, mit *Bithynien*, wurde es im dritten vorchristlichen Jahrhundert in einen kurzen Krieg verwickelt.

Kelten, Vorboten des Untergangs

Die Bosporusstadt hatte versucht, die Durchfahrt durch die Meerenge mit einem höheren Zoll zu belegen, weil sie zu jener Zeit (um 280 v. Chr.) von seeräuberischen Kelten heftig bedroht und schwer geschädigt wurde. Bithynien empörte sich gegen diese Maßnahme, obwohl gerade sein König, *Nikomedes I.* (gest. um 260 v. Chr.), die wandernden Scharen, unter denen auch Rom damals stöhnte, ins Land gerufen hatte. Es verbündete sich mit Rhodos, der alten Rivalin Byzantions, und die Herrin des Horns wiederum suchte Rückendeckung bei einem seleukidischen Feldherrn namens *Achaios*. Aber noch bevor es zu ernsteren Auseinandersetzungen gekommen war, wurde Achaios ermordet, Byzantion bot Verhandlungen an. Es strich die überhöhten Zölle und fuhr fort, die Last des Kampfes gegen die keltischen Galater allein zu tragen. Ein knappes Jahr später war dann auch dieser Spuk vorbei. Die räuberischen Landsucher mit ihren unten abgerundeten Schwertern wurden von *Antiochos I.*, König von Syrien, nach Kleinasien abgedrängt, wo sie das Fürstentum *Galatien* gründeten.

Byzantion mußte zwar an einen anderen Zweig dieses Volkes, der auf dem Boden des heutigen Bulgarien das Reich von *Tylis* gegründet hatte, noch einige Jahre lang Tribute zahlen, aber allzusehr haben die reichen Kaufleute am Bosporus unter dieser Buße nicht gelitten.

Heute wissen wir, daß mit dem Kelteneinfall ein Thema

angeschlagen worden war, das in der folgenden Geschichte der Handelsstadt wieder und wieder und jedesmal mit größerer Macht hervortreten sollte, bis es endlich alle anderen verdrängte: Bedrohung durch wandernde Barbaren. Mit den Kelten, den ersten in dieser langen Reihe, waren die Griechen am Horn noch fertig geworden, den letzten sollten sie erliegen – den Türken.

Aber von diesem großen »dies irae« trennten die Stadt am Bosporus zu jener Zeit noch mehr als anderthalb Jahrtausende. Fürs erste war sie groß, reich und unabhängig, war, zusammen mit *Herakleia Pontica* (dem heutigen *Eregli* an der Südküste des Schwarzen Meeres), mit Chalkedon und anderen Städten Mitglied des sogenannten *Nordbundes*, einer zwar kleinen, aber nicht einflußlosen Allianz von selbständigen Poleis, konnte sich ihrer Haut wehren, wenn es notwendig wurde, oder äußerstenfalls auch die Verbündeten kaufen, die sie gerade zu benötigen glaubte.

Der Nerv aller Dinge

Innerhalb der Mauern von Byzantion ging das Leben den alten, seit Jahrhunderten gewohnten Gang. Immer noch dienten seinen Geschäftsleuten die Tempel als Banken, immer noch setzten sie einen Teil ihrer Erträge in Weihegeschenke um, brachten sie den Priestern und ließen sich von diesen neue Geschäfte kreditieren. Im Schutz der Götter und der Mauer, die ihre Anbetungsstätten umgab, waren die Schätze sicherer als anderswo aufgehoben. Und wenn die Himmlischen dazu noch den angebahnten Unternehmungen ihren marmornen Segen gaben, weil sie ja quasi selbst daran beteiligt waren, konnte es eigentlich nichts mehr geben, was den Glauben der byzantinischen Kaufleute an eine irdisch-himmlische Harmonie gestört hätte, die sich im wesentlichen auf solide Geschäftspraktiken stützte.

In späteren Jahrhunderten ist dann auch dieses priesterlich-merkantile System säkularisiert worden. Die ersten Geldwechsler begannen sich auf den Märkten niederzulassen, und so wie die Banken ihrer mittelalterlichen Zunftgenossen allmählich hinter den Fassaden morderner Finanzinstitute verschwanden, so entstanden um die Tische der griechischen

Münzhändler herum jene Häuser, die in Griechenland heute noch *Trapeza* (Tisch) heißen – die Banken.

Doch die Tempel jener Zeit waren nicht nur die Wiegen des Kreditgeschäftes, sondern auch die Geburtsstätten der modernen Technik. Die ersten Maschinenräder haben sich in ihren Vorhallen gedreht. Es waren runde Bronzescheiben, die durch ein Weihwasserbecken liefen und dabei so viel von der Flüssigkeit mitrissen, wie ein Gläubiger benötigte, um sich Gesicht und Hände anzufeuchten. Später hat man diese einfachen Apparaturen dann durch ein Reibradgetriebe ergänzt, und aus diesem Mechanismus wurde schließlich das Zahnrad entwickelt.

Einer der berühmtesten Ingenieure der Antike berichtete darüber. Er hieß *Philon* (um 200 v. Chr.) und stammte aus Byzantion. Wie die meisten seiner Berufsgenossen war er ein Schüler von Aristoteles, dessen Schriften den Griechen damals auch eine Welt erschloßen, an der sie bisher nicht sonderlich interessiert gewesen waren, die Welt der Technik.

Jetzt, im anbrechenden Hellenistischen Zeitalter, wurde sie mit Eifer und noch mehr Phantasie Schritt für Schritt erkundet. Findige Bastler konstruierten die absonderlichsten Apparate, darunter Wasserorgeln, die nicht nur Töne von sich gaben, sondern gleichzeitig einen ganzen Zoo künstlicher Tiere in Bewegung setzten. Sie entwickelten aber auch höchst modern anmutende Leuchttürme, riesige Schiffe mit vier bis fünf Ruderdecks, deren »Maschinenkraft« ausreichte, um selbst gegen den Wind vom Marmarameer in das Schwarze Meer zu fahren, und erstaunlich genaue Waagen.

Wer in diesen Jahren auf dem Markt in Byzantion einkaufte, bekam Ware auf das Gramm genau zugemessen. Er konnte freilich auch einem betrügerischen Purpurhändler in die Hände fallen, der seine Kunden übers Ohr schlug, indem er, wie Aristoteles schreibt, »Blei in einen Waagbalken goß oder das Holz nahe der Baumwurzel für das Waagende verwendete«.

Aber betrogen hat man zu allen Zeiten, allerorten und zumal in einer Stadt, die vom Handel lebte. Das Geld wurde schnell verdient und leicht ausgegeben. Die reichen Kaufleute liebten ausgedehnte Gastmähler, kunstlos erzählte Liebesromane mit Happy-End, grobe Komödien und gelegentlich wohl auch eine Party in den konzessionierten Bordellen, an deren Ertrag die kommunalen Behörden beteiligt waren.

Der amerikanische Historiker Herbert J. Muller spricht von der »etwas unrühmlichen Prosperität» Byzantions im Hellenistischen Zeitalter. Doch damit charakterisiert er nur einen Handelsplatz, dessen Bewohner die Umwelt mit sehr nüchternen Blicken betrachteten und ein mit Händen greifbares, mit Geld kaufbares Glück im komfortabel eingerichteten Winkel allen hochfliegenden Abenteuern und Plänen vorzogen.

Daß sie mit solchen Überzeugungen nicht allein standen, beweist im übrigen schon ein Ausspruch von *Euripides* (480–407 v. Chr.), der im Athen seiner Zeit beobachten konnte, wie selbst »ein Sklave geehrt wird, wenn er zu Reichtum gelangt ist«, während ein Freier, der arm bleibt, keine besondere Wertschätzung genießt.

Noch lapidarer hat im zweiten vorchristlichen Jahrhundert der Dichter *Bion* aus Smyrna denselben Tatbestand umrissen, als er feststellte: »Geld ist der Nerv aller Dinge.« Man wußte überall in Griechenland um die Macht des Goldes, nicht nur am Goldenen Horn.

Kein Platz für die Kunst

Dennoch dürfen wir uns das hellenistische Byzantion als ein ganz besonders »kapitalistisch« gesinntes Gemeinwesen vorstellen, eine Stadt, der es an großen und prächtigen Bauten sicherlich nicht gebrach, die aber weit davon entfernt war, eine so glänzende Metropole zu sein wie etwa Rhodos. Die Kaufleute, die auf der Roseninsel lebten, hatten der Kunst und Wissenschaft alle Tore geöffnet. Der Platz am Marmarameer dagegen blieb eine Residenz der reichen Leute, in der vieles eher protzig als schön gewirkt haben mag.

Diejenigen unter ihren Söhnen, die sich in den schönen Künsten oder auf dem Feld der Wissenschaften bewähren wollten, sind deshalb zum größten Teil in das benachbarte Pergamon, nach Athen, Rhodos oder mit ganz besonderer Vorliebe nach Alexandreia, dem Paris des Hellenistischen

Zeitalters, ausgewandert. Philon, der Ingenieur, hat sein achtbändiges Lehrbuch der Technik nicht am Bosporus, sondern in Ägypten geschrieben, und der Philologe *Aristophanes von Byzantion* (um 180 v. Chr.) ist ebenfalls am Nildelta zu Ruhm und Ansehen gekommen. Als Vorsteher der von *Ptolemaios II.* (283–246 v. Chr.) gegründeten Bibliothek hatte er Muße und Gelegenheit, den Homer ausführlich zu kommentieren und nebenbei auch noch die Interpunktionszeichen zu erfinden.

Die eigene Heimat konnte diesen Männern keine Entfaltungsmöglichkeiten bieten.

Asien unter griechischem Lack

Byzantion hat die ersten Jahrhunderte des Hellenistischen Zeitalters mehr oder weniger verschlafen. Als eine Stadt der Kaufleute, Hafenstadt zumal, war es zwar ständig in Kontakt mit allem, was sich zwischen Indus und Euphrat, am Nil und in Italien abspielte, aber partizipiert hat es an den großen geistigen und politischen Umbrüchen dieser Epoche nur auf seine eigene Art, also überwiegend durch merkantile Transaktionen.

Sicherlich, es mag Moden übernommen haben, gewisse Lebensanschauungen, technische Erfindungen, militärische Einrichtungen, es ist mitgeschwommen im Strom der Ereignisse, aber ein Brennspiegel war es weder für religiöse noch philosophische Strahlungen, von den künstlerischen zu schweigen – diese Aufgabe sollte es erst in späteren Jahrhunderten übernehmen, wie es auch sehr viel später erst selbst zu strahlen begann.

Dabei begannen sich die Probleme, an denen es in seiner großen Zeit leiden und beinahe zerbrechen mußte, gerade dieser Periode gesunden politischen Schlafes zum erstenmal abzuzeichnen.

Alexanders großer Traum, die Verschmelzung Asiens mit Europa, schien sich ja in der hellenistischen Epoche zu verwirklichen. Die Grenzen zwischen den beiden Welten waren niedergerissen. Asiatische Götterkulte fanden Eingang in Hellas, dem Zeus rauchten Altäre am Euphrat, man sprach Griechisch von der Adria bis zum Indus.

Aber schon zeigte sich auch, daß diese Verschmelzung nur oberflächlicher Natur war. Unter dem griechischen Lack lebte das alte Asien fort. Die eroberten Staaten hatten einige Lebens- und Ausdrucksformen übernommen, doch nur selten deren Sinn akzeptiert. Das trat überall zutage.

Herbert J. Muller weist darauf hin, daß etwa die Münzen der neu-persischen Parther, die sich am Ufer des Kaspischen Meeres etabliert hatten und den seleukidischen Herren von Syrien nach und nach immer größere Landmassen entrissen, zunächst noch griechischen Vorbildern entsprachen, dann aber von Ausgabejahr zu Ausgabejahr orientalischer wurden, bis sie sich wieder zu ihrer alten vor-alexandrinischen Form zurückentwickelt hatten. Ähnliches aber gilt für viele andere Einrichtungen des öffentlichen und kulturellen Lebens. Die aufgeprägte, fremde Form nützte sich ab, während andererseits die asiatischen Einflüsse auf griechisches Wesen an Intensität gewannen.

Schon Alexander war dazu übergegangen, sich, nach persischem Vorbild, göttliche Ehren erweisen zu lassen. Seine Nachfolger, die *Diadochen*, übertrafen ihn darin bei weitem. Sie ließen sich *Soter* (Erlöser) nennen, *Euergetes* (Wohltäter) und wie in Syrien und Ägypten bald auch *Theos* (Gott) oder *Epiphanes* (leibhaft erschienener Gott).

Der Wille zur Freiheit, den Herodot als das besondere Wesensmerkmal der Hellenen gepriesen hatte, schien in Asien rasch erlahmt zu sein. Die durch das Schwert besiegten Orientalen bezwangen ihre Eroberer dadurch, daß sie sie mit ihrer Denkweise infizierten, und gegen den Zauber des Ostens waren die Griechen keineswegs so immun, wie noch *Isokrates*, der antiasiatische Panhellenist, geglaubt haben mochte.

Die hellenistische Zivilisation, die sich aus der Vereinigung der beiden Kulturen entwickelte, war denn auch von griechischem Stil geprägt, lebte aber aus dem Geist Asiens und war insgesamt ein höchst explosives Gemisch. Darin glich sie bereits ganz derjenigen des byzantinischen Kaiserreiches, das Jahrhunderte später um die Stadt am Bosporus herum entstehen sollte.

Stadtstaat teuer abzugeben

Die Byzantiner des 3. vorchristlichen Jahrhunderts, weltläufig, gerissen, doch abhold allen »nutzlosen« Spekulationen, waren taub für das Trippeln der Taubenfüße, auf denen diese großen Ereignisse sich näherten. Sie beobachteten den Horizont der Wirklichkeit, sie horchten die Erde ab nach dem dumpfen Dröhnen marschierender Heere, aber sie beschwerten sich nicht mit Reflexionen über den Kampf der Geister hinter dem bunten Flickenteppich aus Aktualitäten.

Zu ihrer Entschuldigung muß jedoch gesagt werden, daß sie dazu auch gar keine Veranlassung besaßen. Sie lebten seit je an der Grenze zweier Welten. Das feindliche Aufeinanderprallen verschiedener Völker und Kulturen, ihre endliche Vermischung und das Aufblühen schillernder Symbiosen war ein Vorgang, der sich Jahrhunderte hindurch von Byzantion aus immer wieder hatte beobachten lassen. Die Stadt glich einer steinernen Loge über der riesigen Bühne, auf der Phryger, Lyder, Griechen, Perser in Frieden und Krieg ihre Kontroversen ausgetragen hatten und schließlich doch zusammengewachsen waren. Ihre Bürger mochten es denn auch als nicht sonderlich aufregend empfunden haben, daß nun aus West und Ost, aus Europa und Asien, ein Eurasien geworden war, dessen Physiognomie von den Zügen beider Welten geprägt war. Hatte man das nicht schon unter Kroisos und Dareios erlebt? Waren hier in Ionien die Gegensätze nicht immer wieder der gewaltigen Anziehungskraft erlegen, die auch zwischen ihnen wirkt? Für ein Gemeinwesen, das seit vierhundert Jahren im Wetterwinkel der Mittelmeerwelt existierte, schien es längst nichts Neues mehr zu geben unter der Sonne. Wer politisch richtig taktierte, würde schon irgendwie überleben.

Die abgeklärten Skeptiker in Byzantion, die derartige Parolen ausgaben, wußten genau, wovon sie sprachen. Sie waren am Ende des dritten vorchristlichen Jahrhunderts eben im Begriff, einen neuen und weitreichenden Schachzug zu tun. Die Periode stadtstaatlicher Herrlichkeit sollte zu Ende gehen. Selbständigkeit begann immer teurer zu werden, also wurde sie für den Preis der Sicherheit im Rahmen eines gefestigten Staatswesens angeboten.

Ein relativ unbekannter Kontrahent machte den Handel mit. Die Byzantiner krochen nicht bei einem der nahen Diadochenfürsten unter, nicht bei den Seleukiden, Ptolemaiern oder Makedonen. Sie verbanden sich vielmehr mit einer Republik im fernen Italien.

Mit geradezu unwahrscheinlichem Instinkt für das große politische Geschäft wählten sie *Rom* als neuen Bundesgenossen und setzten damit auf eine Macht, von der zu jener Zeit noch niemand wissen konnte, daß sie ein halbes Jahrtausend lang den Mittelmeerraum nahezu uneingeschränkt beherrschen würde.

Kapitel 3

IM BANNE ROMS

Ein Westeuropäer oder Amerikaner von heute, dem es gelänge, Griechenland unvoreingenommen von dem zu betrachten, was er im Gymnasium über das alte Hellas gelernt hat, würde nur selten erbeben bei dem Gedanken: Hier war es! Hier stand die Wiege unserer Kultur!

Abseits der weißleuchtenden Tempel, der Amphitheater und überwachsenen Sportarenen ist Griechenland ein Balkanstaat wie viele andere. Die Bauern in manchen Bergdörfern tragen Trachten, die man auch im Libanon findet, und der fatalistische Gleichmut, mit dem sie die Rosenkranzperlen durch die Finger gleiten lassen, scheint dem ihrer Standesgenossen in Anatolien verwandter zu sein als der Behäbigkeit der Holländer oder der sonnensatten Trägheit der Neapolitaner.

Über Griechenland liegt ein Hauch von Orient, den die Türken zurückgelassen haben. Aber auch die Römer dürfte diese Region bereits leise exotisch angemutet haben. Sie kamen wie wir, befrachtet mit dem Wissen um griechische Kultur und fanden eine für sie ziemlich fremdartige Welt, fanden Lässigkeit, elegante Schlamperei, gepflegten Zynismus und den durchdringenden Geruch der Edelfäule.

Nun wird freilich jeder, der den Balkan kennt, ihn auch lieben, zumal wenn er aus der Welt der allzu festen Grundsätze, der allzu klaren Begriffe und der allzu rechten Winkel kommt. Balkan ist Freiheit von dem allem, ist das Leben ohne feste Zeiteinteilung, ohne überragende Verpflichtungen und ohne tierischen Ernst.

Der Balkan ist aber auch schon das Vorfeld Asiens. Wer die Spur aufnimmt, die hier beginnt, der wird zu den Märchengärten von Isfahan finden, zur großen Moschee von Samarkand und zum Tadsch Mahal.

Die Römer nahmen sie auf und folgten ihr. Durch den Rauch der Holzkohlenfeuer in den griechischen Bergdörfern leuchtete ihnen der Glanz der Paläste von Pergamon, Seleukia, Antiocheia und Alexandreia. *Anatole*, der Orient, war für sie buchstäblich die Weltrichtung, aus der die Sonne des Geistes, der Kultur und des eigentlich lebenswerten Lebens leuchtete. Ihr »Ex Oriente Lux« ist eine schicksalhafte Chiffre, denn sie bezeichnet eine Sehnsucht und eine Bestimmung, der sie nicht entgehen konnten.

Rom lag ja am Rande der Welt. Westlich von Italien gab es ein paar griechische und phönizische Kolonien, im Norden dräute das barbarische Nichts, im Süden begannen die Weizenwüsten Nordafrikas. Im Osten aber befand sich alles, was zählte, was Form, Sinn, Namen und Macht hatte. Wollten sie nicht das bleiben, was sie am Ende des Ersten Punischen Krieges bestenfalls waren, eine Gemeinschaft von – freilich tatkräftigen – Klein- und Ackerbürgern, dann mußten sie versuchen, von diesem Licht der Zivilisation etwas für sich zu rauben.

Daß sie dabei Gefahr liefen, in der Flamme, auf die sie zustrebten, zu verbrennen, dürfte ihnen kaum bewußt gewesen sein. Sie waren in Kriegen gehärtet und bestens bewaffnet, und sie wußten nicht, daß Schwert und Schild keinen Schutz vor den Gefahren bieten, denen sie sich aussetzten.

Marsch nach Osten und kein Ende

In den Osten gelockt hat sie, nach ersten Engagements in Illyrien, der größte Gegner, der Rom jemals erstanden war, *Hannibal von Karthago* (247–182 v. Chr.). Sein Bündnis mit *Philipp V. von Mazedonien* (238–179 v. Chr.), seine späteren Versuche, auch die Herren von Bithynien und Syrien gegen ihren Staat zu mobilisieren – er soll in Mysien, am östlichen Marmaraufer *Prusa* gegründet haben, das heutige *Bursa* –, zwangen sie, die Adria zu überqueren und die makedonisch-afrikanische Allianz zu zerschlagen. Alles weitere ergab sich dann aus diesem ersten Schritt fast von allein. Sie hatten sich in die Interessenkonflikte gemischt, die im östlichen Mittelmeerraum ausgetragen wurden, und mußten daraus neue Konsequenzen ziehen.

Als Philipp nach einem langjährigen Krieg mit Rom und dessen Verbündeten, dem *Aitolischen Bund*, den Versuch unternahm, ganz Griechenland in seine Gewalt zu bringen, riefen Pergamon, Rhodos und Athen die Legionen zu Hilfe. Und als sich auch noch *Antiochos III. von Syrien* (242–183 v. Chr.) nach Philipps Ende in den Kampf einschaltete, war die junge Großmacht bereits in einen Weltkrieg von späthellenistischer Prägung verwickelt. Antiochos' Pläne zielten nämlich gleichzeitig auch gegen das ptolemäische Ägypten.

Diese Auseinandersetzungen aber auf der blutigen Tenne des Ostens, bei denen Allianzen, die heute geschlossen wurden, morgen schon zerbrachen, und Mächte, die man gestern noch als Verbündete betrachtet hatte, tags darauf im Lager des Gegners standen, waren durch einen oder selbst eine ganze Reihe militärischer Siege nicht zu entscheiden. Hinter jedem Hindernis, das mit Schwert und Stoßlanze aus der Welt geräumt worden war, erhob sich ein neues, das ebenfalls beseitigt werden mußte, wollte man den errungenen Erfolg nicht gefährden.

So wurden die Römer allmählich nach Asien hineingelockt. Als sie Antiochos bei den Thermopylen geschlagen hatten (191 v. Chr.), waren sie zwar die Herren Griechenlands, aber diese Position ließ sich nur halten, wenn sie nun die Ägäis überquerten und in das alte Ionien vorstießen.

Bei *Magnesia*, südlich von Pergamon, stand 190 v. Chr. L. Cornelius Scipio dem Herrn des Ostens gegenüber, und erneut fiel der Sieg der westlichen Macht zu. Auch das war eine Entscheidungsschlacht, auch das aber ein Erfolg, dessen Frucht neue Probleme sein mußten. Wie konnte der errungene Gewinn gesichert werden? Es gab in Anbetracht der relativ schwachen römischen Kräfte nur eine Lösung: Rhodos und Pergamon wurden durch Übereignung des ehemalig seleukidischen Besitzes in Kleinasien zu Großmächten aufgeblasen, Großmächten freilich, die ständig auf die Hilfe Roms angewiesen sein würden. Die Ackerbürger vom Tiber beherrschten nun den östlichen Mittelmeerraum, doch das hieß zunächst nur: Sie waren mit den Sorgen um eine Welt belastet, der sie (noch) nicht angehörten.

Sie hätten die Rolle des Kolonialherrn übernehmen können, der von der fernen Zentrale aus die eroberten Gebiete überwacht und ausbeutet. Aber dafür besaßen die Römer jener Zeit weder die verwaltungstechnische Erfahrung noch das entsprechende imperialistische Bewußtsein – das sollte sich erst später herausbilden. Außerdem waren sie, zumindest den Griechen gegenüber, zu sehr auch Liebende und Bewunderer, als daß sie ihre Welt mit Stiefeln hätten treten können. Die Rolle des großen Bruders aus dem Westen, des Schutz- und Schirmherrn, schien ihnen deshalb angemessener zu sein, zumal sie noch naiv genug waren, an einer solchen Aufgabe Gefallen zu finden.

Troianischer Ahnenpaß für Rom

Aus dieser politischen Verpflichtung ergaben sich bald auch ideologische Konsequenzen. Rom konnte die hellenische Welt nicht verteidigen, ohne sich mit ihr zu identifizieren, und es bemühte sich auch, das zu tun. Das erhellt vor allem die merkwürdige Tatsache, daß man am Tiber plötzlich die alte Überlieferung wieder auffrischte, die Römer stammten aus Kleinasien. Troia, so ging ja die Sage, sei die Mutterstadt Roms gewesen. Die von den Achaiern vertriebenen Dardaner hätten sich, unter der Führung des *Aeneas* nach Italien gerettet und dort, zusammen mit den Latinern, eine neue Siedlung gegründet – die spätere Ewige Stadt.

Diese Legende, die damals schon fast fünfhundert Jahre alt war, wurde jetzt ausgeschmückt, ergänzt und mit wissenschaftlichen Methoden verifiziert. Vor allem *Attalos III.* (138–133 v. Chr.), König von Pergamon, war daran gelegen, sie am Leben zu erhalten. Solche mythischen Bande konnten sein Bündnis mit den Römern nur festigen. Die Gelehrten an seinem Hof waren es denn auch vor allem, die mit ameisenhaftem Eifer Beweisstück um Beweisstück zusammentrugen und in den Bau der großen Fiktion einfügten. Sie wiesen etwa darauf hin, daß Homer die Bedeutung des Aeneas stark unterstrichen und mehrmals auf seine künftige Bedeutung hingewiesen habe; auch sei kein anderer der in den Troianischen Krieg verwickelten Helden so oft von den Göttern persönlich aus Not und Gefahr gerettet worden, wie gerade der Sohn des *Anchises* und der *Venus*.

All das klang immerhin so überzeugend, daß noch moderne Historiker gelegentlich eine Verbindung zwischen den verschwundenen Troianern und den geheimnisvollen Etruskern nachzuweisen suchen.

Hundertfünfzig Jahre später hat *Vergil* (70–19 v. Chr.) dann aus diesem Stoff seine *Aeneis* geschaffen, das Nationalepos der Römer, das die augusteische Ordnung mythologisch untermauerte und zu deuten versuchte – zu deuten aber eben von Homer, von Griechenland, von der vielumstrittenen Meerenge her.

Rom soll verlegt werden

Für einen der bedeutendsten Römer hatte diese Sage sogar eine ganz persönliche Bedeutung. *Gaius Iulius Caesar* (100–44 v. Chr.) galt als direkter Nachkomme des troianischen Helden. Der Begründer seines Geschlechts soll *Ascanius* gewesen sein, der Sohn des Aeneas, der als *Iulus* zum Stammvater der *Iulier* wurde. Caesar hat alles getan, diese Legende am Leben zu erhalten.

Als junger Mann lernte er zum erstenmal die Heimat des Ahnherrn kennen. Sein damaliger Chef, Marcus Thermus, der Statthalter der Provinz Asia, kommandierte ihn nach Bithynien ab, wo er »über Gebühr lange bei dem König Nicomedes verweilte *(der längst mit Rom verbündet war)*, nicht ohne das böse Gerücht, daß er dem König seine Keuschheit preisgegeben habe« (Sueton). Von dort aus mag er bis an die Dardanellen vorgedrungen sein, mag auch Byzantion kennengelernt haben und die Städte in seiner Nachbarschaft.

Was ihn dabei aber sicherlich mehr beeindruckt hat als alle Erinnerungen an die Gesänge Homers und alle priapischen Freuden, waren der ungeheuere Verkehr, der täglich die Engen passierte, und die strategisch günstige Lage der Siedlungen rund um die ungeheuere Schiffsfalle, die das Marmarameer sein konnte, wenn man es beherrschte. Das läßt sich unter anderem auch daraus schließen, daß er später, als er selbst an der Spitze des Imperium Romanum stand, zuweilen mit dem Gedanken gespielt hat, seine Hauptstadt an die Straße von der Ägäis zum Pontus zu verlegen. »Es ging damals«, erzählt Sueton, »das Gerücht um, er werde nach Alexandreia oder Ilion umsiedeln, alle Machtmittel des Reiches aus dem durch Aushebungen erschöpften Italien dort konzentrieren und das Regiment in Rom seinen Freunden überlassen.«

Mag diese Mär nun auch zum Teil aus den wehmütigen Anspielungen des alternden Feldherrn auf seine mit Kleopatra verbrachten Tage gespeist worden sein, daß man sie ernst nahm, beweist schon, wie sehr sich Roms Situation in den wenigen Jahrzehnten verändert hatte, die seit dem Ende des Ersten Mazedonischen Krieges verstrichen waren. Die Hauptstadt am Tiber galt schon nicht mehr als die am günstigsten gelegene Zentrale. Das Schwergewicht des Imperiums lag im Osten. Dort befanden sich seine reichsten Provinzen, seine ergiebigsten Macht-, Kraft- und Geldquellen, dorthin hatte sich das Interesse verlagert.

Asien den Asiaten

Syrien und Palästina waren um diese Zeit in römischer Hand, und die Könige von Pergamon und Bithynien hatten ihre Länder testamentarisch dem Senat der Tiberstadt vermacht – eine Entscheidung, die die Klugheit und Einsicht dieser Herrscher eindrucksvoll unter Beweis stellt.

Byzantion, der unabhängige Stadtstaat, war den beiden hellenistischen Herrschern auf diesem Weg vorangegangen. Als Attalos III. starb, konnte die Bosporusstadt bereits die achtundsechzigste Wiederkehr des Tages feiern, an dem ihre Vertreter sich (201 v. Chr.) dem Schutz der Legionen unterstellt hatten. Die ehemalige megarische Kolonie – die Römer nannten sie *Byzantium* – war dem Imperium als freie Stadt angegliedert worden und hatte sich damit weitere 100 Jahre der Ruhe erkauft.

Byzantium blieb auch römisch, als die *Mithradatischen Kriege* Roms Herrschaft über Kleinasien ein letztes Mal in

Frage stellten. Zusammen mit Pergamon und Bithynien war es in diesen Konflikt verwickelt worden, wenn auch nur in seiner Funktion als Kriegshafen der römischen Flotte und Hauptquartier der gegen den Pontier kämpfenden Legionen.

Mithradates VI. (111–65 v. Chr.), König von Pontus, war eine der wildesten und eigenwilligsten Herrschergestalten, die der hellenisierte Osten im letzten vorchristlichen Jahrhundert hervorgebracht hat. Wie Antiochos III. von Syrien gab er sich als Grieche, gebrauchte die Sprache Homers und versammelte an seinem Hof alexandrinische, athenische und rhodische Philosophen. Aber wie der Syrer konnte er damit nicht verbergen, daß er ein Orientale reinsten Wassers war.

Die Münzen, die er herausgab, führten den thronenden Zeus auf der einen, Halbmond und Stern, das alte asiatische Symbol für Tag und Nacht (der Stern ist die Sonne), auf der anderen Seite. Sein Reich umfaßte einen großen Teil Ost-Anatoliens, Südrußlands und die Krim. Seine Residenz Sinope an der heutigen türkischen Schwarzmeerküste war mit prächtigen Bauten geschmückt. Seine Schätze, die eine lebensgroße Goldstatue von ihm selbst enthielten, galten als unermeßlich groß, seine Armee als unschlagbar.

Pontus unterhielt einen regen Handel mit allen innerasiatischen Staaten und diplomatische Beziehungen selbst zum Hof von Peking. Seine Herrscher nannten sich, nach persischem Vorbild, »König der Könige«. Ihre Regierung war despotisch.

Ursprünglich war Pontus mit Rom verbündet gewesen. Aber als der Senat dann eine Schenkung widerrief, die er dem Vater Mithradates' VI. gemacht hatte, weckte er in dem Sohn einen tödlichen Haß, der sich in drei blutigen Kriegen entladen sollte.

Gerechtfertigt freilich hat jener seine Angriffsvorbereitungen mit anderen Argumenten. Sie lauteten in Kurzfassung etwa »Großgriechenland den Griechen«, aber das konnte man ruhig schon mit »Asien den Asiaten« übersetzen.

Der Widerhall, den diese Parole in Pergamon, Galatien und Bithynien fand, war erstaunlich groß. Die pro-römische Stimmung in diesen Ländern begann schon wieder abzuflauen, und ihre Bürger warfen sich dem Pontier in die Arme, als er 88 v. Chr. seinen Vormarsch nach Westen begann. Durch die *Vesper von Ephesos*, bei der 80 000 Römer auf Mithradates' Befehl ermordet wurden, besiegelten sie ihren Bund mit ihm und den alten Göttern Griechisch-Asiens.

In kürzester Zeit drang der »König der Könige« nun bis an den Bosporus vor, verlegte seinen Regierungssitz nach Pergamon und setzte schließlich sogar nach Griechenland über, wo ihm Athen, ohne Widerstand zu leisten, seine Tore öffnete. Byzantium hielt aus.

Seeschlacht am Bosporus

Byzantium behielt letzten Endes recht. Der schnelle Sieg des Pontiers war nur deshalb möglich gewesen, weil Rom, vom Kampf gegen die italienischen Bundesgenossen (91–89 v. Chr.) noch geschwächt, seine Kräfte in einem Bürgerkrieg verzettelte. *Sulla* (138–78 v. Chr.) kämpfte mit *Marius* (156–86 v. Chr.) um die Macht im Staate. Er konnte erst nach Osten aufbrechen, als der Rivale besiegt war.

Dann aber schlug er Mithradates in vier großen Schlachten und zwang ihn zum Frieden. Ausbauen freilich konnte er seinen Erfolg nicht, weil die inzwischen wieder erstarkten Marianer seine Stellung erneut bedrohten und er deshalb zurückeilen mußte, um sie noch einmal niederzuwerfen. Das verschaffte dem Herrn von Pontus die Gelegenheit, seine Kräfte noch einmal zu sammeln und einen zweiten Schlag vorzubereiten. Nach einer zehnjährigen Pause, die nur von kleineren Auseinandersetzungen unterbrochen worden war, rückte er mit 100 000 Mann Infanterie, 16 000 Reitern sowie 100 Sichelwagen erneut gegen Rom vor und fiel in Bithynien ein, das sich eben dem lateinischen Imperium angeschlossen hatte.

Seine 400 Segel zählende Flotte drang zur gleichen Zeit ins Marmarameer vor, wo sie dem schwachen römischen Geschwader, das in Chalkedon stationiert war, eine blutige Schlacht lieferte. Die Bürger von Byzantium konnten von den Zinnen ihrer Stadtmauer aus beobachten, wie die hölzernen Schiffsrümpfe aufeinanderkrachten, wie die armenischen, galatischen, kaukasischen Söldner des Mithradates die römischen Galeeren enterten, deren Besatzungen niedermetzelten und die wenigen Schiffe, die sich bis zuletzt gehalten hatten, in die Flucht schlugen.

Die starke Festung über dem Horn brauchte selbst keinen Angriff zu befürchten. Ihr Hafen war abgesperrt, ihre Wälle waren besetzt, ihre Katapulte gespannt. Der pontische Admiral hätte nicht die geringste Aussicht gehabt, sie zu erobern.

Rom gab sich auch nach dieser Niederlage nicht geschlagen. *Licinius Lucullus* (117–57 v. Chr.), der Vertreter Sullas, ein hochgebildeter Griechenfreund, warf seine schwachen Truppen der Armee des Mithradates entgegen und trieb ihn bis weit nach Armenien hinein zurück. Aber als er auch noch *Artaxata* erobern wollte, eine seleukidische Pflanzstadt in der Nähe des heutigen *Eriwan* (Hauptstadt der Sowjetrepublik Armenien), meuterten seine Truppen, der Senat berief ihn ab.

Lucullus zog sich daraufhin ins Privatleben zurück und kultivierte jenen Lebensstil, den wir immer noch lukullisch nennen, während der grobschlächtigere *Pompeius* sein Werk fortsetzte. Er trieb den Pontier in den Kaukasus hinein, wandte sich dann aber nach Süden, um in Palästina den Thronstreit zwischen zwei makkabäischen Prinzen zu schlichten und für einen von ihnen Jerusalem zu erobern. Im Feldlager von Jericho erreichte ihn schließlich die Nachricht vom Tod Mithradates'. Der »König der Könige« hatte sich in *Pantikapeion* (Kertsch) auf der Krim selbst entleibt. Mit ihm starb fürs erste der asiatische Widerstandswille. Daß Caesar im Jahr 47 v. Chr. noch einmal gegen Mithradates' Nachfolger antreten mußte, läßt nicht darauf schließen, daß er wieder erstarkt sei. Die Schlacht bei Zela brachte Caesar einen leichten Sieg über Pharnakes; veni, vidi, vici, kommentierte er kurz dieses Treffen.

Eine Straße nach Byzantium

Das heißt jedoch nicht, nach der Schlacht bei Zela hätte den Römern von Asien her keine Gefahr mehr gedroht. Im Gegenteil: So wie die griechischen Nachfolger Alexanders des Großen allmählich orientalischem Geist und orientalischen Sitten erlegen waren, so sahen sich die Römer jetzt östlichen

Einflüssen ausgesetzt, die man, von ihrer Tradition her gesehen, durchaus als zersetzend bezeichnen muß. Selbst *Octavian* (30 v. Chr. bis 14 n. Chr.) widerstand ihnen nur mit Mühe.

Er hat zwar nach dem Sieg über seinen Widersacher *Marcus Antonius* (82–30 v. Chr.) den Titel *Augustus*, der Erhabene, angenommen, er ließ sich vom Senat die volle Herrschergewalt auf Lebenszeit übertragen, ernannte sich selbst zum höchsten römischen Priester, akzeptierte den weiteren Titel *Pater patriae* und war damit dem Gottkönigtum östlicher Prägung schon sehr nahegekommen, aber er duldete, in Rom zumindest, niemals die Einführung des hellenistischen Kaiserkultes. Wer ihm Trankopfer darbringen wollte, mußte sie an seinen Genius, eine Art persönlichen Schutzgott adressieren, nicht an ihn – ein feiner Unterschied nur, gewiß, aber doch ein Zeugnis des Widerstandes gegen asiatischen Geist.

In der östlichen Provinz dagegen ließ er sich als Gott verehren. Das mochte hier durchgehen, weil es den Landessitten entsprach. Es läßt aber auch bereits deutlich werden, daß seine Haltung letztlich auf einem Kompromiß basierte. Die alte römische Staatsidee lebte in der Tiberstadt nur noch unter künstlichen, unter Glashausbedingungen fort. Fielen die aber weg – und ewig würden sie sich nicht aufrechterhalten lassen –, dann hatte der Orient auch Rom erobert. Er befand sich bereits im Anmarsch.

Die Wege, deren er sich bediente, waren nicht zuletzt die des Handels. Aus Asien kamen Baumwolle, Melonen, Datteln und Feigen. Den besten Stahl kaufte man in Kleinasien, Persien, Indien und China. Und alle diese Produkte erreichten nicht etwa nur sporadisch das Zentrum des Imperiums, sie kamen regelmäßig, in großen Mengen, über längst bekannte Schiffsrouten, über die persischen Straßen, die wiederum mit dem chinesischen Verkehrssystem Verbindung hatten, kamen auf Lastwagen und auf den Rücken geduldiger Esel.

Mit den Händlern aber wanderten die Vaganten, die Poeten, die Philosophen, die für die Verbreitung von Meinungen, Moden und Informationen sorgten. Wie eine Flut wogte das auf die Hauptstadt am Tiber zu, mußte von ihr aufgesogen und verarbeitet werden.

Byzantium war nach wie vor für alle diese Güter, die geistigen wie die materiellen, ein wichtiger Umschlagplatz. Es besaß seit 146 v. Chr. mit der *Via Egnatia* einen direkten Anschluß an die *Appische Straße*, die in *Brundisium* (Brindisi) endete. Über *Dyrrhachium* (Durazzo in Albanien) und *Thessalonike* (Saloniki) erreichten römische Kuriere den Bosporus, asiatische Güter auf umgekehrtem Wege Rom.

Mit dem Ausbau des römischen Straßensystems – sowohl Augustus als auch sein Nachfolger *Tiberius* (37–41 n. Chr.) trieben ihn gewaltig voran – erweiterten sich die Austauschmöglichkeiten auf kommerzieller wie kultureller Ebene dann noch mehr.

Schließlich war Rom selbst von der fernsten Provinzstadt aus in weniger als sechs Wochen zu erreichen. Asien rückte näher an Europa heran, die einzelnen Völker lernten sich kennen, und schon bald galt am Tiber nicht mehr als exotisch, was noch zu Marius' Zeiten Gelächter und Aufsehen erregt hätte.

Die Bedeutung Byzantiums aber wuchs in dem Maße, in dem der Reichskörper an Umfang zunahm. Die Grenze gegen die nichtrömische Welt, die für kurze Zeit mit dem Bosporus zusammengefallen war, verschob sich immer weiter nach Osten, die Gründung des Byzas rückte ins Kerngebiet des Reiches, und allmählich wurde aus dem Außenposten eine zentrale Drehscheibe.

Westliches und Östliches trafen am Goldenen Horn zusammen, mit Asiatischem war man seit Jahrhunderten vertraut, die römische Ordnung hatte man akzeptiert. Wenn sich also irgendwo die verschiedenartigen kulturellen Elemente des Imperium Romanum in einer vielleicht nicht harmonischen, aber sicherlich praktikablen Mischung vereinigten, dann hier in Byzantium. Seine Bürger würden auf alle Fälle anpassungsfähig genug sein, jedem Regierungsstil, den man in Rom gerade bevorzugte, das Beste abzugewinnen.

Kaiser kommen, Kaiser gehen

In Rom entschied sich *Gaius Caesar Germanicus* (37–41 n. Chr.), der Nachfolger des Tiberius, den man im Volk *Caligula*, Soldatenstiefelchen, nannte, für den hellenistisch-asiatischen Stil. Er spielte mit dem Gedanken, nach ägyptischem Brauch seine Schwester *Drusilla* zu ehelichen, führte das orientalische Hofzeremoniell ein und ließ sich als Gott verehren. Er war auch der erste römische Herrscher, der am »Caesarenwahn« litt, weshalb seine Offiziere es für angebracht hielten, ihn nach knapp vierjähriger Regierungszeit zu ermorden.

Caligulas Bruder *Claudius* (41–54) versuchte zur augusteischen Form zurückzukehren. Aber schon mit seinem Nachfolger *Nero* (54–68) schlug das Pendel erneut in die andere Richtung aus. Im Jahr 68 n. Chr., das insgesamt vier verschiedene Kaiser erlebt hatte, kam dann mit *T. Flavius Vespasianus* (69–79 n. Chr.) wieder ein Princeps von alter römischer Art auf den Thron – um ihn zehn Jahre später an *Titus* (79–81) abzugeben, der ihn dem blutrünstigen *Domitian* (81–96) räumte.

Auf ihn folgten die Adoptivkaiser. Unter *Traian* (98–117) erreichte das Imperium seine größte Ausdehnung. Er stieß bis an die Karpaten und bis ins Donaudelta vor, eine Maßnahme, von der vor allem Byzantium und die Küstenstädte am Schwarzen Meer profitierten. Der Osten wurde in nahezu amerikanischem Tempo kolonialisiert. Die Städte prosperierten wie niemals zuvor. Nur in ihrem Steuergebaren waren sie der kaiserlichen Bürokratie unterworfen, alle anderen Aufgaben konnten sie nach eigenem Gutdünken und in eigener Regie angreifen. Im übrigen war der Regierungsstil Traians wieder von traditionellen Prinzipien bestimmt, und das galt auch für den seines Nachfolgers *Hadrian* (117–138), obwohl der bereits zu den Kaisern gehörte, die sich lieber im griechischen Osten als in Rom aufhielten. Athen war seine Lieblingsstadt, und Byzantium erhielt von ihm eine neue Wasserversorgungsanlage gestiftet.

Rom aber war auch unter Hadrian Rom geblieben, die Metropole des Staates, in der die Provinzialen nicht viel zu bestellen hatten, und es blieb lateinisch noch unter *Antoninus Pius* (138–161 n. Chr.) und *Marc Aurel* (161–180), ja selbst unter dem blutrünstigen Muskelprotz *Commodus* (180–192), der sich zur Inkarnation von *Hercules* und *Mithras* erklärt hatte, dem zoroastrischen Sonnengott, welcher seit dem letzten vorchristlichen Jahrhundert vor allem die Legionäre in seinen Bann zog.

Doch dann neigte sich die Waage erneut und tiefer als jemals zuvor nach Osten. *L. Septimus Severus* (193–211) aus *Lepcis* in Tripolitanien bestieg nach heftigen Kämpfen den Thron. Im Verlauf dieses Bürgerkrieges war auch die Stadt Byzantium bis auf ihre Grundmauern zerstört worden.

Der erste Tod von Byzantium

Seine Bürger hatten in den Wirren, die nach dem Tod des Commodus ausbrachen, auf die falsche Karte gesetzt, hatten geglaubt, *C. Pescennius Niger*, ein General, der von den Legionen des Ostens auf den Schild gehoben worden war, würde der nächste Imperator sein. Sie sahen sich bitter enttäuscht.

Während Niger seine Zeit in Antiocheia vertrödelte, eilte Severus nach Rom, stieß den schwächlichen Sechzig-Tage-Kaiser *Didius Julianus* (193) vom Thron, arrangierte sich mit einem dritten Rivalen, dem in Britannien gekürten *D. Clodius Albinus* (193) und marschierte nach Osten, um seinen letzten aus dem Weg zu räumen.

Byzantium, das von den Vorgängen in Rom erfahren haben muß, hätte nun nach erprobter Übung mit dem neuen starken Mann verhandeln und dann die Tore öffnen können. Aber es entschloß sich seltsamerweise dieses Mal für Widerstand. Hat es den Kräften, die Niger vertrat, mehr vertraut als denen des Westens?

Die byzantinischen Soldaten besetzten sämtliche Mauern und begrüßten die heranrückenden Legionen des Severus mit dichten Steinsalven, während Niger, in ersten Gefechten bereits geschlagen, über das Marmarameer nach Osten floh. Die Truppen des Tripolitaners schritten zur Belagerung. Sie stellten mächtige Wurfmaschinen auf, die Steine von Mannskopfgröße zu schleudern vermochten, und Speergeschütze mit einer Reichweite von mehr als achthundert Metern. Gräben wurden vorgetrieben und Belagerungstürme herangeschoben. Aber immer wieder gelang es den Verteidigern, die schon auf die Mauerkrone gesprungenen Legionäre zurückzustoßen und ihre Angriffe in blutigen Ausfallgefechten abzuweisen. Die Byzantiner bewiesen endlich einmal, daß sie auch kämpfen konnten.

Sie hielten sich nahezu zwei Jahre, versorgt durch Schiffe befreundeter Städte, die den Belagerungsring auf See durchbrachen und – bei Nacht und Nebel – ins Goldene Horn einliefen. Doch die Preise, die für solche Hilfsdienste zu zahlen waren, stiegen mit der wachsenden Gefahr. Die Schatzkammern von Byzantium leerten sich rascher, als seine Bürger es erwartet haben mochten. Die Kräfte der Verteidiger nahmen ab.

Sykae, das Außenfort, war gefallen, und innerhalb des Mauerringes spielten sich Szenen ab, wie sie aus allen Belagerungen der Geschichte überliefert sind: Aufläufe, Demonstrationen, Zwist im Rat, Verzweiflungsausbrüche, Jagd nach angeblichen Spionen, nach Hamsterern und Lebensmittelfälschern, ungerechtfertigte Prozesse, Hinrichtungen, Massenhysterie. Das Kriegsrecht herrschte, und nur unter seinem Zwang hielten die Kaufherren und die Legionäre Nigers sich schließlich noch aufrecht.

Sicher stärkte ihnen auch das eigene Traditionsbewußtsein, das Wissen um die eminente Bedeutung des Platzes, für den sie fochten, die Rücken. Sicher wurden Versuche unternommen, mit dem Gegner zu einem Arrangement zu kommen und Hafen samt Festung als Preis für einen akzeptablen Frieden anzubieten. Aber auch die letzten Reserven an Hoffnung schwanden dahin, als es sich zeigte, daß Severus unerbittlich bleiben würde. Er verzieh nicht, daß dieses Gemeinwesen es gewagt hatte, sich seinem Siegeslauf in den Weg zu stellen. Er bestand auf bedingungsloser Übergabe.

So wurde weitergekämpft bis zu dem Tag, an dem eine Mauerbresche nicht mehr aufgefüllt werden konnte und die Belagerer sich brüllend in die Stadt hineinzwängten. Ein letzter Verzweiflungskampf in den Straßen, dann trieben die ersten Rauchwolken von brennenden Wohnhäusern durch die Luft, weithin sichtbar am ganzen Marmarameer. Auf Plätzen und Gassen tobte die plündernde Soldateska. Man schrieb das Jahr 195.

Severus in Rom gab den Befehl, Byzantium von der Landkarte verschwinden zu lassen. Es sollte auf die Größe eines Dorfes reduziert, seine Stadtrechte an die Nachbargemeinde Perinthos übertragen werden. Der Befehl wurde ausgeführt. Die alte Kolonie der Megarer, die blühende und mächtige Handelsmetropole am Goldenen Horn, starb 870 Jahre nach ihrer Gründung zum erstenmal.

Auf Severus, der in Rom eine Hofhaltung von eindeutig orientalischem Gepräge ins Leben rief und sich selbst zum »Gott« erhob, folgte sein Sohn, Caracalla (212–217).

Dieser *Caracalla* – sein wirklicher Name lautete *Bassianus*, sein offizieller *Marcus Aurelius Antonius*, Caracalla, Kapuzenmantel, nannte man ihn nur, weil er fast ausschließlich in diesem militärischen Kleidungsstück zu sehen war –, dieser Caracalla gehörte dann wieder zu den großen Scheusalen auf dem römischen Thron. Er ermordete seinen Bruder und Mitkaiser *Geta*, nachdem er vorher noch den Plan entworfen hatte, ihm den östlichen Teil des Reiches zu überlassen und sich selbst nur den Westen vorzubehalten. Die Trennungslinie zwischen beiden Gebieten sollte die Meerenge sein, mit Byzantium als Grenzfestung. Im übrigen bezog er die Leitbilder für seine Politik vor allem aus dem alten hellenistischen Arsenal. Alexanders Traum vom europäisch-asiatischen Weltreich sollte unter seiner Regierung verwirklicht werden. Über unsystematische Ansätze dazu kam er jedoch nicht hinaus. Der positivste davon: Durch die *Constitutio Antoniniana* wurde allen freigeborenen Untertanen des Kaisers das römische Bürgerrecht gewährt.

Eine andere Tat sicherte ihm – für kurze Zeit – den Dank der Byzantiner. Er hatte seinen Vater dazu überredet, die Stadt am Goldenen Horn wieder in ihre alten Rechte einzusetzen und sie neu aufbauen zu lassen. Als *Augusta Antonina*, nach Caracalla benannt, erstand sie aus der Asche.

Die erste Wiedergeburt

Sie erstand prächtiger und größer, als sie zuvor gewesen war. Die Landmauer wurde um vierhundert Meter nach

Westen versetzt, wodurch sich die Stadtfläche auf das Doppelte der ursprünglichen Ausdehnung vergrößerte. Der alte Haupteingang in die Festung, das ehemalige Thrakische Tor, rückte fast ins Zentrum der City und wurde durch einen goldenen Meilenstein ersetzt, das *Milium*, das später als Mittelpunkt des ganzen römischen Reiches galt.

Welche Stärke die neuerrichteten Befestigungsanlagen hatten, läßt sich nur vermuten und aus spärlichen Resten rekonstruieren. Nach den damals geltenden Maßstäben müssen die Mauern aber mindestens neun Meter hoch und vier Meter dick gewesen sein. Schwächere Konstruktionen hätten keine Chance gehabt, den Belagerungsmaschinen jener Zeit zu widerstehen. Notwendig war außerdem ein rund dreißig Meter tiefer unbebauter Raum hinter den Wällen, der die rasche Verschiebung der eigenen Kriegsmaschinen ermöglichen und die Brandgeschosse auffangen sollte, die über die Mauer geflogen kamen.

Vor den Wällen durfte ebenfalls bis zu einer Entfernung von mindestens zweihundert Metern kein privater Bau errichtet werden. Diese freie Fläche benötigte man für Sperren aller Art, zu denen insbesondere ein Hindernissystem gehörte, wie es bereits Philon von Byzantion in seinen kriegstechnischen Schriften empfohlen hatte: drei parallele Gräben, die dreißig Meter breit und so tief sein mußten, wie der Boden es eben zuließ.

Auf den Erddämmen zwischen den Gräben errichtete man eine Art Drahtverhau aus Dornen und spitzen Ästen. In deren Gewirr hatte man kleine Glocken aufgehängt, die den Alarm auslösen sollten, wenn feindliche Spähtrupps sich anzuschleichen versuchten.

Besonders stark befestigt waren natürlich die Eingänge in die Stadt. Sie sicherte man durch Vorwerke und mächtige Türme, vor allem das Haupttor, von dem eine gerade Straße direkt ins Zentrum führte.

In Byzantium war das eine breite Avenue, die spätere Stadtväter auf beiden Seiten mit prächtigen Säulengängen versahen. Sie wurde zur Hauptstraße des neuen, nun wirklich römisch gewordenen Municipiums.

Zu den Bauten, die links und rechts von ihr entstanden, gehörte ein mächtiges Amphitheater am Fuße des Hügels, auf dem die ersten megarischen Kolonisten sich niedergelassen hatten, das *Theatrum Maius* und ein Hippodrom im Süden der Stadt, dessen Rennbahn am äußersten Ende von Säulen gestützt werden mußte, da der Baugrund für eine ebenerdige Konstruktion zu hügelig war.

Badefreuden und Lebenslust

Eleganter als diese mächtigen Steingebilde waren die *Bäder des Zeuxippos* am Nordende der Rennbahn: ein marmorner Palast, ausgestattet mit allem Luxus jener Zeit. Hier traf sich die vornehme Welt der neuerblühenden Handelsstadt, hier schwitzte man gemeinsam, stieg plaudernd ins kalte Wasser, ließ sich einölen, massieren, die Achselhöhlen enthaaren, besprach die Geschäfte wie das Private und verrichtete auf langen marmornen Bänken, unter deren Sitzlöchern das Wasser dahinschoß, mit achtsam gerafften Gewändern und immer noch plaudernd sein Bedürfnis.

Händler mischten sich in das Gedränge, verkauften Obst, Süßigkeiten, Limonaden, und wenn in Rom nicht gerade ein besonders sittenstrenger Kaiser regierte, wie Traian oder Marc Aurel es gewesen waren, dann ließen sich auch Frauen aller Gewänder ledig im dampfumwölkten *Calidarium* sehen, um sich anschließend im *Frigidarium* wieder abzukühlen.

Für das Volk wurde vor den Mauern ein größeres, weniger elegantes Badehaus eingerichtet, in dem man an einem Tag bis zu zweitausend Menschen abfertigen konnte und das mit Petroleum geheizt wurde.

Es lebte sich angenehm im neuen Byzantium. Die Straßen waren besser gepflastert als früher. Nach römischem Vorbild öffneten sich die einstmals festungsartig abgeschlossenen Häuser zur Straße hin. Dem Wohnblock waren Flügel angebaut, in denen sich Schlafzimmer und die Privatbäder befanden. In den Gärten zog man Blumen und andere Zierpflanzen.

Allerdings standen die prächtigsten Wohnhäuser nicht innerhalb des Mauerrings, wo der Raum beschränkt und der Boden teuer war, sondern vor den Wällen, am Ufer des

Marmarameeres, des Bosporus und auf der nördlichen Seite des Horns. Dort erhoben sich marmorweiß, von Säulenreihen flankiert, die Villen der Reichen. Sie waren mit Kunstwerken ausgeschmückt, mit Wandmalereien verziert, für Wochenendaufenthalte ebenso geeignet wie für die rauschenden Sommerfeste, zu denen man mit Vorliebe immer noch phrygische Flötenspieler und lydische Tänzerinnen verpflichtete.

Als allgemeiner Treffpunkt aber galt nach wie vor das *Forum*, die alte Agora, das, von der vergoldeten Statue des Sonnengottes überragt, Börse und Klubraum zugleich war. Insgesamt dürften damals zwischen vierzig- und fünfzigtausend Menschen in Byzantium gelebt haben, ein buntes Völkergemisch aus Griechen, Römern, Galatern, Syrern, Persern und Arabern. Matrosen der durchfahrenden Schiffe kamen hinzu, Händler aus allen Weltgegenden, gelegentlich auch wohl schon feierlich stelzende Chinesen in langen seidenen Gewändern. Waren aus allen Ländern der Erde stapelten sich in den Läden. Der Duft ostindischen Sandelholzöles kämpfte erfolglos gegen Fischgestank und Kneipenmief an, aber die Winde, die von allen Seiten in die hochgebaute Siedlung hineinfuhren, sorgten dafür, daß die Luft nie alt und stickig wurde.

Die Byzantiner müssen ihren plötzlichen Wiederaufstieg, die Häufung von kaiserlichen Geschenken, nach der eben erst exekutierten harten Strafe wie ein Wunder empfunden haben. Vielleicht aber registrierten sie dies alles auch nur als eine Bestätigung ihres Glaubens an die Bedeutung der Stadt, in der sie lebten. Unwahrscheinlich ist es nicht, denn sie waren stolz und von Regungen wie etwa Reue oder Dankbarkeit nicht eben geplagt. Das zeigt sich unter anderem daran, daß sie den neuen Namen, den ihnen der Kaiser verliehen hatte, ziemlich rasch wieder vergaßen. Die Bezeichnung Augusta Antonina dürfte sich kaum länger als vier Jahre gehalten haben, denn länger konnte auch Caracalla nicht als Augustus bestehen.

Mit den Kaisern wechseln die Götter

Sein Nachfolger, der Syrer *Elagabal* (218–222) hat diese Eigenmächtigkeit der Byzantiner wahrscheinlich kaum notiert. Er war vollauf damit beschäftigt, einem Gott zu dienen, als dessen Verkörperung ein schwarzer Stein galt.

Ihm baute er in Rom ein prächtiges, edelsteingeschmücktes Heiligtum, ihn führte er im Hochsommer in feierlichem Zug aufs Land hinaus, vor ihm tanzte er bei öffentlichen Gottesdiensten in einem Chor syrischer Weiber, verzückten Gesichtes und selbst wie eine Frau in weiße Seide gehüllt. Doch sein Treiben währte ebenfalls nicht länger als vier Jahre, dann erschlug man ihn.

Man erschlug auch seinen Nachfolger, den *Severus Alexander* (222–235), und erlebte noch einen Drei-Jahres-Kaiser und insgesamt vier Herrscher, die sich in ein Regierungsjahr teilen mußten, ehe *Philippus Arabs* (244–249) an die Macht kam, ein Beduine aus dem südöstlichen Syrien. Er gehörte zu den wenigen späten Imperatoren, die noch einmal versuchten, einen Damm gegen den zunehmenden sittlichen und politischen Verfall des Reiches aufzurichten und seine Auflösung hinauszuzögern.

Aber nicht nur deswegen ragt er aus der Reihe seiner unmittelbaren Vorgänger und Nachfolger heraus. Er war auch der erste römische Herrscher, von dem man behauptet, daß er ein positives Verhältnis zum Christentum gehabt habe. Offiziell verehrte er zwar, wie die meisten Orientalen, die vor ihm den Thron innegehabt hatten, den Baal, einen semitischen Fruchtbarkeits- und Sonnengott, doch das Gerücht, die Lehre des Mannes aus Galiläa sei ihm zumindest vertraut gewesen, ist bis heute nicht verstummt.

Damit zeichnet sich bereits der große Wendepunkt in der Geschichte des Römischen Reiches ab. Aus dem Zusammenstoß von Osten und Westen, aus jahrhundertealten Wirren, Verirrungen und Kämpfen sollte ein neuer Gott geboren werden, der Erlösergott, nach dem die angestaute Angst und Unsicherheit verlangte.

Kapitel 4

IM SCHATTEN DES KREUZES

Die Wehen, die der Geburt des christlichen Gottes vorausgingen, waren lang und schwer gewesen: Die Menschen des Mittelmeerraumes haben ja schon beträchtliche Zeit vor Jesu Geburt um eine Wahrheit gerungen, die eindeutiger, klarer und befriedigender war als jene, welche ihre Kultdiener und Mythologen ihnen vermittelten.

Bereits in den Jahren des ionischen Vorstoßes nach (Klein-) Asien waren den Griechen, aus der Konfrontation mit fremden Religionen, die ersten Zweifel an ihren eigenen Göttern erwachsen, mochten auch nur wenige Philosophen sie formuliert haben. So bildkräftig die Siege von Zeus und Herakles über die Kräfte des Chaos in den alten Sagen bezeugt wurden, die Erfahrung lehrte doch, daß diese noch immer mächtig waren. Nicht allein in den Gewalten des Meeres, der Stürme oder der Erdbeben traten sie zutage, sondern ebenso in jenen Anwandlungen von unkontrollierbarer Existenzangst, gegen die die aristokratischen Olympier Homers nicht zu helfen vermochten.

Deshalb bedienten sich die Hellenen schon früh der orgiastischen kleinasiatischen Kulte als eines Ventils für ihre Bedrängnisse und Nöte. Dem Rhythmus der Natur sich anpassend, zelebrierten sie ein alljährliches Weltende im rauschhaften Wirbel des Bacchanals und stiegen jung wie der Frühling aus dem Verlorensein in Sinnenlust und Ekstase wieder empor. »Diese periodische Rückkehr in eine chaotische Daseinsform«, schreibt der rumänische Religionswissenschaftler Mircea Eliade, »hatte folgende Bedeutung: Alle ›Sünden‹ des

Jahres, alles, was die Zeit schmutzig gemacht und abgenützt hatte, wurde im physischen Sinn des Wortes vernichtet... Auf diese symbolische Weise wurde der Mensch zum Zeitgenossen der Kosmogonie und wohnte der Erschaffung der Welt bei.« Im Fasching hat sich dieser Brauch bis heute lebendig erhalten.

Kritische Geister freilich wollten sich mit solchen primitiven Lösungen nie zufriedengeben und suchten dem Osten andere Erfahrungen zu entreißen. Pythagoras bietet ein Beispiel dafür, aber auch Herodot hat sich lebhaft für die »barbarischen« Religionen interessiert und sie auf ihre Übereinstimmung mit den griechischen Mythen hin überprüft, während *Demokrit* (um 460 v. Chr.) über die heiligen Inschriften Babylons berichtet haben soll.

Der Vorstoß Alexanders nach Asien hinein verschaffte den Griechen dann neues Material für ihre Spekulationen. Beschreibungen der indischen und ägyptischen Kulte wurden verfaßt und beeinflußten das Denken der hellenistischen Philosophen. Auch die Römer teilten derartige Interessen und setzten die von theologischer Neugier ausgelösten Forschungen fort. *Lucius Apuleius* (125 n. Chr.) schilderte die Einführung in die *Isismysterien,* sein Zeitgenosse, der griechische Satiriker *Lukian,* erzählte in *De Dea Syria* (Über die syrischen Götter) von den vorderasiatischen Kulten.

Alle diese Reportagen und Untersuchungen boten den nach metaphysischer Sicherheit hungernden Menschen des hellenistischen und späthellenistischen Zeitalters mehr als nur Lesestoff. Sie waren ihnen Wegweiser bei ihrem eigenen Suchen, sie hofften kräftigende Substanz daraus zu gewinnen. Durch das Gestrüpp aus Informationen, Gerüchten und Vermutungen schlugen Philosophen begehbare Pfade.

Von ihnen waren die *Stoiker* die ersten, die eine Methode entwickelten, alle bekannten Anschauungen über die Götter in einem geschlossenen System unterzubringen. Hinter sämtlichen Mythen, so meinten sie, stünden nur philosophische Ansichten über die Natur der Dinge, die Namen sämtlicher Olympier meinten nur einen und denselben Gott, die Religionen drückten, jede auf ihre Weise, die gleiche Wahrheit aus, lediglich die dabei benutzten Begriffe seien verschieden voneinander.

Damit war ein Weg gebahnt, der weiterführen mußte. *Plutarch* (50–125) beschritt ihn und auch *Lucius Annaeus Seneca* (1–65), der Erzieher Neros, von dem man lange behauptete, er habe mit dem Apostel Paulus korrespondiert. Der Weg führte nach Osten.

Getauft mit Widderblut

Je mehr aber Östliches und Westliches innerhalb der Grenzen des römischen Imperiums zusammenflossen, je mehr dadurch die innere Unsicherheit seiner Bürger wuchs, je mehr auch die politischen Wirren der späteren Kaiserzeit eine lähmende Daseinsangst heraufbeschworen, um so bereitwilliger lauschte man jedem neuen Propheten, jedem Philosophen und Prediger, der zu wissen glaubte, wie die Welt von ihren Nöten zu erlösen sei. Die seltsamsten Kulte konnten in dieser Atmosphäre aufblühen, gedeihen und ihren Mann ernähren.

An der Meerenge etwa, die Asien und Europa trennt, hatte man schon immer den Achilles besonders verehrt. Auch in Byzantium befand sich ein Heiligtum dieses vor Troia gefallenen Halbgottes. War er aber früher seinen Verehrern als Inbild männlicher und jugendlicher Schönheit erschienen, so nahm er in der Zeit nach dem Alexanderzug allmählich Wesensmerkmale eines finsteren Dämons an, der die Bewohner Dardanias und Thrakiens in furchtbaren Gesichten heimsuchte.

Dabei war der Achilleskult, sosehr er auch orientalische Züge angenommen haben mochte, noch harmlos im Vergleich mit den anderen Mysterien, die von Asien herüberkamen. Da waren vor allem die mächtigen Muttergottheiten. Aus Syrien kam die *Astarte* – im Alten Testament als *Astaroth* geschmäht –, die mit bacchanalischen Orgien und durch Tempelprostitution geehrt wurde. Aus Ägypten nahte *Isis*, ursprünglich die Personifikation des fruchtbaren Nilschlamms, von den Griechen aber bald als eine Erscheinungsform der Erdmutter *Demeter*, später auch der Hekate, *Luna* und *Diana* begriffen.

Die Kulte, mit denen man diesen Göttinnen huldigte, gipfelten in den *Taurobolien*, magischen Riten, denen der alte Mythos von Kybele und ihrem sterbenden, wiederauferstehenden Liebhaber *Attys* zugrunde lag. Man beging sie nachts, mit großem Aufwand an Weihrauch, dumpfen Beschwörungen und barbarischen Stier- oder Widderopfern.

Der in den Kreis der Eingeweihten aufzunehmende Novize stand unter einem Rost, der die Opfergrube bedeckte, und mußte versuchen, mit seiner Kleidung möglichst viel von dem herabtropfenden Blut aufzufangen. Wenn er nach dieser Zeremonie die von rauchenden Fackeln nur schwach erhellte Tempelhöhle emporstieg, war er nicht nur Mitglied eines geheimen Ordens, sondern auch »in aeternam renatus«, auf ewig wiedergeboren.

Gerade diese Formel aber, sosehr ihr auch der Erdgeruch der alten Fruchtbarkeitsriten anhaftet, mit denen einst der Neubeginn des Jahres begangen wurde, offenbart deutlich, worum es den Menschen eigentlich ging, die sich solchen Zeremonien unterwarfen: Sie wollten erlöst werden von Todesangst und Tod. Das Weiheblut der Opfertiere galt als ein Taufwasser, das ihnen die Gewißheit einer neuen Existenz in der Obhut der Götter verbürgte. Sie hatten den »alten Adam« abgelegt und waren Neue geworden, Erlöste.

Erlösungshunger ist denn auch eine Triebfeder der untergründigen religiösen Revolution gewesen, die in den ersten nachchristlichen Jahrhunderten das Imperium Romanum erschütterte. Es gab noch andere.

Ein Gott für harte Männer

Auf die Dauer erwiesen sich die Mutterkulte allein keineswegs als befriedigend. Die Göttinnen verkörperten letztlich doch nur die Kraft des natürlichen, des kreatürlichen Lebens. Sie waren die Erde und wie diese dumpf, dunkel, ohne Klarheit. Allwissend, allsehend erscheinen sie nie. Dieses Prinzip wurde von anderen, von männlichen Göttern vertreten. Deren Symbol aber war die alles überblickende Sonne, vor der es kein Geheimnis gab.

Den Römern der späten Kaiserzeit verkörperten sich die Himmelskönige, vor allem in der Gestalt eines persischen Heros aus dem ältesten arischen Götterhimmel, den nicht einmal Zarathustra hatte abschaffen können. *Mithras*, der Strahlende, war der Mittler zwischen Ahura Mazda und den Menschen, ein Kämpfer wider die Dämonen, die auf Fledermausflügeln den rotglühenden Sonnenball umschwirrten, und Schutzherr im Totenreich. Auf der Brücke *Dschinnewat* richtete er die Seelen. Als sein Symbol galt der Stier.

Die Römer lernten diesen Halbgott wahrscheinlich bei den kilikischen Seeräubern kennen, die Pompeius in langwierigen und blutigen Kämpfen unterworfen hatte. Den Legionären mögen seine harten Rekrutierungsmethoden imponiert haben. Mithras war ein ausgesprochenes Soldatenidol. Die Prüfungen, die er seinen Jüngern auferlegte, muten barbarisch an. »Es gab«, schrieb Jacob Burckhardt, »achtzig verschiedene Momente der Züchtigung, als da sind: Hungerfasten bis auf fünfzig Tage, Schwimmen im weiten Umkreis, Berührung des Feuers, Liegen im Schnee bis auf zwanzig Tage, Ängstigungen aller Art, zweitägige Geißelung, Liegen auf einem Marterbett, Aushalten in qualvollen Stellungen, auch ein nochmaliges Fasten in der Wüste usw. Sieben verschiedene Stufen der Einweihung werden genannt... darunter ein Rabengrad, Kriegergrad, Löwengrad; die obersten hießen Väter.«

Mithras war aber auch ein Erlösergott. Wer in seine Reihen aufgenommen wurde, gehörte zu den Siegern über irdische Drangsal, denn als den Unbesiegten feiern ihn die meisten der ihm gewidmeten Inschriften, die man in Italien, Griechenland, Kleinasien und Deutschland gefunden hat.

Abgesehen davon eignete er sich dafür, eine ganze Reihe verschiedener Vorstellungen zu befriedigen. War er den Legionären ein strahlender Hauptmann, so fiel es denen, die im Herkömmlichen verhaftet blieben, leicht, ihn mit Helios oder Apollon zu identifizieren. Auch Baal, der semitische Fruchtbarkeitsgott, den Elagabal in einem schwarzen Stein angebetet hatte, dürfte mit ihm verschmolzen sein, und die Taurobolien-Priester gesellten ihn der Kybele zu. Schließlich schälte sich aus dem ganzen Prozeß jener *Sol invictus* (der unbesiegbare Sonnengott) heraus, der von Kaiser Aurelian

(270–275) im Jahr 274 als offizieller Reichsgott eingesetzt wurde.

In dieser synthetischen Schöpfung wiederum konnte ebenfalls jeder das Idol erkennen, das er schon vorher auf die eine oder andere Weise verehrt hatte. Byzantium etwa mochte durch das kaiserliche Dekret die Bedeutung der goldenen Statue bestätigt sehen, die seit Jahrhunderten schon über seine Agora emporragte, Rom die des strahlenden *Iupiter*. Insgesamt kann man diese Entwicklung auch als einen Versuch sehen, aus jenen zyklischen Wiederholungen des Schöpfungsprozesses auszubrechen, denen man sich im Dienst der Muttergottheiten unterworfen hatte. Die Erdgebundenheit des Menschen sollte überwunden werden, ein leuchtendes Vorbild den einen geraden Weg zum irdischen und überirdischen Heil weisen. Das Verlangen nach einem allwissenden, alleinigen Gott war ja die andere Komponente jener Sehnsucht, die die Menschen damals gegen die alte Welt der toten Marmorgötter rebellieren ließ. Sie lenkte die Entwicklung immer mehr in eine bestimmte Richtung, und »zuletzt näherten sich Sonne und Erkenntnis in solchem Maß, daß aus den synkretistischen Sonnentheologien der ausgehenden Antike eine rationalistische Philosophie wurde« (Eliade).

Die Geburt des einen Gottes

Zu den Wegbereitern dieser neuen Lehre gehörten der Syrer *Heliodoros* (3. Jahrhundert) aus Emesa und der Philosoph Malchos (232–304) aus Phönizien, der sich *Porphyrios* nannte. Er vor allem gab ihr Form und System, indem er in der Sonne sämtliche Götter des griechisch-orientalischen Ostens von Zeus-Iupiter über Ares und Hermes, bis zu Baal und Tammuz vereinigte. Durch eine Häufung von Zitaten aus Literatur und Philosophie meinte er nachweisen zu können, daß alle jene Himmlischen wesenseins mit dem strahlenden Tagesgestirn seien.

Diese Konstruktion, die auf den Werken seines Lehrers *Plotinos* (205–270) basierte, war sicherlich unnatürlich, gekünstelt und manieriert. Dennoch bedeutete sie für die damalige Zeit einen gewaltigen Fortschritt. Der wild wuchernde, von Geheimlehren durchsetzte Polytheismus wurde geordnet. Im Zeichen des neuen Gottes entthronten Literaten und Intellektuelle die alten Himmelsherrscher. Heliodoros hatte in seinem Roman *Aithiopika*, wie schon Jahrhunderte vor ihm Empedokles, gegen die uralte Sitte des Menschenopfers polemisiert und den »Durchbruch zur reinen Gottesverehrung« (Altheim) gewagt. Porphyrios ging später noch einen großen Schritt weiter, in dem er den Helios, die Personifikation aller bekannten Götter, einem noch größeren, allein geistigen Gott unterordnete und diesen als die »Idee der seienden Dinge« definierte.

Damit war er beim Monotheismus, beim einzigen Gott angelangt, freilich ohne hoffen zu dürfen, daß er damit auch die Massen ansprechen konnte. Die religiösen Bedürfnisse des Mannes aus dem Volk wurden weder durch die »Idee« eines Gottes von ewiger Dauer befriedigt, noch durch das grandiose Bild einer ganzen Hierarchie von *Demiurgen*, Wesen, die zwischen ihm und den Menschen walteten und von denen Helios nur der oberste war.

Anders mag es mit der Demiurgen-Lehre als solcher gewesen sein. Sie entsprach, wie die modernen Religionsforscher nachwiesen, einem uralten Glauben der Menschheit, der auch bei den Naturvölkern fast aller Erdteile noch lebendig ist. In vielen Sagen und Gesängen wird von einem Weltherrn berichtet, der die Erde geschaffen hat, sich dann aber zurückzog, um die Herrschaft über sie einem Sohn oder Mittler oder auch mehreren Göttern zu überlassen.

Die Philosophie des Porphyrios und anderer *Neuplatoniker* – so nennt die Geistesgeschichte die Vertreter dieser im 3. Jahrhundert entstandenen Schule – hing also wie ein dünner, farbenprächtiger Teppich vor einer Urwahrheit, archaische Formen mit einem Gespinst aus Worten und Begriffen verhüllend. Es hätte jetzt eigentlich nur noch eines mächtigen Blitzschlages bedurft, das ganze Gewebe endgültig zu zerreißen und die Landschaft freizulegen, auf der das Christentum sich ansiedeln konnte, von den Kräften zehrend, die dieser Boden barg.

Aber die Botschaft aus Galiläa kam nicht mit Donner und

Blitz, sondern auf den nimmermüden, sandalenbekleideten Füßen sanfter Missionare von der Art des Zeltmachers *Paulus* (gest. 64) aus *Tarsus* in Kleinasien. Sie kam mit dem Wort und dem Zeugnis von Wundern, Zeichen, großen, erschütternden Begebnissen – Begebnissen freilich, die zu jener Zeit so unerhört gar nicht waren, denn auch die Sonnenreligion hatte ihre Heiligen und ihre Mirakel.

Ein heidnischer Christus

Nicht allzuweit von Tarsus entfernt lag, jenseits des Taurusgebirges, *Tyana*, eine uralte Stadt. Sie hatte bereits vor Paulus einen heiligen Mann hervorgebracht, der in Kleinasien nicht weniger großes Aufsehen erregte als Jesus in Palästina. Der französische Theologe Jean Réville schreibt über ihn: »*Apollonios* (*von Tyana*) wird auf geheimnisvolle Weise fast zur gleichen Zeit wie Christus geboren. Er macht wie dieser eine Vorbereitungszeit durch, während der er eine erstaunliche religiöse Frühreife an den Tag legt, dann eine Periode öffentlicher und direkter Tätigkeit, endlich eine ›Passion‹, eine Art ›Auferstehung‹ und eine ›Himmelfahrt‹. Apollonios' Boten stimmen bei seiner Geburt einen Hymnus an, wie die Engel bei der Geburt Jesu. Obwohl er nur Gutes tut, ist er heftigen Anfechtungen ausgesetzt. Er durchwandert das Feld seiner reformatorischen Tätigkeit, gefolgt von Lieblingsjüngern, in deren Reihen sich Erkaltung, Mutlosigkeit, ja Verrat einschleichen. Als seine Stunde gekommen ist, zieht er, den vernünftigen Ratschlägen seiner Anhänger zum Trotz, nach Rom, wo Domitian ihn zu verderben sucht, so wie vorher Jesus zum sicheren Tod nach Jerusalem gegangen war... Wie Jesus wird auch er angeklagt, durch zauberische, unerlaubte Mittel die Wunder zu wirken, die er doch nur vollbringen kann, weil er ein Freund der Götter ist und es zu sein verdient. Wie Jesus den Paulus auf dem Weg nach Damaskus, so macht auch er mehrere Jahre nach seiner Himmelfahrt einen erklärten Feind durch eine strahlende Erscheinung zunichte.«

Dieser heidnische Heilige, der auch in Byzantium gepredigt und dort einen nachhaltigen Eindruck hinterlassen hat, ist eine der frappierendsten Gestalten jener von geistigen Umbrüchen und Erschütterungen durchwühlten Epoche. In

Athen heilte er einen Besessenen, genau wie Christus zu Gadara, in Rom rief er ein totes Mädchen ins Leben zurück, »unter Umständen, die einen Vergleich mit Jairi Töchterlein herausfordern« (Réville), und nach seinem Tod erschien er zweien seiner Freunde, die darob nicht weniger erschraken als die Jünger in Emmaus.

Es ist denn auch nicht unverständlich, daß Apollonios zur Lieblingsfigur spekulierfreudiger Historiker avancierte. In ihm schien die griechische Seele den Versuch gemacht zu haben, alle Erleuchtungen, Gedanken, Visionen, die sie durchzuckten, in einer Heilandsfigur zu verdichten – Ansatz zu Erlösung aus eigener Kraft.

Wenn dem aber so ist, wenn man den religiösen Kräften der Spätantike diese Fähigkeit zutraut – und selbst *Augustinus* hat einmal gesagt, die »vera religio«, die wahre Religion sei schon vor dem endgültigen Sieg des Christentums in den antiken Glaubensbewegungen vorhanden gewesen –, dann muß man wohl auch konstatieren, daß der kleinasiatische Heilige möglicherweise nur eines von vielen solcher Experimente repräsentierte. Er war das Produkt eines alle Gemüter beherrschenden quasi kollektiven Offenbarungshungers, einer geistigen Atmosphäre, die so wunderträchtig gewesen ist, daß Erscheinungen und Mirakel einfach in ihr emporsprießen mußten. Die Elemente dafür waren alle gegeben, in den Mysterienkulten sowohl als auch im immer phantastischer ausgestalteten neuplatonischen Denkgebäude. Die Philosophen des 4. Jahrhunderts gingen in steigendem Maße dazu über, diese vielgestaltige Geisteswelt nicht nur zu interpretieren, sondern auch Verbindung mit ihr aufzunehmen, sie quasi selbst zu verkörpern.

Alle diese Tendenzen und Erscheinungen zusammen weisen auf die Existenz einer heidnischen Kirche hin, die in den ersten Jahrhunderten nach der Zeitwende im griechisch-orientalischen Teil des Römischen Reiches entstanden war und die eine gewaltige geistige Macht darstellte. Der Neuplatoniker *Iamblichos von Chalkis* (gest. 330 n. Chr.), meint Oswald Spengler, sei ihr erster großer Kirchenvater gewesen, Apollonios war einer ihrer Heiligen.

Es gab auch noch andere. Schon Severus Alexander hatte, wie der Historiograph Aelius Lampridius berichtet, in seinem häuslichen Götterschrein, neben dem Bild des Tyaners die Büsten von Orpheus und Alexander dem Großen stehen. Der Altar enthielt aber auch Darstellungen Abrahams und Christi. Der Mann aus Nazareth besaß also längst einen Platz in dieser von Demiurgen aller Art beherrschten Welt, und Philippus Arabs war keineswegs der erste, der ihn anerkannt haben mag.

Man schien bereits zu ahnen, daß die Botschaft vom liebenden und vergebenden Vatergott, die Jesus brachte, und sein jüdischer Monotheismus von reinerem Erz waren als die Figurationen der anderen Propheten mit ihrem Flittergoldglanz – wie sehr ihm diese auch den Weg gebahnt haben mochten.

Antichristlich aus Staatsräson

Insgesamt war diese ganze Entwicklung ein Sieg des Ostens über den Westen. Alle wichtigen Kulte und Gotteslehren jener Zeit, einschließlich der christlichen, stammten ja aus Klein- oder Vorderasien, einige Einsprengsel sogar aus Ostasien. »Persische und indische Einflüsse lassen sich im Nahen Osten, wo das Christentum sich entfaltete, deutlich erkennen«, schrieb Sarwapalli Radhakrischnan. »Buddhistisches Gedankengut wanderte, von Händlern und Missionaren verbreitet, durch die griechischen Städte, entlang der Küste des Mittelmeers.«

Verblüffende Ähnlichkeit zwischen Buddha- und Christuslegenden lassen sich denn auch entdecken, wenn man dieser Entwicklung nachspürt, und öffnen kühnen, vielleicht allzu kühnen Interpretationen Tür und Tor.

Eine wichtige Parallele in der Entwicklung der beiden großen Religionen kann man allerdings für diese Epoche noch nicht ziehen. Die Lehre des Gautama hatte im dritten vorchristlichen Jahrhundert in Kaiser *Aschoka von Magadha* (272–231 v. Chr.) einen politischen Schutzherrn gefunden. Das Christentum jedoch wartete vorerst noch darauf, vom römischen Staat akzeptiert zu werden.

Die Kaiser, die erkannt hatten, wie sehr ihr Reich einer

einheitlichen Staatsreligion bedurfte, experimentierten mit anderen Göttern und hatten sich zunächst selbst auf den Thron des Iupiter geschwungen, denn in dem Kult des Sol invictus flossen Herrscher- und Sonnenkult zusammen. Die Christen aber, die diese Art des Gottesdienstes nicht mitmachen wollten, wurden konsequenterweise als Staatsverräter verfolgt und gingen scharenweise in den Tod, obwohl die Lehre vom Kreuz im Grunde bereits gesiegt hatte. Den Kaisern schien ihre Vernichtung aus Gründen der Staatsräson notwendig zu sein. Das Reich taumelte damals in die erste seiner großen Krisen hinein, und man glaubte, diese Prüfung nur unter Anspannung aller geistigen Kräfte bestehen zu können.

Diese innere Krise wurde noch verstärkt durch den Ansturm neuer und alter Feinde auf die schwachen Grenzen des Reiches: Im Norden und Westen stießen die *Franken* und *Alamannen* vor, 260 erlagen die Römer bei Edessa den *Sassaniden*, wobei der alte Kaiser Valerian gefangengenommen wurde, und über die Donaugrenze rückten die *Gotcn* ein – Vorboten der Völkerwanderung.

Goten vor Byzantium

Dieser große germanische Stamm, dem es bestimmt war, Jahrhunderte später die weströmische Macht zu brechen und in Spanien ein blühendes christliches Reich zu gründen, beherrschte damals in der Ukraine »ein Gebiet von beträchtlicher Ausdehnung und ungewöhnlicher Fruchtbarkeit, zerteilt durch schiffbare Flüsse, welche sich von beiden Seiten in den *Borysthenes* (Dnjepr) ergossen; durchsetzt mit weiten und hohen Eichenwäldern« (Edward Gibbon). Aber das südrussische Paradies bot den Goten weder genügend Raum noch ausreichende Nahrung, was vor allem darauf zurückzuführen ist, daß sie von der Landwirtschaft nicht allzuviel hielten. Sie zogen es vor, vom Raub zu leben. Bereits um 250 waren einige ihrer Banden gegen die Donau vorgestoßen, wo Kaiser *Decius* (249–251) sich ihnen entgegenstellte und im Kampf sein Leben verlor. Darauf hatten sie die von Traian gebaute Stadt *Marcianopolis* in Bulgarien belagert und sich nur durch riesenhafte Zahlungen zum Abzug bewegen lassen.

Schließlich entdeckten sie das Meer. Sie bauten Schiffe, setzten nach Kleinasien über, eroberten im Handstreich die reiche griechische Stadt *Trapezunt* an der Schwarzmeerküste und wandten sich dem Bosporus zu.

Ohne auf entscheidenden Widerstand zu stoßen, durchfuhren ihre Boote – ein Zeitgenosse berichtet, keines von ihnen habe mehr als fünfundzwanzig Mann gefaßt – die Meeresstraße zum Marmarameer. Gegenüber von Byzantium, in Chalkedon, gingen sie an Land.

Chalkedon, seit langem schon ein wichtiger Militärstützpunkt, war mit einer starken römischen Besatzung belegt und außerordentlich gut befestigt. Eigentlich hätte es nichts zu befürchten gehabt. Aber die Legionäre seiner Garnison dachten offensichtlich nicht daran, ihr Leben aufs Spiel zu setzen. Als die Goten heranrückten, ließen sie die Siedlung im Stich und brachten sich in Sicherheit. Chalkedon wurde eingenommen, geplündert, angezündet. Am gegenüberliegenden Ufer standen die Byzantiner auf den Mauern ihrer Burg und beobachteten, wie jenseits der Wasserstraße die Rauchwolken und die Klageschreie gen Himmel stiegen.

Wahrscheinlich erwarteten sie, als nächste von den Goten angegriffen zu werden, doch das geschah seltsamerweise nicht. Die Mauern über dem Horn mögen diesen primitiven Kriegern zu hoch und zu fest gewesen sein. Möglich ist es aber auch, daß ein diskret überreichtes Geldgeschenk ihre Angriffslust gedämpft hat, und überliefert wird die Geschichte von einem römischen Deserteur, der den Führer des Haufens auf die blühende Stadt *Nikomedeia* in Bithynien hinwies. Arbeitete er etwa für die Byzantiner? Man weiß es nicht. Fest steht nur, daß das neue Ziel ins Auge gefaßt und erobert wurde. Mit reicher Beute beladen, segelten die Germanen in ihre ukrainischen Nester zurück – um dort den nächsten Überfall vorzubereiten.

Ihr neuer Raubzug führte bis nach Athen, das ebenfalls geplündert wurde und weiter nach Griechenland hinein. Schon rückten sie auf die Adriaküste zu, da raffte Kaiser *Gallienus* (260–268) sich endlich auf, stellte ein Heer zusammen – und einigte sich mit den Goten in langwierigen Verhandlungen. Einer ihrer Häuptlinge wurde römischer Senator, seine Gefolgsleute traten zur kaiserlichen Armee über, die übrigen zogen sich auf dem Weg, den sie gekommen waren, wieder nach Südrußland zurück.

Dank an Fortuna

Doch das heißt nicht, die Plage sei nun endgültig ausgestanden gewesen. Der Reichtum, der rund um die Meerenge in blühenden Städten angehäuft war, hatte den Germanen, wie einst schon den tylischen Kelten, zu sehr in die Augen gestochen. Auch in den folgenden Jahren hielten sie Byzantium und seine Nachbarstädte in ständiger Unruhe. *Claudius II.* (268–270) erst, dem Nachfolger des Gallienus, gelang es in seiner nur zweijährigen Regierungszeit, ihnen eine Reihe vernichtender Niederlagen beizubringen. Bei *Naissus* (Nisch) in Serbien fand die letzte entscheidende Schlacht statt. Sie kostete auf römischer Seite über 50 000 Tote, aber sie schwächte doch für längere Zeit die Kraft des barbarischen Stammes. In einer Reihe von kleineren Gefechten wurden seine Reste ins Balkangebirge zurückgetrieben, die gotische Flotte versenkt.

Wie groß die Erleichterung war, die man darob in Byzantium empfand, läßt sich heute noch an einer Granitsäule ablesen, die im Garten des Alten Sultanspalastes steht. Ein unbekannter Bürger hat sie der Göttin *Fortuna redux* zum Dank für den großen Sieg über die Barbaren geweiht. *Fortunae reduci ob divictos Gothes* lautet die Inschrift, die sie trägt. *Gotensäule* wird sie genannt.

Kaisermord vor Byzantium

Vom Zustand eines völligen und durch die Kräfte der Ordnung garantierten Landfriedens war die Gegend um Byzantium indes auch nach dem Sieg bei Naissus noch weit entfernt. Marodierende Banden, übriggeblieben von den unzähligen Feldzügen jener Jahre, lauerten an der Via Egnatia auf Karawanen und Wagenzüge, und im Jahre 275 wurde an dieser Straße sogar ein Kaiser erschlagen. Bei der Haltestation *Caenophrurium* (zwischen Byzantium und Perinthos) fiel Aurelianus, der Promotor des Sol invictus, einer Privatrache zum Opfer. Er hatte sich auf dem Weg nach Osten befunden, wo er die Perser zurückdrängen wollte.

Sein Nachfolger, der fünfundsiebzigjährige *Tacitus* (275 bis 276), mußte fast unmittelbar nach der Regierungsübernahme dieselbe Straße marschieren, allerdings zog er nicht gegen die Perser, sondern gegen die wieder erstarkten Goten. Sie waren in Kilikien eingefallen. Tacitus schlug sie dort und wurde dafür mit dem Ehrennamen »Gothicus maximus« ausgezeichnet. Nach Rom zurückgekehrt ist jedoch auch er nicht. Er wurde entweder von seinen Soldaten erschlagen oder vom Fieber dahingerafft. Genaueres verschweigt die Überlieferung. Sie berichtet auch nicht sehr viel mehr über die Kaiser, die den Tacitus ablösten. *Probus* (276–282), *Carus* (282), *Carinus* (283) und *Numerianus* (284) waren ständig in Auseinandersetzungen mit Germanen, Sarmaten oder rivalisierenden Gruppen im eigenen Lager verwickelt und starben unter ungeklärten Umständen.

Dieser wirre Zustand ging erst zu Ende, als am 18. September 284 römische Legionäre, die von der östlichen Front zurückkehrten, einen rundköpfigen dalmatinischen Offizier zum neuen Imperator ausriefen. Er hieß *Diocles* und nannte sich später *Gaius Valerius Aurelius Diocletianus* (284–305). Ort der Schilderhebung: die Stadt Chalkedon gegenüber von Byzantium.

Der erste absolutistische Herrscher

Diocletian ragt aus der zerbröckelnden Ruinenwelt des dritten Jahrhunderts wie ein mächtiger erratischer Block heraus. Hatten die besten seiner Vorgänger ihre Kraft in politischen Teilreformen oder auch darin erschöpft, daß sie geistiges Gut, wie die geschichtlichen Strömungen es heranschwemmten, gelegentlich in Staatsideologien ummünzten, so faßte er alle Lebenskräfte des Imperiums, die staatlichen wie die religiösen, noch einmal in einem gewaltigen Entwurf zusammen und konzipierte einen Reichsbau, dessen imponierende Großartigkeit kaum ein Historiker geleugnet hat.

Daß seine umfassenden Pläne sich nicht so realisieren ließen, wie er sich das gedacht hatte, ist zum Teil auf Gründe zurückzuführen, für die er nicht verantwortlich war. Der wichtigste davon: Er hatte die Lebenskraft der alten heidnischen Welt überschätzt, hatte geglaubt, Entwicklungen kanalisieren oder abstoppen zu können, deren elementarer Kraft kein Damm mehr gewachsen war.

Dennoch ist seine Regierungszeit nicht nur ein Nachspiel zu der Geschichte des alten, vorchristlichen Roms, sondern weitaus mehr schon eine Ouvertüre zu jenem Abschnitt, in dem das Kreuz den Sol invictus verdrängen und die westliche Welt regieren sollte. Das meiste von dem, was er schuf, wurde von christlichen Herrschern übernommen, ja man kann seine Leistung geradezu als eine Vorarbeit für das werten, was sie später vollendeten. Er war der letzte wichtige Kaiser des heidnischen Rom und der erste absolutistische.

Diocletians totaler Staat

Am sinnfälligsten wird der Fortbestand seiner Arbeit an einigen staatstechnischen Einrichtungen, die er schuf. Dazu gehört der Name *Diözese*. In zwölf solche Verwaltungseinheiten, das ist die Bedeutung des griechischen Wortes, hatte er das Imperium aufgeteilt. An der Spitze einer jeden stand ein *Vicar*. Beide Namen sind später in die Terminologie der kirchlichen Verwaltung aufgenommen worden und blieben dort bis heute erhalten.

Noch zukunftweisender waren einige wirtschaftliche Einrichtungen, zu denen vor allem der Entwurf eines völlig neuen Steuersystems und die Einführung eines Staatshaushaltes zählten. Hatten die Regierungen bisher von der Hand in den Mund gelebt, indem sie das Steueraufkommen akzeptierten, das eben zu erbringen war, so wurde nun das Vermögen eines jeden Bürgers genauestens geschätzt und auf Grund dieser Angaben die Besteuerung im voraus festgelegt. Alle fünf Jahre hatten die Untertanen eine Erklärung über ihre Einkommensverhältnisse abzugeben, dann erfuhren sie, was von ihnen im Rahmen eines minuziös ausgearbeiteten Systems zu zahlen sei.

Heere von Beamten etablierten sich in den Städten und »erfaßten« deren Bewohner mit Hilfe von Katastern, die noch über das kleinste Grundstück Auskunft gaben. Die Verwaltung triumphierte wie nie zuvor und versuchte sogar die Wirtschaft in ein Korsett zu zwängen, welches das allzu freie Spiel der Kräfte einschränken sollte.

Das römische Reich nach der Neuordnung des Diocletian

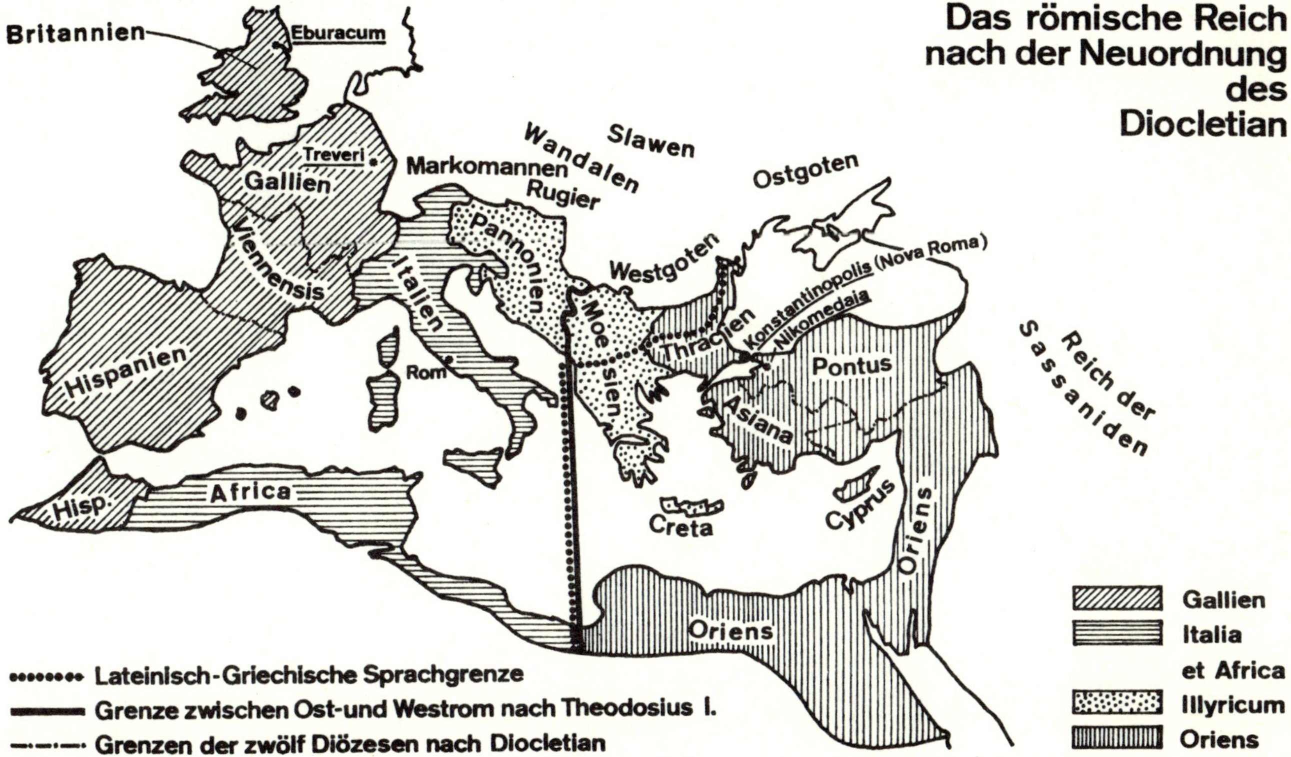

Die letzteren Maßnahmen entsprangen freilich nicht purer Willkür, sie stellten vielmehr einen Versuch dar, die schleichende Inflation, die im ganzen Reich herrschte, zurückzudämmen, die Preissteigerungen zu bremsen und den Geldwert zu stabilisieren. Höchstpreise für bestimmte Güter wurden festgesetzt, aber auch Lohngrenzen und genaue Tarife für das Fracht- und Transportgeschäft.

Heute weiß man, daß eine Wirtschaftskrise mit solchen Mitteln nur zu dämpfen, nicht zu beheben ist. Damals mußten die entsprechenden Erfahrungen erst mühsam gesammelt werden. Schon bald verstieß der Staat denn auch gegen seine eigenen Gesetze. Er kaufte Gold zum Dreifachen des festgesetzten Preises auf und drückte notgedrungen ein Auge zu, wenn es sich erwies, daß bestimmte Vorschriften einfach nicht befolgt werden konnten. Diejenigen aber, die vom Handel lebten, hatten schnell Wege und Möglichkeiten gefunden, die Paragraphen zu umgehen oder sie so auszulegen, daß wenigstens der Schein der Legalität gewahrt blieb, wo die exakte Befolgung der Gesetze allzu große Nachteile gebracht hätte.

Die Handelsstädte des Reiches prosperierten deshalb, trotz aller staatlichen Einengungen, in den zwanzig Jahren, die Diocletian regierte. Im Inneren herrschte seit langem wieder völlige Ruhe. Mächtige Befestigungen sicherten die Grenzen, ein gutorganisiertes Heer drängte die barbarischen Eindringlinge zurück, wo sie sich allzuweit vorgewagt hatten, und eine zwar aufgeblähte, aber wohlfunktionierende Verwaltung garantierte ein hohes Maß an Ordnung in den Dingen des täglichen Lebens.

Die Stadt am Goldenen Horn profitierte auch noch von zwei anderen wichtigen Maßnahmen, die der in Chalkedon Gewählte getroffen hatte.

Regierungssitz am Marmarameer

Sein Reich war außer den Präfekturen und Diözesen in vier überregionale Zuständigkeitsbereiche aufgeteilt, deren einer von den Ufern des Marmarameeres aus verwaltet wurde. Diocletian regierte nicht in Rom, sondern in *Nikomedeia*. Damit war die alte Hauptstadt zwar noch nicht völlig entthront, aber das Gewicht der Macht hatte sich doch von ihr weg in die Region des Imperiums verlagert, die schon Caesar (und auch Augustus) im Auge gehabt hatten: an die Meerenge. Hier wurden die wichtigsten Entscheidungen getroffen, von hier aus trugen die Boten sie hinaus in alle vier Himmelsrichtungen. Byzantium war ganz nahe an die Weltzentrale herangerückt.

Man mag sich zwar fragen, warum der Kaiser nicht diese Stadt selbst als Residenz gewählt hat, sie lag günstiger als die bithynische Metropole, war schneller zu erreichen und im Notfall leichter zu verteidigen. Doch jedem, der die Nachfolgestadt des alten Nikomedeia, das heutige Izmit kennt, wird die Antwort leichtfallen, zumal wenn er über die Wesensart des Herrschers einigermaßen informiert ist. Nikomedeia war ruhiger, idyllischer gelegen und friedlicher als das betriebsame Byzantium. Diocletian aber stammte vom Land und hat später sein ganzes Vergnügen darin gefunden, »eigenen Kohl« anzubauen. Er haßte den Lärm, verabscheute die großen Metropolen und schätzte die Stille. Hier, im abgelegensten Winkel der Meerenge, fand er sie.

Der Militär- und Verwaltungsapparat, den Diocletian benötigte, um seine Befehle zu verwirklichen, ließ sich zum großen Teil in den wenige Stunden entfernten Städten Chalkedon und Byzantium konzentrieren. Sie waren darauf eingerichtet, Schiffe abzufertigen, große Truppenmengen zu verproviantieren und den Postapparat zu bedienen. Und beide Kommunen haben aus dieser Funktion außerordentlichen Gewinn gezogen.

Die Befestigungen von Byzantium, die in den Wirren der vorausgegangenen Jahre gelitten hatten, wurden restauriert und ausgebaut. Es erhielt eine Garnison und alle Einrichtungen, die es im Kriegsfalle einem Heereshauptquartier ermöglichten, von dort aus zu operieren. Der Glanz, der dadurch auf die Bosporusstadt fiel, war zwar nur Abglanz, aber selbst er genügte, ihre Bedeutung zu heben und ihre Wichtigkeit zu betonen.

Caesaren und Augusti

Insgesamt haben viele Historiker dem Diocletian aus der Verlegung der Machtzentrale an die Meerenge einen Vorwurf gemacht. Sie meinten, er habe damit das Reich geschwächt und seiner alten Struktur beraubt. Aber das ist keineswegs richtig. Was dieser Kaiser auch immer unternahm, was er verordnete und dekretierte, diente nur einem Zweck: der Festigung des Imperiums. Sein System, so kompliziert es auch anmutet, war geschlossen und genau durchdacht. An seiner Spitze stand er, der Augustus. Ihm untergeordnet war ein zweiter Mann, der den gleichen Titel trug und in *Sirmium* (dem jugoslawischen *Mitrovica*) regierte. Beide Augusti hatten noch jeweils einen weiteren Mann zur Seite, der den Titel Caesar trug und ebenfalls über eine eigene Hauptstadt verfügte. Für den einen war es Mailand, das antike *Mediolanum*, für den anderen die Städte *Augusta Treverorum* (Trier) und *Eburacum* (York). Zusammen bildeten diese vier die Regierungsspitze. Die Augusti hatten ihre Caesaren adoptiert und sich verpflichtet, ihnen nach zwanzig Jahren Regierungszeit den höheren Platz freizumachen. Jene sollten sich dann wiederum neue Caesaren an die Seite stellen.

»Von nun an«, schreibt William Seston, Professor an der Sorbonne, »entgleitet den Menschen – ob Soldaten, ob Senatoren – jeder Einfluß auf die Auswahl der Kaiser; er kann sich fortan nur noch durch Usurpation oder Revolution geltend machen. So wird aus einem improvisierten System, der Tetrarchie *(Viererherrschaft)*, ein System, das sich in die kosmischen Zyklen einfügt.«

Ein römisches Kalifat

Mit diesen Sätzen ist aber schon angedeutet, daß der neuen Ordnung mehr als nur eine staatspolitische Idee zugrunde lag, sie hatte auch religiösen Charakter. Diocletian, der nicht nur die Sterne als eine Schicksalsuhr verehrte, sondern auch enge Beziehungen zu Porphyrios unterhielt, mag die neuplatonische Götterwelt mit ihrem stufenförmigen Aufbau als ein geeignetes, vielleicht sogar als das einzig denkbare Modell für seinen Regierungsapparat betrachtet haben. So wie dort die göttliche Kraft über Heroen, Erzengel und Dämonen an die Menschen weitervermittelt wurde, so sollte sich auch die politische Gewalt in seinem Reich nach unten durchsetzen, über Caesaren, Präfekten, Vikare und die geringeren Beamten.

Dies wiederum machte es notwendig, die Spitze dieser Pyramide in göttliche Sphären hinaufzudrücken. Genau das veranlaßte Diocletian. In einer *Epiphanie* (die Griechen hatten mit diesem Wort die Erscheinung eines Himmlischen bezeichnet) ließ der Kaiser verkünden, daß man ihn künftig als *Iovius*, einen Sohn Iupiters, seinen Mit-Augustus als *Herculius*, Sohn des Hercules, zu verehren habe. Auch diese Titel sollten an die Nachfolger übergehen. Damit war, dreizehn Jahre nach Einführung der Anrede »dominus et deus«, das römische Reich eine Theokratie, ein Gottesstaat geworden oder, wie Spengler meint, ein »Kalifat«.

Der große Fehler des großen Planers

Der Orient, jenes Durcheinander, Miteinander, Nebeneinander von religiösen Strömungen, philosophischen Ideen, politischen Anschauungen, historischen Erfahrungen, völkischen Eigenheiten, jenes große geistige Kraftfeld, von dem der Hellenismus gespeist worden war, hatte sich in Diocletians Reich mit römischem Stoff materialisiert. Das Ergebnis war ein imponierendes, aber lebloses Gebilde. Die neuplatonische Götterlehre erwies sich als ungeeignet, den riesigen Bau in einen lebendigen Organismus umzuwandeln, ihn, wie Christopher Dawson schreibt, zu »beseelen«.

Von allen Religionen jener Zeit hätte dies nur das Christentum gekonnt. Diocletian, ein Logiker und Methodiker par excellence, aber ein Mann ohne jeden historischen Instinkt, hat das nicht erkannt. Einen heiligen Herrscher von des christlichen Gottes Gnaden vermochte er sich nicht vorzustellen. Das war des großen Planers großer und fataler Fehler. Schon wenige Jahre nach seinem Tod gab es diese christliche Theokratie im Rahmen des Römischen Reiches. Er konnte sie nicht einmal mehr heraufdämmern sehen. Als er starb, glaubte er, sein Werk sei mit ihm zerbrochen.

Indes hat er sich auch darin geirrt. Der von ihm errichtete Staatsbau blieb in seinen Grundzügen erhalten. Die von ihm geschaffene Form und der neue Inhalt ergänzten sich sogar eine ganze Zeitlang aufs vorzüglichste.

Vor allem aber erwies es sich, daß sein folgenschwerster Schritt die Entmachtung der römischen Kapitale gewesen war.

Dort, wo er die Regierungszentrale hinverlegt hatte, sollte die neue Hauptstadt des Reiches emporblühen: an der Meerenge, an der Grenze zwischen Europa und Asien, in Byzantium.

Thronfolge wider das Gesetz

Die Geschichte des Mannes, der Byzanz zu seiner Hauptstadt machte, beginnt in Naissus in Serbien. Dort kam Konstantin am 27. Februar 280 als Sohn des römischen Generals *Constantius Chlorus* (260–306) und seiner Konkubine, der südfranzösischen Schankwirtstochter *Helena* (257–336) zur Welt. Vier Jahre später wurde Chlorus zum Caesaren des äußersten Westens ernannt. Der ihm unterstellte Regierungsbezirk umfaßte Gallien, Germanien und Britannien. Sein Sprößling erhielt in Nikomedeia eine prinzliche Erziehung, aber ein Anrecht auf den Caesarenthron wuchs ihm nicht zu. Den leiblichen Söhnen der Regierenden, ehelichen wie unehelichen, war nach dem strengen Gesetz des obersten Augustus die Nachfolge versagt. Keine Blutsbande sollten die Herrscher mit ihren designierten Nachfolgern verbinden. Höhere Prinzipien hatten zu walten.

Die Rechtmäßigkeit und Richtigkeit dieser Bestimmungen scheint der Jüngling Konstantin denn auch nie angezweifelt zu haben. Anders jedoch dachten die Soldaten seines Vaters. Als Constantius kurz nach der planmäßigen Ernennung zum Augustus gestorben war, hoben die in Eburacum stationierten Legionäre, Germanen und Kelten zumeist, seinen ältesten Sohn auf den Schild und streiften ihm den Purpur des Toten über, ohne sich viel um die diocletianische Ordnung zu kümmern.

Konstantin jedoch kannte sehr wohl die Konsequenzen, die sich aus einer Usurpation ergeben mußten. Deshalb dürfte er ziemlich erleichtert gewesen sein, als *Galerius*, der Nachfolger des Alten von Nikomedeia, ihn nicht sofort mit allen Mitteln in das Dunkel zurückzustoßen suchte, in dem er von Rechts wegen hätte verharren sollen, sondern ihm einen Kompromiß anbot. Konstantin solle, so schlug er vor, auf die Würde eines Augustus verzichten, dafür würde er ihm die eines Caesaren zugestehen. Konstantin akzeptierte. Das war mehr, als er hatte erhoffen dürfen. Indes muß ihm die Nachgiebigkeit des

Galerius auch zu denken gegeben haben. Das System des Diocletian schien so unanfechtbar nicht zu sein, wie seine Lehrer es ihn hatten glauben machen wollen. Er besaß noch Chancen, und er konnte sie wahrnehmen.

Im gleichen Jahr wie Konstantin ließ sich *Maxentius* (306–312), der Sohn des mit Diocletian abgetretenen Augustus *Maximian* (285–305), in Rom zum Augustus ausrufen. Daraufhin kehrte Maximian wieder in sein Amt zurück (306).

Doch schon 307 trat *Flavius Valerius Severus* (305–307), der rechtmäßige Nachfolger des toten Chlorus, zurück und erkannte Maxentius an. Diocletian, aufgefordert, in dieser Stunde der Verwirrung noch einmal die Zügel zu ergreifen, begnügte sich damit, den Nachfolgern seine Verachtung zu bezeugen. Maximian verschwand wieder in der Versenkung, und Galerius, der einzige legitime Augustus, ernannte seinen Kriegskameraden *Licinius* (308–324) zum Mitregenten im Westen.

Damit gab es wieder zwei Augusti und zwei Caesaren, die staatliche Ordnung schien gerettet zu sein. Aber das Bild trog. Von den vier Regierenden nämlich war zumindest einem inzwischen klargeworden, daß dem stärksten Tetrarchen auf die Dauer doch die Alleinherrschaft zufallen würde, wenn er entschlossen war, sie energisch genug anzustreben.

Konstantin begann damit, seine Machtbasis planmäßig zu verbreitern. Er sicherte sich die Herrschaft über Gallien, Britannien und Spanien, erzwang sich den Augustustitel, auf den er wenige Jahre zuvor noch verzichtet hatte, und räumte dann mit wachsender Geschicklichkeit einen Konkurrenten nach dem anderen aus dem Weg.

Dabei ließ er sich weder von Skrupeln noch von Vorurteilen hemmen. Er handelte stets kühl und rational, benutzte, was sich ihm als Werkzeug darbot, und überrannte jeden, der ihm Widerstand leistete – wenn er dazu stark genug war. An der *Milvischen Brücke*, die nördlich von Rom über den Tiber führte, schlug er im Jahr 312 seinen früheren Bundesgenossen Maxentius. Gemeinsam mit Licinius vernichtete er dann *Maximinus Daia* (310–313), den Nachfolger des inzwischen verstorbenen Galerius, und zwang anschließend den Gefährten dieser Tat zum Verzicht auf die illyrischen Provinzen. Damit war er zum Herrn des westlichen Reichsteils aufgestiegen. Er residierte jetzt in Rom, während Licinius vom alten Palast Diocletians aus den Osten überwachte.

Eigentlich hätte Konstantin nun zufrieden sein können. Aber sein Selbstbewußtsein und sein Machthunger waren in dem Maße gewachsen, in dem ihm Macht zugefallen war. Er kannte jetzt seine eigene Stärke, seine Fähigkeiten als Stratege und sah deshalb keinen Grund mehr, sich mit weniger als dem ganzen Imperium zufriedenzugeben. Trotzdem geduldete er sich noch bis zum Jahr 324, ehe er daranging, auch das Gebiet des Licinius seinem Herrschaftsbereich einzugliedern. Doch in dieser zehnjährigen Wartepause gewann die Legende – oder, wenn man so will, die Propaganda – ihm bereits beachtliches Terrain.

Geheimwaffe Christentum

Konstantin war es gelungen, sich der Gunst der jungen christlichen Kirche zu versichern. Den gleichen Schachzug hatte vor ihm auch schon sein Rivale Licinius zu tun versucht – aus gutem Grund.

Die getauften Bürger des Imperiums galten ja, seit dem Rücktritt Diocletians, ihres letzten großen Feindes, und seit dem Toleranzedikt, das noch Galerius (311) erlassen hatte, nicht mehr als Menschen zweiter Klasse. Im Gegenteil: Aus der einstmals verfolgten Kirche war jetzt eine erstrangige politische Macht geworden.

Sofort nach dem Erlaß des christenfreundlichen Gesetzes hatte sich nämlich gezeigt, daß das Netz der Gemeinden, welche das römische Reich überzog, enger und dichter war als selbst die pessimistischsten heidnischen Geheimpolizisten vermuten wollten. Christen gab es in der Armee und in der Verwaltung, in großen Städten und kleinen Marktflecken. Ihre Organisation hatte sich fest etabliert und war dem Heidentum konkurrenzlos überlegen. Man mußte also mit ihr rechnen.

Maximinus Daia war der letzte gewesen, der geglaubt hatte, die Kirche weiterhin verfolgen zu können. Eben an seinem

Schicksal war aber deutlich geworden, daß das längst nicht mehr ging. Licinius nämlich hatte, wenn man seinem Zeitgenossen *Lactantius* (gest. um 317), dem »christlichen Cicero«, glauben darf, diesen Caesaren dadurch ausmanövriert, daß er sich zum Vorkämpfer der Christen aufwarf. Vor der letzten großen Schlacht gegen Maximinus – ihr Preis war Byzantium – ließ er bekanntgeben, ein Engel sei ihm erschienen und habe ihn ein siegbringendes Gebet gelehrt. Die Kunde davon aber – so Lactantius – genügte, die Getauften unter den Soldaten der feindlichen Armee zum Abfall zu bewegen. In hellen Scharen liefen sie zu Licinius über, und sein dadurch geschwächter Gegner verlor den Kampf, der 313 bei *Hadrianopolis* (Edirne) stattfand.

Licinius stieg zum Herrn des römischen Asiens auf, und da seine neue Politik sich als derart erfolgreich erwiesen hatte, ließ er sich, noch im Jahre des Sieges, durch ein neues Toleranzedikt bekräftigen.

Dieser Erlaß, er wurde in Mailand verabschiedet, trug allerdings auch die Unterschrift Konstantins. Der Usurpator aus dem Westen hatte nicht die Absicht, bei der nächsten Auseinandersetzung das Schicksal des Maximinus zu erleiden und bemühte sich deshalb ebenfalls, seine bereits recht guten Kontakte zur christlichen Kirche weiter auszubauen. Dabei arbeitete er mit ähnlichen Mitteln wie Licinius. Was diesem die Engelserscheinung gewesen war, war ihm die Legende, vor der Schlacht an der Milvischen Brücke sei über der Mittagssonne ein Kreuz erschienen, das die Inschrift trug: *In hoc signo vinces* (In diesem Zeichen siege)!

Außerdem ließ er seinen Legionen das *Labarum* vorantragen, eine Standarte mit den griechischen Schriftzeichen *X* (Chi, Ch) und *P* (Rho, R), die von den Christen unter seinen Soldaten als die Anfangsbuchstaben des Namens Christos gedeutet werden konnten, den übrigen aber eine magische, siegbringende Formel sein mochten.

Beide Konkurrenten hatten, mit mehr oder weniger denselben propagandistischen Methoden, das gleiche Ziel anvisiert. Im weiteren Verlauf dieser ideologischen Terrainsicherungsaktion erwies sich Konstantin dann freilich als der geschicktere. Es gelang ihm, die Sympathien, die er sich bei den Anhängern Jesu erworben hatte, zu vertiefen und auch deren Klerus für sich einzunehmen.

Licinius dagegen schlug sich plötzlich wieder auf die christenfeindliche Seite. Er »entwickelte die Verschlagenheit und die sträfliche Dummheit eines bösartigen Tyrannen... er plante einen Angriff auf die Gottesdiener... Das geschah aus schrecklicher Blindheit und war die Frucht seiner angeborenen Schlechtigkeit.« So zumindest sah es *Eusebius von Caesarea* (gest. 339). Aber der Hoftheologe Konstantins macht sich seine Deutung wohl etwas zu leicht. Aus Bösartigkeit dürfte Licinius seine profitable Politik kaum geändert haben. Viel näher liegt die Vermutung, er habe geglaubt, gar nicht anders handeln zu können.

Seinem Mitregenten und natürlichen Rivalen war es offensichtlich gelungen, sich einen besseren Platz in der Gunst der Christen zu erobern als ihm. Mußte er da nicht jede Kirchengemeinde als eine »Fünfte Kolonne« des Gegners betrachten, jeden Bischof als einen feindlichen Mitläufer, jeden getauften Offizier als einen potentiellen Verräter? Er glaubte, keinem von ihnen mehr trauen zu können, obwohl sie, wie Eusebius versichert, sich ihm gegenüber absolut loyal verhielten.

So ist denn die antichristliche Politik des Licinius nicht der Ausdruck plötzlichen Schwachsinns, sondern vielmehr das Eingeständnis einer Niederlage. Konstantin hatte das propagandistische Geplänkel gewonnen.

Im Jahr 323 wurde aus dem kalten ein heißer Krieg.

Neue Schlacht um Byzantium

Die Goten fielen von der Donau her in das Gebiet des Licinius ein, und Konstantin rückte so prompt und ohne Mitregenten zu konsultieren gegen sie vor, daß in jedem unbefangenen Beobachter der Verdacht aufsteigen mußte, dieser germanische Überfall sei von ihm provoziert worden, um den Entscheidungskampf gegen den Rivalen auszulösen.

Beide Augusti waren dafür gerüstet. Sie standen sich bis an die Zähne bewaffnet gegenüber. Das Heer, über welches Licinius verfügte, »bestand aus 150 000 Fußsoldaten und

15 000 Reitern; aber da die Kavalleristen zum überwiegenden Teil aus Phrygien und Kappadokien stammten, dürfen wir eine günstigere Meinung von der Schönheit ihrer Pferde als vom Mut und der Ausdauer derjenigen haben, die sie lenkten... Die Truppen Konstantins wurden bei Thessalonika zusammengerufen, 120 000 Mann zu Pferd und zu Fuß. Der Kaiser war zufrieden mit ihrer kriegerischen Erscheinung, seine Armee zählte mehr Soldaten als die seines Konkurrenten, obwohl sie weniger Männer hatte« (Gibbon). Konstantins Flotte endlich war der des Licinius an Schiffen und Mannschaft um ein Vielfaches unterlegen.

Der Krieg um die Weltherrschaft konnte beginnen. Mit einem Vorstoß der konstantinischen Flotte wurde seine entscheidende Phase eröffnet. *Crispus*, der Sohn des westlichen Augustus, erkämpfte die Durchfahrt durch die Dardanellen, zerstreute die Armada des Gegners und zwang den Licinius, sich auf die stärkste Festung an der Meerenge zurückzuziehen – nach Byzantium. Dadurch wurde die Bosporusstadt wieder einmal zum Preis eines Ringens um die Herrschaft im östlichen Mittelmeerraum. Wer sie besaß, besaß den Osten, und Licinius wußte das genauso gut wie Konstantin.

Er richtete sich darauf ein, die alte Handelsstadt mit allen Kräften zu verteidigen. Aber seine Chancen waren von Anfang an nicht die besten. Konstantins Truppen berannten die Mauern über dem Horn bei Tag und bei Nacht. Die Schiffe des Crispus warfen sich in immer neuen Anläufen gegen die schwimmenden Festungen, die den Eingang zum Chrysokeras versperrten, und der Mut der Verteidiger, die ohnehin nur mit halbem Herzen bei der Sache waren, schwand unter der Wucht dieser wütenden Angriffe rasch dahin. Die Christen in ihren Reihen zeigten wenig Lust, auf das Labarum zu zielen, das den stürmenden Legionen vorangetragen wurde. Ihr Mann war Konstantin, nicht Licinius. Diese Erkenntnis aber vertrug sich auch besser mit der Sorge um die eigene Karriere, als mit ihrem Pflichtbewußtsein.

So hielt es denn Licinius nach kurzer Frist schon für geraten, die umkämpfte Festung zu verlassen und sich nach Asien hin abzusetzen. In Bithynien brachte er ein neues Aufgebot zusammen, sechzig- bis siebzigtausend Mann insgesamt, ein buntgewürfelter Haufen. Mit ihm stellte er sich vor *Chrysopolis* (dem heutigen *Üsküdar)* zur letzten Schlacht. Konstantin konnte sie leichten Herzens annehmen. Die kaum geschulten, schlecht ausgerüsteten anatolischen Bauernburschen waren seinen alten, sieggewohnten Legionären hoffnungslos unterlegen. Die Schlacht entsprach diesen Voraussetzungen. Licinius wurde gefangengenommen und später umgebracht, Byzantium ergab sich. Konstantin war *Totius orbis imperator*, Herr der Welt. Ein neues Zeitalter brach an, und der Sohn des Chlorus scheint sich dessen auch vollkommen bewußt gewesen zu sein.

Die Größe eines Usurpators

Das freilich muß erstaunen. Wer war er denn, dieser neue Imperator? Die Geschichtsschreibung überliefert uns von ihm nur ein höchst diffuses, aus widersprüchlichen Zügen zusammengesetztes Bild. Eusebius, sein Zeitgenosse, lobt ihn in den Himmel empor, Jacob Burckhardt, sein bedeutendster neuzeitlicher Biograph, betrachtet ihn mit größtem Abscheu, und auf beider Meinungen gründeten sich regelrechte Schulen. Die eine hält ihn nicht nur für einen genialen Politiker, sondern auch für eine dem Christentum weit geöffnete Seele, der die Erscheinung an der Milvischen Brücke tatsächlich zuteil geworden sei. Die andere glaubt in ihm nur den gerissenen Taktiker sehen zu können, der die Zeichen der Zeit rechtzeitig erkannte und untergründige geistige Bewegungen geschickt für seine Zwecke ausbeutete. Beide Seiten untermauern ihre Thesen mit umfangreichen Indizienkombinationen, aber keine fand bis jetzt die Formel, die den Graben, der zwischen beiden Ansichten klafft, überbrückte. Festzustehen scheint nur, daß Konstantins Persönlichkeit zum überwiegenden Teil von äußeren Umständen geprägt wurde, daß er auf einer geschichtlichen Strömung schwamm, deren Lauf von ihm nicht beeinflußt werden konnte.

Das wird eben an dem Verhältnis des Usurpators zum Christentum besonders deutlich. Er hat dieser Religion zum Sieg verholfen, aber nicht deshalb, weil er von ihrer Bedeutung überzeugt gewesen wäre, sondern weil es ihm dienlich war. An einem kritischen Punkt seiner Karriere brachte er die Anhänger des Gekreuzigten auf seine Seite. Dadurch wurde das XP sein Wappenzeichen und wies ihn als den Mann der Kirche aus, ob er das nun beabsichtigt hatte oder nicht. Er siegte mit den Anhängern Jesu und durch sie, war also – wiederum muß man sagen: beabsichtigt oder nicht – zum Träger einer neuen geschichtlichen Kraft geworden. Dabei stand es lange Zeit nicht einmal genau fest, ob er sich selbst überhaupt als einen Christen betrachtete. Die griechische, russische und armenische Kirche zählen ihn heute zwar zu ihren Heiligen, aber taufen lassen hat er sich erst, als er auf dem Totenbett lag.

Unbestreitbar bleibt trotz alledem, daß er eben durchaus imstande war, sich selbst als den Initiator welterschütternder Ereignisse zu betrachten. Er hat nicht nur eine zum Untergang verurteilte Welt begraben und eine neue aus der Taufe gehoben, er war sich darüber auch im klaren. Anders nämlich ließe sich sein Entschluß, Rom, die Mutter des Imperiums, endgültig zu entthronen und dem Reich eine neue Hauptstadt zu geben, nicht völlig erklären.

Kapitel 5

IM MITTELPUNKT DER WELT

Was Menschen tun, trägt allemal menschliche Züge. Ihre Entscheidungen werden in einem Nest aus Träumen, Überlegungen, Hoffnungen und Vorurteilen geboren. Das gilt auch für den Plan Konstantins. Bereits in den Jahren seines Aufstiegs pflegte er zu sagen: »Mein Rom ist *Serdica*« (das heutige Sofia). Diese Stadt lag zwar in einer Randzone des Reiches und nahe der ständig bedrohten Donaugrenze, aber – und da haben wir das erste menschliche Motiv – sie lag im *Illyrischen Dreieck*, jener Ländermasse zwischen dem Schwarzen, dem Ägäischen und dem Adriatischen Meer, die einige der bedeutendsten römischen Kaiser hervorgebracht hatte, als vorletzten Diocletian, als letzten – weniger bedeutenden – Constantius Chlorus, den Vater Konstantins. So ist also das erste Motiv Stammesliebe, Stammesstolz.

Ein weiteres kommt hinzu: Diese Illyrer, Thraker, Pannonier waren, wie später die Goten Theoderichs des Großen, bessere Römer als die Römer selbst. Ihnen leuchtete noch der Glanz der augusteischen Welt, der am Tiber längst verblaßt war. Und das galt auch für Konstantin, der diese großen Zeiten wieder heraufbeschwören wollte. So ist also sein zweites Motiv – ein Traum.

Das dritte schließlich: Haß auf Rom, die verdorbene, heruntergekommene Reichshauptstadt, die so zynisch geworden war, daß ihr kein Kaiser mehr imponierte.

Diese im Irrationalen wurzelnden Beweggründe wurden im Lauf der Zeit von praktischen Überlegungen beeinflußt. Der Plan, Serdica an die Stelle Roms zu setzen, schied aus. Konstantin hatte sich doch davon überzeugen lassen, daß es zu ungünstig lag. Dafür wurden seine schweifenden Blicke nun von einem uralten mythologischen Kraftfeld nach Süden hin abgelenkt, nach Troia.

Diese Stadt lag ja nicht nur an hervorragend günstiger Stelle, sie galt außerdem – welch ein Vorteil! – als die Mutterstadt Roms. Einen idealeren Platz für die neue Kapitale hätte es kaum geben können. Ließ sich hier nicht in geradezu einmaliger Weise das Neue mit dem Alten verbinden, der Bogen der Geschichte zurückbiegen zu ihrem Anfang? Wäre es nicht eine Tat von höchster symbolischer Bedeutung gewesen, an einem derartig mythenträchtigen Ort ganz von vorne zu beginnen?

Der Kaiser beantwortete alle diese Fragen mit ja und begab sich »in Person nach dem berühmten Gefilde, wo an den Grabhügeln der Helden Homers schon seit tausend Jahren geopfert wurde; beim Grab des Aiax, an der Stelle des griechischen Lagers, begann er selbst die Umrisse der künftigen Stadt zu zeichnen« (Jacob Burckhardt).

Indes scheiterte auch dieses Unternehmen. Warum? Burckhardt vermutet: Noch ehe die neue Kapitale aus dem Boden wachsen konnte, meldeten Konstantins Berater, genauer die christlichen Hofgeistlichen, Bedenken an. Eine neue Hauptstadt, gut, damit waren sie wohl einverstanden, aber mußte sie gerade an einem Ort entstehen, der so sehr mit heidnischen Traditionen belastet war? Schließlich würde das Christentum ein wesentliches Element des neuen Staates sein.

Der Augustus gab ihnen notgedrungen nach. Er ließ die bereits begonnenen Bauarbeiten abbrechen und die Pläne zu den Akten legen. Die Propaganda begründete seine Kehrtwendung mit einer Vision. Gott selbst, so wurde erklärt, habe dem Herrn der Welt befohlen, einen anderen Ort zur Hauptstadt zu wählen. Das war – zunächst wenigstens – *Thessalonica* (Saloniki). Später rückte Chalkedon an seine Stelle.

Wie tausend Jahre zuvor die Megarer, faßte auch Konstantin als ersten jenen Ort ins Auge, der Byzantium gegenüber am asiatischen Ufer des Bosporus lag. Aber wie tausend Jahre zuvor sollen es auch jetzt die Wahrsager und Vogelflugdeuter gewesen sein, die darauf hinwiesen, daß diese Wahl nicht die geschickteste sei. Adler, heißt es, hätten dem vorbereitenden Planungsstab die Meßschnüre geraubt und sie auf die andere Seite hinübergetragen, eben nach Byzantium, und diesem Hinweis habe sich der in seinem Herzen immer noch heidnische Kaiser gefügt. In Wirklichkeit jedoch dürften die Vorteile, die die Stadt am Goldenen Horn ihrem Nachbarort voraus hatte, letztlich doch für diese gesprochen haben. Die neue Hauptstadt war nun endlich gefunden.

Konstantin hat seine Wahl nicht zu bereuen gehabt. Die Stücke des Puzzlespiels fielen zusammen und paßten. Byzantium lag im Illyrischen Dreieck, keine Erinnerungen an wichtige mythologische Ereignisse verknüpften sich mit diesem Ort; den Christen war die bereits existierende Stadt ein unbeschriebenes Blatt, und den Heiden mochte sie nahe genug bei Troia liegen. Dazu kamen der Hafen, die Position, die Schönheit und Fruchtbarkeit der Umgebung.

Der geringe Nachteil, daß Byzantium zu nahe der gefährdeten Donaugrenze lag, wurde durch eine ganze Reihe von Vorteilen aufgewogen. Der große Nachteil, daß es in der römischen Geschichte keinen besonders prominenten Platz innehatte, war durch die Absicht Konstantins, im Neuen neu zu beginnen, zu einem Vorzug umgemünzt.

Das Neue Rom

Mit einer pompösen Zeremonie wurde am 26. November 326 die neue Reichshauptstadt gegründet. Tuben schmetterten, Standarten blitzten, Legionen marschierten in festgefügten Kolonnen über das verdorrte Gras vor der thrakischen Landmauer, an ihrer Spitze der erste römische Herrscher, den die Geschichte mit dem Titel der Große ehrt. Die Spur, die sie hinterließen, markierte die neue, weit nach Westen vorgezogene Grenze Byzantiums. Die Stadt sollte wieder um ein gewaltiges Stück wachsen, und die Legende will, daß der Himmel selbst ihren neuen Umfang bestimmt habe. Als man den Anführer des Zuges fragte, wie weit er denn noch zu gehen gedenke, soll er geantwortet haben: »Bis Er, der jetzt vorangeht, stillsteht.« Wer dieser »Er« sei, hat er jedoch nie bekanntgegeben. War es Christus, wie eine christliche Nachwelt allzu bereitwillig annahm? Es konnten ebensogut Helios oder Mithras gewesen sein. Auf alle Fälle klang die Antwort majestätisch genug, um die Frager zu beschwichtigen und die Größe des Augenblicks zu unterstreichen. Und groß war der Augenblick in der Tat. Eine alte, traditionsreiche Hauptstadt, die Königin der zivilisierten Welt, bekam eine Rivalin zur Seite gestellt, der Mittelpunkt des Römischen Reiches wurde um mehrere hundert Kilometer nach Osten verlegt.

Der neuplatonische Philosoph *Sopater*, der zu den engsten Vertrauten Konstantins gehörte, vollzog geheimnisvolle symbolische Handlungen, die das Schicksal der Stadt magisch sichern sollten. Ein hoher Iupiterpriester aus Rom war ebenfalls anwesend, und die Sage, Konstantin habe bei dieser Gelegenheit das Palladium der alten Hauptstadt, jenes schützende Götterbild, das, der Überlieferung zufolge, aus Troia stammte, unter einer Porphyrsäule, die sein Porträt schmückte, auf dem späteren *Forum Constantini* vergraben lassen, hat sich lange gehalten. Aber all das ist unvollkommen überliefert. Mit Sicherheit wissen wir nur, daß bei dieser Zeremonie viel Weihrauch verbraucht, daß Götter beschworen und uralte Riten geübt wurden. Bevor man die steinernen Wälle zu errichten begann, wurden unsichtbare Fundamente gelegt, denn eine *urbs* war mehr als nur die Ansammlung von Häusern und Palästen, die das Auge wahrnahm, sie hatte auch einen immateriellen Leib und eine Seele.

»Wir haben«, verkündete Konstantin schließlich, »die Stadt auf Gottes Befehl mit einem ewigen Namen beschenkt.« Wie lautete er? »Wahrscheinlich *Flora* oder *Anthusa*, die Blühende, welches auch der priesterliche Geheimname Roms war. Der Gott aber, welcher diese Benennung befahl, war schwerlich der Christengott« (Burckhardt). Geheimnis also selbst hier. Hinter dichten Weihrauchnebeln zeichnete sich ein in die alte mythologische Welt hineinragender metaphysischer Bau ab. Die Christen schmückten die Berichte über den Gründungsakt später mit einer Reihe von Legenden aus. Sie fügten die Geschichte von der Wallabschreitung hinzu, bei der

Jesus dem Kaiser vorausgegangen sein soll und beharrten darauf, er habe seine neue Kapitale der Gottesmutter geweiht. Belegen läßt sich auch von alledem nichts. Insgesamt dürften, so vermutet Gibbon, die Feiern eine Wiederholung der bei der Gründung Roms geübten Zeremonien gewesen sein, die Plutarch beschrieben hat, und wenn es einen einzigen Gott gab, dem sie galten, dann war dies Konstantin selbst. Er hatte sich auf den Iupiterthron Diocletians geschwungen; nun ging er daran, seiner Größe ein steinernes Denkmal zu errichten.

Viereinhalb Jahre nach der Grundsteinlegung, am 11. Mai 330, wurde mit dem Bau begonnen. Am gleichen Tag gab der Kaiser auch den offiziellen Namen der neuen Hauptstadt bekannt. Sie sollte *Constantinoupolis* heißen, Stadt des Konstantin, und sie hieß so bis zum Jahr 1926. Im englischen und französischen Sprachbereich wurde *Constantinople* daraus, im deutschen *Konstantinopel*, im türkischen *Konstantiniye*. Der Name des Gründers blieb in allen diesen Versionen deutlich erkennbar.

Für die Zeitgenossen Konstantins war die junge Hauptstadt vor allem *Nova Roma*, das Neue Rom, denn der alten Kapitale wurde sie völlig gleichgestellt. Deren Funktionen gingen auf sie über, deren Vorrechte wurden an sie übertragen. Selbst äußerlich sollte das zweite Rom dem ersten gleichen. Dabei kam es Konstantin zustatten, daß die Halbinsel, auf der Byzantium lag, genau wie die Tiberstadt sieben Hügel aufwies. Eine Replike ließ sich also erstellen.

Schwierigkeiten beim Bau einer Stadt

Wie das italienische Rom sollte auch Konstantinopel vierzehn Stadtquartiere erhalten, von denen das dreizehnte, Sykae, das dem Quartier *Trastevere* entsprach, jenseits des Goldenen Hornes lag. Wie in Rom standen Hippodrom und Kaiserpalast unmittelbar nebeneinander. Knapp drei Kilometer westlich des severischen Walles erhoben sich die neuen Mauern. Die Stadtfläche wurde dadurch um nahezu das Vierfache vergrößert.

Zwischen den beiden Verteidigungsanlagen aber, der alten und der neuen, auf einem von niederem Gebüsch und einzelnen Bäumen bewachsenen Hügelgelände, ließen sich Tausende von Bauarbeitern nieder. Bretterhütten und Zeltlager wuchsen aus dem Boden. Mittendrin erhoben sich gigantische Gerüste für die Staatsbauten.

Einen Bauplatz von solchen Ausmaßen hatte die römische Welt seit den Tagen, da Nero Rom aus der Asche wiedererstehen ließ, nicht mehr gesehen, und sicherlich wäre auch ein moderner Manager zuweilen an der Aufgabe verzweifelt, die dieser Kaiser seinen Untergebenen gestellt hatte.

Die ganze Stadt sollte ja in kürzester Frist errichtet werden. Zeit, sich allmählich an die Probleme heranzutasten, war nicht gegeben. Während dort die Stadtmauern aufgetürmt wurden, wühlte hier eine Kanalarbeitergruppe den Boden auf, zog eine andere neue Straße, an deren Rändern die Steinmetze hockten, die die Marmorblöcke aus den Brüchen auf der *Proconnesos-Insel* im Marmarameer (heute heißt sie *Mermere* oder *Marmora*, die sie umgebende See ist nach ihr benannt) zu Säulentrommeln zurechtschlugen.

Alle diese Männer mußten natürlich versorgt werden. Sie benötigten nicht nur Steine, Holz und Gips, sondern auch Wasser, Brot, Öl, Fleisch, Fisch und Frauen. Allein das Nachschubproblem dürfte ganze Beamtenstäbe Tag und Nacht in Atem gehalten haben. Wahrscheinlich wäre es gar nicht zu lösen gewesen, wenn man Konstantinopel nicht von allen Seiten her per Schiff hätte erreichen können. Ganze Flotten schleppten Holz aus den thrakischen Wäldern heran, Heerscharen wurden ausgesandt, um Steine zu brechen, Ziegel zu formen und Kalk zu brennen. Die Fischer konnten nicht genug eßbares Meeresgetier heranschaffen, den bithynischen Bauern wurden für Öl und Obst, für Getreide und Wein Preise geboten, von denen sie früher nicht zu träumen gewagt hätten.

Das Kostbarste und Wichtigste indes waren Menschen, Handwerker, die des Kaisers Pläne verwirklichen, Bürger, die seine neue Stadt einmal bevölkern sollten. Sie trieb man aus dem ganzen Reich zusammen. »Konstantinopel«, schrieb der Kirchenvater *Hieronymus* (347–420), »wird eingeweiht, während fast alle Städte entblößt werden.« Und *Eunapios* (345–420), ein griechischer Philosoph aus Sardis, ergänzte boshaft: »Aus den unterworfenen Städten führt er *(Konstantin)* nach Byzantium ein Volk zusammen, damit recht viele Betrunkene im Theater abwechselnd applaudieren und den Wein erbrechen können.«

Hergebracht wurden diese Menschen teils mit Gewalt, teils durch Lockungen. Vom besiegten licinischen Osten ließ der Kaiser ganze Dorfschaften nach Konstantinopel umsiedeln. Dem Pöbel der Großstädte versprachen seine Werber Brot und Zirkusspiele.

Und der Pöbel kam. Er kam, um in den Baugruben zu schuften, im Hippodrom zu jubeln und in den Steinbrüchen zugrunde zu gehen. Es war die wilde Horde der Besitzlosen, der Rechtlosen, der ewigen Goldgräbernaturen, aber auch der Unternehmungslustigen und Wagemutigen. Die Stadt am Goldenen Horn wurde ein Schmelztiegel der Rassen und der Temperamente, mehr als tausend Jahre vor der Entdeckung Amerikas.

Der größte Kunstraub aller Zeiten

Schon bald freilich zeigte es sich, daß Muskelkraft und Organisationstalent allein nicht ausreichten, die Vision Konstantins in Marmor zu verwirklichen. Können, Kunstfertigkeit und handwerkliches Geschick mußten sie ergänzen. Doch damit war es schlecht bestellt im Römischen Reich. Die Regierung gab Erlasse heraus, die alle Städte des Imperiums ermutigten, Schulen für Bildhauer, Steinmetze und Architekten zu gründen, deren Absolventen aber, kaum daß sie die notwendigen Fachkenntnisse besaßen, an den Bosporus zu schicken. Einen neuen Phidias oder Praxiteles hervorzubringen, war diese Aktion natürlich keineswegs geeignet. Mehr als rohe Imitationen der klassischen Götterbilder vermochten die in Schnellkursen ausgebildeten Kunsthandwerker kaum zu schaffen.

Konstantin begnügte sich deshalb auch nicht mit diesem einen Versuch. Er griff zu gröberen Mitteln, ließ die Metropolen des Reiches nach Kunstwerken absuchen, diese demontieren und per Wagen und Schiff in seine Kapitale bringen. Ein

Teil der Bildwerke, soweit sie aus Metall waren, wurde eingeschmolzen, andere, darunter die Schlangensäule von Delphi, in willkürlicher Reihung außerhalb und innerhalb der bereits fertigen Gebäude aufgestellt, manche in der ursprünglichen Form, etliche aber mit neuen Köpfen. Man setzte die Porträts berühmter Zeitgenossen auf ihre Hälse, am häufigsten natürlich das des Kaisers selbst.

Das ganze war eine barbarische Aktion und ein Kunstraub ohne Beispiel. Die antike Welt wurde einiger ihrer wertvollsten und schönsten Statuen beraubt, denn in den Wirren der späteren Zeiten sind die meisten von ihnen vernichtet worden.

Aber auch zu Konstantins Lebzeiten dürfte der Effekt kein allzu günstiger gewesen sein. Konstantinopel war ein marmornes Chaos, ein wirres Durcheinander von fertigen, halbfertigen und gerade erst begonnenen Bauten. Heidnische Tempel standen neben christlichen Kirchen. Arkaden, zusammengestoppelt aus Säulen der verschiedenen Stile, verdeckten trostlose, lehmfarbene Wohnbaracken. Standbilder reckten ihre Arme in sinnlosen Gebärden; ein attischer Apoll starrte an einem römischen Iupiter vorbei, ein feierlich strenger kretischer Poseidon blickte einem grinsenden Faun ins Auge, und dieses Schauspiel bot sich nicht nur auf einzelnen Plätzen, nein, ganze Armeen solcher Marmorgeschöpfe waren aufmarschiert, säumten die Straßen, überragten die Giebel, begleiteten die Bürger auf allen Wegen mit ihren toten Blicken, während die große Zahl derjenigen, die beim Transport zersprungen waren, irgendwo herumlag und darauf wartete, daß man sie zu Mörtelkalk verbrannte. Über der ganzen Szenerie aber hing ständig der Lärm und der Staub einer riesigen Baustelle, denn mehr als das kann Konstantinopel in den elf Jahren, um die sein Gründer die Einweihung überlebte, nicht gewesen sein. Was er begonnen hatte, bot Arbeit für Generationen, zumal auch einige der hastig errichteten Bauten nach kurzer Zeit wieder einstürzten.

Großstadtleben am Bosporus

Dennoch lebten in diesem Chaos Menschen, gründeten Familien, zeugten Kinder und waren von ihrer Einzigartigkeit überzeugt. Für die Vornehmeren unter ihnen mochte das

Dasein am Ufer des Bosporus durchaus angenehme Züge gehabt haben. Einige römische Senatoren soll Konstantin damit in seine Stadt gelockt haben, daß er ihnen an der Marmaraküste und an den Hängen über dem Goldenen Horn prächtige Villen errichten ließ, die denjenigen, welche sie zu Hause besaßen, bis ins Detail nachgestaltet waren. Außerdem baute er nicht weniger als drei großzügige Senatslokale und für sich selbst, auf der alten Akropolis, einen prunkvollen neuen Palast, dessen Hallen mit goldenen Mosaiken ausgeschmückt waren und dessen Höfe ein leibhaftiges Marmorfigurenkabinett der griechisch-lateinischen Götterwelt gewesen sein müssen.

Den getauften unter seinen Neubürgern stiftete der Kaiser eine Reihe von Kirchen, das erste christliche Gotteshaus der Stadt wurde vergrößert und der *Hagia Irene*, dem Göttlichen Frieden, geweiht. Die Heiden erhielten nicht minder imposante Tempel. Für das Vergnügen der Bevölkerung wurde der alte severische Zirkus beträchtlich vergrößert, für ihre Körperpflege eine Reihe weiterer öffentlicher Bäder eingerichtet.

Doch Bad und Zirkus repräsentierten nur die Zuckerseiten des Lebens in Konstantinopel. Wie die Massen, die hier zusammengeströmt waren, ihr Alltagsleben fristeten, wo sie einkauften, wie ihre Kinder heranwuchsen, ist kaum überliefert. Wahrscheinlich sind aber die Zustände, die damals am Goldenen Horn herrschten, am ehesten mit denen im augusteischen Rom zu vergleichen.

Wohnkasernen schossen wuchernd empor, und da der Boden teuer war, konnten sie bis zu dreißig Meter hoch sein, sofern der Abstand zum nächsten Bau wenigstens vier Meter betrug. Auf diese Weise entstanden enge und finstere Straßenschluchten, die vom Gekeif der Weiber und dem Geschrei der Kinder widerhallten. Die Häuser selbst waren primitiv zusammengeschustert: lehmbeworfenes Flechtwerk die Mauer, stinkende Schächte die Treppenhäuser. In den engen Wohnzellen, die zu Höchstpreisen vermietet wurden, hausten ganze Familien eng aneinandergedrängt, bei schlechtesten sanitären Verhältnissen. Jeder Seufzer in der Nachbarwohnung war durch die Wände zu hören, intimste Szenen spielten sich quasi auf offener Bühne ab. In den Kellern aber arbeiteten die Handwerker, die Bäcker, Schuhmacher und Schneider, Höhlenbewohner, die nur des Abends ans Tageslicht kamen, um Luft zu schöpfen oder an den Feiertagen, wenn sie sich in der Masse der anderen zum Zirkus drängten.

Die Straßen, die Foren, die öffentlichen Plätze waren denn auch, wie in allen südlichen Städten, die Orte, an denen sich der wichtigste Teil des Lebens abspielte. Dort lungerten die Männer herum, um ihre Arbeitskraft anzubieten, sammelten sich in langen Schlangen vor den staatlichen Ausgabestellen für Korn und Öl oder warteten auf irgendein Ereignis, das etwas Farbe in ihr graues Dasein bringen würde.

Über einen Mangel daran hatten sie sich freilich kaum zu beklagen. Christliche Prozessionen oder die Kavalkaden hoher Würdenträger, die zur Audienz in den Palast eilten, waren prächtige Darbietungen. Daneben gab es Schauspiele, an denen sie sich selbst beteiligen konnten. Der Kaiser, die Senatoren, die Generäle brauchten jubelnde Statisten, wenn sie in der Öffentlichkeit erschienen, Geistliche und Philosophen zuweilen brüllende Parteigänger.

Konstantinopel war ja ein Gefäß, in dem nicht nur Menschen der verschiedensten Herkunft und Rasse zusammengeschüttet worden waren, hier trafen auch Anhänger der unterschiedlichsten religiösen Bekenntnisse aufeinander, tauschten ihre Meinungen aus, diskutierten und schlugen sich gegenseitig die Schädel ein, wenn die übrigen Argumente keine Wirkung mehr zeitigten.

Das Kreuz und die Götter

Zu erbitterten Auseinandersetzungen kam es natürlich vor allem zwischen Heiden und Christen. Konstantin selbst bemühte sich zwar, für beide Religionen einen gemeinsamen Nenner zu finden – so ließ er etwa das Standbild der Schicksalsgöttin Tyche mit einem Kreuz verzieren –, aber durch Kompromisse war auf die Dauer keine der beiden Parteien zufriedenzustellen. Die Christen nahmen es ihm übel, daß er dem Philosophen Sopater so großen Einfluß zugestand, die Verehrer der alten Götter waren böse darüber, daß er ein

Gesetz gegen die Befragung der Orakel erlassen hatte. Die Christen erwiesen sich schließlich als die Stärkeren. Konstantin mußte ihnen den Sopater opfern, um, wie ein byzantinisches Lexikon aus dem 10. Jahrhundert vermeldet, »zu beweisen, daß er in der Religion nicht mehr heidnisch gesinnt war«. Später ließ er auch noch den Philosophen *Kanonaris* enthaupten, weil der ihm vorgeworfen hatte, er vergehe sich gegen die Sitten seiner Vorfahren.

Alle diese blutigen Tragödien waren begleitet vom Gebrüll eines Chores, der seine Mitglieder aus der ständig wachsenden Bevölkerung rekrutierte. Die Massen, das zeigte sich immer deutlicher, waren der eigentliche Tyrann der neuen Hauptstadt, und je stärker sie sich ihrer Macht bewußt wurden, je klarer sie erkannten, daß selbst erfahrene Soldaten im Gassengewirr der Slums völlig hilflos waren, wenn sie einem tobenden, steineschleudernden Mob gegenüberstanden, desto kecker wurden sie auch. Sie mochten arm und rechtlos sein, als politischen Faktor durfte man sie nicht unterschätzen. Die Herrscher hatten mit ihnen zu rechnen, sie waren auf ihr Wohlverhalten angewiesen.

Der perfekte absolutistische Staat

Trotzdem regierte Konstantin so unumschränkt und souverän wie kaum ein Imperator vor ihm. Die Senate im alten und im neuen Rom waren nur noch Schatteninstitutionen ohne jede reale Macht. Der von Diocletian angelegte absolutistische Staat wurde konsequent perfektioniert und ausgebaut. An seiner Spitze thronte der Kaiser im goldenen Prunkgewand, geschmückt mit einem Perlendiadem, in welches angeblich die Nägel vom Kreuz Christi eingearbeitet waren, glänzend wie die Sonne. Alles, was er tat, sagte, veranlaßte, war *sacer,* geweiht, und wer ihm nahte, mußte sich zu Boden werfen.

Von seinem Gemach aus, dem *Sacrum cubiculum*, floß die Würde dann über unendlich viele Stufen nach unten. Es gab einen Kronrat, einen Kanzler, etliche Heermeister, gab Oberkämmerer, Kämmerer, Schatzminister, die Präfekten der vier Reichsteile und der beiden Hauptstädte, daneben aber und dazwischen eine ganze Reihe von anderen Ämtern, deren

Inhaber mit genau festgelegten Titeln wie *spectabilis, honoratus, clarissimus* oder *perfectissimus* angeredet werden mußten.

Das Zeremoniell, nach dem diese Herren miteinander verkehrten, war höchst kunstreich und kompliziert, und das gleiche galt von ihren Intrigen, denn Intrigieren war lebensnotwendig. An dem Hof, an dem sie sich befanden, erlangte man verhältnismäßig rasch die allerhöchste Gnade und Geneigtheit, doch es war bitter schwer, sie sich auch zu erhalten. Konstantin hatte immer eine große Zahl von Freunden, »Getreuen« und »Vertrauten« um sich. Er liebte die Geselligkeit, war kein verschlossener Einzelgänger und lieh allen Einflüsterungen sein Ohr. Wenn er aber einmal Verdacht geschöpft hatte, wenn ihm irgendein Würdenträger unangenehm aufgefallen war, dann tobte er sich in fürchterlichen Racheakten aus. Notabeln, die gestern noch an des Kaisers Tafel gesessen hatten, flogen ins Gefängnis, Köpfe rollten und eben erst erworbene Vermögen wurden eingezogen. Zu den Opfern dieser Wutanfälle gehörte selbst sein ältester Sohn *Crispus* und *Fausta*, seine erste Gemahlin. Sich gegen sie abzusichern, war oberstes Gebot.

Auch sonst ließ der Imperator keinen Zweifel daran, daß er in allen Dingen die letzte Instanz war, in Rechtsproblemen wie in militärischen Entscheidungen, in politischen wie in Wirtschaftsfragen. Selbst in Glaubensangelegenheiten beanspruchte er dieses Recht. Er war Kaiser, Gott und oberster Priester. »Ihr«, erklärte er seinen Klerikern, »seid Bischöfe innerhalb der Kirche, wohingegen ich der von Gott ernannte General-Bischof außerhalb der Kirche bin.« Die Kleriker erkannten es widerspruchslos an.

Damit aber waren die Fundamente für jene Regierungsform gelegt, die man später als *Caesaropapismus* definierte. Konstantin und seine Nachfolger auf dem Thron in Konstantinopel konnten sich als Kaiser und Päpste (»Kalifen«, wie Spengler sagt) in einer Person fühlen, und ihr Beispiel hat bis in den Westen Europas hinübergeleuchtet. Karl der Große nahm daran Maß, Friedrich II. von Hohenstaufen träumte davon, es nachzuvollziehen, das ganze Mittelalter hindurch blieb dieses byzantinische System ein geheimes Ideal der abendländischen Fürsten. Erst die Reformation verhalf einigen von ihnen zu seiner Verwirklichung.

Der Kaiser, Christi Bruder

Der geistige Vater des Caesaropapismus war *Eusebius von Caesarea*, der sich nach seinem Lehrmeister *Pamphilius* auch *Eusebius Pamphili*, Sohn des Pamphilius, nannte. In Palästina geboren und erzogen, gehörte dieser vielschreibende Hofprälat jener intellektuellen Elite der jungen Kirche an, die sich stark von den neuplatonischen Philosophen beeinflussen ließ.

Zu Konstantin ist er schon zu der Zeit gestoßen, da der junge Usurpator eben erst dabei war, nach dem kaiserlichen Purpur zu greifen. Beide scheinen sofort Gefallen aneinander gefunden zu haben. Der Kaiser überhäufte den gelehrten Priester mit Ehren und Gunstbeweisen, machte ihn zu seinem engsten Berater (neben Sopater) und benutzte ihn wohl auch als Verbindungsmann zur christlichen Kirche. Welche Rolle Eusebius in der Religionspolitik seines Herrn spielte, ist nicht genau überliefert, Einfluß indes dürfte er schon deshalb auf ihn gehabt haben, weil ja auch Konstantin stark vom Neuplatonismus beeindruckt war. Möglicherweise bildete sogar diese gemeinsame Liebe zu den Gedanken von Plotinos, Porphyrios und Iamblichos die Brücke, über welche der Augustus ganz allmählich auf die Seite des Christentums hinüberwechselte. Fest steht jedenfalls, daß Eusebius von Anfang an einer der entschiedensten Parteigänger seines Herrn war. Er hat ihn in seinen Schriften überschwenglich gefeiert, hat ihn mit den Engeln Gottes und mit Moses verglichen und damit in seinem Hofstaat auch eine Aufgabe übernommen, die man wohl am ehesten mit der eines modernen Chefpropagandisten vergleichen kann. Er stellte seine ganze Gelehrsamkeit in den Dienst des Herrschers, ohne dabei jemals gegen die ihm teueren Überzeugungen zu verstoßen.

Aber das wurde auch gar nicht von ihm verlangt, im Gegenteil, die Einheit von Kirche und Staat, die Konstantin anstrebte, entsprach durchaus seinen eigenen Überzeugungen. Von dem alexandrinischen Theologen *Origenes* (185–253) hatte Eusebius ein Welt- und Himmelsmodell übernommen, das der neuplatonischen Pyramide mehr oder weniger getreu nachgebildet war und das an seiner Spitze so wenig Raum bot, daß dort allenfalls das »Erhabene Eine« placiert werden konnte, keineswegs aber zwei oder gar drei oberste Instanzen. In christlichen Termini hieß das: Dort, wo der Vatergott thronte, konnte der Sohn nicht mehr Fuß fassen. Er mußte mit einer tieferen Stufe vorliebnehmen.

Das wiederum machte es möglich, den Kaiser selbst entsprechend zu erhöhen und ihn dem Erlöser »als brüderlichen Helfer im Kampf um die Heimholung der Welt zu Gott« (Heer) zur Seite stellen. Konstantin avancierte unter dem Griffel des Eusebius folgerichtigerweise nicht nur zum *Neuen Kyros* und *Alexander*, sondern auch zum neuen Heiland, der, wie Phönix und Christus – diese Vergleiche benutzte der Hofprälat – wiederersteht in seinen Söhnen. Er thronte direkt unter Gott. Eine große Fraktion der Kirche hat diese theologische Rechtfertigung des Caesaropapismus akzeptiert. Eine andere war dazu nicht so ohne weiteres bereit.

Während nämlich der griechisch-orientalische Kulturkreis mit der Gottheit Christi, die Eusebius bestritt, ohnehin nicht allzuviel anfangen konnte, wollte der Westen auf das Mysterium der Trinität und auf die Rolle Christi als eines Vermittlers zwischen irdischer und überirdischer Wirklichkeit nicht verzichten. Im Osten dachte man immer noch in großen Weltsystemen, die auf den einen Vatergott hin ausgerichtet waren und die für den Sohn gerade noch einen Demiurgen-Platz enthielten, im Abendland jedoch hielt man daran fest, daß beiden der gleiche Rang zukäme, und der Westen wollte sich von den hochgelehrten griechischen Klerikern nicht eine Philosophie aufzwingen lassen, die ihm wesensfremd war. Sein Widerstand gegen die origenistische Lehre provozierte denn auch den ersten einer langen Reihe von Konflikten, die letztlich zur Spaltung der Christenheit in zwei große Kirchen, die griechisch-orthodoxe und die römisch-katholische führte.

Das Jota, um das die Welt sich dreht

Ausgelöst worden waren die innerkirchlichen Zwiste im Grunde schon durch die sehr frühzeitig unternommenen Versuche gebildeter Christen, die reiche Geisteserntе der griechischen Kultur in die eigenen Scheunen einzubringen. Versuche, von denen keiner gelungen ist, zumindest nicht für die ganze Kirche.

Bereits die Verfechter des *Gnostizismus* (Gnosis, griechisch: Erkenntnis), die Mythos und Offenbarung zur Übereinstimmung bringen wollten, mußten scheitern. Aus ihren Retorten war eine seltsam-dunkle Erlösungslehre hervorgegangen, die Jesus lediglich als Figuranten in einem dramatischen Weltkonflikt zwischen Geist und Materie begriff.

Für das spätere große Unternehmen, an dem Origenes mitwirkte, in das Eusebius verstrickt war, als dessen Protagonist aber der alexandrinische Presbyter *Arius* (gest. 336) auftrat, gilt das gleiche. Ihrem Vorhaben, das letzte große philosophische System des Heidentums für die christliche Lehre auszuwerten, war ebenfalls kein Erfolg beschieden. Es hat lediglich ein politisches Ergebnis gezeitigt, die konstantinische Staatsideologie. Der theologische Niederschlag dieses Experimentes, der *Arianismus*, dagegen erwies sich als nicht lebensfähig, obwohl sein Begründer, ein in Antiocheia, der Hochburg des griechisch-orientalischen Intellektualismus, geschulter Priester, ihn mit Nachdruck und propagandistischem Geschick vertrat.

Was Arius lehrte, umreißt der Erlanger Kirchenhistoriker Walther von Loewenich so: »Jesus Christus ist ein mit besonderer religiöser Kraft ausgestatteter Mensch. Auch das göttliche Prinzip in ihm ist nicht einfach gleich der ewigen Gottheit des Vaters und damit nicht absolut vollkommen... Wenn man es schon als göttlich bezeichnen kann, so gebührt ihm doch nicht die gleiche Ehre wie dem Vater.« Er ist ein aus dem Nichts geschaffenes Geschöpf, das den Sohnesrang nur auf Grund seiner sittlichen Bewährung erlangt hat, ein Heros also wie Herakles oder Achilles. In den Schlagworten jener Zeit hieß das: Sohn und Vater sind nur *wesensähnlich (homoiusios),* aber nicht, wie die Gegner des Arius erklärten, *wesensgleich (homousios).* Ein einziger Buchstabe trennte zwei Theologien, aber »um dieses Jota drehte sich«, wie der Historiker Hans Delbrück schrieb, »die Weltgeschichte«. Und Delbrück übertrieb nicht. Die Oikumene zerfiel zum erstenmal in ihrer Geschichte in zwei einander heftig bekämpfende Lager – ein westliches und ein östliches.

Arius und seine Anhänger vertraten dabei zweifellos den griechischen Osten. Die Waffen, die sie führten, waren gefährlich scharf. Mit überspitzten Formulierungen, wie etwa der: »Es gab eine Zeit, da der Sohn noch nicht war«, schürten sie die Auseinandersetzung. Mit Marschliedern, in denen die neue Lehre propagiert wurde, putschten sie die Massen auf und trugen den Streit hinaus auf die Straße.

Ihnen entgegen warfen sich, als Vorkämpfer des Westens, der Bischof *Alexander von Alexandreia* (282–365), der den Arius exkommunizierte, und sein Diakon *Athanasios* (295–373), nach dem die Gegenlehre benannt wurde. Diesem letzteren vor allem, einem redegewaltigen Prediger und geschickten Debattierer, erschien die These von der Wesensähnlichkeit als ein Versuch, das Christentum zu zerstören. Denn, so argumentierte er, wenn Christus nur ein Halbgott ist, dann »ist es auch vorbei mit dem Monotheismus und mit dem Werke der Erlösung« (Loewenich).

Der Streit zwischen den beiden Schulen nahm schließlich solche Formen an, daß der Kaiser selbst sich gezwungen sah, einzugreifen. Er ließ bekanntgeben, daß er sich entschlossen habe, ein Konzil einzuberufen, auf dem die ganze Angelegenheit geregelt werden sollte. Zum Ort der Zusammenkunft bestimmte er *Nikaia* (Nicäa, das heutige Iznik), eine Stadt, unweit von Nikomedeia gelegen. (Byzantium war damals, im Jahr 325, noch nicht zur Hauptstadt bestimmt). Den Vorsitz in dem Kirchenparlament beanspruchte er selbst, und auch die endgültige Entscheidung behielt er sich vor. Man konnte also mit Recht darauf gespannt sein, wie die Theologendebatte unter der Gesprächsführung eines Laien, die »Wiederholung des ersten Pfingstfestes« (Eusebius) verlaufen würde. Spannend genug begann sie.

Was dem Kaiser gefällt, ist der Wille Gottes

Arius und Athanasios standen wider einander auf, argumentierten mit allen den dialektischen Tricks, die in griechischen Rhetorenschulen gelehrt wurden, und vertraten ihre

Argumente in einer überzüchteten Gelehrtensprache, deren Feinheiten nur ein Kenner zu würdigen wußte.

Konstantin, der sicherlich kein Kenner war, lauschte den Auseinandersetzungen schweigend, in ein von Edelsteinen übersätes Gewand gehüllt. Er begegnete den Gottesdienern respektvoll, wenn auch keineswegs ohne Autorität und gab sich Mühe, ihre Anliegen zu würdigen. Aber dann, noch bevor das Drama seinen Höhepunkt erreicht hatte, noch ehe der Streit völlig ausdiskutiert war, erhob er sich ziemlich abrupt und gab bekannt, daß er die Entscheidung getroffen habe. Er erklärte sich für die Wesensgleichheit, für die athanasische Formel also, und das heißt, für den Westen. Die Bischöfe akzeptierten dieses Diktum widerspruchslos, obwohl die Mehrheit von ihnen auf der Seite des Arius gestanden hatte, auch Eusebius. Nur zwei weigerten sich, das Edikt zu unterschreiben, das den »Konzilsbeschluß« fixierte und das »Symbolum Nicaenum« verkündete. Ihr Lohn war Absetzung und Verbannung. Was dem Kaiser gefallen hatte, war Gottes Wille.

Er selbst stellte es anders dar. An die Gemeinde von Alexandreia ließ er schreiben: »Was dreihundert Bischöfen gefallen hat, ist nichts anderes als der Wille Gottes.« Aber wenn er ganz ehrlich gewesen wäre, hätte er gestehen müssen: »Was dem Bischof *Hosius von Cordoba* (257–358) gefiel, ist von mir akzeptiert worden.« Dieser hatte ihn nämlich für die athanasische Richtung gewonnen – hinter den Kulissen.

Das Ergebnis des Konzils muß dennoch verblüffen, vor allem wenn man weiß, daß der Arianismus die theologische Basis der späteren konstantinischen Reichsideologie war. Sein Zustandekommen erklärt sich denn auch möglicherweise aus dem Desinteresse des damals fünfundvierzig Jahre alten Herrschers an theologischen Fragen. Der Sieg über Licinius war eben erst errungen, das Imperium war neu zu formieren, wichtigere Probleme als theologische es zu sein schienen, bedrängten ihn, und – last not least – die beiden Männer, die ihm später als vertraute Berater dienen sollten, hatten noch keinen allzu großen Einfluß auf seine Entscheidungen: *Euse-*

oben: Die Schlangensäule aus Delphi auf dem Hippodrom, Istanbul. *Bildarchiv Preußischer Kulturbesitz, Berlin*

unten: Das Hippodrom mit dem Theodosius-Obelisk. *Bildarchiv Preußischer Kulturbesitz, Berlin*

oben: Blick auf die Suleymanye, Atatürkbrücke und Goldenes Horn, Istanbul. *Bildarchi Preußischer Kulturbesitz, Berlin*

unten: Dampferanlegestelle Eyüp und Goldenes Horn. *Bildarchiv Preußischer Kulturbesitz Berlin*

oben: Blick von Yedikule auf die Landmauer Theodosius II., Istanbul. *Bildarchiv Preußischer Kulturbesitz, Berlin*

unten: Yedikule innen mit Blick zum Ostturm. *Bildarchiv Preußischer Kulturbesitz, Berlin*

oben: Die Suleymanye von Sinan erbaut, Istanbul. *Bildarchiv Preußischer Kulturbesitz, Berlin*

unten: Die Kahriye Cami (Chora-Kloster), Istanbul. *Bildarchiv Preußischer Kulturbesitz, Berlin*

...en: Chora-Kloster: Mosaiken im Exonarthex. Unten »Herodes befiehlt die Ermordung der Kinder«. *Bildarchiv Preußischer Kulturbesitz, Berlin*

...ten: Portal der Büyük Karatay Medrese, Konya. *Bildarchiv Preußischer Kulturbesitz, Berlin*

oben: Mevlana-Kloster, Konya. *Bildarchiv Preußischer Kulturbesitz, Berlin*

unten: Ince Minare Medrese, 1265–1269 von Haluk ben Abdullah gebaut, Konya. *Bildarchiv Preußischer Kulturbesitz, Berlin*

Theodora (mit ihrem Hofstaat) 497–548. Byzantinische Kaiserin, verheiratet mit Justinian. Wandmosaik in der Basilika S. Vitale in Ravenna. *Bildarchiv Preußischer Kulturbesitz, Berlin*

oben: Die Statue der Diana mit anderen Funden im Museum von Selcuk, Ephesos. *Bildarchiv Preußischer Kulturbesitz, Berlin*

unten: Blick aus der Vogelschau auf die Kuppel des Markus-Doms, Venedig. *Bildarchiv Preußischer Kulturbesitz, Berlin*

bius von Nikomedeia (gest. 342), ein glühender Anhänger des Arius, der später zum Bischof von Konstantinopel avancierte, und Eusebius von Caesarea, der »Herold des Byzantinismus«. Konstantin war damals, mehr oder weniger bewußt, ein Mann des Westens. Doch das sollte sich rasch ändern, nachdem er in Konstantinopel heimisch geworden war.

Arius hat doch gesiegt

Schon drei Jahre nach dem Konzil von Nikaia wurden Arius und seine Anhänger aus der Verbannung zurückgerufen. Dafür mußte Athanasios jetzt gehen, allerdings erst nach einer mehr als siebenjährigen Auseinandersetzung. Die Verfechter der Wesensähnlichkeit eroberten die wichtigsten Bischofsstühle des Ostens, bis auf den von Alexandreia, der unbesetzt blieb, und der Kaiser selbst identifizierte sich mit ihrer Lehre, in dem nicht ganz genau bestimmbaren Maß, in dem er sich überhaupt mit dem Christentum identifiziert hat. Als er sich endlich doch noch taufen ließ, war der, der ihm die Sakramente reichte, ein Arianer, Eusebius von Nikomedeia.

Die orientalische Lehre hatte also gesiegt, und wenn sie auch von späteren Kaisern wieder verdammt wurde, so prägte sie doch deren Regierungsform, leitete die weitere Entwicklung in eine ganz bestimmte Richtung und hinterließ ihre deutlich sichtbaren Spuren in der Geschichte des oströmischen Reiches.

Im Kampf gegen die arianischen Kaiser in Konstantinopel aber bildete sich bei den westeuropäischen Klerikern zum erstenmal das Bewußtsein heraus, einer anderen Geisteswelt als jene anzugehören und verfestigte sich so lange, bis schließlich »aus der Resistance dieser Westbischöfe... das westliche Abendland« entstand (Heer).

Der Kaiser stirbt

Zunächst jedoch präsentierte sich als Ergebnis aller vorausgegangenen kriegerischen Auseinandersetzungen und theologischen Debatten ein Reich, aufgebaut auf der Basis ein Gott – ein Kaiser – ein Land. An seiner Spitze die strahlende, in goldenen Gewändern prunkende Herrschergestalt Konstantins, unter ihm die sorgfältig gestufte Pyramide der weltlichen und geistlichen Würdenträger, ein mächtiges Heer (in dem bereits die Germanen dominierten), eine gut funktionierende

Verwaltung und ein ob des Friedens dankbares Volk – insgesamt ein eindrucksvoller Bau, den anzugreifen kein Feind stark genug zu sein schien.

Trotzdem wurde er angegriffen. Im Jahr 336 traf eine Gesandtschaft des persischen Königs *Schahpur II.* (310–379) in Konstantinopel ein und verlangte die Rückgabe der von Diocletian eroberten Tigrisprovinzen. Konstantin war nicht bereit, darüber zu verhandeln und mußte deshalb die bequeme Tunika wieder einmal mit der Rüstung vertauschen.

Im Frühling des darauffolgenden Jahres stellte er sich an die Spitze seines Heeres und marschierte nach Osten. Weit ist er dabei nicht mehr gekommen. Noch in Bithynien überfiel ihn ein Fieber, das so hartnäckig war, daß er den Kriegszug unterbrechen und das Heilbad *Helenopolis* aufsuchen mußte. Von dort aus unternahm er eine Wallfahrt zum Grab des Märtyrers *Lukian von Antiocheia* (dem Lehrer des Arius), aber weder die Badekur noch die wundertätigen Gebeine halfen ihm. In *Ankyrona* bei Nikomedeia ist er wenig später, am 22. Mai 337, im Alter von siebenundfünfzig Jahren gestorben. Sein plötzliches Ableben rief im ganzen Reich tiefe Erschütterung hervor. Das Heer beklagte einen der hervorragendsten Feldherren, den es je besessen hatte, die Christen ihren obersten Bischof, das übrige Volk den Garanten seiner Sicherheit.

Offiziere trugen den Toten auf einem prunkvollen Katafalk nach Konstantinopel zurück. Dort wurde er, bekleidet mit seinen Staatsgewändern, im Palast aufgebahrt, und täglich erschienen zur gewohnten Stunde die Würdenträger, um ihm zu huldigen, wie einem, der noch lebt. Der Gottkaiser verkörperte selbst im Tod die Macht und den Glanz des Reiches. Das war bereits reinster »byzantinischer Stil«. Seine Elemente: Ehrfurcht vor dem irdischen Bruder Christi – und Angst.

»Die ganze Veranstaltung«, schreibt der belgische Historiker Joseph Bidez, »bezweckte es *(unter anderem)*, bis zum Eintreffen eines Thronfolgers Intrigen unmöglich zu machen.« Das war eine durchaus berechtigte Sorge. Der

Kaiser hinterließ ja nicht nur drei Söhne – *Konstantin, Constantius* und *Constans* –, sondern auch noch drei Halbbrüder – *Dalmatius, Hannibalianus* und *Iulius Constantius*. Heftige Auseinandersetzungen zwischen diesen sechs waren zu befürchten, und sie lieferten sich auch wirklich eines jener dynastischen Gemetzel, die schon wenige Generationen später in Konstantinopel zu den regulären Begleitumständen eines Thronwechsels gehören sollten.

Als Sieger blieben die drei Kaisersöhne auf dem Mordplatz zurück. Mächtig genug, das ganze Reich zu beherrschen, war jedoch keiner von ihnen.

Constantius II. (337–361) überließ deshalb *Konstantin II.* (337–350) den Westen des Imperiums, beteiligte auch den übriggebliebenen Dalmatius an der Regierung und zog selbst als Herrscher des Ostreiches gegen die Perser. Aber während er sie in blutigen Kämpfen langsam zurückdrängte, vertrieb Constans (337–350), der jüngste von Konstantins Söhnen, seinen älteren Bruder und warf sich selbst zum Herrn des Westreiches auf.

Damit war das Imperium praktisch in zwei Hälften gespalten, und die beiden Augusti trugen durch ihre Religionspolitik dazu bei, diese Teilung zu zementieren. Constans war ein Anhänger der athanasischen Lehre, während Constantius den Arianismus bevorzugte und, von den Geheimagenten seiner Staatspolizei unterstützt, mit feierlicher Strenge als Gottkaiser regierte.

Das Zeitalter der reisenden Bischöfe

Gewollt freilich haben beide Herrscher die Teilung keineswegs. Sowohl der düstere Regent im Osten als auch sein temperamentvollerer Bruder unternahmen alle Anstrengungen, die Einheit der Reichskirche wiederherzustellen. Konzil auf Konzil wurde veranstaltet, reisende Bischöfe eilten von einem Ende des Reiches zum anderen, um zu beraten, zu debattieren, Kompromißformeln zu suchen. Ihre zahllosen Gespräche, Predigten und Diskussionsreden dürften insgesamt die größte geistige Begegnung zwischen Ost und West gewesen sein, von der wir aus jenen Zeiten wissen. Zum Durchbruch einer der beiden Parteien oder zu einer Einigung führte sie nicht. Ein heftiger Schock erst mußte die Gesamtheit der Christen daran erinnern, daß ihr Sieg über die Götter noch keineswegs gesichert war, daß das Heidentum immer noch lebte. Völlig unerwartet erhob es plötzlich wieder sein Haupt.

Getto für die Christen

Constans war im Kampf gegen einen neuen Usurpator barbarischer Herkunft getötet worden, Constantius hatte sein Erbe angetreten, den Aufrührer vertrieben und den Arianismus zum offiziellen Glauben des wiedervereinigten Reiches erklärt. Doch als er im Jahr 361 seinem Bruder in den Tod nachfolgte, fiel die Macht dem Sohn seines Onkels *Iulius Constantius* zu, jenem schwärmerischen Jüngling *Julian* (332–363), der, obzwar unter der Obhut des Eusebius von Nikomedeia aufgewachsen, zum Neuplatonismus und das heißt zum Glauben an den Sonnengott Helios zurückgefunden hatte.

Durch ihn sah sich die Kirche noch einmal in die Verteidigung gedrängt, nachdem sie schon davon überzeugt gewesen war, ihre Stellung als die der alleinherrschenden religiösen Macht sei nicht mehr zu erschüttern. Julian hütete sich zwar, die Christen und ihre Priester zu verfolgen, versuchte aber, sie aus der Welt der griechischen Kultur zu verdrängen. Auf die Bibel allein sollten sie ihren Unterricht und ihre Lehre aufbauen, Homer war ihnen verboten. Er wollte sie in einem geistigen Getto zusammenpferchen und sie dadurch deklassieren – eines der seltsamsten reaktionären Unternehmen der Weltgeschichte, das nur deshalb nicht mit dem Geruch der Lächerlichkeit behaftet ist, weil Julian ein so integrer, hochbegabter und von seiner Sendung durchglühter Enthusiast war.

Den kaiserlichen Palast in Konstantinopel fegte er leer von Hofschranzen und Eunuchen. Die allzu mächtig gewordene Polizei wies er in ihre Schranken zurück. Den überbesetzten Verwaltungsapparat ließ er gründlich durchforsten, abgerissene heidnische Tempel wiederaufbauen. Er selbst lebte einfach wie ein Mönch, verabscheute jeglichen Prunk und bemühte sich um Kontakte zu dem Mann auf der Straße, dem Konstantin der Große und sein Nachfolger bereits unendlich fern gewesen waren.

Die Christen haben Julian später mit dem Beinamen *Apostata* (der Abtrünnige) belegt. Die Wissenschaft bemühte sich erst relativ spät darum, ihn, unbefangen von Vorurteilen, so zu sehen, wie er wirklich war. Sie kam zu keinem ungünstigen Urteil. In der Geschichte figuriert er nur als der Held eines Zwischenspiels.

Arius hat doch verloren

Nach Julian, der Kaiser des gesamten Reiches gewesen war, kamen wieder arianische Christen an die Macht, unter deren Händen das Imperium erneut zerfiel. Doch daraus kann man ihnen keinen Vorwurf machen. Jeder dieser Herrscher war vollauf damit beschäftigt, die fremden Völker abzuwehren, die plötzlich aus allen Himmelsrichtungen gegen die römischen Grenzen heranbrandeten. Es zeigte sich jetzt, daß das riesige Länderkonglomerat zwischen dem Atlantik und der syrischen Wüste einfach zu groß geworden war, um noch von einem Punkt aus und von einem Mann allein überwacht werden zu können. Die Rolle des Totius orbis imperator erforderte im Wirbel der losbrechenden Völkerwanderung wirklich einen Halbgott, aber das waren weder *Jovian* (363–364) noch *Valentinian I.* (364–375) und sein Bruder *Valens* (364–378), mit dem er den Thron teilte, oder *Gratian* (375–383). Ihre Alleinregierungszeiten betrugen im Durchschnitt nicht mehr als knappe fünf Jahre. Sie fielen in der Schlacht oder starben, von ihrem Amte ausgehöhlt und zerrieben.

Erst mit dem Spanier *Theodosius I.* (379–395) kam, zunächst als Mitregent Gratians, wieder ein Augustus an die Macht, der aus demselben Stoff wie sein Landsmann Hadrian oder Konstantin I. gemacht war. Theodosius verständigte sich mit *Schahpur III.* (383–388) von Persien, siedelte die von den Hunnen aus Südrußland vertriebenen Ostgoten in Ungarn und Serbien an und zwang das auseinanderfallende Imperium noch einmal in eine Einheit zusammen.

Im Innern verhalf er der athanasischen Lehre, dem Bekenntnis des Westens, zum Sieg. Die Situation war reif dafür. Kirchengelehrte wie *Gregor von Nazianz* (329–390) und sein Freund *Basileios von Caesarea* (330–379) hatten den

Konzilsbeschluß von Nikaia inzwischen mit so viel Geschick, literarischer Eleganz und Verständnis für die Skrupel der Arianer interpretiert, daß er schließlich für diese annehmbar geworden war.

Der Schreck über die julianische Reaktion saß ohnehin noch allen Christen in den Knochen. Sie hatten plötzlich wieder entdeckt, daß sie, trotz allem, doch eine große Gemeinde waren. Und so erhob sich kaum noch nennenswerter Widerstand, als Theodosius im Jahr 380 das *Edikt von Thessalonika* erließ, welches den Arianismus verbot und Christus wieder in seinen alten Rang einsetzte. Vom *Zweiten Ökumenischen Konzil*, das 381 in Konstantinopel stattfand, wurde diese Entscheidung bestätigt und als *Symbolum Nicaeno-Constantinopolitanum* in die römische Meßordnung aufgenommen.

Das Reich war also jetzt auch bekenntnismäßig wieder geeint, und die Lehre, aus der heraus sich das konstantinische Herrschaftssystem entwickelt hatte, galt selbst im Osten als unwürdig eines gebildeten Römers. Arianer waren nur noch die Barbaren, die Ostgoten vor allem, deren Missionar *Wulfila* (311 bis 383) von Anhängern des streitbaren Priesters aus Antiocheia bekehrt worden war.

Auch das Heidentum verlor nun seine letzten Bastionen: die Villen der gebildeten, aufgeklärten und skeptischen Reichen. Gregor und Basileios hatten das Christentum durch ihre glänzenden Arbeiten so gesellschaftsfähig gemacht, daß selbst Snobs sich jetzt taufen lassen konnten. Das eigentliche Verdienst, dies alles ermöglicht zu haben, gebührt indes Theodosius I., der seit 383 allein regierte und den die Geschichte als zweiten römischen Augustus mit dem Titel »der Große« ehrt.

Die Stadt aber wächst

Konstantinopel verdankt Theodosius I. vor allem eine Reihe von Triumphbögen, darunter das berühmte *Goldene Tor* am Beginn der großen Pracht- und Triumphstraße, die vor den Mauern begann und am kaiserlichen Palast endete, außerdem einen riesigen ägyptischen Porphyrobelisken, der sich heute noch auf dem Platz vor der *Sultan-Ahmed-Moschee* erhebt und einen neuen Prunk- und Paradeplatz: das *Forum*

Tauri. Auch dessen Grundmauern sind erhalten, mächtige Wälle, die eine gigantische marmorne Plattform getragen haben. Säulengänge umrahmten das Geviert, Statuen überragten sie. Theodosius selbst dürfte die ganze Konstruktion nie in Vollendung gesehen haben, denn er starb bereits ein Jahr nach Baubeginn.

Für die Stadt war das neue Forum ohnehin nur eines unter vielen prächtigen oder weniger prächtigen Monumenten, an denen noch gearbeitet wurde. Konstantinopel glich nach wie vor einem riesigen Bauplatz, zog nach wie vor Menschen aus allen Teilen des Reiches an, brodelte vor Leben wie noch nie zuvor.

Alles aber, was sich seit der Erhebung zur Hauptstadt innerhalb seiner Mauern abgespielt hatte, die theologischen Zwiste, die dynastischen Morde, waren, das erwies sich in den folgenden Jahrhunderten, Elemente eines Dramas gewesen, das sich immer wieder, mit anderen Akteuren, in neuen Bearbeitungen wiederholen sollte. Bedrohung von außen durch wandernde Barbaren, Bedrohung von innen durch die Auseinandersetzungen zwischen den Anhängern westlicher und östlicher Denksysteme, das sind von nun an die wichtigsten Themen der Geschichte Konstantinopels.

Kapitel 6

IN GOLD UND PORPHYR STRAHLEND

Lange nach dem Tod Theodosius' des Großen erst begann sich der Staubschleier zu lüften, der jahrzehntelang über Konstantinopel gehangen hatte. Der Lärm der unzähligen Baustellen ebbte ab, und der Welt bot sich das Bild einer Metropole, wie es seit Babylon keine mehr gegeben hatte. »Nicht länger mehr ist der offene Grund größer als der bebaute«, schrieb damals der Rhetor und Philosoph *Themistios*, »noch bepflanzen wir in unseren Mauern ausgedehntere Flächen als wir bewohnen; die Schönheit der Polis ist nicht mehr in Flecken über ihren Grund hingestreut, sondern bedeckt ihn ganz, wie ein bis zum Saum gewobenes Kleid. Die Stadt strahlt in Gold und Porphyr.«

Sie strahlte in der Tat, und der Glanz, der von ihr ausging, stellte selbst das alte Rom, stellte Alexandreia und Rhodos in den Schatten. In nichts konnten sich diese ehrwürdigen alten Siedlungen mit ihr vergleichen, weder in der Großartigkeit der gesamten Anlage, noch in den einzelnen technischen und baulichen Details. In Konstantinopel war alles perfekter, moderner und prunkvoller als irgendwo anders. Seine Hauptstraßen waren acht bis zehn Meter breit und von Portici, Säulenhallen mit geschlossener Rückwand gesäumt, die als Wandelgänge dienten. Die Wohnhäuser gruppierten sich in viereckigen Blöcken um offene, baumbestandene Höfe oder um eine Kirche. Auf den Hügeln leuchteten marmorweiß und golden die Arkaden der Foren. Die Hänge dieser Hügel hatte man, um ebenen Baugrund zu erhalten, in breite Terrassen gegliedert, welche durch Treppen miteinander verbunden waren. Sie dürften auf diese Weise riesigen Amphitheatern geglichen haben.

Enge düstere Nebenstraßen, wie sie für das heutige Istanbul charakteristisch sind, gab es nur in den Armenvierteln. Aber selbst deren Eingänge waren durch prunkvolle Marmorkulissen, durch Triumphtore und Säulenreihen kaschiert. In den offiziellen Berichten werden nur die 52 portikogesäumten Avenuen aufgeführt und die 117 Treppenaufgänge, die die einzelnen Verkehrsebenen miteinander verbanden.

Eine Luftaufnahme aus jener Zeit hätte erkennen lassen, daß die Hauptstraßen der Stadt in der Form eines Y von Westen nach Osten verliefen. Am Forum Tauri trafen die beiden Zweige zusammen und führten von dort aus weiter zum Forum Constantini und zum Hippodrom. Das war die sogenannte *Mese*, der Boulevard der Kaiserstadt.

Von diesen Hauptverkehrsadern Konstantinopels wies keine einzige Kurven, enge Knicks oder übermäßige Steigungen auf. Eben liefen sie dahin, die Senkungen zwischen den Hügeln auf Dämmen überquerend, andere Erhebungen in künstlichen Schluchten durchschneidend und ihrerseits wieder überwölbt von den kühnen Bögen der Aquädukte, deren größter, der *Valens-Aquädukt* (erbaut 368), heute noch das Stadtbild von Istanbul beherrscht.

Ein Besucher aus dem zwanzigsten Jahrhundert hätte also in Konstantinopel eine Situation vorgefunden, die ihm aus den modernen Großstädten durchaus vertraut gewesen wäre: Verkehr auf mehreren Ebenen. Die Wagen der Kaufleute donnerten bald hoch über seinem Kopf dahin, bald blickte er von einer Hügelterrasse auf sie herab.

Aber auch abseits der großen Verkehrswege bot die Stadt ein buntes, atemberaubendes und erstaunlich modernes Bild.

Warenhäuser und Krematorien

Vom *Augusteion* aus, dem Platz, auf dem sich vor der Stadtmauer des alten Byzantion das Senatsgebäude erhob, hatte man einen Blick auf das Milium, jenes mit Statuen überreich geschmückte Bauwerk, das den goldenen Meilenstein barg, das Zentrum des Reiches, von dem aus die Länge aller Straßen des Imperiums bestimmt wurde. Ein paar

Schritte weiter, und man stand vor dem alten Zeuxipposbad, das zu einem Wunderwerk sondergleichen ausgebaut worden war. »Es ruhte«, schreibt der Historiograph Adolf Schmidt, »in der Gestalt eines Vierecks auf vier Säulengalerien; ein Vorhof bildete den Zugang. Das Innere umschloß nicht nur die von Severus angelegten Bäder, sondern auch ein von Konstantin gegründetes Museum oder Antikenkabinett von unvergleichlicher Pracht... Ein Wald von meist ehernen Statuen stellte die durch Weisheit, Dichtkunst, Beredsamkeit und Tapferkeit ausgezeichneten Persönlichkeiten der Vergangenheit dar; von den Meistern der verschiedenen Epochen herrührend, bildeten sie zugleich ein ehernes Kompendium der Kunstgeschichte.«

Bestandteil des Zeuxipposbades war auch das sogenannte *Lampenhaus*, ein Einkaufszentrum, in dem die angesehensten Kaufleute der Stadt ihre Prunkstücke feilboten. Seine Magazine waren bis tief in die Nacht hinein geöffnet und durch Tausende von Leuchten in helles Licht getaucht. Aber auch die übrigen Basare sowie die Straßen und Plätze der Konstantinsstadt versanken bei Anbruch der Nacht keineswegs in Dunkelheit. Ihre strahlende Beleuchtung ist von Reisenden immer wieder gerühmt und neidvoll geschildert worden.

Nördlich der Mese und des Augusteion, auf dem Raum zwischen der Mauer des alten Byzantium und dem severischen Wall, breiteten sich die Viertel der Handwerker und der kleinen Händler aus. Silberschmiede, Kupferschmiede und Wachsdreher hausten und arbeiteten hier im Schatten des *Oktagons*, eines aus acht überwölbten Säulen bestehenden Bauwerks, das die Stadtbibliothek beherbergte. Weiter westlich lag das Viertel der Bäcker und Metzger, durch eine Straße mit dem Marmarahafen *Contoskate* verbunden, der vor allem für Viehtransporte eingerichtet war. Auf der ihm gegenüberliegenden Seite, dem Goldenen Horn zu, war der Sklavenmarkt, den wiederum ein anderer Hafen versorgte.

Sich in dieser Stadt, zwischen den Läden und Märkten, den Kirchen, Villen und Amtsgebäuden zu verirren, dürfte so gut wie unmöglich gewesen sein. Selbst ein Fremder, der sie blind

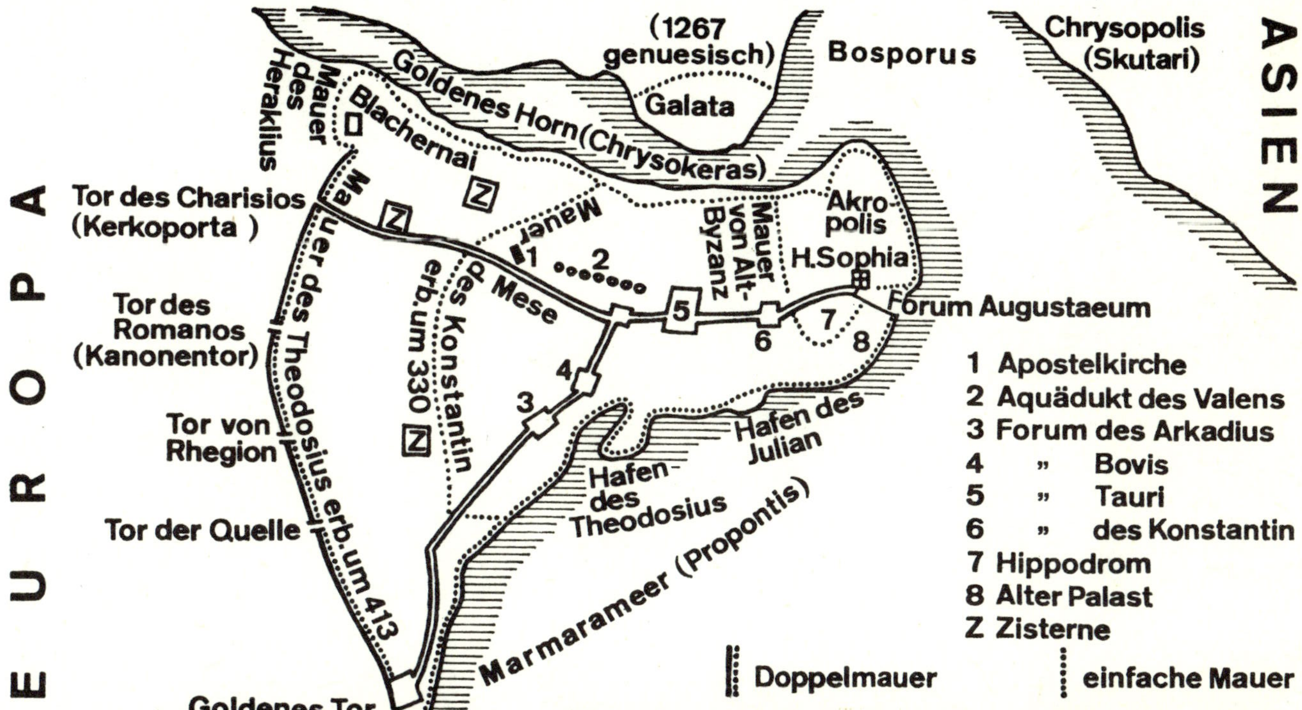

Konstantinopel im Mittelalter

vor Staunen durchwanderte, fand sich in regelmäßigen Zeitabständen auf einem der großen Plätze wieder, die das Häusermeer mit ihren Statuen und Säulen überragten, die Straßen bündelten und gleichzeitig als monumentale Landmarken dienten.

Das ellipsenförmige *Forum Constantini* war von diesen Anlagen die älteste und ehrwürdigste, das *Forum Tauri* auf dem dritten der sechs Hügel über dem Goldenen Horn die gewaltigste und prunkvollste, das *Forum Bovis*, der Rinderplatz, die belebteste. Hier liefen nicht weniger als sieben Straßen zusammen, darunter die Abzweigung des großen Ypsilons, die zum Goldenen Tor führte. Seinen Namen hatte dieser Platz von einem riesigen ehernen Mal in der Form eines Stierkopfes. Es stammte aus Pergamon und diente als Verbrennungsofen für die Leichen bestimmter Verbrecher. Schauerlich muß es ausgesehen haben, wenn bei Nacht die Flammen aus Maul und Nüstern dieses Ungetüms schlugen und übelriechender Rauch zum Himmel emporstieg.

Konstantinopel, die glänzende, hochzivilisierte und sehr christliche Hauptstadt der Welt hatte, unter ihrer marmornen Maske, ein wildes, barbarisches und grausames Gesicht.

Der Kreml von Konstantinopel

Zwar mangelte es nicht an Werken der Barmherzigkeit und der Nächstenliebe. Es gehörte zum guten Ton, Hospitäler zu stiften und Kirchen zu beschenken. Aber in der Regel waren diese guten Taten nur Akte gesellschaftlicher Verpflichtungen. Wer sie nicht erfüllte, verstieß gegen die geltenden Konventionen. *Johannes Chrysostomos* (d. h. Goldmund, 345–407), der seit 398 als Patriarch von Konstantinopel wirkte, ein Liebling des Volkes, hat denn auch in Predigten und Schriften die Herzlosigkeit der Konstantinopolitaner immer wieder angeprangert. Er klagte bitter über die Hoffart der Kleriker und über die Protzerei der Reichen. Das Bild, das er vom Leben der oberen Zehntausend entwirft, ist ein Mosaik aus menschlichen Fehlern und Schwachheiten, aus Wollust und Üppigkeit.

Viele Vornehme, so berichtet er, besaßen zehn bis zwanzig Häuser, ein- bis zweitausend Sklaven und Landgüter in den schönsten Gegenden Bithyniens und Thrakiens. Ihre Bäder waren aus Marmor, die Türen ihrer Villen aus Elfenbein, selbst Zimmerdecken aus Gold galten keineswegs als ungewöhnlich. Auch für Wände und Fußböden ihrer Salons verwendeten sie nur edelstes Material: Seidenteppiche, exotische Hölzer und Steine, die in allen Farben des Regenbogens schimmerten. Schwere orientalische Düfte durchzogen die Gemächer. In den Küchen arbeiteten syrische Köche an raffinierten Speisefolgen. Flötenspieler und Tänzerinnen wurden angemietet, wenn der Hausherr seine Freunde zu einem Gastmahl lud.

Das Nonplusultra des Reichtums und des Luxus aber bot der Palast am Hippodrom, »der Kreml von Konstantinopel« (Frank Thiess). Das war eine Stadt für sich, 25 000 Quadratmeter groß, mit Kasernen, Bürogebäuden, brunnendurchrauschten Höfen, Speisehallen und Empfangssälen.

Durch eine große, von einer kupfernen Kuppel überragte Wachstube, die *Chalke* (Kupfergebäude), betrat man seinen offiziellen Teil, zu dem Kapellen, Sitzungssäle und Zeremonienräume gehörten.

Von dort aus gelangte man in das *Triklinium*, einen Bankettsaal, der dreihundert Gäste faßte, und schritt weiter zur *Daphne*, der Residenz des Kaisers, die ihren Namen einer aus Rom importierten Nymphenstatue verdankte und die durch eine gedeckte Galerie mit der Herrscherloge im Hippodrom verbunden war.

Dann erst, nach diesem bereits überwältigenden architektonischen Vorspiel, folgte das Zentrum des ganzen Komplexes, der *Heilige Palast* mit weiteren Prunkräumen und der Privatwohnung des Imperators.

Entstanden war das gigantische und in seiner Unübersichtlichkeit verwirrende Bauwerk zum großen Teil erst nach dem Tode Konstantins. Dessen alte Residenz, der *Magnaura-Palast*, stellte nur noch eines der zahlreichen Quartiere in dieser Stadt dar, wenn auch dasjenige, das der ganzen Anlage den Namen gab.

Das Register der Prachtbauten, die sich auf dem Boden

Sommerschloß am Meeresstrand

Byzantiums, des Stadtkerns von Konstantinopel, erhoben, ist jedoch mit diesen wenigen Namen noch lange nicht abgeschlossen. Nahezu alle Kaiser haben neue Bauwerke hinzugefügt, haben ihrem Lieblingsheiligen eigene Palastkirchen errichtet oder ihren Auffassungen von Repräsentation anderweitig Ausdruck verliehen. *Iustin II.* (564–578) bereicherte den Heiligen Palast um einen weiteren, sagenumwobenen Prunkraum, das *Chrysotriklinos*, das achteckig war wie das himmlische Jerusalem und mit Gold ausgeschlagen wie eine Schmuckschatulle. *Justinian* (527–564) baute am Marmaraufer seine Junggesellenwohnung zu einem Sommerpalast aus, der, nach der Statue eines mit einem Löwen (leon) kämpfenden Stiers (bous), *bous kai leon* oder *Bukoleion* genannt wurde, Rind- und Löwenpalast. Auch dieser etwas abgesonderte Komplex wuchs wie ein benachbarter, von Theodosius II. errichteter Bau schließlich mit dem Heiligen Palast zusammen.

Spätestens im 12. Jahrhundert war das ganze Areal dann so verbaut, daß die Herrscher es verließen und sich in anderen Stadtvierteln neue Residenzen schufen. Als Mehmet II. im Mai 1453 das eroberte Konstantinopel betrat, bot der Kreml der Kaiserstadt nur noch das Bild einer verlassenen Ruine, und der Türkensultan zitierte ein Gedicht des persischen Dichters Firdausi, in dem es heißt: »Die Spinne webt ihr Netz im Palast der Kaiser, und von den Türmen singt die Eule ihr Lied.«

Ein Kaiser tritt auf

Von diesem düsteren Schicksal indes ahnten die Imperatoren des fünften Jahrhunderts noch nichts. Sie waren Herrscher über die prächtigste Stadt der Welt und über ein unermeßlich großes Reich. Eines ihrer Hauptanliegen sahen sie darin, die Majestät, welche sie verkörperten, würdig zum Ausdruck zu bringen. Würdig aber hieß prunkvoll.

Einen öffentlichen Auftritt des Kaisers *Arcadius* (395–408) schildert sein Zeigenosse Johannes Chrysostomos so: »Der Imperator trägt auf seinem Kopf entweder ein Diadem oder eine goldene Krone, die mit Edelsteinen von unschätzbarem Wert besetzt ist. Dieser Schmuck und die purpurnen Gewänder sind für seine geheiligte Person allein bestimmt; seine Seidenroben sind mit goldenen Drachen bestickt. Sein Thron ist von massivem Gold. Wenn er in der Öffentlichkeit erscheint, ist er von Höflingen, seinen Leibwächtern und seinen Dienern umringt. Deren Speere, Schilde und Brustpanzer sowie Zügel und Sattelzeug ihrer Pferde sind entweder aus Gold oder schimmern doch in der Farbe dieses Metalls; und der große glänzende Buckel in der Mitte ihrer Schilde ist von anderen glänzenden Buckeln umgeben, die die Form eines menschlichen Auges haben. Die beiden Maultiere, die den Wagen des Herrschers ziehen, sind vollkommen weiß und über und über mit Gold bedeckt. Der Wagen selbst, er ist aus purem Gold, erregt die Bewunderung all derer, die ihn sehen, nicht weniger als seine purpurnen Vorhänge, seine schneeweißen Teppiche, die Größe der Edelsteine und die funkelnden Platten aus Gold, die aufblitzen, wenn das Gefährt sich in Bewegung setzt.«

Gold, Gold und nochmals Gold war also das Element, mit dem die Herrscher von Konstantinopel repräsentierten. Dazu kam das leuchtende Rot des Purpurs und das reine Weiß anderer kostbarer Stoffe. An einem goldenen Tisch, abgesondert von den anderen, speiste der Kaiser bei den großen Festbanketten, auf einem purpurnen Polster liegend. Die Plätze, die er bei den jeweiligen Zeremonien einnahm, waren durch große runde Platten aus Porphyr, einer purpurfarbenen Gesteinsart vulkanischen Ursprungs, markiert, die kein anderer betreten durfte, und Porphyr wurde auch sonst nur für Räume und Bauten verwendet, die dem Herrscher und seiner Familie vorbehalten blieben. So bestanden etwa die Stufen des Throns aus diesem Material, die Terrasse vor dem Chrysotriklinos und die Wände jenes Gemachs im Seeschlößchen *Porphyra*, in dem die Kaiserinnen ihre Kinder zur Welt brachten. *Porphyrogennetos*, »im Purpursaal geboren« war deshalb auch ein Beiname, den nur die Prinzen führen durften, die einen regierenden Kaiser zum Vater hatten.

Mit Undank lohnen die Kaiser

All die Pracht, die die Herren von Konstantinopel entfalteten, konnte indes nicht darüber hinwegtäuschen, daß das

Römische Reich, welches ihnen untertan war, den Zenit seiner Geschichte überschritten hatte. Die Bürger des Reiches schienen dies auch irgendwie zu ahnen. Es gibt aus jenen Jahren einen Bericht, in dem erzählt wird, den Menschen sei es damals vorgekommen, als würden die Flüsse seichter und die Berge niedriger. Den Ätna sähe man nicht mehr aus so weiter Ferne wie früher, und vom Olymp galt dasselbe.

Die rationale Wurzel dieses Gefühls war das Wissen um grundlegende weltpolitische Änderungen, die seit dem Regierungsantritt Theodosius' I. eingesetzt hatten. Neue Völker pochten an die Tore des Imperiums und begehrten eingelassen zu werden. Alte, ehrwürdige Institutionen brachen zusammen, Wandel bahnte sich an.

So gab es seit dem Tod des Theodosius kein einheitliches Reich mehr, sondern wieder, wie zu Zeiten der Konstantinssöhne, zwei voneinander unabhängige Reichshälften. Die westliche regierte von Rom aus der Kaiser *Honorius* (395–423), über die östliche, und das heißt über das heutige Griechenland, über Bulgarien, Teile Serbiens, die Türkei, Syrien, den Libanon, Palästina, Ägypten und Libyen, herrschte in Konstantinopel sein Bruder *Arcadius* (395–408), der ältere Nachkomme Theodosius' des Großen. Die Grenze zwischen den beiden Reichsteilen bildete der Fluß *Drina* in Jugoslawien, der heute noch den griechisch-orthodoxen Osten vom römisch-katholischen Westen scheidet. Hatte man aber bei früheren Spaltungen hoffen können, daß sie nur vorübergehender Natur waren, so schien man nun zu spüren, daß dieser jüngste Bruch nicht mehr geheilt werden könne.

Indes, so begründet diese Ahnungen auch waren, der politischen Realität eilten sie vorläufig noch weit voraus. De iure existierte das alte Römerreich durchaus noch, und der Anspruch der Theodosiussöhne, gemeinsame Herrscher eines Reiches zu sein, blieb die Leitidee der weströmischen wie der oströmischen Politik. Abgesehen davon war selbst die geistige Struktur des Imperiums ein Stück Realität, das nicht so ohne weiteres hinweggefegt oder aufgelöst werden konnte. Die barbarischen Völker zumindest, die von allen Seiten in das alte Reichsgebiet eindrangen, hatten ihm nichts Gleichwertiges entgegenzusetzen und versuchten auch keineswegs, den alten Organismus zu zerstören. Im Gegenteil: Sie bemühten sich, von ihm weitgehend absorbiert zu werden, taten alles, was sie konnten, um gute Römer zu werden. Die größten unter ihren Führern waren sogar bessere Römer als die Römer jener Zeit selbst.

Das galt vor allem für *Flavius Stilicho* (365–408), einen Wandalen, den noch Theodosius I. zum Reichsverweser für Westrom ernannt hatte, und der sich, getreu seiner Verpflichtung, aufrieb in dem Bemühen, die Grenzen des Imperiums gegen die immer wieder anstürmenden Goten zu verteidigen.

Durchsetzen konnte er sich auf die Dauer dennoch nicht. Er scheiterte an der Hofkamarilla von Konstantinopel und wurde schließlich in Ravenna, das seit dem Jahre 404 als Hauptstadt des weströmischen Reiches fungierte, von seinen innenpolitischen Gegnern hingerichtet. Damit war der letzte Mann gestorben, der noch in der Lage gewesen wäre, eine einheitliche Reichspolitik zu betreiben – ein Germane.

Germanen unerwünscht

Stilicho war ein Opfer des vor allem in Konstantinopel tief eingewurzelten Germanenhasses geworden. Sosehr man dieser Barbaren bedurfte – als Soldaten waren sie unentbehrlich –, so wenig liebte man sie. Das freilich aus nicht unverständlichen Gründen. Die Germanen waren eine ständige Gefahr, ob sie nun in geschlossenen Horden als Angreifer auftraten, oder ob es ihnen gelungen war, sich innerhalb des römischen Militärapparats gewisse Schlüsselpositionen zu sichern. Der gotische General *Gaïnas* etwa hatte sich zwar als ein hervorragender Heerführer erwiesen und dem Kaiser manchen guten Dienst erwiesen, aber er war eben dadurch auch zu einer Macht geworden, die der Regierung gefährlich werden konnte und die ihr gefährlich wurde. Gaïnas scheute sich nicht, den Reichsverweser *Rufinos*, der versucht hatte, seinem Freund Stilicho Steine in den Weg zu legen, in Konstantinopel und vor den Augen des Kaisers ermorden zu lassen. Seine Soldaten, Goten, Wandalen und Alanen zumeist, zogen anschließend brüllend durch die Straßen der Stadt und hätten wahrscheinlich noch mehrere andere Würdenträger erschlagen, wenn sich ihnen nicht das Volk der Bosporusmetropole entgegengeworfen und sie in einem bestialischen Straßenkampf buchstäblich zerfetzt hätte. Mit ihnen ging auch Gaïnas dahin. Die Bedrohung durch fremde Völker war damit freilich keineswegs beseitigt. Wenige Jahrzehnte später nahm der Alane *Aspar* eine ähnlich starke Stellung in Konstantinopel ein und versuchte sogar, sich als Kaisermacher zu betätigen.

Trotz solcher Vorfälle indes sind die Herren des Oströmischen Reiches mit den Germanen besser fertiggeworden als die des weströmischen. Im Gegensatz zu diesen erkannten sie die Gefahr, die ihnen von den kriegerischen Horden drohte, und taten alles, um sich sowohl einer barbarischen Infektion als auch einer barbarischen Invasion zu erwehren. Sie heuerten nicht mehr ganze Stammesgruppen, sondern nur noch einzelne Krieger für den Heeresdienst an und vermieden es vor allem, Germanenführer in die höheren Offiziersränge zu erheben.

Die gotischen Völkerhaufen aber, die sich auf der Balkanhalbinsel herumtrieben, hetzte Konstantinopel mit Erfolg gegeneinander. Auf diese Weise gelang es ihm schließlich, die Völkerwanderung nach Westen hin abzulenken und selbst von ihren Fluten verschont zu bleiben. Der Preis, den es dafür bezahlte, war freilich hoch: Italien und die westlichen Provinzen fielen in germanische Hand.

410 eroberten die westgotischen Heere unter *Alarich* (395–410) die alte Hauptstadt des Imperiums. Alarichs Nachfolger *Athaulf* (410–415) heiratete *Galla Placida* (gest. 450), die Halbschwester des Honorius, und gründete in Südfrankreich das *Tolosanische Reich* (Tolosa war das heutige Toulouse). 429 eroberten die Wandalen unter *Geiserich* (428–477) die nordafrikanischen Reichsteile. Die Burgunder siedelten am Rhein sowie in Gallien, und in Italien wurde *Odovakar* (476–493) aus dem germanischen Volk der Skiren, ein Offizier der kaiserlichen Palastwache von Ravenna, von den Soldaten zum König ausgerufen. Er setzte *Romulus Augustulus* (475–476), den letzten weströmischen Kaiser, ab und schickte

ihn in Pension, ohne jedoch selbst dessen Stelle einnehmen zu wollen. Die Kaiserinsignien sandte er nach Konstantinopel zurück, mit der Bemerkung, ein Imperator für beide Reichsteile sei vollauf genug.

Am Bosporus hätte man darob eigentlich höchst erfreut sein sollen, bewies doch diese Geste, daß der Skire nichts weiter sein wollte als ein kaiserlicher Statthalter und das heißt, ein getreuer Untertan der Majestät, die im Magnaura-Palast residierte.

Doch die Majestät erkannte ihn nur höchst widerwillig an und sann auf Mittel, Odovakar zu beseitigen.

Theoderich, ein Byzantiner

Kaiser *Zeno* (474–491) fand es schließlich: einen anderen Germanen, seinen Adoptivsohn.

Dieser junge Mann, Sohn eines ostgotischen Herzogs, war von Zenos Vorgänger auf dem Thron Kaiser *Leo I.* (457–474) als Geisel nach Konstantinopel gebracht und dort in der Palastschule erzogen worden. Als hochgebildeter, mit allen Feinheiten der oströmischen Kultur vertrauter Elegant, hatte er sie wieder verlassen und war zurück in den Balkan gegangen, wo er sich als Straßenräuber und Bandit betätigte. Jetzt wurde ihm die Chance seines Lebens geboten. Legitimiert durch den Titel *magister militium* zog er 488 im Auftrag seines Pflegevaters an der Spitze einer gotischen Armee nach Italien, um dieses Land »durch die Gnade des Kaisers und als Geschenk« in Besitz zu nehmen. Drei Jahre später besaß er es. Bei einem Gastmahl im eroberten Ravenna stach er Odovakar mit eigener Hand nieder und sah zu, wie dieser, am Boden liegend, langsam verblutete. »Wo ist Gott?« soll der Sterbende noch gemurmelt haben. *Theoderich* (471–526) schwieg. Doch er war von Stund an ein anderer.

Aus dem Banditen wurde ein Staatsmann, aus dem Rechtsbrecher ein Gesetzgeber. Seinem Volk verkündete er: »Der Schild unseres Heeres soll den Römern Ruhe schaffen.«

Und Ruhe schaffte er. Italien blühte auf unter seiner Regierung. »So jemand auf seinem Gut Gold oder Silber liegen lassen wollte, galt dies für ebenso sicher, als ob es innerhalb der Stadtmauer läge«, berichtet ein zeitgenössischer Chronist.

Zustände dieser Art waren auf der Apenninenhalbinsel jahrzehntelang unbekannt gewesen.

Im übrigen herrschte er, genau wie sein Vorgänger, nicht als Regent aus eigener Macht, sondern als Beauftragter des oströmischen Hofes, als Patricius von Italien. Er nannte sich *Rex Gothorum*, König der Goten, nicht Romanorum Imperator, Caesar oder semper Augustus, er schlug Münzen im Namen des Kaisers und legte sich den Namen Flavius zu, um zu dokumentieren, daß er römischer Bürger sei.

Aber Konstantinopel hat auch ihm nie ganz getraut. Die Bündnisse, die er mit anderen germanischen Königen abschloß, erregten Mißfallen, die Tatsache, daß er und seine Goten Arianer waren, kreidete man ihm als weiteren Minuspunkt an. An der Glaubensfrage hat sich schließlich auch der Streit entzündet, der seine letzten Jahre überschatten und sein Lebenswerk letztlich zerstören sollte. Dennoch heißt es in dem Testament, das er seinem Volk hinterließ: »Liebt den Senat und das römische Volk und haltet euch – nach Gott – den Kaiser friedlich und gnädig.«

Fiktion, stärker als die Wirklichkeit

Der Gote Theoderich ist als der Große in die Geschichte eingegangen und lebt als *Dietrich von Bern* in der Sage fort. Spätere Historiker haben ihn als einen ersten Repräsentanten germanischen Nationalbewußtseins und das heißt als einen Vorläufer der deutschen Kaiser für die deutsche Geschichte beansprucht. In Wirklichkeit war er Germane nur seiner Herkunft nach, als Persönlichkeit jedoch Byzantiner reinsten Wassers, Römer im besten Sinn des Wortes, tolerant, großzügig, ordnungsliebend. Das Imperium galt ihm als ein Stück Wirklichkeit, der er nichts Besseres entgegenzusetzen hatte. Nur als einen Teil des Römischen Reiches vermochte er seinen Staat zu begreifen. Und ähnlich wie er hielten es auch die Herrscher der meisten anderen germanischen Staaten auf lateinischem Boden.

Der Frankenkönig *Chlodwig I.* (483–511), der Gallien in Besitz genommen hatte, wußte sich vor Freude kaum zu fassen, als ihm der Ehrentitel eines Konsuls verliehen wurde, und selbst der Wandale Geiserich, der, im Gegensatz zu

Theoderich, keineswegs als kaiserlicher Statthalter regierte, prägte Münzen mit dem Bildnis des Honorius und hat wahrscheinlich nie aufgehört, Ölabgaben nach Rom und Konstantinopel zu leisten.

Das Imperium Romanum war also durch die Germaneneinfälle keineswegs hinweggefegt worden, es existierte weiter, wenn auch nicht mehr in seiner alten Struktur. Die Germanenkönige waren de facto, das heißt innerhalb ihrer Machtbereiche, selbständige Volksführer, de jure aber, nach außen hin, bis auf Geiserich, vom Kaiser eingesetzte römische Heerführer und Statthalter. Und das de jure war stärker als das de facto, die Fiktion überzeugender als die Realität, Konstantinopel nach wie vor Hauptstadt der Welt.

»Niemand kann bestreiten«, schreibt der belgische Historiker Henri Pirenne, »daß der Basileios *(griechisch: König)*, der in Konstantinopel herrscht, theoretisch noch Ansehen in der Gesamtheit des Reiches beansprucht. Er regiert nicht mehr, aber er herrscht noch, und auf ihn sind aller Augen gerichtet.«

Das Paris des Ostens

Das alles heißt jedoch nicht, die Stadt am Bosporuseingang sei nur noch ein Symbol einstiger Größe gewesen. Sie war nach wie vor mächtig und reich, war nicht nur Hauptstadt, sondern, im Gegensatz zum alten Rom, auch ein Zentrum des Handels und der Industrie.

In ihren Mauern beschäftigten sich Hunderte von Handwerkern damit, jene Luxusgegenstände herzustellen, die, ihrer kunstvollen Fertigung wegen, heute noch Bewunderung erregen und die damals keineswegs nur als überflüssige Ornamente des täglichen Lebens galten. Bestickte Meßgewänder, juwelengeschmückte Goldgefäße, kostbare Stoffe, kunstvolle Teppiche waren bei den Kirchen und Königen des Westens sehr gesucht. Sie bildeten den wichtigsten Posten des byzantinischen Ausfuhrhandels. Als Justinian später die Seidenraupenzucht und die Seidenweberei in seiner Residenzstadt einführte, bereicherte sich deren Angebotspalette um weitere gefragte Luxusartikel. Konstantinopel avancierte zum Paris der alten Welt. Es gab in der Mode wie im Lebensstil den Ton an, seine Waren, seine Sitten galten als Inbegriff der Eleganz, wer up to date sein wollte, ließ sich vom Marmarameer her inspirieren.

Wie in Paris war die Industrie, die die Modeartikel herstellte, auch in der Kaiserstadt straff organisiert und höchst planvoll geordnet. Jeder Handwerker hatte sich einer bestimmten Zunft unterzuordnen, jede Zunft besaß das Monopol auf ihrem Sektor, war aber andererseits einer strengen staatlichen Kontrolle unterworfen. Exakte Bestimmungen regelten die Höhe der Gewinnspannen, die Bedingungen, zu denen neue Mitglieder in die Gilde aufgenommen werden konnten, und bestimmten sogar, an welchen Plätzen der Stadt Werkstätten und Läden dieser oder jener Branche eingerichtet werden durften. Produziert wurde in großem Maßstab, eingekauft und exportiert nach durchaus modern anmutenden Methoden.

Das gleiche galt vom Handel mit ausländischen Gütern. Konstantinopel fungierte ja nach wie vor auch noch als die große Drehscheibe zwischen Ost und West, es bündelte die Handelstraßen von Asien her. In den vorzüglich ausgebauten Häfen der Kaiserstadt wurden alle die orientalischen Güter umgeschlagen, an denen die Barbaren im Westen nicht minder interessiert waren als an den Erzeugnissen byzantinischer Kunstfertigkeit.

Syrischer Wein, in Gaza verschifft, fand Abnehmer noch in Britannien, getrocknete Früchte aus Griechenland und Kleinasien galten auch am Rhein als Delikatessen. Die Westgoten, die in Spanien lebten, bezogen ihre Gewürze aus Indien, Arabien und China, und der gallische Geschichtsschreiber Gregor von Tours berichtet über einen Eremiten aus Südfrankreich, der sich ausschließlich von Wurzeln nährte, die man ihm aus Alexandreia zuschickte. Dazu kam als wichtiges Massengut der ägyptische Papyrus, den nicht nur die Schreibstuben benötigten, sondern auch Kerzendreher und Laternenmacher.

Bezahlt hat der Westen alle diese orientalischen Güter mit Holz, Tuchen und Sklaven. International anerkanntes Zahlungsmittel war der von Konstantin neu bestimmte *Goldsoli-*

dus, der Dollar der alten Welt. Er gilt als eine der solidesten Währungen, die es je gegeben hat, und wurde im Abendland erst durch die Münzreform Karls des Großen teilweise verdrängt. Das aber heißt: Bis ins 9. Jahrhundert hinein waren der griechische Osten und der von Germanen beherrschte lateinische Westen ein einheitliches Währungsgebiet, dessen Grenzen sich mit jenen des alten römischen Imperiums in etwa deckten – Zeugnis dafür, daß dieses Reich als wirtschaftliche Einheit noch fortbestand.

Auch im geistigen Raum galt es nach wie vor als die große beherrschende Macht. Die Sonne der römischen Kultur war über den germanischen Staaten keineswegs untergegangen. Noch 566 feierte *Venantius Fortunatus*, Hofsänger eines westgotischen Königs, die Hochzeit des dortigen Kronprinzen in 119 klassischen Hexametern, rühmte die Braut als »neue Venus« und sparte auch sonst nicht mit mythologischen Vergleichen, die offensichtlich verstanden und gewürdigt wurden. Männer wie er aber fanden sich an nahezu allen »barbarischen« Höfen. Sie waren hochgeschätzt und fanden, zumal unter den literaturbeflissenen germanischen Adeligen, von denen es nicht wenige gab, ein aufgeschlossenes und kritisches Publikum.

Zentrum und Brennpunkt dieses hochentwickelten geistigen und künstlerischen Lebens war wiederum Konstantinopel. Dort hatte *Athenaïs*, die Tochter eines griechischen Rhetoren, Gemahlin des Arcadius-Sohnes Theodosius II. (nach ihrem Übertritt zum Christentum nannte sie sich *Eudokia*) im Jahr 425 eine Universität gegründet, deren Lehrstühle vor allem von griechischen und lateinischen Literaten besetzt wurden. Eudokia selbst versuchte in mehreren eigenen Werken heidnische Tradition und christliche Überlieferung zur Übereinstimmung zu bringen und förderte vor allem die Entstehung des *Codex Theodosianus*, eines Gesetzeswerkes, das noch einmal die Einheit des Imperiums dokumentieren sollte.

Neben Juristen und Philosophen bildete die Hochschule in Konstantinopel auch Mediziner aus. Ihre Künste waren im ganzen Reich respektvoll anerkannt, und das gleiche galt von denen der Prinzenerzieher und Sprachlehrer, die am Bosporus gelernt hatten. Dank ihnen wurde das byzantinische Bildungssystem schon bald als das beste der damaligen Welt beurteilt, besonders an den germanischen Höfen.

Selbst die Päpste in Rom erkannten die Vormachtstellung Konstantinopels auf dem kulturellen, wirtschaftlichen und politischen Sektor bis ins 7. Jahrhundert hinein vorbehaltlos an. Das einzige, was sie von dorther nicht importieren wollten, waren theologische Lehrmeinungen. Da aber gerade die Theologie immer noch von geschichtsentscheidender Bedeutung war, wogen alle Konzessionen, die sie der Hauptstadt machten, gering im Vergleich zu dem, was sie forderten.

Im geistig-ideologischen Körper des Reiches zeigten sich deshalb auch die ersten Risse, die deutlich machten, daß der Zerfall der alten, einheitlichen Mittelmeerwelt in zwei große Blöcke doch schon begonnen hatte und eigentlich nicht mehr aufzuhalten war. Der Streit zwischen Ost und West, der mit dem Auftreten des Arius seinen ersten Höhepunkt erreicht und auf dem Zweiten Ökumenischen Konzil von 381 beigelegt worden war, flammte, unter anderen Vorzeichen, wieder auf und förderte eine Entfremdung zwischen den beiden Reichsteilen, die, Jahrhunderte später, auch entsprechende politische Auswirkungen zeitigen sollte.

Im Grunde hat dieser Zwist eben mit dem Zweiten Ökumenischen Konzil begonnen. Auf ihm war, unter anderem, verkündet worden, daß dem Patriarchen von Konstantinopel ein bedeutenderer Rang in der kirchlichen Hierarchie zukomme als seinen Amtsbrüdern aus den beiden berühmten alten Bischofssitzen Alexandreia und Antiocheia. Das aber erweckte nicht nur Ärger in Ägypten und Syrien, sondern auch Sorge in Rom. Die alte, in Nikaia festgelegte Ordnung, derzufolge Jerusalem, Antiocheia, Alexandreia und Rom die vier führenden Patriarchate der Kirche sein sollten, war zugunsten einer Stadt außer Kraft gesetzt worden, die noch wenige Jahre zuvor dem Bischof von Herakleia-Perinthos unterstanden hatte und die sich in diesem ehrwürdigen Kreis wie ein Emporkömmling ausnehmen mußte. Papst *Damasus*

(366–384) entschloß sich deshalb kurzerhand, weitere Vorstöße in der gleichen Richtung von vornherein zu unterbinden. Im Jahr 382 ließ er den eindeutigen Primat Roms, vor allen anderen Städten der Christenheit, auf einer Synode verkünden, und seine Nachfolger taten alles, diese von Theodosius I. anerkannte Position zu verteidigen und auszubauen.

Die römischen Päpste waren die Nachfolger Petri, kein anderer durfte sich mit ihnen vergleichen, weder der Patriarch von Konstantinopel noch der von Alexandreia, der ebenfalls den Papsttitel führte. Auch die Kaiser als ebenbürtige Partner wurden planmäßig abgewertet.

Papst *Gelasius* (492–496) begründete die Zweigewaltenlehre, die besagt, daß die Priester allen weltlichen Herren übergeordnet seien. *Symmachus* (498–514) entzog sich und seine Nachfolger der staatlichen Gerichtsbarkeit, *Gregor der Große* (590–604) begründete den Kirchenstaat, und *Stephan II.* (752–757) fabrizierte schließlich jene kühne Fälschung, die als *Konstantinische Schenkung* in die Geschichte eingegangen ist. Der erste christliche Kaiser habe, so konnte man Dokumenten entnehmen, die in seiner Kanzlei hergestellt worden waren, dem Stuhl Petri »Gewalt, Macht und kaiserliche Ehren« verliehen und bestimmt, »daß er den Prinzipat haben soll über die vier höchsten Stühle von Antiocheia, Alexandreia, Konstantinopel und Jerusalem sowie über alle Kirchen des Erdkreises«. Ferner habe Konstantin verfügt: »Die Stadt Rom und alle Provinzen Italiens und der abendländischen Gebiete sollen fortan dem Papst unterstehen.« Diese Regelung zu bekräftigen, ziehe er sich nach Konstantinopel zurück, um von dort aus lediglich über den Ostteil des Imperiums zu herrschen, den Westen aber der Kirche zu überlassen.

Damit war der Wille der Päpste dokumentiert, aus der konstantinischen Theokratie, die zu zerbrechen ihnen nicht gelang, wenigstens den Westen herauszulösen. Deshalb muß die konstantinische Schenkung, mag sie auch gefälscht gewesen sein, als einer der Geburtsscheine des Abendlandes betrachtet werden. Das mit den Bazillen östlichen Denkens infizierte Konstantinopel wurde aus quasi sanitären Gründen von Europa abgeschnürt.

Maria auf dem Thron der Diana

Im übrigen gab es zu dieser neuen Phase der uralten Auseinandersetzung zwischen Ost und West auch wieder eine theologische Variante, die vom überwiegenden Teil der Christenheit weitaus wichtiger genommen wurde als die Rangstreitigkeiten der Patriarchen und der Bischöfe. Erneut stand die Gestalt Christi im Mittelpunkt der Auseinandersetzungen. Hatte man im vierten Jahrhundert noch darüber gestritten, ob der Erlöser wesensähnlich sei mit Gott oder nur ein Heros von besonderem Rang, so ging es nun um die Frage, in welchem Verhältnis seine göttliche und seine menschliche Natur zueinander stünden. Der zweite Streit war eine Frucht des ersten.

Schon zur Zeit des Konzils von Nikaia hatte *Apollinaris* (gest. um 390), der Bischof von Laodicea in Syrien, die antiarianische, überathanasische These aufgestellt, Christus könne als vollkommener Gott nicht auch vollkommener Mensch sein; seine menschliche Natur sei nur ein »Scheinleib«. Er habe ergo nur eine Natur (griechisch: *mia physis*) gehabt, nämlich die göttliche. Diese Lehre ist später als die *monophysitische* in den großen Katalog der theologischen Ismen aufgenommen worden.

Gegen sie erhob sich die Schule von Antiocheia, als deren Wortführer der Ägypter Nestorius (381–451), Patriarch von Konstantinopel, auftrat. Er argumentierte, wenn Christus nur Gott gewesen sei, dann könne er auch nicht in Wirklichkeit für die Menschheit gestorben sein, denn für einen Gott wäre der Tod ja weder Schrecken noch Opfer gewesen. Deshalb müsse man richtigerweise annehmen, er sei sehr wohl ein Mensch gewesen, und die Gottheit habe in ihm nur »wie in einem Tempel« Wohnung genommen gehabt. Aus seiner Annahme freilich ergab sich eine zweite wie von selbst: Wenn Christus ein Mensch war, dann war Maria keineswegs Gottesmutter (griechisch: *Theotokos*), sondern eben nur Gebärerin des Menschen Jesus *(Christotokos)*.

Doch damit hatte Nestorius den Bogen überspannt. War schon die Zerreißung des Erlösers in zwei Naturen bei den

Frommen, die nur glauben und nicht deuten wollten, auf heftige Ablehnung gestoßen, die Abwertung Mariens brachte sie vollends gegen ihn auf, vor allem die Ägypter. Am Nil hatte man sich ja längst daran gewöhnt, die Jungfrau auf jenem Thron zu sehen, den wenige Jahrhunderte zuvor noch die Göttin Isis eingenommen hatte. Aber auch in Ephesos trieb das tiefeingewurzelte Bedürfnis nach einem Mutterkult damals recht wunderliche Blüten.

Diese Stadt, deren Bewohner dem Apostel Paulus einst den Schrei »Groß ist die Diana der Epheser« entgegengeschleudert hatten, die stolz darauf gewesen war, Sitz des riesigen Tempels der »vielbrüstigen«, mit Stierhoden behängten Göttin zu sein (er galt bekanntlich als eines der Sieben Weltwunder und wurde von Herostratus in Brand gesteckt) und die sich überdies noch von dem aufstrebenden Konstantinopel um ihre Erstgeburtsrechte betrogen fühlte, hatte der Gottesmutter die erste Kirche errichtet, von der wir wissen. Sie stützte sich dabei auf die Legende, Maria sei, zusammen mit Johannes, dem Lieblingsjünger des Herrn, »nach Asia« gekommen und in Ephesos gestorben, eine Überlieferung, die im 18. Jahrhundert von Papst Benedikt XIV. sanktioniert wurde. (Noch heute findet man oberhalb der einstmals mächtigen alten Stadt die Kapelle *Panagia Kapuli*, die als Mariengrab gilt.)

Es war deshalb wohl ein unglücklicher Schachzug des Kaisers Theodosius II., daß er der Lehre seines Schützlings Nestorius ausgerechnet dort zum Durchbruch verhelfen wollte. Wenn irgendwo im ganzen Reich die Atmosphäre für eine »Abwertung« Mariens besonders ungünstig war, dann in Ephesos.

Das Konzil, das 431 in der Handelsmetropole zusammentrat – und zwar auch noch in der besagten Marienkirche –, hat dem Patriarchen von Konstantinopel denn auch eine vernichtende Niederlage bereitet. Sein Erzfeind und Gegenspieler *Kyrillos* (gest. 444), der Oberhirte von Alexandreia, agierte vor der hohen Versammlung mit solcher Gerissenheit und mit soviel taktischem Geschick, daß Theodosius seinen Schützling schließlich fallenlassen mußte. Die Lehre von den zwei Naturen Christi wurde zur Häresie erklärt, Maria blieb Gottesmutter, und der verketzerte Nestorius räumte seinen Stuhl in der Bosporusstadt.

Seine Anhänger freilich, die vor allem in Antiocheia saßen, der alten Rivalin Alexandreias, ließen sich dadurch nicht entmutigen. Sie riefen in Persien eine mächtige Kirche ins Leben, deren Missionare bis nach China vordrangen. Heute lebt das letzte Oberhaupt eines Zweiges der Nestorianer in Chikago. Ein anderer Teil dieser Gemeinde hat sich schon im Jahr 1552 wieder mit Rom versöhnt.

Die Räubersynode

Beigelegt war der Zwist um die Natur Christi mit dem Konzil von Ephesos jedoch noch keineswegs. Seine Teilnehmer nahmen einen Rest Unbehagen mit nach Hause, und das aus verständlichen Gründen. Kyrillos hatte in seiner Argumentation gegen Nestorius so hart am Rande der anderen, der monophysitischen Häresie operiert, daß bei vielen Konzilsvätern das Gefühl zurückgeblieben war, man habe eine extreme Theorie mit der anderen totgeschlagen. Die Lehre des Apollinaris, Christus sei nur Gott und kein Mensch gewesen, wollten sie ja keineswegs als die Alternative zum Dyophysitismus des Nestorius anerkannt wissen. Und sie fühlten sich in ihren dunklen Ahnungen bestätigt, als aus Alexandreia Berichte kamen, denen zu entnehmen war, daß dort eben der Monophysitismus immer stärker an Boden gewinne.

So kam es 449, wieder in Ephesos, zu einem zweiten Konzil über die gleiche Frage. Und wieder mußte ein Patriarch von Konstantinopel als Sündenbock herhalten. Dieser, *Flavian* mit Namen, hatte den Mönch *Eutyches* seiner monophysitischen Ansichten wegen verurteilt. Dafür verketzerten ihn jetzt die Ägypter unter der Führung ihres damaligen Oberhirten *Dioskoros*. Auch Flavian mußte gehen.

Doch da protestierte Papst *Leo der Große* (440–461). In einem berühmt gewordenen Brief verdammte er die monophysitischen Lehren der Alexandriner und postulierte die neue katholische Lehre. »Der wahre Gott«, schrieb er, »ist geboren mit der ganzen und vollständigen Natur eines wirklichen Menschen, vollkommen in seiner eigenen Natur *(der göttlichen)* und vollkommen in unserer Natur *(der menschlichen).*« Damit war der Dyophysitismus, wenn auch nicht in der nestorianischen Ausprägung, rehabilitiert, und die katholische Kirche konnte das zweite Konzil von Ephesos als »Räubersynode« abbuchen. Durchgesetzt freilich hatte sich die neue alte Lehre damit keineswegs, sie war noch nicht einmal vom Kaiser anerkannt. Das wurde erst auf dem *Konzil von Chalkedon* (451) nachgeholt, einem der berühmtesten der Kirchengeschichte. Auf ihm verkündeten sechshundert Bischöfe den neuen Glaubenssatz von Jesus Christus, »dem eingeborenen Sohn, den wir in zwei Naturen anerkennen«. Er ist für die katholische Kirche heute noch gültig.

Der Osten jedoch hat ihn nie akzeptiert. Im Gegenteil, die Ägypter versteiften sich jetzt erst recht auf ihre in Ephesos formulierte Lehre. Sie warfen dem Papst vor, er habe den Kyrillos desavouiert und sei ins nestorianische Lager übergelaufen. Der bereits bestehende feine Riß zwischen den beiden Hälften der Christenheit begann sich auszuweiten. In Konstantinopel, der Stadt zwischen Europa und Asien, lief er quer durch die Gesellschaft. Während die Mittel- und Oberschicht sich zur päpstlichen Lehrmeinung bekannte, hielten die unteren Klassen verbissen am Monophysitismus fest und wollten von dem »fluchwürdigen Konzilsbeschluß« nichts wissen.

Theologie, ein Volkssport

Für uns, die Bewohner einer weithin säkularisierten Welt, ist die Situation, die durch das Konzil von Chalkedon entstanden war, kaum noch zu begreifen. Handelte es sich denn hier nicht um einen theologischen Streit, um die Begriffsspaltereien einiger hochgelehrter Spezialisten? Welches Interesse konnte der Mann auf der Straße diesen Debatten abgewinnen?

Nun, in Konstantinopel haben diese Debatten den Mann auf der Straße nicht nur interessiert, sondern zutiefst aufgewühlt und erregt. Die Frage, ob Christus ein Mensch, ein Gott oder beides gewesen sei, beschäftigten ihn Tag und Nacht. Sein Bedürfnis, den Alltag mythisch zu überhöhen, die Götter oder Gott in die Welt hineinzustellen, Himmel und Erde als eine Einheit zu begreifen, war für ihn eine stärkere Lebenskraft als selbst unser Interesse an Fortschritt, Wissenschaft und Politik es ist. Theologie galt diesen Griechen als eine Lehre von der Wirklichkeit, in der sie existierten, und keineswegs als eine rein theoretische Wissenschaft. Sie waren deshalb in ihrem Eifer, diese Auseinandersetzungen zu begreifen und sich deren Resultate einzuverleiben, jeder Exaltation fähig.

Gregor von Nyssa (331–394), einer der griechischen Kirchenväter, hat diese Geisteshaltung in einem Reisebericht gutmütig-ironisch glossiert. »Alles«, so schrieb er aus Konstantinopel, »ist voller Leute, die von unbegreiflichen Dingen reden... Erkundige ich mich, was dieses oder jenes koste, so antworten sie mit Mutmaßungen über Geborenes und Ungeborenes. Wünsche ich den Preis eines Brotes zu erfahren, so erklärt mir einer, der Vater sei größer als der Sohn. Frage ich, ob mein Bad schon fertig sei, so heißt es: ›Der Sohn ist aus dem Nichts erschaffen worden.‹«

Gregors Bericht stammt aus der Zeit des arianischen Streites, aber ähnlich wie damals dürfte es auch vor und nach dem Konzil von Chalkedon in den großen Städten des Ostens zugegangen sein. Kneipengäste und Zirkusbesucher diskutierten den letzten Stand der christologischen Auseinandersetzungen mit dem gleichen Eifer, mit der wir uns über die Raumfahrt oder eine bevorstehende Weltmeisterschaft unterhalten.

Vereinigungsformel führt zur Spaltung

Die Meinung, die sich bei diesen Tausenden von Gesprächen schließlich herauszukristallisieren schien, hat Kaiser Zeno dreiundzwanzig Jahre nach dem Konzil von Chalkedon auf einen annehmbaren Nenner zu bringen versucht. 482 veröffentlichte er in Zusammenarbeit mit den Patriarchen von Konstantinopel und Alexandreia das sogenannte Unionsedikt, das unter dem Namen *Henotikon* (Vereinigungsformel) bekannt wurde. Es sollte weder den Papst noch seine östlichen Kontrahenten vor den Kopf stoßen und verwarf deshalb den Konzilsbeschluß von 451 ebensowenig, wie es ihn unterstützte. Seine Verfasser beschränkten sich einfach darauf, die vorchalkedonischen Glaubensbekenntnisse – die weder Dyo-

noch Monophysitismus berücksichtigten – zu wiederholen und fügten diesen den Satz hinzu: »Hat jemand anders gelehrt, in Chalkedon oder sonstwo, so soll er verflucht sein.«

Seinen Zweck freilich konnte auch dieses Advokatenkunststück nicht erfüllen. Das Volk in Syrien und Ägypten forderte nach wie vor eine ausdrückliche Verdammung der Lehre von den zwei Naturen Christi, während Papst *Simplicius* (468–483) andererseits den Beschluß von Chalkedon nicht preisgeben wollte. Die Folge war ein *Schisma* (griechisch: Spaltung) zwischen der lateinischen und der griechischen Kirche, das erste von insgesamt dreien in der gemeinsamen Geschichte dieser beiden Institutionen.

Konstantinopel hatte sich, dem Druck der Verhältnisse nachgebend, zum Osten bekannt, der Welt, die schon die neuplatonische Lehre von der Einheit Gottes hervorgebracht hatte und aus der ein knappes Jahrhundert später die simpelste und eindeutigste aller Gottesdefinitionen geboren werden sollte, die da lautet: *Allah ist Allah.* Der Monophysitismus syrischer Prägung wurde zu einer Quelle auch der islamischen Theologie.

Rom dagegen beharrte auf der mehrdeutigeren Formel, wie es auch schon im arianischen Streit die intellektuell kaum erfaßbare Trinität verteidigt hatte. »Der Westen«, schrieb der Historiker Johannes Haller, »begnügt sich mit gläubigem Gehorsam, wo der Osten begreifen will.«

Die von Gott beschützte Stadt

Für die Kaiser in Konstantinopel war der christologische Streit, der die beiden Reichsteile einander entfremdete, ein zwar wichtiges, aber keineswegs das einzige Problem, mit dem sie sich im 5. Jahrhundert herumschlagen mußten. Ebenso gefährliche Kräfte wie die theologischen Debatten sie entfesseln konnten, brandeten von außen gegen die Grenzen des Reiches heran. Im Osten sah sich das Imperium immer noch von den mächtigen Persern bedroht, und die Balkanhalbinsel machten Horden jenes türkisch sprechenden Volkes unsicher, das die Völkerwanderung ausgelöst hatte, der *Hunnen*. Ihnen, die den riesigen Raum zwischen Dnjepr und Rhein nahezu uneingeschränkt kontrollierten, war Ostrom so gut wie hilflos ausgeliefert. Jeden Tag konnten sie vor Konstantinopel auftauchen, um dessen nicht mehr intakte Mauern zu berennen.

Die Stadt war ja längst über den Gürtel hinausgequollen, den Konstantin ihr angemessen hatte. Hunderte von Menschen lebten vor den Wällen, ein schutzloses Opfer jedem Angreifer, ein Hindernis für die Verteidiger.

Theodosius II. (408–450) beschloß deshalb, zwei Kilometer vor dem alten ein neues Befestigungswerk errichten zu lassen. Im Jahr 413 begann sein Stadtpräfekt *Anthemios* mit der Arbeit. Er verpflichtete die gesamte männliche Bevölkerung der Metropole, dazu Tausende von Maurern, Zimmerleuten und Steinmetzen aus den angrenzenden Provinzen.

Wieder verwandelten sich die nordwestlichen Stadtviertel in eine einzige, staubüberhangene, lärmerfüllte Baustelle, und wieder, wie hundert Jahre zuvor, wurde in den Steinbrüchen auf den Marmarainseln geschuftet und geflucht. Aber als Jahre später die Gerüste verschwanden, erhob sich auf dem östlichen Zipfel Thrakiens das imponierendste Bollwerk der damaligen Welt. 95 Türme, deren Überreste heute noch zu sehen sind, verstärkten einen Wall, der sich von der Marmaraküste bis zum Ufer des Goldenen Horns hinzog.

Nachdem er fertig war, begann man auch die Uferlinien selbst zu befestigen, und man war damit noch nicht ganz fertig, als, im Jahr 441, die Hunnen tatsächlich erschienen. Um sie loszuwerden, mußte Theodosius ein ungeheueres Lösegeld zahlen. Dann unterzogen seine Beamten schrekkensbleich die thrakische Landmauer einer nochmaligen Prüfung. Sie schien ihnen plötzlich gar nicht mehr so unüberwindbar zu sein. Und als sechs Jahre später ein oströmisches Heer von Attila vernichtend geschlagen wurde, begann deshalb der Präfekt *Constantinus* in aller Eile, den bereits bestehenden Wall durch einen zweiten, niedrigeren und durch einen breiten Wassergraben zusätzlich abzusichern. Auch dieses Werk mit seinen 82 Türmen ist bis heute erhalten geblieben – eine der eindrucksvollsten Ruinen Europas.

Damals war es das Symbol einer endlich gewonnenen Zuversicht, die sich sofort in einem neuen Beinamen für

Konstantinopel manifestierte. Man nannte es jetzt »Die von Gott wohlbehütete Stadt«. Aber dieser Titel war wohl ebensosehr auch eine Beschwörung und ein Gebet.

Der Streit der Königinnen

Theodosius hat seiner Hauptstadt außer der Mauer noch eine Reihe anderer Bauwerke hinterlassen. Unter ihnen eine Kirche, die Andreas, dem älteren Bruder Petri, geweiht war. Andreas hatte, der Legende zufolge, das Christentum an den Bosporus gebracht, diente aber den oströmischen Herrschern vor allem als Kronzeuge gegen die Primatsansprüche Roms. Was »der Fels« der Gemeinde den Päpsten war, sollte sein Bruder den Patriarchen von Konstantinopel sein. Indes scheint man den propagandistischen Wert dieser Konstruktion nicht allzu hoch eingeschätzt zu haben, denn die St.-Andreas-Kirche war nur ein verhältnismäßig bescheidenes, wenig repräsentatives Bauwerk. Heute ist sie eine Moschee.

Größeren Aufwand hat Theodosius beim Bau eines neuen Bades betrieben, das den Namen seines Vorgängers Arcadius trug, und bei der Errichtung einer riesigen Zisterne, die rund 160 000 Kubikmeter Wasser faßte. Auch sie ist heute noch zu sehen, ein gigantisches viereckiges Bassin, von Büschen überwuchert und von Katzen durchstrichen. Die Türken nennen es, wie alle übrigen Zisternen auch, *Tschukurbostan*, versunkener Garten. Insgesamt hat Theodosius II. in Konstantinopel 42 Jahre lang regiert, länger als irgendeiner seiner Vorgänger und die meisten seiner Nachfolger. Er hat eine Hauptrolle im ersten Akt des monophysitischen Streites gespielt und die Zeit der Hunnenstürme durchstanden. Eines der bedeutendsten Gesetzeswerke der spätrömischen Zeit, der *Codex Theodosianus*, trägt seinen Namen – trotzdem war er ein unbedeutender Kaiser.

Regierungsgeschäfte waren ihm so verhaßt, daß er die meisten der Dokumente, welche man ihm zur Unterzeichnung vorlegte, nicht einmal las. Bei jeder sich bietenden Gelegenheit verschwand er aus den Amtsstuben, um in seinen Privaträumen Bilder zu malen und Manuskripte zu illuminieren. Der männlichste Zug an ihm war seine Jagdleidenschaft, die männlichste Person seines Hofstaates *Pulcheria*, seine Schwester. Diese energische, kluge und rücksichtslose Frau hat denn auch in der Zeit, da er den Thron innehatte, das Reich in Wirklichkeit regiert. Sie war für die Errichtung der Bauten verantwortlich, die er plante, sie zog die Drähte in allen wichtigen Staatsaffären.

Ihre Macht wurde nur einmal für kürzere Zeit in Frage gestellt, als Theodosius die schöne Athenerin *Athenaïs-Eudokia* heiratete, die spätere Gründerin der Universität von Konstantinopel, die nicht weniger klug und nicht weniger ehrgeizig als Pulcheria war. Zwischen den beiden Frauen entbrannte, wie nicht anders zu erwarten gewesen war, ein Streit, der mit allen nur denkbaren Waffen ausgetragen wurde. Die Anhänger der Athenaïs starben an Giften, welche in den Gemächern der Pulcheria gebraut worden waren, während deren Freunde den Dolchen aus dem anderen Palastquartier erlagen.

Die entscheidenden Gänge der Auseinandersetzung freilich wurden mit den Zungen ausgetragen, und so beredt die athenische Schöne auch sein mochte, auf die Dauer war sie der eisernen Jungfrau Pulcheria in dieser Disziplin doch nicht gewachsen. Die Kaiserschwester brachte es offensichtlich fertig, ihrem Bruder einzureden, seine Frau habe ihn betrogen. Der, sowenig es ihn in Wirklichkeit auch kümmern mochte, fügte sich in die Rolle des Hahnreis und verstieß Athenaïs mit großer Gebärde von seinem Hof. In Jerusalem ist sie Jahre später gestorben, eine verbitterte alte Frau, die ihren Gemahl überlebt hatte, aber nicht den Haß gegen ihre Widersacherin.

Durch Erpressung auf den Thron

Nach dem Tod des Theodosius – er verunglückte auf der Jagd – nahm Pulcheria die Zügel der Regierung auch offiziell in die Hand und schaltete kurze Zeit allein. Dann heiratete sie *Markian* (450–457), einen braven, im Kriege ergrauten Soldaten, der nur über bescheidene Geistesgaben, aber über eiserne Nerven und einen klaren Blick für die Tatsachen verfügte.

Als Attila auch von ihm Tribute forderte, gab er die lakonische Antwort: »Gold habe ich keines für ihn, aber Eisen.« Und als der Hunne daraufhin gegen ihn vorrückte, bereitete er ihm in Dalmatien eine schwere Niederlage. Wenig später fand die Schlacht auf den Katalaunischen Feldern statt. Die asiatische Gefahr war überwunden.

Seinem Nachfolger *Leo* (457–474) hinterließ Markian dennoch eine ganze Reihe nicht minder schwieriger Probleme. Leo, ein thrakischer Offizier, war von dem Alanen Aspar, dem obersten Feldherrn des Reiches, auf den Thron gehoben worden. Aspar aber war der mächtigste Mann im Staate. Er ernährte aus eigener Tasche sechstausend jener Elitesoldaten, die man *Buccellarii* nannte, feine Brötchen, weil sie sich mit dem Kommißbrot des normalen Landsers nicht zufriedengaben. Und er pflegte sich für seine Dienste hoch bezahlen zu lassen. Das hatte schon Markian erfahren müssen. Von Leo verlangte er nun nicht mehr und nicht weniger als die Designierung seines Sohnes *Patricius* zum Thronfolger. Der Nomadensprößling sollte mit der Tochter des Kaisers verheiratet werden und so einer alanischen Dynastie den Weg bereiten. Leo wehrte sich mit Geschick und Tücke.

Er nahm den isaurischen Häuptling *Tarasikodissa* in seine Dienste, den einzigen Kleinasiaten, dessen Scharen den Buccellariern Aspars gewachsen waren, und ließ deren Führer von ihm ermorden.

Doch damit hatte er sich nur in eine neue Zwickmühle hineinoperiert. Die Söldner Aspars verbündeten sich mit den im Balkangebirge hausenden Goten, rückten vor Konstantinopel und erpreßten Tribute. Tarasikodissa war in dieser Situation unentbehrlicher denn je, und auch er verkaufte sich keineswegs um Gottes Lohn. Leo mußte ihm die Tochter geben, die er dem Sohn des ehemaligen Reichsfeldherrn verweigert hatte. Der Isaurier, Sohn eines wilden Räubervolkes aus den Bergen Anatoliens, avancierte zum Kronprinzen.

Zwei Jahre nach dem Tod Leos I. hatte er sein eigentliches Ziel erreicht. Als Kaiser *Zeno* zog er in den Magnaurapalast ein.

Kleine Kaiser, große Probleme

Viel Freude freilich hat er in seiner Regierungszeit (474–475 und 477–491) nicht erlebt. Das Volk von Konstantinopel war keineswegs gewillt, sich jeden hergelaufenen Schlagetot als

Herrscher aufzwingen zu lassen. Es wehrte sich erbittert gegen das neue Regime, und seine Abneigung breitete sich wellengleich über das Land hin aus. Sechs Gegenkaiser wurden in verschiedenen Provinzen ausgerufen. Durchsetzen konnte sich nur einer von ihnen für kurze Zeit: Zeno. Er verteidigte den Thron mit eiserner Härte, mit Schlauheit und Diplomatie und eroberte ihn auch von seinem Rivalen *Basiliskos* (475–476) nach kurzer Zeit wieder zurück.

Dabei war er durchaus kein schlechter Regent. Theoderichs Zug nach Ravenna stellt seinen Beitrag zur Lösung des Gotenproblems dar, das Henotikon, den im Ansatz nicht ungeschickten Versuch, die reichserschütternden theologischen Auseinandersetzungen zu beenden.

Um alle diese Probleme endgültig aus der Welt schaffen zu können, hätte er ein Genie sein müssen. Aber da er das nicht war, mußte er sie ungelöst an seinen Nachfolger weitergeben.

Seine Witwe heiratete auf Wunsch des Volkes und des Senats den ehemaligen Sekretär Zenos, einen älteren, fähigen und zurückhaltenden Mann namens *Anastasios* (491–518), der sich als Kaiser den Beinamen *der Kluge* verdiente. Unter anderem vervollständigte er das Verteidigungswerk der Hauptstadt durch den Bau einer Mauer, die sich vom Marmarameer bis zum Schwarzen Meer hinzog und den Bosporus gegen die Überfälle der Barbaren schützen sollte. *Manuel Chrysoloras* pries diesen Wall noch 900 Jahre später als eines der gewaltigsten Bauwerke der Welt. »Er ist so groß«, schrieb er, »daß man ihn anstaunen müßte, selbst wenn er nur einfach aus herumliegenden Steinen und Bachkieseln aufgeschichtet wäre. Er ist aber aus so massiven, so gewaltigen Steinen und mit solcher Baukunst errichtet, daß er – ein Gebirge eher als eine Mauer – selbst bei einer Länge von wenigen Klaftern berechtigtes Staunen bei den Betrachtern hervorrufen müßte.«

Auf dem Felde der Religionspolitik hat Anastasios weniger großes Lob geerntet. Am Beginn seiner Regierungszeit bekannte er sich noch zur päpstlichen Orthodoxie, später mußte er wieder das Henotikon hervorholen und dann dennoch das Schisma hinnehmen. Auch er war, wie Zeno, durchaus kein Genie. So erschöpft sich denn sein Verdienst darin, den Kaisern, die nach ihm kamen, geordnete Staatsfinanzen hinterlassen zu haben, dem illyrischen Bauernsohn *Iustin I.* (518–527) und dessen Neffen *Justinian I.* (527–565). Justinian aber war zumindest ein genialer Planer.

Kapitel 7

AM ABGRUND ZWISCHEN OST UND WEST

Blickt man von der Schwelle des Jahrhunderts, in welches Anastasios das Reich hineingeführt hat, noch einmal auf das vergangene zurück, dann erkennt man, daß die Stadt am Bosporus auch durch ihre Erhebung zur Hauptstadt dem Schicksal Byzantiums, Stadt zwischen zwei Welten zu sein, nicht entgangen war. Mehr denn je bestand ihr Problem darin, sich zwischen beiden zu halten, ohne in der einen oder anderen völlig aufzugehen. Dabei war die Anziehungskraft, die vom Osten ausging, nach wie vor die stärkere. »Der Orientalisierungsprozeß, der seit Diocletian unaufhörlich im Gange war, ist tatsächlich immer beherrschender geworden« (Pirenne). Persische, syrische und ägyptische Züge prägten die spätrömische Kultur, östliche Philosophien und Theologien beschäftigten die Menschen, die am Goldenen Horn lebten, ohne freilich die westlichen Anschauungen völlig verdrängen zu können. Die monophysitische und die päpstliche Partei standen sich mehr oder weniger gleichstark gegenüber.

Das Henotikon war eine Frucht dieser Situation, war das Ja zum geistigen Universum des Römischen Reiches. Aber da diese Einheit von Jahr zu Jahr mehr an Realität verlor, interpretierten ihre beiden Hälften es als ein Nein zu sich selbst und versteiften sich in dieser Haltung, je stärker sie sich ihrer Eigenart bewußt wurden. Konstantinopel bildete die Klammer, die beide Hälften zusammenhalten mußte. Indes war zu Beginn des sechsten Jahrhunderts bereits vorauszusehen, daß es an dieser Aufgabe letztlich scheitern und sich doch für den Osten oder den Westen würde entscheiden müssen.

Der Bosporusmetropole wurde dabei auch ihr eigentümlicher Mangel an mythischer Atmosphäre, an Traditionshumus zum Verhängnis. Immer noch galt ja, was bereits vor der Zeit Konstantins wahr gewesen: So reich, so groß, so prächtig Konstantinopel auch sein mochte, sein Image war dürftig und unattraktiv. Es strahlte jetzt zwar, aber es glühte nicht aus der Tiefe. Der Glanz, der von ihm ausging, war die Reflexion kalten Lichtes von einer aufpolierten Oberfläche. Schicksal und Leid hatten es zuwenig geformt. Unglücksfälle konnte es in seiner Chronik verzeichnen, aber keine welterschütternde Tragödie. Wenn es gescheitert war, war schlechte Politik die Ursache gewesen, nie der Zorn der Götter. Selbst der Blutdunst, der Rom umwölkte und »verklärte«, ging ihm ab. Es war eine Stadt auf der Suche nach einer Seele, einer guten oder einer bösen, eine Stadt ohne geistiges Eigengewicht. So mußte es in den Kirchenkämpfen mit Rom stimmen oder gegen Rom, mit den östlichen Städten oder gegen sie, wo es nicht versuchen wollte, halsbrecherisch kühn auf dem Waagbalken zu reiten. Seine Lage war nicht beneidenswert und allenfalls gewaltsam noch einmal zu verbessern.

Iustin I., der jetzt den Thron innehatte, konnte zwar weder lesen noch schreiben, aber er besaß Intelligenz und Instinkt genug, diese Situation richtig zu würdigen. Vor allem wußte er, daß Konstantinopel seine beherrschende politische Stellung einbüßen würde, wenn es nicht gelang, die ideologisch-theologische Krise zu überwinden und die Hauptstadt davor zu bewahren, daß sie zwischen den Blöcken zerrieben wurde.

Justinian, dem er 519 die gesamte Kirchenpolitik übertragen hatte, bestärkte ihn in dieser Ansicht. Seinem Rat folgend, stellte Iustin die Union mit Rom wieder her, verfolgte die Monophysiten und ließ sich von Papst *Johannes I.* (523–526) noch einmal krönen. Für den Neffen war es der erste Zug eines kühl geplanten, gewaltigen Unternehmens, das darauf abzielte, die Reichseinheit auch de facto wiederherzustellen.

Den zweiten konnte er erst tun, als der Onkel gestorben war und ihm das Reich überlassen hatte: Er verschärfte seine antimonophysitische Politik, indem er vor allem die politische Organisation der von Alexandreia her beeinflußten Bewegung ihres Einflusses zu berauben suchte, die Zirkuspartei der Grünen.

Doch schon daran wäre er fast gescheitert, denn wieder einmal zeigte es sich jetzt, daß das Volk von Konstantinopel eine Macht darstellte, die auch ein Kaiser zu respektieren hatte. Die Parteien der Stadt verbündeten sich wider ihn.

Das Parlament im Zirkus

Es war eines der merkwürdigsten Parlamente der Geschichte. Als Versammlungsraum dienten ihm nicht die von Konstantin so prunkvoll ausgeschmückten Räume des Senatsgebäudes, sondern das riesige Hufeisen des Hippodroms. Seine Parteien waren gleichzeitig politischer Apparat, Sportverein, weltanschauliche Bewegung und ständische Organisation.

Ursprünglich hatte es vier von ihnen gegeben, die Blauen, die Grünen, die Roten und die Weißen, aber im Lauf der Zeit hatten die Grünen und Blauen die beiden anderen *Demen* (Gemeinden) aufgesogen. Wie diese Parteien entstanden waren, ist heute nicht mehr genau festzustellen. Man weiß indes, daß es schon im Rom der *Severer* ähnliche Einrichtungen gab, weiß auch, daß sie als Management und Betriebsgesellschaft der Rennwagenfahrer fungierten und ergo in ihrer ursprünglichen Form eine Art Rennstallbesitzerkollektiv darstellten. Wagenrennen waren ja die große Attraktion im Hippodrom von Konstantinopel. Sie bildeten etwa das Äquivalent zu unseren modernen Fußball- oder Baseballspielen. Außerdem ersetzten sie der großstädtischen Masse Theatervorführungen, Konzerte und Bankette. Der Zirkus war der Himmel des kleinen Mannes, sein Rummelplatz und sein Erholungsort.

Gleichzeitig war er ein Symbol seiner Macht. Jede Thronbesteigung in Konstantinopel wurde vor allem mit zwei Festen gefeiert: der Krönung in der Hagia Sophia und dem Wagenrennen im Hippodrom. Unter dem Jubel – oder dem Hohngeschrei – der Volksmassen betrat der neugesalbte Monarch das *Kathisma*, die Kaiserloge, die, von 24 Marmorsäulen getragen, über die stufenförmig abfallenden Sitze hinausragte, und stellte sich seinen Untertanen. Die aber schreckten keineswegs davor zurück, ihm ihre Meinung über ihn zuweilen recht deutlich zu bekunden. So ist etwa überliefert, daß *Phokas I.* (602–610), der dem Alkohol zugetan war, manchmal mit der Frage begrüßt wurde: »Du bist wohl wieder nicht ganz nüchtern, Basileios?«

Der Zirkus war im Lauf der Jahrhunderte ein Ort geworden, an dem das Volk seinen Willen erklären und sich mit seinen Herrschern auseinandersetzen konnte. Die Sprecher der Parteien brachten ihre Anfragen an den Kaiser vor, formulierten Bitten oder äußerten Kritik, und der Kaiser antwortete ihnen, wiederum durch einen Sprecher, von der Höhe seines Prunksitzes herab. Es gab sogar ein Gesetz aus Konstantins Zeiten, das diesen Vorgang regelte und die Rechte der Zirkusparteien garantierte.

Das Hippodrom stellte also eine wichtige politische Institution dar, die Rennvereine waren legitime Vertreter der Bevölkerung und damit nicht zu unterschätzende Machtgruppen. Daneben waren sie aber auch bedeutende wirtschaftliche Unternehmen. Ihren Kern bildete jeweils ein Clan hartgesottener Geschäftsleute vom Schlag etwa der amerikanischen Box-Promotor. Sie trainierten die Fahrer, betreuten die Pferde, organisierten die Spiele und unterhielten ganze Stäbe von bezahlten Angestellten, zu denen nicht nur Stallburschen, Platzanweiser und Handwerker gehörten, sondern auch Schauspieler und Tänzer. Das Geschäft, das sie betrieben, war risikoreich und undurchsichtig wie alle Geschäfte, bei welchen es unter anderem auch um politische Macht geht. Aber sie exekutierten es mit hoher Perfektion. Wer in Konstantinopel etwas werden wollte, in der Stadtverwaltung oder in der Industrie, der tat gut daran, sich rechtzeitig um die Mitgliedschaft bei einer der Zirkusparteien zu bewerben, wer vorankommen wollte, mußte sich mit ihnen verbünden. Freilich, die meisten alteingesessenen Bürger gehörten ohnehin schon von ihrer Geburt an zu einer der beiden einander feindlichen Gruppierungen. Entstammten sie den ärmeren

Schichten, dann trugen sie die Binde der Grünen, gehörten sie aber dem Mittelstand an, dann war ihre Vereinsfahne blau.

Grün bedeutete seit der Zeit des Nestorius gleichzeitig auch noch Monophysitismus, Blau Orthodoxie. Das macht erneut deutlich, wie sehr die theologischen Auseinandersetzungen in das tägliche Leben hineinwirkten. Im Zirkus von Konstantinopel fuhren die Jockeys im grünen Trikot nicht nur für ihren Verein, sondern auch für Christus, den reinen Gott.

Der Aufstand der Grünen

Auch am 11. Januar des Jahres 352 sollte es so sein. Seit den frühen Morgenstunden drängten sich die Menschen durch die Tore der hohen Mauer, die das Hippodrom umgab. Sie schoben sich über die Aufgänge nach oben und füllten das riesige Stadion mit ihrem Geschrei und Gelächter.

Im Ostteil des Riesenbaus, in dem sich die Garderoben und Verwaltungsräume befanden, waren die Parteispitzen zusammengetreten. Die Grünen hatten die Absicht, sich über die Verfolgungen zu beschweren, denen sie seit dem Regierungsantritt Justinians ausgesetzt waren. Ihr Zorn richtete sich vor allem gegen den Polizeipräfekten *Eudaimon*, den sie beschuldigten, nicht weniger als sechsundzwanzig ihrer Anhänger umgebracht zu haben.

Das Volk oben in den Rängen, 150 000 Menschen insgesamt, wußte natürlich um diese Gespräche. Es konnte sich auf ein spannendes Programm gefaßt machen: als Ouvertüre die Auseinandersetzung mit dem Kaiser, dann die Rennen, dazwischen aber Zirkusnummern, Tänze und Pantomimen von meist eindeutig obszönem Charakter. Die Darbietungen würden erst am Abend zu Ende sein, und möglicherweise würde es auch dieses Mal nicht ohne Unfälle abgehen.

Die Rennen waren ja nicht ungefährlich. Eine Viertelstunde lang mußten die Zwei-, Drei- oder Viergespanne jeweils die 370 Meter lange *Spina*, die Mittellinie des Stadions, umrunden, mußten ihre Pferde zu Höchstleistungen anspornen und gleichzeitig darauf achten, daß ihr Konkurrent sie nicht gegen einen riesigen Obelisken drängte, die die Wendepunkte markierten. An ihnen war schon manches Gefährt zerschellt.

Es war ein schöner Tag. Blau glänzte zu Füßen der Zuschauer das Marmarameer, golden leuchtete der Dreifuß der delphischen Pythia auf der Schlangensäule im Zentrum des Hippodroms, prächtig glänzten die vier Bronzepferde des *Lysippos* (4. Jh. v. Chr.) auf den Galerien. (Seit dem Jahr 1204 schmücken sie die Loggia von San Marco in Venedig.) Der Obelisk von Karnak, Symbol des römischen Sieges über die Ptolemaier, stach steil in das flimmernde Licht.

Endlich marschierten die kaiserlichen Garden in ihren blitzenden Rüstungen ein, sie besetzten die Plätze unterhalb der Kaiserloge. Ihnen folgten die Senatoren, die Generale und die Gesandten der auswärtigen Mächte sowie die Vertreter der Parteivorstände. Zum Schluß: der Kaiser.

Sofort bricht Unruhe aus. Sprechchöre schleudern ihre Parolen in die Luft. Justinian läßt seinen Herold an die Balustrade treten und anfragen, was das Volk von ihm wolle. Im Parkett erhebt sich der Sprecher der Grünen. Nach einigen zeremoniellen Formeln bringt er seine Anklage vor: »Man fügt uns jedes erdenkliche Unrecht zu; Gott weiß, daß wir es nicht länger ertragen können.«

Justinian fragt nach Details. Der Sprecher nennt als Schuldigen einen Kammerherrn des Hofes. Der Kaiser zeigt sich erstaunt, er hat erwartet, den Namen des Polizeipräfekten zu hören. Aber der Sprecher läßt sich nicht beirren. Da explodiert Justinian. »Schweigt, ihr Juden, Manichäer und Samariter!« ruft er in das riesige Hufeisen hinunter. Der Parteimann zuckt zusammen, denn das ist eine unerhörte Beleidigung. »Die Gottesmutter stehe uns bei!« murmelt er entsetzt. Das Volk lauscht in atemlosem Schweigen.

Und nun wird der Dialog immer schärfer. Anklagen fliegen wie Bälle hin und her. Die Grünen springen erregt von ihren Sitzen. Die Blauen mischen sich ein. Die Szene nimmt tumultartigen Charakter an. Eine Provokation der Grünen beendet sie schließlich. Geschlossen erheben sie sich und verlassen das Hippodrom. Schlimmer ist noch nie ein Kaiser in Konstantinopel von seinen Untertanen beleidigt worden. Justinian zittert an allen Gliedern.

Dabei war es nur das Vorspiel dessen gewesen, was folgen sollte.

Konstantinopel brennt

Der nächste Tag brachte den ersten Akt des Dramas. Er begann düster genug. Sieben zum Tod verurteilte Verbrecher wurden nach Sykae hinübergeführt, wo vier von ihnen geköpft, die drei anderen gehenkt werden sollten. Lautlos waltete der Henker seines Amtes. Begleitet vom dumpfen Stöhnen der Zuschauermenge fielen die vier Köpfe.

Dann ging es ans Hängen. Zwei Grüne und ein Blauer standen unter der *furca*, dem gabelartigen Doppelgalgen, und warteten auf den Strick. Aber als man die beiden ersten emporzog, brach das Gerüst zusammen.

Das Volk wurde unruhig. Es fing an zu murren. Doch unbeeindruckt schleppte der Henker die Delinquenten zum nächsten Galgen. Erneut legt sich die Schlinge um ihre Hälse, erneut zieht man sie empor und – erneut bricht die Furca zusammen. Das ist zuviel.

Aufbrüllend stürzt sich die Masse auf den Nachrichter, entreißt ihm die beiden armen Teufel und schleppt sie in eine nahegelegene Kirche, wo sie Asylrecht genießen. Dann wälzt sie sich tobend und schreiend in die Stadt hinein, Blaue und Grüne Arm in Arm. Der Schrecken hat ein Wunder bewirkt.

Die Parteivorstände stellen sich sofort auf die neue Situation ein. Sie treten zusammen, einigen sich und beschließen, bei den Rennen, die am darauffolgenden Tag stattfinden sollen, ein gemeinsames Gnadengesuch für die drei Schächer einzubringen.

Damit beginnt der zweite Akt des Dramas. Als Justinian an diesem 13. Januar seinen Herold fragen läßt, was das Volk von ihm wünsche, schallt ihm zu seiner Verblüffung der Ruf entgegen: »Lang leben die Grünen und die Blauen, die Barmherzigkeit vereint!« Dann folgen die Gnadengesuche.

Aber der Kaiser schweigt. Er fühlt sich düpiert, er ist unsicher, er weiß nicht, wie er reagieren soll, und das kostet ihn beinahe den Thron, denn nun bricht der blutigste Aufstand in der Geschichte Konstantinopels los. »Nika!« brüllen die Menschen, »siege!« und stürmen hinaus auf die Straße.

Die Polizeipräfektur geht in Flammen auf, Gefängnisse werden erbrochen, schließlich drängen die Aufständischen in den Zirkus ein, reißen seine Bänke ab und schichten sie zu Scheiterhaufen. Ein scharfer Wind facht die Glut weiter an. Die halbe Stadt verwandelt sich in ein Flammenmeer, die Rebellion wird zur Revolution.

Justinian läßt seine Palasttruppen gegen die Menge vorgehen, er schickt Boten nach Asien hinüber, die Verstärkung anfordern. Es kommt zu fürchterlichen Metzeleien in den Gassen der Slums. Verhandlungen werden angebahnt, bleiben aber ohne Erfolg. Schon stellen die Parteien neue Thronprätendenten auf. Der Kaiser gibt seine Sache verloren und bereitet die Flucht vor. Da tritt eine Frau in Aktion und gibt mit einer einzigen kurzen Rede dem ganzen Geschehen eine neue Wendung. *Theodora*, die Gemahlin Justinians.

Die Frau aus dem Hurenhaus

Es hat in der Geschichte Konstantinopels viele kluge, energische und schöne Frauen gegeben, viele Kaiserinnen, die stärker waren als ihre Männer, und die die Geschicke des Staates nachhaltiger beeinflußt haben als diese. Doch neben Theodora verblassen sie alle zu bloßen Schemen. Schon das Leben dieser Kaiserin ist ein Romanvorwurf, an der die Phantasie jedes Kolportageschreibers zuschanden würde. Ihr Vater war ein Tierwärter im Zirkus gewesen, ihre ältere Schwester Schauspielerin. In den Garderoben und Ställen des Hippodroms wuchs sie auf, ein kleines, lebhaftes und phantasievolles Mädchen.

Später dürfte sie selbst so etwas wie ein Bühnenstar gewesen sein. Aber was hieß das zu jenen Zeiten? Edward Gibbon tastet sich mit gewählten Worten an diese Art von Existenz heran. »Ihr Charme« schreibt er, »war käuflich und einer gemischten Menge von Fremden und Bürgern jedes Ranges und jeder Profession preisgegeben. Der glückliche Liebhaber, dem eine amüsante Nacht versprochen worden war, wurde oft von einem stärkeren oder reicheren Favoriten von ihrem Bett vertrieben.«

Theodoras Zeitgenosse *Johannes von Ephesos* wird deutlicher. Er nennt sie »die Frau aus dem Hurenhaus«, und so grob diese Formel auch anmuten mag, so präzise ist sie. Eine Zirkusschauspielerin in Konstantinopel war nicht viel mehr als eine Dirne. Sie stellte in der Manege ja keineswegs die Heldinnen der griechischen Tragödien dar, ihre Künste waren ziemlich eindeutiger Natur. Von »nackten Szenen« spricht Gibbon, und auch das ist wahrscheinlich nur eine milde Umschreibung der Tatsachen. Auf alle Fälle mied man sie, wenn sie am Tag durch die Straßen ging, »um entweder dem Skandal oder der Versuchung zu entgehen«.

Aber der Zirkus war für Theodora nur der Anfang. Irgendwann im weiteren Verlauf ihrer Karriere lernte sie einen hohen Beamten kennen, wurde von ihm als Konkubine angenommen und begleitete ihn auf einer Reise nach Libyen. Dort verließ er sie. Sie lag auf der Straße, bettelarm, ohne Geld, ohne Verbindungen und mußte versuchen, aus eigener Kraft zurück nach Konstantinopel zu kommen.

Was das bedeutete, können wir heute weder ermessen noch nachempfinden. Es muß die Hölle gewesen sein: eine Wanderung mit blutenden Füßen durch die Unterwelt orientalischer Hafenstädte, durch Kneipen, Bordelle und stinkende Gassen. Nachtlager in finsteren Herbergen um den Preis des Körpers, Betteln auf den Stufen der Kirchen, Auseinandersetzungen mit den ortsansässigen Zuhältern, Hunger, Durst, Verzweiflung, Krankheit.

Aber sie schaffte es, sie kam zurück, wurde eingesogen von den alten vertrauten Gassen, mitgerissen vom Gewimmel auf den Märkten der großen Metropole. Von fern winkte der Riesenbau des Hippodroms. Zweifellos hätte sie sofort in ihr altes Leben zurückkehren und an die Erfolge von einst anknüpfen können. Sie tat es nicht.

In einem bescheidenen Zimmer treffen wir sie wieder, Wolle spinnend und zurückgezogen lebend. Irgend etwas mußte auf dieser Reise mit ihr geschehen sein und sie verwandelt haben. Man vermutet, es sei die Begegnung mit dem alexandrinischen Patriarchen *Timotheus* gewesen, einem gütigen alten Herrn und überzeugten Monophysiten. Genau weiß man es nicht, aber eine überzeugte Monophysitin war auch sie nach ihrer Rückkehr, ja mehr noch, eine fromme Christin, eine reuige Magdalena. In diesem Stadium ihrer Entwicklung lernte Justinian, der damals noch Kronprinz war, sie kennen und machte sie, gegen den Widerstand seiner Tante *Euphemia*, zu seiner Frau. Vier Jahre später bestieg er, zusammen mit der ehemaligen Zirkusschauspielerin, den Thron im Magnaura-Palast.

Eine lebende Statue

Im »Milieu« von Konstantinopel dürften sich die alten Bekannten der Theodora die Hände gerieben haben, als die Nachricht davon die Runde machte. Eine der ihren war zur höchsten Stellung im Reich aufgestiegen, welch ungemein günstige Konstellation! Schließlich teilten sie mit der Herrscherin intimste Geheimnisse, und dieser würde daran liegen müssen, ihr Schweigen zu erkaufen.

Aber Theodora kaufte nicht. Diejenigen ihrer ehemaligen Genossen, denen es gelang, bis zu den kaiserlichen Gemächern vorzudringen, trafen auf eine in goldene Gewänder gehüllte Statue, umgeben von eisiger Luft.

»Zur Kaiserin«, schrieb *Prokopios von Caesarea* (490–555), ein Hofhistoriograph Justinians, »hatten auch die hohen Beamten nur nach langer Zeit und mit vieler Mühe Zutritt. Sie warteten alle, wie Sklaven, in einem engen stickigen Zimmer... dann traten sie voll Ehrfurcht bei der Kaiserin ein, berührten ihre beiden Fußknöchel leicht mit den Lippen und entfernten sich so schnell wie möglich. Denn etwas zu sagen oder zu erbitten ohne Theodoras Aufforderung, davon konnte keine Rede sein.« Theodora war ihren Mitmenschen unheimlich. Vermochten sie es sich schon nicht zu erklären, wie aus einer Dirne eine derart hoheitsvolle Kaiserin werden konnte, um wieviel schwerer war es erst, die Motive zu erraten, die ihren Handlungen zugrunde lagen. Die Kaiserin betätigte sich nämlich unter anderem auch als die oberste Sittenrichterin von Konstantinopel. Sie bestrafte einen Höfling, der sich nach der Hochzeitsnacht darüber beklagt hatte, daß seine Frau nicht mehr unberührt gewesen sei, zwang zwei junge Lebedamen aus der Hofgesellschaft, Männer aus dem Volk zu heiraten, kurzum sie spielte Schicksal, war bald grausam, bald gütig, heute herrisch, morgen von überwältigender Freundlichkeit. Nur die Priester, mit denen sie sich umgab, Monophysiten in der Regel, dürften sie wirklich gekannt haben. Vor ihnen gab sie sich als das, was sie war: eine von unauslöschlichen Erinnerungen gequälte Seele, eine Frau, die die Hölle kennengelernt hatte.

Prokopios hat in seinen *Historia Arcana*, seiner Geheimgeschichte, ein Bild von ihr entworfen, das, obzwar aus Fakten zusammengesetzt, ihrer Persönlichkeit sicher nicht gerecht wird. Der Haß führte ihm die Feder. Geschichtsschreiber und Romanciers späterer Jahrhunderte haben versucht, ihr Geheimnis zu entschleiern, aber es ist keinem ganz gelungen. Selbst Frank Thiess, der sich mit beispielloser Intensität bemühte, Theodora zu verstehen, resigniert am Ende und begnügt sich mit der Feststellung, sie sei die stärkste Verkörperung des byzantinischen Menschen gewesen, »janusköpfig, rätselhaft, doppelgesichtig, schillernd wie eine Ölpfütze und doch nicht flach, sondern ein Opal, unbestimmbar in seinen Farben, weit wie das Meer, hart wie ein Edelstein«. Es ist eine Kapitulationserklärung vor dem Mysterium dieser Frau und dieses Lebens. Denen, die sie begreifen wollen, bleibt nur ihr inzwischen in Tausenden von Kunstdrucken verbreitetes Mosaikporträt aus der Kirche San Vitale in Ravenna, ein schmales, strenges Gesicht, von übergroßen Augen beherrscht, und jene großartige Rede an Justinian und seine Offiziere, die sie während des Nika-Aufstandes hielt, als Konstantinopel brannte und als der Kaiser verzweifeln wollte.

»Ich bin der Meinung«, sagte sie damals, »daß Flucht jederzeit und so auch jetzt verwerflich ist. Für einen Herrscher aber ist es vollends unerträglich, den Verlust seiner Würden zu überleben. Ich bete zum Himmel, daß ich nie ohne mein Diadem und den Purpur leben muß. Den Tag möchte ich nicht sehen, an dem man aufhört, mich als Kaiserin zu begrüßen. Wenn du, o Caesar, auf deiner Flucht bestehst – wohlan, du hast Schätze, dort ist das Meer, im Hafen liegen Schiffe, die dir gehören. Nur zittere davor, daß deine Lebensgier dich nicht doch dem schimpflichen Tod in die Arme treibt. Ich für meine Person halte es mit dem alten Spruch: Der Thron ist das schönste Grabmal.«

Nika-Aufstand letzter Akt

Theodoras Worte müssen in der Atmosphäre aus Angst und Nervosität, die den Palast erfüllte, wie ein reinigendes Gewitter gewirkt haben. Justinians kalte Ruhe kehrte plötzlich zurück, die Generale schämten sich vor dieser Frau. Ihre neugewonnene Entschlossenheit übertrug sich auch auf die Soldaten.

Belisar drang mit seinen Buccellariern in den Zirkus ein und haute die dort versammelte Menge in einem fürchterlichen Blutbad zusammen. *Narses*, ein armenischer Eunuch, engster Vertrauter des Kaisers, mischte sich unter das Volk, verteilte das Geld und spielte die Parteien gegeneinander aus. Jäh sprang der Wind wieder um. Die Blauen schlugen sich auf die Seite der Regierung. Die Kaiserlichen hatten gewonnen.

Zwar dauerten die Kämpfe noch an, wurden Tausende auch jetzt noch dahingeschlachtet. Doch an einem konnte nicht mehr gerüttelt werden: Die Revolution war beendet.

Aber um welchen Preis? Konstantinopel bot nach dem Nika-Aufstand ein Bild des Grauens. 40 000 Menschen waren ums Leben gekommen, das Zeuxipposbad, der Palast des Polizeipräfekten lagen in Trümmern, das Hippodrom war eine Ruine, und selbst die Hauptkirche der Stadt, die von Konstantin erbaute, von Theodosius II. renovierte *Hagia Sophia,* war zerstört worden. Gesenkten Kopfes schlichen die Menschen durch die verwüstete Metropole. Nicht einmal die Blauen vermochten zu triumphieren, obwohl sie doch über ihre monophysitischen Widersacher gesiegt hatten.

Mit Flamme und Schwert für ein einiges Reich

Für Justinian indes war die Trümmerfläche genau das, was er brauchte: die tabula rasa, auf der sich der Bau eines neuen, wiedergeeinten Reiches errichten ließ, eines Reiches, das als perfekt durchorganisiertes einheitliches Staatswesen konzipiert war, und das nur eine Spitze hatte – ihn, den Kaiser.

In erster Linie bedeutete das stärkere Durchsetzung des caesaropapistischen Prinzips. Wie Konstantin wollte auch Justinian wieder oberster Herr nicht nur des Staates, sondern auch der Kirche sein. Neben ihm war der Papst zweiter Mann im Reich, der Patriarch von Konstantinopel folgte dann noch eine Stufe weiter unten (was die entschlosseneren unter den Oberhirten freilich nie daran gehindert hat, sich immer wieder erfolgreich gegen ihre Kaiser aufzulehnen).

Um seine neue Politik zu dokumentieren, ließ Justinian am 22. November 544 Papst *Vigilius* (537–555) verhaften und nach Konstantinopel bringen. Dort zwang er ihn, in der Hoffnung, damit die Monophysiten zu versöhnen, eine Reihe von längst erledigten Irrlehren zu verdammen.

Aber die Anhänger des reinen Gottes Christus waren schwerer unter das kaiserliche Joch zu beugen als der charakterschwache, labile Vigilius. Gegen sie mußte Justinian mit Feuer und Schwert vorgehen, und hat das, vor allem in Syrien und Ägypten, auch getan, ohne sich letztlich durchzusetzen. Theodora wirkte seiner Religionspolitik im geheimen entgegen; endlich blieb ihm doch nichts anderes übrig, als zwei der wichtigsten monophysitischen Glaubenssätze in das orthodoxe Bekenntnis aufnehmen zu lassen.

Der eigentliche Schaden, den er angerichtet hat, trat erst unter seinen Nachfolgern zutage. Als die Araber ein knappes Jahrhundert später in das Zweistromland einfielen, zeigten dessen Bewohner nicht die geringste Lust, sich für ein System zu schlagen, unter dem sie so grausam gelitten hatten. Dem Imperium gingen seine reichsten Provinzen für immer verloren.

Im Grunde ist denn auch Justinians ganze Politik ziemlich ruinös gewesen. Zwar hat er erreicht, was er wollte, das Römische Reich erstand noch einmal in nahezu alter Größe, das Mittelmeer wurde wieder ein »mare nostrum« Konstantinopels, doch der ganze imponierende Bau stand auf tönernen Füßen. In den Feldzügen der Generale Belisar und Narses, durch die Nordafrika den Wandalen, Italien den Ostgoten und die Südostküste Spaniens den Westgoten entrissen wurden, blutete der Staat aus.

Außerdem entblößte der Krieg im Westen die Ostgrenzen des Imperiums, öffnete sie den persischen Reitern, die Armenien verwüsteten und bis an die Mittelmeerküste vordrangen, während über die Donaugrenze Slawenstämme hereinbrachen und die Städte der Balkanhalbinsel von bulgarischen Horden geplündert wurden. Glanz und Gloria waren für diese Leiden eigentlich kein ausreichendes Äquivalent.

Justinian hat all das nicht gesehen. Kühl und unbeirrbar, ein Staatstheoretiker wie Diocletian, verfolgte er das Ziel, das ihm vor Augen stand. Den Schemata, die er entworfen hatte, wurde die Realität gewaltsam angepaßt. Aber wie Diocletian mißlang es auch ihm, diesen Konstruktionen Leben einzuhauchen. Seine Schöpfung war ein durch und durch totes, eigentlich schon anachronistisches Gebilde. Die Welt bot keinen Raum mehr für ein Imperium Romanum.

Erkannt hat er es, wie gesagt, nicht. Er ließ die silberne Statue Theodosius' II. von der Porphyrsäule reißen, auf der sie hoch über dem Augusteion thronte, und in ein Reiterstandbild seiner selbst umgießen. Das Denkmal der Kaiserin Eudokia ersetzte er durch ein Bildnis seiner Frau Theodora. Er sah sich als den zweiten Konstantin, den Erneuerer des Reiches. In Wirklichkeit war er der Held des vorletzten Aktes und gleichzeitig der Prolog eines völlig anderen Stückes, war »der erste Byzantiner«.

Die Eröffnung des Mittelalters

»Typisch byzantinisch« wird man künftig sagen, wenn die Rede davon ist, daß die Untertanen der oströmischen Kaiser sich vor ihrem Herrscher niederzuwerfen haben. Byzantinisch ist der Prunk, mit dem Justinian seine kaiserliche Würde betont, byzantinisch das komplizierte Hofzeremoniell, das er vorschreibt. Byzantinisch wird in Westeuropa später zum Synonym für Worte wie unterwürfig, hinterhältig, kriecherisch, heuchlerisch. Begründet hat den byzantinischen Lebensstil schon Konstantin der Große, doch erst Justinian gab ihm seine letzte Prägung und entkleidete die Zeremonien und Riten der heidnischen Färbung, die ihnen immer noch angehaftet hatten. Wer vor ihm auf dem Gesicht lag, demütigte sich vor Christus. Wer ihn bedrohte, bedrohte die himmlische Ordnung. Wer ihm diente, war einbezogen in eine Welt, die Erde und Himmel umschloß.

»Indem er in sich die Dreieinigkeit seiner Reichsidee zu

lebendigem Ausdruck brachte, spiegelte diese Dreiheit zugleich im irdischen Bezirk die Trinität Gottes. Der Allgewalt Gottvaters entsprach die politische Allgewalt des Kaisers. Der Wahrheit im Sohne eine rechtgläubige, alle umfassende Kirche. Der Heilige Geist, Symbol der himmlischen Gerechtigkeit und Ordnung, hatte sein irdisches Gegenbild in Recht und Gesetz« (Frank Thiess).

Mit dem Hellenismus hat Justinian endgültig Schluß gemacht. Er ließ die 900 Jahre alte Philosophenschule von Athen schließen und ihre Lehrer nach Persien in die Verbannung schicken.

Eine goldene Metropole

Für Konstantinopel bedeutete der Triumph Justinians die Erfüllung eines durch die Erhebung zur Reichshauptstadt vorgezeichneten Schicksals. Er hatte den Gipfel seiner Lebensbahn erreicht und triumphierte als Mittelpunkt einer geeinten christlichen Welt sowohl über Rom als auch seine östlichen Rivalinnen. Konstantinopel war die Mächtigste, die Reichste, die Strahlendste auf dem ganzen Erdkreis, eine wahrhaft goldene Metropole. Der Handel des Imperiums konzentrierte sich in ihren Häfen, und dem wirtschaftlichen Aufschwung entsprach ihre politische Bedeutung.

Daß die alten Risse und Sprünge, der Graben zwischen Ost und West, von Justinian keineswegs beseitigt oder aufgefüllt, sondern nur überkleistert worden waren, mochte man sich in diesen Jahren nicht eingestehen – vorausgesetzt, daß man es überhaupt erkannte. Zu großartig war die Illusion, zu berauschend die Vorstellung, nun würde die Sonne nie mehr versinken hinter den Hügeln Thrakiens.

Das alles ist natürlich menschlich durchaus verständlich. Die Bewohner der Bosporusstadt werteten das, was vor ihren Augen geschah, als stärksten Beweis für die Richtigkeit ihres Glaubens: Justinian schmückte seine Kapitale, wie kein Kaiser vor ihm, mit Ausnahme Konstantins, es getan hatte.

Das Zeuxipposbad erstand aus der Asche, prächtiger und größer, als es zuvor gewesen. Das zerstörte *Augusteion* wurde wieder aufgebaut, Sykae, dem der Kaiser den neuen Namen *Justitiani* verlieh, erhielt eine Befestigungsanlage, die jener der Altstadt an Festigkeit nicht nachstand, nahe dem Milium wurde eine riesige unterirdische Zisterne ausgehoben, deren Decke 336 schönbehauene Säulen stützten, das heutige *Yerebatansaray* (Versunkenes Schloß), eine der Touristenattraktionen Istanbuls.

Justinians größtes Bauwerk aber war die *Hagia Sophia*, die Kirche der Heiligen Weisheit, die jahrhundertelang als die schönste und größte Kirche der Christenheit galt. Gott selbst, so will es eine der vielen Sagen, die sich um dieses Bauwerk ranken, soll ihm den Plan dazu gegeben haben. In Wirklichkeit stammt er von den beiden Architekten *Anthemius* aus *Tralles* und *Isidorius* aus *Milet*. Ihr Werk setzte einen neuen Meilenstein in der Geschichte der Baukunst.

Der Triumph der Kuppel

Die alte, von Konstantin errichtete Hagia Sophia war eine fünfschiffige Basilika gewesen, die neue wurde als Kuppelkirche projektiert.

Basiliken, aus den Versammlungshallen der griechischen Antike erwachsen – in Athen war die *basilike stoa*, der »königliche Bau«, Amtssitz des obersten Richters gewesen –, hatten drei Jahrhunderte lang den Erfordernissen des christlichen Gottesdienstes entsprochen. Sie waren klassische Gemeindekirchen gewesen. Die später aufkommenden Kuppelkirchen dagegen repräsentieren einen völlig neuen Stil und eine neue Geisteshaltung. Entwickelt hatten sie sich aus den Grab- und Taufkapellen, die schon immer als Höhlen gebaut und als Höhlen empfunden worden waren. Aber während noch zur Zeit Konstantins Baptisterium und Basilika nebeneinander existierten, begannen die Kirchenbauer der folgenden Jahrhunderte, die beiden Bauformen miteinander zu kombinieren. Die Basiliken erhielten Kuppeln aufgesetzt, »das Wegmotiv des Längsbaus wird durch ein anderes, widersprechendes, das Zentralkreismotiv durchdrungen, etwas Neues ist geboren: der Zentralbau, die Kuppelbasilika« (Heinrich Dittmar).

Die Geschichtsphilosophen haben den Sieg der Kuppel über den Längsbau als die Manifestation einer tiefgreifenden geistig-seelischen Wandlung gedeutet. Spengler vor allem interpretiert ihn als den Triumph der arabischen Kultur, des orientalischen »magischen Weltgefühls« über »die apollinische Seele Griechenlands«.

Tatsächlich ist die Kuppel ein Produkt des Ostens. In Kleinasien und Syrien haben die römischen Ingenieure den Gewölbebau kennengelernt, Baumeister morgenländischer Herkunft machten ihre Kollegen in Rom mit der neuen Technik bekannt, und schon zur Zeit Hadrians entstand in der alten Reichshauptstadt das *Pantheon*, jener gewaltige, kuppelgekrönte Tempel, den Spengler »die früheste aller Moscheen« nennt, denn »die Bauform des reinen Ostens ist der Kuppelbau, die Moschee, die ohne Zweifel lange vor den ältesten christlichen Kirchen in den Tempeln der Perser und Chaldäer, den Synagogen Mesopotamiens und vielleicht den Tempeln von Saba angelegt war«.

Unter Justinian erreicht diese Entwicklung nun ihren Höhepunkt. Die Kuppel hat den Langbau endgültig verdrängt, und die neue Hagia Sophia ist deshalb nicht nur ein Symbol des kaiserlichen Sieges über alle Feinde im Inneren wie im Äußeren, sondern auch ein steinernes Dokument der fortschreitenden Orientalisierung des Reiches.

Salomon ist übertroffen

Vor allem aber ist sie ein architektonisches Meisterwerk und eine technische Glanzleistung. Zehntausend Arbeiter hatten die beiden Baumeister verpflichtet. Justinians Stadtpräfekt plünderte, wie einst Konstantins Agenten, die Gotteshäuser des ganzen Imperiums und ließ seine Beutestücke, Säulen, Wandplatten, Friese, nach Konstantinopel transportieren. Von der Proconnesos-Insel wurde weißer, aus Euboia grüner, aus Synnada in Phrygien rosenroter Marmor herangeschafft. Ägypten lieferte Porphyr, Thessalien und Lakonien vielfarbige Breccie (ein Sedimentgestein aus Trümmern älterer Gesteinsarten), Bayern Solnhofener Platten, die übrigen Provinzen Gold, Silber, Elfenbein, Edelsteine und kostbare Stoffe. Die tragenden Säulen des Riesenbaus wurden aus Sandstein zurechtgehauen, soweit man sie nicht einfach den Tempeln von Baalbeck und Ephesus entnahm. Die Wände und die Kuppel baute man aus Ziegelsteinen, deren jeder einzelne mit dem Aufdruck *Megales Ekklesias* (hergestellt in den Brennereien der Großen Kirche) versehen war.

Justinian kam fast täglich auf den Bauplatz, um sich vom Fortschritt der Arbeit zu überzeugen, um Anregungen zu geben, Lob zu spenden oder zu tadeln. Am 25. Dezember 537, fünf Jahre nach dem Tag, an dem der erste Spatenstich getan worden war, konnte die Hagia Sophia eingeweiht werden. Sie hatte fünfzehneinhalb Millionen Goldpfund gekostet, eine unvorstellbar hohe Summe.

Justinian fuhr in seinem Staatswagen vor. Am Portal des Gotteshauses empfingen ihn Patriarch *Menas* und der Jubel einer tausendköpfigen Menge. Überwältigt breitete der Kaiser die Arme aus. Er ging auf den Riesenbau zu und rief: »Ehre sei Gott, der mich für würdig befunden hat, ein solches Werk zu vollenden. Salomon, ich habe dich übertroffen.« Indes, er hatte zu früh gejubelt. Am 7. Mai 558 wurde Konstantinopel wieder einmal von einem Erdbeben heimgesucht. »Es stöhnte die Erde lange Zeit«, berichtete der Hofdichter *Paulus Silentarius*, »es verdunkelte der mit Wolken sich mischende Staub den mittäglichen Glanz des Himmels«, und die Kuppel der Hagia Sophia zersprang zum Entsetzen der in ihr betenden Menge.

Justinian, den dieses Ereignis tief getroffen haben muß, hielt sich nicht damit auf, es als Omen zu deuten. Sofort beauftragte er *Isidorius den Jüngeren*, einen Neffen des Milesiers, mit dem Wiederaufbau und schickte ihn an die Arbeit.

Isidorius riß die Außenkreiskuppel seines Onkels, die auf den vier Ecken des quadratischen Unterbaus geruht hatte, ab, ersetzte sie durch eine Innenkreiskuppel, die sich auf dessen Seitenmitten stützte, und krönte diese durch einen zusätzlichen kleineren Dom. Auf diese Weise erzielte er nicht nur größere Stabilität, sondern auch eine um mehrere Meter höhere, vom Lichtkranz hochgelegener Fenster getragene Raumwölbung. Nach vierjähriger Bauzeit fand am 24. Dezember 562 die zweite Einweihung statt, doch gibt es auch zeitgenössische Berichte, denen zufolge der Neubau insgesamt 26 Jahre beansprucht haben soll. Vielleicht hat Justinian die Zeremonie deshalb auf einen so frühen Termin verlegt und einen unfertigen Bau eröffnet, weil er befürchtete, der Tod werde ihn um seinen Triumph betrügen. Er war damals immerhin schon 79 Jahre alt.

Die marmornen Wiesen

Justinian gehört zu den wenigen byzantinischen Kaisern, die nicht nur große Erfolge erringen, sondern diese auch bis zur Neige auskosten konnten. Die Hofdichter, die er beschäftigte, haben seine Taten und vor allem auch seine Bauwerke, von denen die Hagia Sophia das glanzvollste und größte war, in rauschenden Hymnen besungen. Dank ihnen können wir uns heute noch ein Bild davon machen, wie diese Kirche einmal gestrahlt hat. So schreibt etwa Prokopios, nachdem er die »sphärische Kuppel« gerühmt hat, die so leicht wirkt, als ob sie am Himmel aufgehängt wäre mit der goldenen Kette der Legende: »Nun wollen wir die übrigen Teile der Kirche betrachten. Alles Gewölbe ist mit reinem Gold bedeckt, was seine Pracht erhöht, wobei diese aber noch überstrahlt wird von der Schönheit des goldenen Widerscheins auf dem Marmor. Wer könnte«, fährt er dann fort, »die Schönheit der Säulen und der Gesteinsplatten beschreiben, welche die Kirche ausschmücken. Man glaubt, man habe eine Wiese betreten, die von Blumen überquillt. Wen entzückten nicht die Purpurtupfen der einen, die grünen Flecken der anderen, das glühende Rot, das strahlende Weiß und auch jene, welche die Natur, einem Maler gleich, mit den stärksten Farbkontrasten ausgestattet hat? Jeder, der dort eintritt, um zu beten, erkennt sogleich, daß dieses Werk nicht durch menschliche Kraft und Vernunft, sondern nur durch die Gnade Gottes vollbracht werden konnte; der Geist steigt gereinigt empor, um sich mit IHM zu vereinigen.«

Wer heute die Hagia Sophia betritt, wird diesen Lobgesang wahrscheinlich für übertrieben halten. Der ungeheuere, kuppelüberwölbte Raum der Kirche überwältigt zwar nach wie vor, die Steinwiesen an den Wänden sind noch immer vorhanden, angeschliffene Marmoradern, die skurrile Muster bilden, die Pflanzenmotive der Säulenkapitelle erinnern an das sassanidische Persien, aber insgesamt ist der Bau Justinians nur noch ein Schatten seiner selbst, der zudem an Pracht und Größe von mindestens zweien der osmanischen Moscheen in Istanbul übertroffen wird. Die Türken haben die Mosaikbilder an den Wänden übertüncht und dadurch die einstmals strahlende Halle verdüstert. Dort aber, wo der alte Wandschmuck von amerikanischen Restauratoren in mühevoller Kleinarbeit wieder freigelegt worden ist, leuchtet nur düstere Glut, fleckig, matt, in den Morgenstunden, wenn die Sonne durch die Fenster fällt, noch einmal aufglühend wie im Traum. Man hat das Gefühl, in der ausgeräumten Schatzhöhle eines Riesen zu stehen, in der die Geister der Toten spuken.

Der unheimliche Kaiser

Drei Jahre nach der zweiten Einweihung der Hagia Sophia starb Justinian, von seinem Volk respektvoll, aber ohne Schmerz betrauert. Er war seinen Untertanen in den letzten Lebensjahren unheimlich geworden, geliebt hatten sie ihn eigentlich nie.

Selbst Prokopios, sein Chefpropagandist, der ihn überschwenglich feierte, hinterließ die berüchtigten *Historia Arcana*, in denen er alles, was er offiziell verkündet hatte, widerrief und durch eine Klatsch- und Gerüchtesammlung übelster Art ergänzte. Aus ihr tritt Justinian uns als ein Mann entgegen, der des Nachts schlaflos durch die Palastgänge wandelte und der niemals richtig aß. »Blieb er doch meistens zwei Tage und Nächte ohne Speise und begnügte sich, mit ein wenig Wasser und rohem Kraut zu leben.«

Tatsächlich muß er – wiederum wie Diocletian – ein rastloser, unermüdlicher Arbeiter gewesen sein, ein gewissenhafter Regent, dem kein Vorgang so gering erschien, als daß er ihn nicht selbst hätte prüfen wollen. Die Beamten stöhnten unter seiner Fuchtel, die Diener verfluchten seine nie nachlassende Aufmerksamkeit, vor allem aber störte es sie, daß es nach dem Tode Theodoras niemanden mehr zu geben schien, dem er voll und vorbehaltlos vertraut hätte. Er verbreitete Kälte um sich, hielt die Leute auf Distanz, blieb unnahbar, undurchschaubar, ein Mensch, der sich menschlichen Maßstäben entzogen hatte.

Seine große Leidenschaft waren das Rechtswesen und die

Theologie. Das *Corpus Iuris*, das er geschaffen hatte, war eine der letzten großen Manifestationen römischen Staatsdenkens und wurde für viele Jahrhunderte zur Grundlage des byzantinischen und europäischen Rechtswesens.

Als Theologe hat er eine weniger glückliche Hand gehabt. Er verfaßte religiöse Traktate und Kirchenlieder, war auch zweifellos ein Mensch, der, wie ein Zeitgenosse schreibt, »sein Dasein schließlich nur noch in Erwartung des ewigen Lebens hinbrachte«, aber es ist ihm nicht gelungen, auch nur eines der großen konfessionellen Probleme seiner Zeit befriedigend zu lösen.

So mußte er immer wieder Gewaltmittel anwenden, wo es nicht gelang, seine Maßnahmen auf unblutige Weise durchzusetzen. Die Folge waren, außer der Nika-Revolution, noch acht weitere Aufstände, die alle grausam niedergeschlagen wurden. Kein Wunder, daß die Menschen aufatmeten, als er endlich, nach achtunddreißig Amtsjahren, starb.

Aber trotz des vielen Blutes, das er vergossen hat, ist Justinian nicht als Tyrann in die Geschichte eingegangen. Im Gegenteil: Den Menschen des Mittelalters galt er als der größte aller römischen Caesaren. *Dante* (1265–1321), der sein Mosaikbild in der Kirche S. Vitale von Ravenna oft bewundert haben mag, läßt ihn in der *Göttlichen Komödie* als Wortführer der erlösten Seelen auftreten.

Justinian wurde eine Figur der Legende und ein Mythos. Bei aller Kälte, die von ihm ausging, hat er der Stadt, in der er residierte, endlich doch so etwas wie eine Seele eingehaucht. Konstantinopel war aus seinen Händen nicht nur äußerlich in neuer Gestalt hervorgegangen, auch seine geistige Struktur hatte sich verändert.

Das von Justinian scharf akzentuierte caesaropapistische System, sein Herrschaftsstil, sein kompromißloser Kampf um die Einheit der Kirche, seine Frömmigkeit, sein Sendungsbewußtsein, seine Vision vom Reich, all das zusammen hat einen neuen Typ von Staat, Stadt und Bürger geprägt, einen Staat, der im Himmel wie auf Erden fest verankert sein mußte, um bestehen zu können, eine Stadt, die ihn adäquat repräsentierte, und Bürger, die zu beidem ja sagten.

Das Reich Justinians

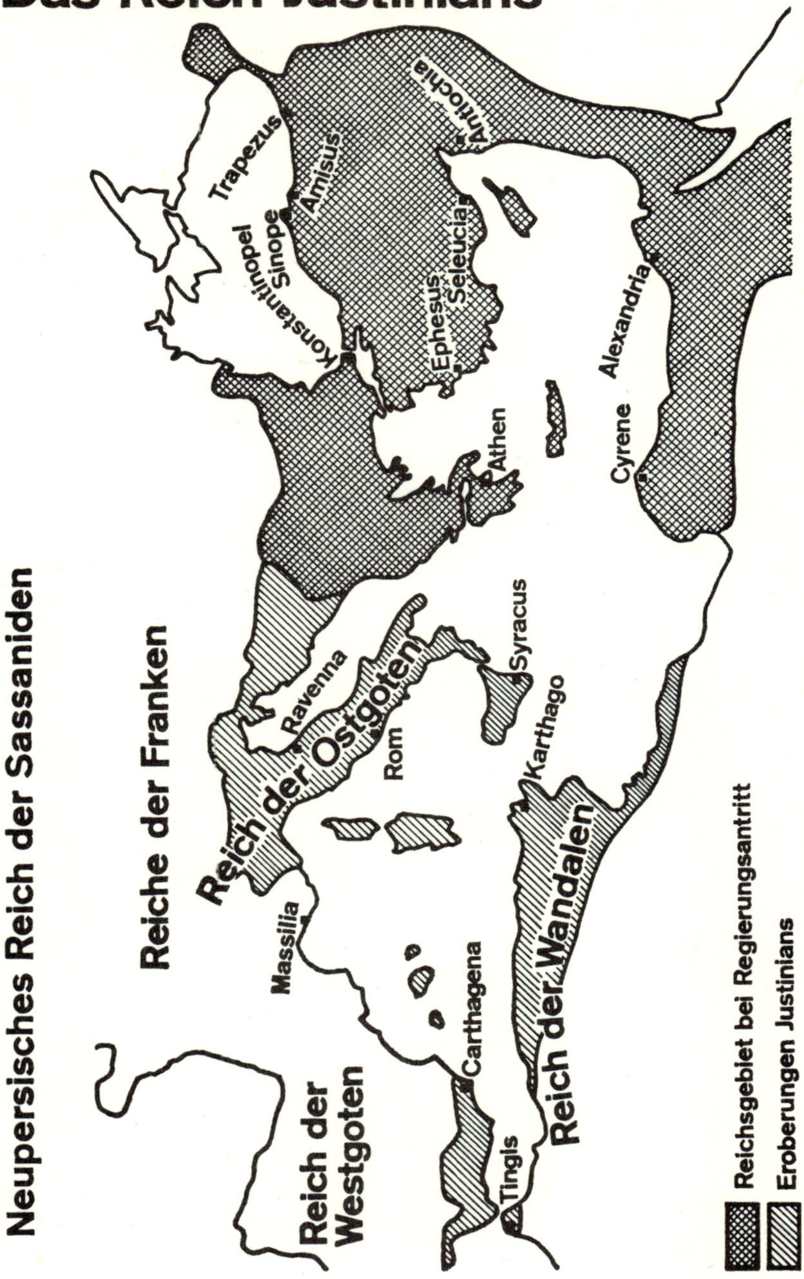

Konstantinopel ist jetzt nicht mehr nur der Riesentiegel, in dem die Elemente, aus denen das Imperium bestand, zusammengeschüttet worden waren, nicht mehr nur das Heerlager der Abenteurer und Glücksritter, der Kreuzweg, der Handelsplatz, die Machtzentrale, sondern ein Gemeinwesen von eigener und eigenartiger Physiognomie, ist Byzanz.

Byzanz aber wird zur heimlichen Hauptstadt des mittelalterlichen Europas. Der Glanz, mit dem Justinian es übergossen hat, ist die Sonne, zu der die Herrscher der dort entstehenden Staaten ihre Gesichter emporwenden. Über dem Goldenen Horn hat man sie aufgehen sehen, und dort bleibt sie nahezu tausend Jahre lang stehen, leuchtend bis in den fernsten Norden.

Auch nach Osten hin strahlt Konstantinopel. Selbst in Mekka hat man von ihm geträumt.

Dort wurde, fünf Jahre nach Justinians Tod, *Abu'l-Kasim Muhammed ibn' Abd Allah* geboren, der Stifter des *Islams*, der das Mittelalter heraufführen sollte.

Kapitel 8

IM WIRBEL DES ARABERSTURMES

Justinian lag noch keine drei Jahre unter der Erde, da wurde aus dem gewaltigen Bau, den er noch einmal zusammengefügt hatte, einer der wichtigsten Eckpfeiler herausgebrochen. Die *Langobarden* fielen in Oberitalien ein (568), schlugen die schwachen Kräfte des alternden Reichsfeldherrn Narses, wo sie mit ihnen zusammentrafen, eroberten Pavia und drangen, Rom rechts liegenlassend, bis zur Spitze der Apeninnenhalbinsel vor.

Zur gleichen Zeit gelang es *Leowgild* (486–568), dem in Spanien residierenden König der Westgoten, die byzantinischen Truppen aus dieser alten römischen Provinz zu vertreiben und sich in Toledo als Herr der Iberischen Halbinsel zu etablieren.

Zur gleichen Zeit eröffneten die *Awaren,* jenes asiatische Reitervolk, das sich in der Theißebene niedergelassen hatte, eine Serie von Raubüberfällen in die Balkanprovinzen des von Konstantinopel aus regierten Reiches, ohne daß ihnen dort großer Widerstand entgegengesetzt werden konnte.

Und zur gleichen Zeit meldete sich in der Kaiserstadt ein Gesandter des Königs *Chosrau I. Anuschirvan* (531–579) von Persien, um die jährlichen Tributzahlungen einzufordern, die ihm auf Grund eines von Justinian unterzeichneten Vertrages zustanden. Ihre Verweigerung bedeutete Krieg.

Justinians Nachfolger, sein Neffe *Iustin II.* (565–578), befand sich in einer wahrhaft wenig beneidenswerten Situation. Wären die Staatskassen voll gewesen, hätte er die Perser auszahlen können und damit den Rücken frei gehabt, um die

Probleme im Westen zu lösen. Wäre sein Heer intakt gewesen, hätte er mit ein paar schnellen Strafexpeditionen wenigstens die Awaren verjagen und sich dann gen Osten wenden können. Wäre ihm die Not der Menschen in seinem Reich gleichgültig gewesen, hätte er seine Steuereintreiber ausschikken und die kaiserlichen Schatzkammern füllen lassen können. Aber er besaß weder ein schlagkräftiges Heer, noch war er fähig, sich den Klagen des ausgepowerten Volkes zu verschließen.

Er hatte ein Reich geerbt, das nach außen strahlte und innerlich morsch war, eine Armee, deren Disziplin- und Zügellosigkeit allen römischen Traditionen Hohn sprach, und er war, im Gegensatz zu seinem Vorgänger, kein Genie, sondern nur ein durchschnittlich begabter Regent.

So entschloß er sich, an dem Gordischen Knoten seiner Probleme nicht lange herumzurätseln. Er wies den persischen Gesandten ab und bereitete sich schweren Herzens auf einen Krieg vor, von dem er wußte, daß er langwierig und schwer sein würde.

Ob er sich auch darüber im klaren war, daß diese Entscheidung eine Abkehr von allen imperialen Träumen bedeutete, daß er mit ihr das Römische Weltreich zu liquidieren begann, wissen wir nicht. Wahrscheinlich hat er es aber gewußt, denn, wie gesagt, dumm war er nicht.

Schlachten, Ränke, Revolutionen

Der Krieg, den Iustin entfesselt hatte, dauerte insgesamt zwanzig Jahre. Er wurde von beiden Seiten mit wechselndem Glück und nur geringer Begeisterung geführt. Perser wie Byzantiner hätten an sich wichtigere Probleme zu lösen gehabt, denn so wie an den Grenzen Ostroms die awarische Gefahr überhand nahm, so nagten an den Grenzen des Sassanidenstaates die Horden eines anderen asiatischen Volkes: der Türken.

Deren Khan *Syr-Yabgusu* – die Griechen nannten ihn *Sizabulos* – war zwar der Schwiegervater Chosraus I., doch das hinderte ihn nicht daran, sich mit den oströmischen Kaisern zu verbünden und, noch bevor der Krieg begonnen hatte, in das Gebiet am Kaspischen Meer einzufallen. Andererseits freilich hielt ihn der geschlossene Vertrag auch nicht davon ab, während der ersten Kriegsjahre die Seiten wieder zu wechseln, als Byzanz eine Niederlage nach der anderen einstecken mußte.

Im gesamten Kriegsgeschehen hat er dennoch nur eine Nebenrolle gespielt. Als Helden des Dramas agierten Chosrau auf der einen und *Tiberios Konstantinos,* ein von Iustin zum Caesar ernannter Grieche, auf der anderen Seite. Tiberios war es, der für den schwererkrankten Kaiser die Staatsgeschäfte führte und schließlich, nach dessen Tod, den Thron im Magnaurapalast bestieg. Das Ende des persischen Krieges erlebte auch er nicht mehr.

Erst seinem Nachfolger *Maurikios* (582–602) gelang es, die zermürbenden Auseinandersetzungen an der Ostgrenze des Reiches zu beenden und einen großen Teil von Persisch-Armenien – das den eigentlichen Preis des Kampfes dargestellt hatte – für Ostrom zu gewinnen.

Unmittelbar nach dem Abschluß des Friedensvertrages im Jahr 591 wandte er sich der anderen gefährdeten Grenze zu, um auch dort Ordnung zu schaffen. Er erhob Ravenna und Karthago, die beiden letzten Stützpunkte im westlichen Herrschaftsraum, die Byzanz noch geblieben waren, zu *Exarchaten,* Vizekönigtümern. Dann ging er gegen die Slawen vor, die im Verlauf der vorausgegangenen Jahrhunderte aus ihrer Urheimat im Quellgebiet des Pripet bis in die Ostalpen vorgedrungen waren und nun, gemeinsam mit den Awaren, in die Balkanhalbinsel einsickerten. In mehreren Feldzügen suchte er sie niederzuringen, konnte aber gegen ihre zerstreuten Scharen nur wenig ausrichten. Der Krieg zog sich in die Länge. Das Volk von Konstantinopel begann gegen die harte Zügelführung des Maurikios aufzumucken. Seine Soldaten meuterten. Schließlich erhob sich aus den Reihen der Subalternoffiziere ein Mann namens Phokas und riß die Macht an sich.

Der Kaiser und seine fünf Söhne wurden hingerichtet. Über dem Staatsschiff, das er mühsam aus dem bisher schwersten Sturm seiner Geschichte herausgerettet hatte, schlugen erneut die Wogen zusammen. *Phokas I.* (602–610) war weder Staatsmann noch Soldat, sondern nur ein blutrünstiges Scheusal.

Der Perserkönig warf sich sofort zum Rächer des ermordeten Maurikios auf und fiel wieder in Anatolien ein, die Awaren und Slawen drangen ungehinderter denn je auf die Balkanhalbinsel vor. Ostrom schien dem Untergang zuzutreiben. Doch da geschah das Wunder, das den moribunden Staat nicht nur rettete, sondern auf dem Höhepunkt der Gefahr vollkommen verjüngte. Am 3. Oktober 610 fuhr die afrikanische Flotte des Reiches in das Goldene Horn ein, zerschlug die Schiffe des Phokas, die nicht einmal dazu gekommen waren, ihre Anker zu lichten, und landete Truppen. Wenige Stunden später war Konstantinopel in der Hand der Aufrührer. Ihr Admiral *Herakleios,* Sohn des Exarchen von Karthago, eines gebürtigen Armeniers, ließ sich den verhafteten Phokas vorführen und fragte ihn, staunend ob der Jämmerlichkeit dieser Gestalt: »Du also hast das Reich regiert?« – »Mach es besser, wenn du kannst«, erwiderte jener. Gleich darauf wurde er abgeführt und dem Schinder überantwortet. Man riß ihm die Haut vom Leibe und verbrannte ihn dann.

Herakleios (610–641), der zwei Tage darauf zum Kaiser gekrönt wurde, machte es besser. Er erwies sich als einer der größten Herrscher, die jemals auf dem Thron im Magnaurapalast gesessen haben. Für Byzanz war er ein Geschenk des Himmels.

Ostrom wird griechisch

Um das Erbe, das er antrat, dürfte ihn niemand beneidet haben. Die Städte des Reiches lagen in Trümmern, die Äcker waren zerstampft, der Handel zusammengebrochen. Im Osten wüteten persische Truppen, im Westen die Awaren und Slawen.

Am liebsten wäre Herakleios nach Karthago zurückgekehrt und hätte das Reich von dort aus gelenkt. Aber der Patriarch von Konstantinopel redete ihm diesen Plan wieder aus und bewog ihn dazu, am Bosporus auszuharren. Gemeinsam gingen sie dann daran, das Imperium neu zu konzipieren und vollständig zu reorganisieren. Ihre Maßnahmen waren radikal. Als erstes streifte der Kaiser die römische Toga ab. Er nannte sich nicht mehr *Imperator* und *semper Augustus,* sondern, wie einst die Könige des alten Hellas, *Basileios.* Gleichzeitig verbannte er die Sprache Roms aus dem offiziellen Gebrauch. Griechisch dozierten von nun an die Professoren an der neugegründeten Universität von Konstantinopel – die alte war unter Phokas aufgelöst worden –, in griechischer Sprache wurden die amtlichen Dokumente abgefaßt, auf Griechisch verhandelten die Gerichte.

Praktisch-politische Gründe hatten Herakleios zu diesem Schritt veranlaßt. Latein war in Ostrom nie mehr gewesen als die Sprache der Ämter und der Oberschicht. Das Volk jedoch, wie auch die Kirche, hatte immer an der griechischen Sprache festgehalten, selbst dann noch, als Byzantium Neu-Rom geworden war. Wenn Herakleios diese Doppelsprachigkeit nun aufhob, dann beseitigte er damit nicht nur eine der vielen Grenzen, die zwischen Volk und Regierung bestanden hatten, er gab gleichzeitig auch einer in einem Vielvölkerstaat eingeschlossenen Nation etwas von ihrem Selbstgefühl zurück und erschloß gewaltige Reserven an Vaterlandsliebe und Hingabefähigkeit. Die griechischen Bürger des Reiches konnten sich mit ihrem Staat von nun an viel besser identifizieren als vorher.

Freilich, der Preis, den er dafür bezahlte, war hoch. Die Bande zum Westen lockerten sich, das alte lateinische Erbe wurde aufgegeben, dem mittelmeerumspannenden Reich ein weiterer Todesstoß versetzt. Doch Herakleios scheint das alles bewußt in Kauf genommen zu haben.

Das Ende der Söldner

Zielsicher fuhr er fort, den Staat zu reformieren. In Anlehnung an Zustände, wie sie bereits in den Exarchaten bestanden, schuf er die sogenannte *Themenverfassung*. Jedes *Thema* des Heeres, das heißt jede Division, bekam einen eigenen Siedlungsraum zugewiesen. Chefs dieser neuen Verwaltungsbezirke waren die militärischen Befehlshaber, denen jeweils ein Prokonsul für zivile Angelegenheiten zur Seite stand. Die Soldaten aber erhielten Bauerngüter, welche in ihren erblichen Besitz übergingen, sie andererseits aber zu erblichem Heeresdienst verpflichteten.

Auf diese Weise wurden nicht nur Armee und Verwaltung auf eine neue, solide Basis gestellt, der junge Kaiser entlastete gleichzeitig auch die Staatskasse von den hohen Kosten, die ihr bisher für die Erhaltung eines stehenden Heeres entstanden waren. Die Bauernsoldaten des neuen Volksheeres ernährten sich in Friedenszeiten nicht nur selbst, sie zahlten sogar noch Steuer.

Parallel zu diesen Reformen des unteren und mittleren, erfolgte die Reorganisation des höheren Verwaltungswesens. Fachressorts wurden geschaffen und jeweils einem Minister, einem *Logotheten,* unterstellt. Von ihnen konnte jeder weitaus selbständiger verfügen, als es den Hofbeamten der früheren oströmischen Kaiser möglich gewesen war.

Der gesamte Plan war kühn, klar durchdacht und alles in allem auch erfolgreich. Im Gegensatz zu den Staatskonzeptionen Diocletians und Justinians paßte sich das herakleische System den gegebenen Notwendigkeiten faltenlos an. Es war ein Kleid, in dem ein lebendiger Organismus atmen konnte, kein starres, nach philosophisch-theologischen Modellen konstruiertes Verordnungsgerüst.

Schon seine Verwirklichung allein würde die Verleihung des Titels »der Große« an Herakleios rechtfertigen. Aber die Geschichte hat ihm diesen Beinamen vorenthalten, obwohl er auch noch ein glänzender Feldherr und ein begabter Diplomat war.

Ein neues Marathon ist möglich

Nach außen hin hatten seine Reformen einen Effekt, der jeden Betrachter der Geschichte seltsam berühren muß. Kam nicht die Re-Gräzisierung des Oströmischen Reiches, seine geographische Reduktion auf jene Gebiete, in denen einst die hellenische Kultur geblüht hatte, der Aktualisierung einer uralten Konstellation gleich? Hieß es jetzt nicht wieder: Hie Griechenland und hie Persien, hie Europa und dort der asiatische Feind, der seine Existenz eh und je bedroht hatte? Die Weltenuhr schien ein neues Marathon oder Salamis einläuten zu wollen, und Herakleios, wie auch seine Soldaten, mögen sich an dieser Vorstellung berauscht haben. Niemals zuvor war jedenfalls ein byzantinisches Heer mit ähnlich großer Begeisterung zum Kampf aufgebrochen, wie das des Armeniers jetzt, im Jahr 622, zum Krieg gegen die Perser.

Herakleios hatte den Feldzug umsichtig vorbereitet. Die Awaren im Westen waren durch ungeheuere Zahlungen zum Frieden bewogen, die Armee, deren Kern seine nordafrikanischen Gefolgsleute bildeten, sorgfältig ausgebildet worden. Sie umfaßte nahezu alle Einrichtungen, die wir von modernen Heeren kennen. Es gab sowohl Zahlmeisterämter als auch Pioniertruppen und Sanitätseinheiten. Das Nachrichtenwesen war perfekt durchorganisiert, und allein mit dem Nachschubwesen befaßten sich ganze Offiziersstäbe.

Die strategische Konzeption, die der Kaiser seiner Offensive zugrunde legte, war ebenso kühn wie riskant. Er ließ Konstantinopel im Schutz seiner nahezu zweihundert Türme, seines Doppelwalles und der Seebefestigungen zurück und marschierte mit der ganzen Armee nach Osten, um dort, von verschiedenen Operationsbasen aus, die Perser anzugreifen, die während der Regierungszeit des Phokas aus Jerusalem das Kreuz Jesu geraubt hatten, die teuerste Reliquie der Christenheit.

Doch sein Plan bewährte sich nur halb. Immer wieder mußte er aus dem persischen Gebiet in die eigene Hoheitszone zurückweichen, um sein ermüdetes, dezimiertes Heer zu regenerieren. Und als er 626 im Kaukasus am Hof des *Chasarenkhans* weilte, der zwischen Wolga und Don ein mächtiges Reich beherrschte, unternahmen die Perser genau den Zug, zu dem er sie durch sein Vorgehen eingeladen hatte: Sie marschierten von Syrien aus quer durch Anatolien auf Konstantinopel. Dort erwarteten sie starke awarische Kräfte, die, allen Friedensverträgen zum Trotz, gemeinsam mit ihnen die kaiserliche Hauptstadt nehmen wollten.

Das Goldene Horn war rot von Blut

Wieder einmal brandeten also die Fluten eines feindlichen Heeres gegen die Mauern der »von Gott geschützten Stadt«, wieder einmal hämmerten Widderköpfe an die Tore des thrakischen Walles, sausten Steinkugeln und brennende Pechfakkeln durch die Luft. Die Perser zwar, die über keine Schiffe verfügten, hielten sich mehr oder weniger tatenlos am asiatischen Ufer auf und begnügten sich damit, ihren Verbündeten anfeuernde Botschaften über das Wasser zu senden. Die

Awaren aber, berauscht vom Trommeln der Schamanen, warfen sich mit Berserkerwut in immer neuen Angriffswellen gegen die riesigen Mauern, während die mit ihnen verbündeten Slawen auf langen Einbäumen in das Goldene Horn einzudringen versuchten.

Über einen Monat lang dauerte das Morden an. Bei einer Begegnung zwischen der kaiserlichen Kriegsflotte und den Einbaumgeschwadern der Angreifer soll sich das Wasser des Goldenen Hornes vom Blut rot gefärbt haben, und bei einem Sturm auf die thrakische Landmauer türmten sich die Leichen zu solch hohen Bergen, daß sie den Awaren die Sturmleitern ersetzten. Fortschritte erzielten die Angreifer dennoch nicht. Von den Mauerkronen tönten ihnen die Choräle der Verteidiger entgegen, und jede Bresche, die sie mühsam geschlagen hatten, wurde binnen weniger Stunden wieder aufgefüllt.

Am 6. August 626 war der ganze Spuk ebenso plötzlich vorüber, wie er begonnen hatte. Der Awarenkhan verschwand mit seinem stark dezimierten Heer nach Westen. Die Perser, die in den Kampf überhaupt nicht eingegriffen hatten, wandten ihre Pferde und ritten nach Osten zurück.

Die Bosporusmetropole hatte eine weitere der vielen Proben bestanden, die ihr vom Schicksal auferlegt worden waren. Mehr noch: Die siegreich überstandene Belagerung markierte den Wendepunkt in der Geschichte dieses Krieges. Herakleios hatte den Chasarenkhan inzwischen auf seine Seite herüberziehen können und war gemeinsam mit ihm in Persien eingefallen. Ein Jahr später schlug er die große Entscheidungsschlacht bei Ninive, in der das persische Heer vernichtet wurde. Chosrau II. wurde durch eine Palastrevolution vom Thron gefegt. Sein Nachfolger bemühte sich sofort um Frieden und gab alle Gebiete zurück, die Persien Ostrom jemals abgenommen hatte: Armenien, Römisch-Mesopotamien, Syrien, Palästina und Ägypten.

Byzanz und die Christenheit jubelten. Den Menschen des Westens freilich war ein anderer Gewinn wichtiger als alle politischen Erfolge. Laut Friedensvertrag hatten die Perser das Kreuz Christi wieder herausgeben müssen. Herakleios selbst brachte es am 14. Dezember 628 in die Grabkirche nach Jerusalem zurück. Es war für die, die dabei sein konnten, ein erschütterndes Erlebnis. Die katholische wie die griechisch-orthodoxe Kirche feiern es noch heute im Fest der Kreuzerhöhung.

An der Spitze einer langen Prozession zog der siegreiche Feldherr, nicht als Kaiser, sondern als Pilger gekleidet, durch die Straßen der Heiligen Stadt. Tausende von Gläubigen säumten seinen Weg. Gebete, Schluchzen und Dankgesänge füllten die Luft. Spätere Historiker bezeichneten Herakleios dieses Aktes wegen als den »ersten Kreuzfahrer«.

Konstantinopel leuchtet wieder

Ob Herakleios sich selbst in diesem verklärenden Licht gesehen hat, ist jedoch mehr als zweifelhaft. Gewiß, er hatte in seinem Kampf gegen die zoroastrischen Perser das Christentum vertreten. Ausgezogen aber war er nicht als gläubiger Abenteurer, sondern in erster Linie als König eines Volkes, das um seine nackte Existenz rang, als Grieche gegen den uralten Erbfeind.

Im Stil eines römischen Imperators kehrte er Jahre später wieder in seine Hauptstadt zurück. Elefanten sollen den Wagen gezogen haben, auf dem er stand, seine Soldaten präsentierten die erbeuteten persischen Feldzeichen, das Marmarameer war weiß von Segeln. Brausend stieg das Triumphgeschrei der noch einmal zur Größe erretteten Byzantiner gen Himmel, und die Welt vernahm es mit Staunen. Rom war noch nicht tot. Der Gott der Christen schien ein Wunder bewirkt zu haben.

Wie ein Wunder mutet die Geschichte des Herakleios auch tatsächlich an. Als er 610 zum erstenmal in die Bosporusstadt gekommen war, hatte es ausgesehen, als liege diese Königin der Welt im Sterben. Nun, 18 Jahre später, war sie nicht nur gerettet, sondern mit allen Regalien auf ihren Thron zurückgekehrt.

»Im ganzen«, schrieb Henri Pirenne, »ist das Reich trotz seiner Einbußen die einzige Weltmacht geblieben, so wie Konstantinopel die größte Kulturstadt ist. Seine Politik zieht alle Völker in ihren Bereich. Sie beherrscht völlig die der germanischen Staaten. Bis zum 8. Jahrhundert gibt es kein positives Element in der Geschichte als den Einfluß des Reiches.«

Konstantinopel leuchtete wieder. Aber an den Wänden seiner Paläste erschien bereits ein neues Menetekel.

Die folgenreichste Emigration der Geschichte

622, im selben Jahr, in dem Herakleios zu seinem Perserzug aufgebrochen war, hatte sich in Mekka der zweiundfünfzigjährige Kaufmann Abu 'l-Kasim Muhammed ibn 'Abd Allah von einigen Freunden in die Stadt Jathrib einladen lassen, um dort die neue Lehre zu predigen, deretwegen er in seiner Heimatstadt angefeindet wurde.

Es war die folgenreichste Emigration der Weltgeschichte. Sie markiert die Geburt des *Islams.* Muhammeds Nachfolger ließen später mit dem Jahr der *Hidschra,* der Auswanderung, ihre Zeitrechnung beginnen. Der Stadt Jathrib gaben sie den Ehrennamen *Medina* 't Rasul Allah, Stadt des Gesandten Gottes.

Der von Gesichten besessene Sektenprediger avancierte in seinem Zufluchtsort rasch zum Stadtoberhaupt und Staatschef. Er bekehrte die Stämme der Umgebung zu seiner Lehre, einigte sie und zog an ihrer Spitze aus, alle diejenigen zu bekämpfen, die nicht willens waren, den Einen Gott anzuerkennen, den er verkündete. 630 eroberte er Mekka, die heilige Stadt der heidnischen Araber. Zwei Jahre später erlag sein von den Strapazen der Feldzüge geschwächter Körper einem Malariaanfall. Die Lehre aber, die er begründet hatte, breitete sich mit der Geschwindigkeit eines Sandsturms bis zum Mittelmeer hin aus. Niemand im Westen hatte mit diesem Orkan gerechnet.

Muhammeds Nachfolger *Abu Bekr* (632–634) stieß nach Syrien und Persien vor. Der *Kalif Omar* (634–644) zwang die Araber in das System eines straff organisierten, theokratischen Staates, vollendete die Eroberung Syriens, entriß den Byzantinern in einem Angriff, dessen Blitzartigkeit sie völlig überraschte, das eben erst zurückgewonnene Palästina und räumte dann mit den Resten des zerbröckelnden persischen Reiches auf. Sein General *Amir bin al-As* eroberte Ägypten.

Gestillt war der Eroberungshunger der Muhammedaner damit noch lange nicht.

Jedem dieser entschlossenen Krieger leuchtete eine Vision vor Augen, die der Prophet selbst noch beschworen haben soll. »Wahrlich«, so lautete einer seiner letzten Aussprüche, »Konstantinopel wird erobert werden. Vortrefflich der Heerführer, vortrefflich die Armee, die diese Stadt den Verteidigern entreißt.« *Dar-i se'adet,* Haus der Glückseligkeit, hieß die Bosporusmetropole bei den Arabern, und sie bereiteten sich darauf vor, es zu nehmen.

Kaiser Herakleios beobachtete den Wüstensturm nahezu tatenlos, mit wachsender Resignation. Den alten asiatischen Feind der Griechen hatte er zerschmettert. Nun war ihnen ganz unerwartet ein neuer, furchtbarerer erstanden und fegte hinweg, was er mühsam gewonnen hatte. Er besaß nicht mehr die Kraft, sich gegen dieses Geschick aufzulehnen. Als er 641 starb, war es um die Weltmachtstellung des Reiches schon wieder geschehen.

Der Islam, eine christliche Irrlehre?

Das Aufkeimen des Islam ist von Konstantinopel aus natürlich beobachtet und registriert worden. In der Weltstadt liefen so viele Nachrichtenstränge zusammen, daß man früh genug auch von den Lehren und Taten des Kaufmanns aus Mekka erfuhr. Aber alle diese Informationen wurden falsch ausgewertet. Man nahm sie unter die theologische Lupe.

Was Muhammed lehrte, klang den Byzantinern durchaus vertraut. Die Einheit Gottes hatten schon die Neuplatoniker, deren christliche Schüler, die Arianer, und im Prinzip auch die Monophysiten verfochten. Tatsächlich hielt der berühmteste Gelehrte seiner Zeit, der Theologe *Johannes von Damaskus* (675–750), der in Jerusalem lebte, den Islam für eine Abart des Arianismus. Muhammed erkannte Jesus ja als einen der großen Menschheitspropheten an, leugnete aber mit Emphase seine Göttlichkeit. »Der Schöpfer des Himmels und der Erde, woher soll er ein Kind haben, da er doch keine Gefährtin hat?« heißt es in der sechsten Sure des Koran. Und in der hundertzwölften: »Er ist der eine, der ewige Gott, er zeugt nicht und wird nicht gezeugt, und keiner ist ihm gleich.« Das klang wie ein gezielter Widerspruch gegen das Glaubensbekenntnis von Nikaia, in dem der Arianismus abgetan und Christus ausdrücklich als der vom Vater gezeugte Gottessohn anerkannt wird. Johannes zog daraus den Schluß: der Islam – eine alte Häresie in neuem Gewand.

Daß Muhammed in Wirklichkeit seine Lehre als völlig neue Religion begriff und Christus nur als seinen Vorgänger anerkannte, ist den christlichen Theologen erst sehr spät klargeworden. Indes hatte sie ihr Spürsinn keineswegs getrogen. Heute sind sich die Gelehrten ziemlich darüber einig, daß Arianer und Monophysiten als Vorläufer Muhammeds betrachtet werden können.

Der Prophet aus Mekka brachte den uralten Glauben des Ostens, um den jahrhundertelang gerungen worden war, auf eine klarere und einfachere Formel als irgendeiner seiner Vorgänger. Und die Christen in den Ostprovinzen des Reiches, die sich nie mit der Dreieinigkeit hatten befreunden können, akzeptierten das »Allah il Allah« und begrüßten die arabischen Eroberer als Befreier vom westlichen Joch.

Die alte Auseinandersetzung trat, unter bekannten Vorzeichen, in ein neues Stadium ein. Hier die göttliche Vielfältigkeit, dort das absolute Eine, der weite leere Himmel, der sich der Vorstellung ebenso entzog wie der Darstellung. Unter dem grünen Banner des Propheten formierte sich der Orient. Und der Arabersturm tobte weiter.

Der erste Flammenwerfer der Welt

Nach der Besetzung Alexandriens wagten die Wüstensöhne sich auch auf das Meer hinaus. Sie schlugen vor der anatolischen Küste eine byzantinische Flotte und waren schließlich stark genug, ihren ersten Angriff auf Konstantinopel selbst vorbereiten zu können. Der Kalif *Muawija* (661–680) eroberte Zypern, Rhodos, Kos. Er besetzte auch Smyrna (Izmir) und hatte sich damit eine Basis für den Sturm auf die Kaiserstadt geschaffen.

Jahr für Jahr erschienen nun arabische Flotten im Marmarameer und schlossen Konstantinopel während der Sommermonate von jeglicher Zufuhr ab. Die Byzantiner, die damals von dem sechzehnjährigen *Konstantin IV.* (668–685) regiert wurden, wehrten sich mit Zähigkeit und Geschick, vor allem aber mit einer neuen Geheimwaffe, der die Muhammedaner nichts Gleichwertiges entgegenzusetzen hatten, dem *Griechischen Feuer*.

Diese ersten Flammenwerfer der Geschichte bestanden im wesentlichen aus einem Rohr, das am Bug der Kriegsschiffe festgemacht war. Beim Angriff wurde daraus dem Gegner ein brennendes Gemisch aus Schwefel, Werg, Kienspan und gebranntem Kalk entgegengeschleudert, das die feindlichen Fahrzeuge in Brand setzte und – des Öles wegen – auch auf dem Wasser nicht erlosch. Für die Araber war es ein unbegreifliches Phänomen und der Inbegriff des Schreckens. Sie flohen sofort, wenn ein byzantinisches Schiff mit der als Löwenkopf kaschierten Flammenwerfermündung am Horizont auftauchte und waren durch keinen Appell zum Kampf zu bewegen. Der Erfinder des Griechischen Feuers, ein Architekt namens *Kallinikos,* gilt deshalb mit Recht als der eigentliche Retter seiner Vaterstadt vor dem Zugriff der Muhammedaner.

Aber auch zu Land erlitten die Muslimin eine Reihe von ernsten Schlappen. In einer Schlacht am Westende des Goldenen Horns wurden ihre Scharen völlig zerstreut und Tausende von ihnen erschlagen. Zu den Toten, die auf dem Schlachtfeld zurückblieben, soll der Legende nach *Eyyub-i Ensarî* gehört haben, der letzte noch lebende Gefährte des Propheten.

Den Traum von der Eroberung Konstantinopels haben die Araber dennoch nicht aufgegeben. Sie nahmen sich nach dieser Niederlage vierzig Jahre Zeit und kehrten dann noch einmal an den Bosporus zurück.

»Am 1. September (717) steuerte der Christenfeind Suleiman mit seinen Emiren der Stadt zu«, berichtet der heilige *Theophanes* in seiner *Weltchronik.* »Er hatte sehr große Schiffe, Proviant- und Kampfschiffe und ging an der Südmauer vor Anker... Der gottesfürchtige Kaiser ließ sogleich seine Feuerschiffe von der Akropolis her gegen sie ausfahren und steckte sie mit Gottes Hilfe in Brand... Am 8. Oktober starb Suleiman, der Kalif der Araber, und Omar wurde Nachfolger. Da in Thrakien ein sehr kalter Winter war, so daß etwa hundert Tage lang Schnee lag, büßten die Feinde eine Menge Kamele, Pferde und andere Tiere ein... Inzwischen war *(der General)* Mardasan mit dem arabischen Landheer bis Nikaia und Nikomedeia vorgestoßen, aber die kaiserlichen Befehlshaber fielen mit ihren Fußtruppen plötzlich über sie her, zersprengten sie und schlugen sie in die Flucht... Bei den Arabern entstand jetzt eine große Hungersnot, so daß sie alle Tiere, die verendet waren, Pferde, Esel und Kamele aufaßen, daß sie auch Leichen, ja sogar ihre eigenen Exkremente in den Backofen warfen, einpökelten und verzehrten. Es befiel sie daher eine pestartige Krankheit, und unzählige gingen zugrunde. Auch die Bulgaren begannen Krieg gegen sie *(Kaiser Leon III. hatte sie dazu bewogen)*, und es sollen 22 000 Araber getötet worden sein. Noch viel Gräßliches traf sie in jener Zeit, so daß die Erfahrung sie hätte lehren müssen, daß Gott und die allerheiligste Jungfrau und Gottesmutter das Kaisertum der Christen beschützen.«

Die Araber zogen ab und kamen nicht mehr wieder. Den Iran besaßen sie damals schon, der ganze nordafrikanische Küstenraum gehörte ihnen, nach Spanien und nach Indien waren sie vorgedrungen. Die Eroberung Konstantinopels blieb ihnen versagt.

Sieg des dreifach gespaltenen Gottes

Für das Byzantinische Reich bedeuteten die beiden siegreich überstandenen Belagerungen einen gewaltigen Prestigegewinn nach innen und nach außen. Ostrom bestand jetzt zwar nur noch aus Kleinasien, der Balkanhalbinsel und den italienischen Exarchaten, aber sein Ruf als Großmacht war erneut restauriert.

Den Verlust der Ostprovinzen andererseits mögen viele Bürger des Reiches deshalb um so leichter verschmerzt haben, weil sie hoffen konnten, mit ihnen auch die ewigen Quellen der geistigen Unruhen losgeworden zu sein. Die ständig revoltierenden syrischen und ägyptischen Patriarchen hatten ja bis zuletzt die ideologische Einheit des Reiches gefährdet und seine Beziehungen zu Rom unterminiert.

Nicht einmal Herakleios, dem »heiligen Kaiser«, dem Retter des wahren Kreuzes Christi, war es gelungen, die immer noch schwelenden Auseinandersetzungen über den vom Osten forcierten Monophysitismus beizulegen. Er hatte, wie auch sein Nachfolger *Constantius II.* (641–668) vor der Unvereinbarkeit zweier Prinzipien und der Starrköpfigkeit der Theologen kapitulieren müssen, ohne dafür auch nur den geringsten politischen Gewinn zu erhandeln. Das Sechste *Ökumenische Konzil,* das 680/81 in Konstantinopel stattfand, hatte ein »erschwertes Chalkedon« dekretiert und bestimmt, daß Christus hinfort in zwei Dyaden (Begriffspaaren) verehrt werden müsse (später wurden es sogar drei: zwei Naturen, zwei Energien, zwei Willen, der eine davon jeweils göttlich, der andere menschlich), aber das war ein Sieg Roms, nicht Konstantinopels gewesen. Die überzeugten Monophysiten hatten den Beschluß der versammelten Geistlichen nur widerwillig akzeptiert.

Kein Wunder also, daß einige kluge Köpfe nun hofften, der Verlust ihrer wichtigsten Stützpunkte Antiocheia und Alexandreia würde die Verteidiger des Monophysitismus allmählich schwächen und verhandlungsbereit machen, die drohende Macht des Islams ihre Augen öffnen und sie erkennen lassen, wie notwendig es sei, mit dem Westen auf gutem Fuß zu stehen. Indes überschätzten sie dabei das Gewicht, das politischen Argumenten in theologischen Auseinandersetzungen zukommt. Der Osten blieb auch im reduzierten Byzantinischen Reich noch präsent. Ostrom war nach wie vor eine Welt zwischen den Welten. Seine orientalischen Provinzen hatte es verloren, der geistige Einfluß Asiens aber blieb ihm als unverlierbares Erbe. In einem letzten Kirchenkampf sollte das noch einmal deutlich zutage treten.

Ist Gott darstellbar?

Zur Vorgeschichte dieses Konfliktes gehört eine Revolution gegen Kaiser *Justinian II.* (685–695 und 705–711), einen der letzten aus der herakleischen Dynastie. Dieser blutrünstige Tyrann hatte noch einmal versucht, die alten caesaropapistischen Ansprüche durchzusetzen und dem Papst, ein Jahrzehnt nach dem Sechsten Konzil, seinen Willen aufzuzwingen. Aber als er das Haupt der Christenwelt verhaften lassen wollte, verweigerten ihm seine Milizen den Dienst. Kurze Zeit später fegte ihn eine Revolution vom Thron. Zwar gelang es ihm, nach zehn Jahren in der Verbannung noch einmal zurückzukehren und die Macht an sich zu reißen, doch wurde auch diese zweite Regierungsperiode gewaltsam abgekürzt, diesmal durch den Dolch eines Mörders.

Die Wirren, die sich daraus ergaben, schildert der heilige Theophanes mit den folgenden dürren Worten: »Als Justinian beseitigt und Philippikos *(sein Nachfolger)* geblendet worden war, wurde Artemios *(als Anastasios II.)* Kaiser. Dieser beförderte Leon zum Strategen *(Befehlshaber)* des Themas Anatolikon. Dann wurde Theodosius *(III.)* Kaiser, und Artemios wurde (715) vertrieben.« Leon, so könnte man fortfahren, ein Syrer, beseitigte im Jahr 717 den Theodosius und ließ sich selbst zum Kaiser krönen. Als der dritte seines Namens ergriff er die Macht, behielt sie vierundzwanzig Jahre lang und ging als Begründer der Syrischen oder *Isaurischen Dynastie* in die Geschichte ein.

Die Kirchengeschichte kennt ihn vor allem als den Entfeßler des sogenannten *Bilderstreites,* der letzten Auseinandersetzung zwischen östlichem und westlichem Denken innerhalb der Christenheit.

Der Osten, das waren in diesem Fall vor allem die Grenzbewohner des Reiches, die sich der ersten islamischen Angriffe zwar mit Mut und Energie erwehrt hatten, dem islamischen Gedankengut aber durchaus aufgeschlossen waren. Gleich den Arabern verabscheuten sie die Verehrung der Heiligenbilder, der *Ikonen,* denen, auf der anderen Seite, die griechisch-bürtigen Reichsbürger ebenso anhingen, wie ihre hellenischen Vorfahren einst den Statuen des Praxiteles.

Leon dem Syrer aber konnten die bilderfeindlichen Neigungen seiner Anatolier schon deshalb nicht unangenehm sein, weil er selbst von Natur und Wesensart dem Osten zugeneigt war und überdies zu den ersten byzantinischen Kaisern gehörte, die mit dem Islam zu einem geistigen, kulturellen und politischen Vergleich kommen wollten. Er unterstützte deshalb den ikonoklastischen (bilderfeindlichen) Propogandafeldzug der kleinasiatischen Bischöfe und versuchte, seinen Patriarchen, wie auch den Papst, für ein Verbot der Ikonenverehrung zu gewinnen. Beide setzten ihm härtesten Widerstand entgegen. Aber erst als sie ihre Bedenken in die Öffentlichkeit trugen, brach der Streit mit voller Gewalt aus.

Die Griechen wehrten sich gegen das Ansinnen, auf jede Darstellung Christi und der Heiligen zu verzichten, ebenso entschieden, wie die Zeitgenossen des Pythagoras die Verehrung der abstrakten zoroastrischen Gottheiten abgelehnt hatten. Der uralte Konflikt brach wieder einmal auf und spaltete das Reich in zwei feindliche Lager.

Leon, der lange gezögert hatte, in dieser Situation eine offizielle Entscheidung zu treffen, schlug sich in plötzlichem Entschluß ganz auf die Seite der Ikonoklasten. Er veröffentlichte ein Edikt, das die Vernichtung sämtlicher Heiligenbilder befahl, und ließ ihre Verehrer strafrechtlich verfolgen. Damit wurde der Sturm nun vollends entfesselt. Auf der von feindlichen Kräften umlagerten Bühne Ostroms entwickelte sich ein Drama, welches nicht nur alle Elemente eines Religionskrieges enthielt, sondern auch die einer sozialen Revolution.

Das Gebot Mosis: »Du sollst dir kein Bildnis machen!«, formuliert in der schattenlosen Weite des Sinai, kollidierte mit uraltem Brauchtum aus heidnischer Zeit. Die Bilderverehrung hatte in Byzanz ja längst extreme Züge angenommen. Urbild aller Ikonen war der Legende nach ein Porträt Mariae, das der Evangelist Lukas gemalt hatte, Urbild aller Christusikonen ein von himmlischer Hand gefertigtes Gemälde des Erlösers. Heiligenbilder wurden als Taufpaten nominiert, Farbe von ihnen abgekratzt und dem Abendmahlswein beigemischt. Die ganze Macht der byzantinischen Mönche, die beträchtlich war, beruhte auf dem Besitz wundertätiger Ikonen. Gleichzeitig waren die Bilder aber auch der wichtigste Trost der Armen und ihre einzige Möglichkeit, das Wesen des Göttlichen zu begreifen, wohingegen die Gebildeten über derlei Götzenglauben erhaben blieben. Besitz stand also in dieser Auseinandersetzung ebenso gegen Besitzlosigkeit wie Ost gegen West und Kaisertreue gegen Kaiserfeindlichkeit.

Leon und seine Nachfolger setzten alle staatlichen Machtmittel ein, um ihren Willen durchzusetzen. *Konstantin V.* (741–775) rief im Sommerpalast Justinians eine Synode zusammen, die die Bilderfeindlichkeit rechtfertigen sollte. Seine Parteigänger und Polizisten stürmten Klöster und Kirchen, raubten Heiligenbilder und vernichteten sie. In Ephesos wurden alle Mönche und Nonnen des Themas Thrakesion auf einem Sportplatz zusammengetrieben und gezwungen, sich miteinander zu paaren. Anderswo sengte man Mönchen, die im Verdacht standen, Reliquien verborgen zu halten, die Bärte ab oder skalpierte sie. Bilderverehrer wurden niedergemacht, geblendet, verstümmelt und verbrannt. Die Folge war eine Massenflucht nach Italien und auf die Krim. »Es ist nicht ausgeschlossen«, schreibt Igor Smidlitsch, »daß das aus Byzanz ausgewanderte Mönchstum die leidenschaftliche Verehrung der Ikonen nach Südrußland mitgebracht hat.«

Gott ist darstellbar

Über achtzig Jahre lang tobte der Streit zwischen *Ikonoklasten* und *Ikonodulen* (Bilderfreunden), floß das Blut der Gerechten und Ungerechten, befriedigte auf beiden Seiten der Pöbel seine niedrigsten Instinkte. Dann kam nach vier bilderfeindlichen Kaisern die bilderfreundliche Kaiserin *Eirene* (780–802) als Regentin für ihren Sohn an die Macht. Sie, eine Athenerin, versuchte den Streit zunächst auf einer Synode beilegen zu lassen, die in der Apostelkirche zu Konstantinopel stattfand. Auch ein päpstlicher Legat war anwesend.

»Aber die Soldaten der Palastgarde, die von ihren eigenen Kommandeuren dazu angestiftet wurden, zogen, getreu den Lehren ihres verruchten Lehrers *(des Kaisers Konstantin V.)*, die Schwerter und fielen über die Versammelten her, wobei sie den Patriarchen und die rechtgläubigen Bischöfe und Äbte mit dem Tod bedrohten… Die Bischöfe aber, die der wahren Lehre feind waren, gingen zu den Aufrührern hinaus und riefen: ›Wir haben gesiegt!‹ Die Gnade Gottes verhütete, daß jene tobenden Menschen irgend jemandem ein Leid zufügten. So wurde die Synode aufgelöst, und jeder begab sich wieder in seinen Amtsbereich« (Theophanes).

Eirene berief daraufhin die nächste Versammlung nach Nikaia ein, einen Ort außerhalb des Machtbereiches der bilderfeindlichen Palastwache. Im Jahre 787 wurde dort von 350 Bischöfen das Siebente Heilige Ökumenische Konzil abgehalten. Geistliche aus Ost und West kassierten das Edikt Leos III. Anschließend wurden »unter dem Vorsitz der Kaiser *(Eirene und Konstantin VI.)* im Magnaurapalast die Konzilsbeschlüsse verlesen und vom Kaiser und seiner Mutter unterzeichnet«. Das Siebente Ökumenische oder, wie es auch genannt wird, das *Zweite Nicäanische Konzil* war das letzte, das beide Kirchen anerkannten. Den Bilderstreit jedoch hat es nur kirchenoffiziell beendet. In Wirklichkeit tobte er noch jahrelang weiter.

Die Gesamtsynode der westlichen Kirchenprovinzen, die 794 von Karl dem Großen in Frankfurt am Main zusammengerufen wurde, verwarf, aus Protest dagegen, daß man keine fränkischen Kleriker nach Nikaia eingeladen hatte, die Beschlüsse und empfahl einen mittleren Weg zwischen Verbot und Verehrung. In Konstantinopel aber versammelten sich die Bilderfeinde noch einmal unter Kaiser *Leon V.* (813–820), dem Armenier, und diktierten erneut das Geschehen. Erst in der Mitte des 9. Jahrhunderts waren die Leidenschaften auf beiden Seiten so weit abgeklungen, daß die Vernunft sich durchsetzen konnte. Ein Kompromiß wurde sichtbar, und Kaiserin *Theodora* die Heilige teilte den Bilderfreunden mit, die Verfolgung habe nun ein Ende.

Mit einem Gottesdienst in der Hagia Sophia feierten die Ikonodulen am 11. März 843 ihre Erlösung, feierten das erste *Fest der Orthodoxie,* das von den Christen der ganzen Ostkirche als so wichtig empfunden wird, daß sie es heute noch alljährlich begehen. In poetischer Prägnanz umreißt die Liturgie dieses Feiertages immer wieder den Inhalt des (gemäßigten) Bilderglaubens: »Deines Fleisches Abbild aufrichtend, o Herr, begrüßen wir es in Ehrfurcht... In den heiligen Gestalten der Bilder Christi und der Mutter Gottes schauen wir im Umriß die himmlischen Zelte und jauchzen in heiliger Freude.«

Das Fest der Orthodoxie ist ein Fest der Versöhnung. Die Auswüchse der Bilderverehrung, ihre kraß heidnischen Züge, waren vom Feuer des Glaubenskampfes verzehrt worden. Ihr kultureller Kern aber, das griechische Erbe, hatte sich erhalten. Es war ein Kompromiß, wie er nur in der Welt zwischen den Welten, in Byzanz, erzielt werden konnte. Das Abendland ging andere Wege.

In den von *Alkuin,* einem der Hoftheologen Karls des Großen, verfaßte *Libri Carolini* heißt es: »Wir haben nichts dagegen, daß die Bilder als Ornament in den Kirchen und zum Gedächtnis an Begebenheiten dienen, aber wir verlangen, daß ihre...abergläubische Verehrung ausgerottet wird.« Dieses Edikt kam einer Säkularisation der bildenden Künste gleich. Sie wurden in Westeuropa auf jene Bahn gewiesen, deren Höhepunkte die großen Epochen der abendländischen Malerei sind und deren Ende mit der Auflösung und Zerstörung der bildhaften Formen durch die Künstler der Moderne angezeigt wird.

Im griechischen Osten dagegen blieb dem Bild auch weiterhin eine gewisse magische Kraft und der Künstler ein Diener des Kultus, der das legendäre Ur-Bild zu kopieren hatte. Er mußte im mittelalterlichen Rußland sogar seine Frömmigkeit unter Beweis stellen, ehe man es ihm gestattete, eine heilige Ikone zu verfertigen.

Insgesamt aber war der Bilderstreit für Byzanz ein politischer Rückschlag. Es war weder den islamischen Herren seiner ehemaligen Ostprovinzen geistig nähergekommen, noch hatte es durch die Annahme des Konzilsbeschlusses sein Verhältnis zum Westen sonderlich verbessern können. Die Isolierung, in die es hineingeraten war, nahm zu. Aber in ihr erwuchsen ihm auch neue Kräfte.

Kapitel 9

AM GRAB DES IMPERIUMS

Das Fundament, das Herakleios dem Reich gegeben hatte, erwies sich als stabiler als alle Systeme, mit denen im oströmischen Raum jemals experimentiert worden war. Die bedeutenderen unter seinen Nachfolgern haben das auch klar erkannt und alles getan, das Werk des »ersten Kreuzfahrers« zu erhalten oder zu komplettieren. Selbst der despotische Justinian II. verwendete viel Mühe und Zeit auf den Ausbau der Themenordnung. Er schloß die Bauern der Militärbezirke zu Dorfgemeinschaften zusammen und machte jeden einzelnen von ihnen für das Steueraufkommen der ganzen Gemeinde haftbar. Damit zwang er sie, sich gegenseitig zu unterstützen und die Sorgen der Nachbarn zu ihren eigenen zu machen. Keiner von ihnen konnte es mehr zulassen, daß Höfe zerfielen und Äcker verödeten, denn die Verluste, die der Gemeinschaft daraus entstanden wären, hätte er in jedem Fall mitzutragen gehabt, mochten ihm die versteppten Felder nun gehören oder nicht.

Auch die menschenleer gewordenen Reichsteile wurden unter Justinian II. planmäßig kolonisiert. In Bithynien etwa siedelte er Teile der slawischen Stämme an, die nach langwierigen Kämpfen im Balkan unterworfen worden waren. Zyprioten holte er nach Kyzikos, andere unter seinem Zepter lebenden Völker verschob er von einer Provinz des Reiches in eine andere, ohne sie lange zu fragen, ob sie damit auch einverstanden seien.

Daß diese Zwangsbesiedlung nicht immer positive Resultate zeitigen konnte, läßt sich leicht ermessen. Viele der slawischen Kolonisten zogen es vor, der kaiserlichen Fron zu entfliehen und liefen zu den Arabern über. Andere rebellierten so lange, bis man sie wieder in ihre angestammte Heimat zurückschickte. Insgesamt aber trugen die justinianischen Maßnahmen durchaus zur Stärkung und Festigung des Reiches bei. Der byzantinische Staat konnte nicht nur seine inneren Wirren schadlos überstehen, er erwehrte sich auch mit zunehmendem Erfolg der von außen heranstürmenden Feinde. Im achten und neunten Jahrhundert waren das, neben den Arabern, vor allem die *Bulgaren.*

Das Mittelmeer, ein Mare Arabicum

Dieses türkische Volk hatte sich von den mit Herakleios verbündeten Chasaren aus seinen eben erst eroberten Stammesgebieten nördlich des Kaukasus verdrängen lassen und war nach Westen abgewandert. Seit der Mitte des siebenten Jahrhunderts hauste es an der unteren Donau, für Byzanz eine ständig wachsende, schwer zu bekämpfende Gefahr. Die zerstreut kämpfenden bulgarischen Horden wichen – wie schon die Hunnen – jedem formierten Angriff aus, sammelten sich dann in überraschender Schnelligkeit und stießen aus einer neuen Richtung wieder heran. Im Jahr 813 drangen sie sogar bis unter die Mauern Konstantinopels vor, verwüsteten die Umgebung der Kaiserstadt und bestürmten in vergeblichen Angriffen ihre mächtigen Mauern.

Erst im 9. Jahrhundert gelang es, sie für längere Zeit zu befrieden. *Khan Boris* (852–889), das Oberhaupt der Bulgaren, ließ sich vom Patriarchen in Konstantinopel taufen, akzeptierte die Verleihung des Titels Caesar (bulgarisch: *Zar),* den schon einer seiner Vorgänger angenommen gehabt hatte, und öffnete sein Land den byzantinischen Missionaren.

Um diese Zeit waren die Bulgaren durch Vermischung mit den von ihnen unterworfenen Völkern schon halb slawisiert und bewohnten das Gebiet, das noch heute ihren Stammesnamen trägt. Ein gefährlicher Feind freilich blieben sie auch als Glaubensgenossen.

Parallel zu diesen Auseinandersetzungen liefen – für die Byzantiner durchaus erfolgreich – auch weiterhin die Kämpfe mit den Arabern. Nach einer letzten schweren Niederlage, die oströmische Truppen den Muslimin im Jahr 726 beigebracht hatten, verloren diese viel von ihrem Elan und bequemten sich, auf dem Lande, zu einer nahezu friedlichen Koexistenz mit dem christlichen Kaiserreich. Zur See jedoch tobte der Krieg mit unverminderter Heftigkeit fort. 846 trug ein arabisches Landungskorps die grüne Fahne des Propheten bis unter die Mauern Roms.

877 landete ein anderes ihrer Heere in Mittelitalien und verwüstete die Campagna. 878 eroberten sie Syrakus. Das Mittelmeer wurde ein reines Mare Arabicum, auf dem sich die byzantinische Flotte nur deshalb noch behaupten konnte, weil die Muhammedaner ihren mächtigen Kriegsschiffen und vor allem den fürchterlichen Flammenwerfern des Kallinikos hoffnungslos unterlegen waren.

Seine westlichen Stützpunkte Neapel, Venedig, Gaeta und Amalfi konnte Konstantinopel denn auch halten. Bari, das vorübergehend in die Hände des Feindes gefallen war, eroberten oströmische Seetruppen zurück, die Gewässer um Griechenland blieben ihr unbestrittenes Revier. Den Verzicht des Herakleios auf die Herrschaft im westlichen Mittelmeer aber mußten die byzantinischen Kaiser als endgültig hinnehmen. Das alte Imperium Romanum war tot.

Byzanz, ein zeitgemäßeres Rom

Ob Herakleios sich darüber im klaren gewesen war, daß er die Totenmesse für das Reich der Caesaren eingeläutet hatte, wissen wir nicht; wir müssen es bezweifeln. Er hatte zwar dem byzantinischen Staat bewußt die Rolle des alten Hellas zugewiesen, als er sich entschloß, auf den Spuren Alexanders nach Osten zu marschieren und die Lösung der Probleme im Westen vorerst hinauszuschieben, aber er hatte, wie seine Nachfolger, den Titel Basileios nie mit König der Hellenen, sondern immer mit Romanorum Imperator übersetzt. Auch seine Untertanen nannten sich nicht etwa Byzantiner oder Griechen, sondern nach wie vor *Romaioi* (im älteren deutschen Sprachgebrauch: *Rhomäer),* also Römer. Ebenso hatte Konstantinopel nie aufgehört, sich selbst als das Zweite Rom, die Hauptstadt der zivilisierten Welt, zu fühlen. Es wußte ja längst aus Erfahrung, daß Rom mehr war als nur eine territoriale Größe, daß es die Völker des Mittelmeerraumes, die eingesessenen wie die darin eingebrochenen, vielmehr als eine geistige Ordnungsmacht empfanden, als das Zentrum eines kulturellen Magnetfeldes, das alle eingedrungenen Fremdkörper automatisch auf sich hin ausrichtete. Und da Konstantinopel Rolle und Aufgaben Roms übernommen hatte, stellte es dieses Zentrum dar, unabhängig vom Ausmaß seiner politischen Macht.

Die Reformen des Herakleios hatten also lediglich den Orientalisierungsprozeß, dem das Imperium schon seit den Tagen des Augustus ausgesetzt war – und der Orient trat ja immer im hellenistischen Gewande auf –, akzentuiert. Er warf die lateinische Tunika ab, die keinen römischen Körper mehr verhüllte. Was blieb, war ein griechisch-orientalischer Staat römischer Herkunft, ein zeitgemäßeres Rom, eben Byzanz.

Wäre die Entwicklung in den Bahnen weiter verlaufen, die Herakleios konsequenterweise eingeschlagen hatte, dann wäre ganz Europa, auch die germanischen Staaten, allmählich byzantinisiert und orientalisiert worden, denn der kulturellen Kraft des Oströmischen Reiches hätten auf die Dauer weder Franken noch Westgoten oder Langobarden ausreichenden geistigen Widerstand entgegensetzen können. Sie haben es auch gar nicht versucht. Der dünne zivilisatorische Firnis, der ihre Reiche überzog, war byzantinisches Fabrikat, das Vorbild ihrer Könige der Hof von Konstantinopel.

War der Arabersturm ein Naturereignis?

Eine andere Frage ist es natürlich, wie sich eine solche Entwicklung auf die Kirche – und das heißt auf die geistige Struktur des Abendlandes – ausgewirkt hätte. Das byzantinische Europa, das auch Syrien und Ägypten eingeschlossen hätte, wäre sicherlich noch jahrhundertelang ein gigantisches Schlachtfeld gewesen, auf dem die Meinungen der östlichen und westlichen Theologen zusammenprallten. Vielleicht wäre früher oder später ein Kompromiß zustande gekommen, in dem sich die beiden Seiten, des Streites müde, geeinigt hätten. Vielleicht aber, und das ist wahrscheinlicher, hätte es an dieser Auseinandersetzung eines Tages doch zerbrechen und in zwei Hälften auseinanderfallen müssen.

Henri Pirenne, der große belgische Historiker, glaubte daran, daß ein byzantinisches Europa möglich gewesen wäre. »Erst der Islam«, so schrieb er in *Mahomet und Karl der Große,* »hat die vom Mittelmeer bestimmte Einheit zersprengt, die der Germaneneinbruch nicht zerstört hatte. Dies ist das wesentlichste Ereignis der europäischen Geschichte seit den Punischen Kriegen. Es bedeutet das Ende der Antike und, in einem Augenblick, da Europa sich anschickte, byzantinisch zu werden, den Beginn des Mittelalters.« Seine These stützt er vor allem auf die Tatsache, daß der Mittelmeerraum bis zum Arabersturm eine wirtschaftliche und kulturelle Einheit gewesen war.

Aber Historiker, die bei ihren Betrachtungen von der Kirchengeschichte ausgehen oder diese zumindest stärker berücksichtigen, als Pirenne es tat, vermögen ihm auf diesen Gedankenbahnen nicht zu folgen. Sie neigen der Ansicht zu, die geschlossene Welt der Antike, das alte Imperium Romanum, wäre auch ohne den Einfall der Muslimin früher oder später in zwei Hälften zerfallen. Abgesehen davon sei der Islam ja nichts anderes als ein besonders prägnanter Ausdruck orientalischen Denkens und eine Frucht theologischer Lehren, die sich im Raum der Ostkirche herauskristallisiert hatten.

Die Theorie dieser Schule scheint die größere Plausibilität für sich zu haben. Pirenne wertet den Einfall der Araber als ein Naturereignis, das völlig unerwartet über die Mittelmeerwelt hereinbrach und in ihrer Geschichte keine Wurzeln hat, während seine Kollegen ihn als die Frucht einer organischen, wenn auch in ihrem letzten Stadium explosionsartigen Entwicklung betrachten. Der Nachweis dieses organischen Wachstums aber ist ein einleuchtenderes Argument, als die gehäuften ökonomischen Fakten es sind, mit denen der brillante Belgier operiert.

Die vom Mittelmeer bestimmte Einheit wäre wahrscheinlich auch ohne Muhammeds Auftreten zerbrochen. Sein Wirken hat den historischen Prozeß des langsamen Zerfalls nur beschleunigt und Konstantinopel einige Jahrhunderte früher, als es so oder so geschehen wäre, in die Isolation gedrängt, in die es dann geraten mußte, wenn es seine natürliche Mittlerstellung zwischen Ost und West nicht mehr wahrnehmen konnte.

Karl der Große und Eirene

Auch die wichtigste These Pirennes, Karl der Große sei ohne Muhammed undenkbar gewesen, läßt sich kaum aufrechterhalten, wenn man die jahrhundertelangen geistigen und politischen Auseinandersetzungen zwischen Rom und Neu-Rom mit in die Betrachtung einbezieht.

Es war ja jener »Konstrukteur« der Konstantinischen Schenkung, Papst Stephan II., der den Karolingern den Weg zum Kaiserthron wies und damit den Primat Konstantinopels zersetzte, einer der entschlossensten Förderer eines eigenständigen Europas also. Mit Hilfe der falschen Dokumente hatte er sich selbst zum Herrn des Westreiches aufschwingen und die byzantinischen Kaiser ins östliche Exil abschieben wollen. Mit der Verleihung des Titels *Patricius Romanorum* an Pippin, den Vater Karls des Großen, setzte er seine Politik fort. Er griff mit diesem Akt in die Rechte des Kaisers ein, der jene Würde allein vergeben konnte, und legte sich gleichzeitig einen weltlichen Schwertarm zu, der ihn der Notwendigkeit enthob, in schwierigen Situationen den Herrn von Konstantinopel zu Hilfe zu rufen.

Papst Leo III., der vierte seiner Nachfolger, ging dann noch einen Schritt weiter. Am Weihnachtsabend des Jahres 800 ließ er Karl durch Akklamation – nach byzantinischem Ritus also – zum Kaiser ausrufen und setzte ihm anschließend eine Krone aufs Haupt. Auch dieser Staatsstreich war ein politischer Akt, der sich vor allem gegen Byzanz richtete, und sollte im Licht der voraufgegangenen Kirchenkämpfe gesehen werden.

Zweifellos war ein Motiv des Pontifex auch die Notwendigkeit, sich erreichbarer Hilfe gegen die Langobarden und Araber zu versichern. Wichtiger aber dürfte es Leo gewesen sein, einen Kaiser zu inthronisieren, der nicht arianischen, ikonoklastischen und anderen von der Kirche verurteilten Vorstellungen verhaftet war. Denn eines schien klar zu sein: Ebenso wie es nur einen Papst gab, konnte es im Raum der Christenheit auch nur einen Imperator geben. Christenheit aber, so wie sie der Kirchenfürst verstand, das waren der Westen und der Norden Europas, nicht mehr der Osten. Christenheit, das war von nun an sein Machtbereich, und dafür schuf er sich, mit dessen halbherziger Einwilligung, einen Kaiser. *Eirene,* die Herrin von Konstantinopel, die sich ganz bewußt nicht Basilissa, Kaiserin, sondern Basileios, Kaiser, nannte, mußte der Krönung Karls ohnmächtig zusehen. Anerkannt hat sie ihn niemals.

Karl, auf der anderen Seite, war sich seiner Würde nie ganz sicher. Ihm, der zu den Kirchenkämpfen eine geringere Beziehung hatte als der Papst, leuchtete der Name Rom, der in seinen Augen Konstantinopel durchaus zukam, in weitaus ungebrochenerem Licht als jenem. So nannte er sich auch nicht Romanorum Imperator, Kaiser der Römer, sondern wählte die vorsichtigere Formel, *Romanorum gubernans imperium,* der, der das Römische Reich regiert, und tat alles, was in seiner Macht stand, die Anerkennung durch Byzanz zu erringen. Die Sage läßt ihn nach Konstantinopel reisen, und Theophanes, die wichtigste byzantinische Geschichtsquelle jener Zeit, behauptet sogar, er habe um die Hand der Eirene angehalten, »daß sie sich mit Karl verheirate und so der Osten und Westen vereint werden«. Aber diese Absicht, falls sie wirklich bestanden haben sollte, ließ sich ebensowenig verwirklichen wie der ältere Plan, Karls Tochter *Rotrud* mit dem Sohn Konstantins VI. zu verehelichen.

Immerhin machen beide Nachrichten deutlich, daß der Frankenherrscher, ähnlich wie Theoderich, im Bann der römischen Idee stand. Geistig blieb er immer ein Trabant Konstantinopels, sosehr er auch seine germanische Eigenart betonen mochte. Die Stadt am Bosporus war sein Modell für Aachen und die Quelle seiner Legitimität, die endlich doch noch erfolgte Anerkennung seiner Würde durch *Michael I.* (811-813), ein wichtiger politischer Erfolg.

Die sächsischen Kaiser aber, die mehr als hundert Jahre nach Karl dem Großen das Römische Reich Deutscher Nation regieren sollten, dachten in diesen Dingen nicht anders als er.

Zu gewaltig war selbst dann noch der Klang des Namens Rom, zu ungeheuerlich die Vorstellung, das alte Imperium könne im Westen restituiert werden ohne Konstantinopel. Sogar ihre Versuche, die byzantinischen Kaiser zu imitieren, waren letztlich ein Zeugnis des Respekts vor den Griechen, so unvollkommen sie auch bleiben mußten. Neben den Haupt- und Staatsaktionen, die im Magnaurapalast inszeniert wurden, wirkten die höfischen Zeremonien in den »barbarischen« Pfalzen bestenfalls wie gutgemeinte Amateurtheateraufführungen.

Die heilige Oper

Die Kaiser in Konstantinopel hatten aus den konstantinischen und justinianischen Anfängen einen Repräsentations- und Regierungsstil entwickelt, der in der Geschichte ohne Beispiel ist. Sie setzten den Staat als eine heilige Oper in Szene, als ein nie endendes Passionsspiel, in dem der Herrscher die Rolle Christi übernommen hatte.

»Ihre Empfänge«, schreibt der französische Byzantinist René Guerdan, »waren keine Audienzen, sondern Offenbarungen.« Auf einem goldenen Thron sitzend, schwebte der Kaiser von oben zu den Wartenden herab. Unsichtbare Chöre begrüßten sein Erscheinen, Orgelklänge durchrauschten das Gemach, goldene Löwen und Greifen links und rechts des kaiserlichen Sitzes peitschten den Boden mit ihren metallenen Schweifen, rissen ihre Mäuler auf und brüllten, während in den Zweigen einer ebenfalls vergoldeten Platane künstliche Vögel zu zwitschern begannen. Hinter ihm standen Soldaten der Palastgarde in weißen Uniformen unter leuchtenden Bannern und Standarten.

Kaiser *Theophil* (829–843) hatte die mechanischen Spielzeuge installieren lassen. Einer seiner Nachfolger schmolz sie aus Geldmangel wieder ein.

Der Raum, in dem die Schaustellungen stattfanden, das Chrysotriklinos Iustins II., war achteckig, von einer Kuppel überwölbt und von Aspen umgeben. Goldene Kandelaber hingen an versilberten Kupferketten von der Decke herab, persische Teppiche bedeckten den Boden.

Aber die Besucher, die auf ihnen standen, hatten, verwirrt

von dem Prunk der märchenhaften Inszenierung, kaum eine Chance, den Kaiser wirklich zu erblicken. Sie mußten sich dreimal zu Boden werfen, durften allenfalls die Schuhe und die Knie des Herrschers küssen und fanden sich dann plötzlich wieder allein in dem schweigenden Saal. Eine von Edelsteinen flimmernde Gestalt entschwebte nach oben. Der Hofmeister ergriff sie an den Ellenbogen und führte sie hinaus.

Die Massenempfänge im Magnaurapalast waren ähnlich sorgfältig durchgestaltet. Stumm umstanden die Würdenträger den schweigenden Kaiser. Durch Gesten übermittelte ihnen der oberste Eunuch die Befehle des Herrschers. Das Kreuzeszeichen, das er über ihnen schlug, beendete die Zeremonie. Rückwärts gehend, die Arme über der Brust gekreuzt, verließen die Besucher den Raum. Durch ihren Herrn hatte Gott zu ihnen gesprochen. Ihn anzureden wäre ein Sakrileg gewesen.

Auch das Volk konnte mit dem kaiserlichen deus praesens längst nicht mehr so direkt verkehren, wie es vor der Zeit Justinians I. im Hippodrom noch möglich gewesen war. Ihm war in dieser Oper die Rolle der Statisterie zugewiesen und ein genaues Textbuch, nach dem es sich zu richten hatte.

Aus der spontanen römischen Akklamation, dem »Io triumphe«, das die Soldaten siegreichen Feldherren zugerufen hatten, war allmählich ein rhythmisch gegliederter Chor geworden. »Ich habe die Blumen des Feldes gepflückt und sie mit Freude in die Hochzeitskammer gelegt«, sang das Volk, wenn ein Kaiser geheiratet hatte, »Freude dem goldenen Paar«. »Heilig, dreimal heilig, Sieg den Blauen (oder Grünen)«, intonierte der Vorsänger bei den Pferderennen im Zirkus. »O Mutter Gottes, Sieg den Blauen (Grünen)«, respondierten die Besucher. »Macht des Kreuzes!« – »O Macht des Kreuzes, Sieg den Blauen (Grünen).«

Es gab Hochzeits-, Begrüßungs-, Krönungslieder. Kein Bereich des irdischen Lebens, der nicht in Beziehung gesetzt worden wäre zur göttlichen Überwirklichkeit. Konstantinopel war das Abbild des himmlischen Jerusalems und das Leben seiner Bewohner ein einziger, nie endender Gottesdienst, der in den kirchlichen Feiern kulminierte.

Die Welt, ein Kasten

Auch die Gotteshäuser waren im Grunde große, nach dramaturgischen Gesichtspunkten gegliederte Bühnen. Ihr Ostteil stellte das Paradies dar. In ihm stand der Altar. Der Westteil mit dem Haupttor dagegen war, wie auch die Westwerke in den romanischen Kathedralen des Abendlandes, die Hölle. In der Mitte des Raumes erhob sich der *Ambo,* das Symbol des Erdmittelpunktes, direkt unter dem Scheitel der Kuppel. Die ganze Anordnung spiegelte ein Weltbild wider, das der Seemann und spätere Mönch *Cosmas Indicopleustes* (der Indienfahrer) im sechsten Jahrhundert entwickelt hatte.

Das All, so sagte Cosmas, ist wie die Stiftshütte der Juden, ein rechteckiger, von einem Tonnengewölbe überdachter Bau. Unten schwimmt in den Wassern der Meere die Erde, wiederum rechteckig von Gestalt, durch Buchten und Flußmündungen an den Außenseiten zerfranst. Ein Berg erhebt sich in ihrer Mitte, den Sonne und Mond umkreisen. An den Horizonten ragen fremde Küsten aus dem Ozean, im Süden das Gebiet, das die Menschen vor der Sintflut beherbergte, im Norden das Reich der Dämonen, im Westen die Hölle, im Osten das Paradies. Der Himmel ist das Dach.

Der Ambo nun symbolisierte den Berg im Zentrum der Erde. Er diente dem Priester, der das Evangelium verlas, als Kanzel und war durch einen schmalen Steg mit dem Allerheiligsten verbunden, dem Altar, der hinter einer Bilderwand aus ziseliertem Silber, der *Ikonostasis,* verborgen lag.

Diesem Aufbau wiederum entsprach die Gottesdienstordnung. Das Volk in der Mitte des riesigen Raumes, etwa der Hagia Sophia oder der nicht minder prächtigen Apostelkirche, versinnbildlichte die Erde. Hoch über ihm thronte in seiner Loge der Kaiser, während der Priester den Heilsweg Christi nachvollzog, indem er von einer der symbolischen Orte zum anderen schritt und dabei jeweils durch Gesten ihre Bedeutung kennzeichnete. Dreimal aber, zu Beginn der Messe, vor der Evangelienlesung und vor der Gläubigenmesse, bei der nur getaufte Kirchenmitglieder zugelassen waren, öffnete sich die »königliche Tür« in der Altarwand. Priester und Diakon kamen hervor, umwandelten die betende

Menge und beräucherten sie. Diese symbolische Handlung stellte je nach dem Stand des Kirchenkalenders die Schöpfung der Erde, den Weg der Frauen zum Grab Christi, das Leben des ersten Paares im Paradies oder, bei Hochzeiten, den »Tanz des Jesaia« dar. Choräle wie der Cherubim-Hymnus, der vor der Gläubigenmesse von einem Chor gesungen wurde, untermalten die sakrale Handlung. Das *Trisagion,* jenes »Heilig, heilig, heilig ist der Herr der Heerscharen«, von dem die Byzantiner glaubten, es sei identisch mit dem immerwährenden Gesang der Engel vor dem göttlichen Thron, akzentuierte sie.

Daß sich aus diesen kultischen Inszenierungen bald auch reine Kultspiele entwickelten, und zwar schon zur Zeit Justinians, dürfte kaum verwundern. An besonderen Feiertagen wurden biblische Szenen mit verteilten Rollen gesungen und dargestellt. Engel schwebten an Seilen aus der Kirchenkuppel herab, und junge Priester oder Laien stellten die Jünglinge im Feuerofen dar.

Christos Pantokrator, der Herr der Welt, in feierlicher Strenge auf Goldgrund dargestellt, blickte von der Höhe der Apsis auf seine Gläubigen herab. Neben ihm saß, den Massen nicht weniger fern, der Kaiser.

Kaiserlicher Sonnengott

Die Anforderungen, die die Hauptrolle in einer nie endenden öffentlichen Darstellung an die byzantinischen Herrscher stellten, waren schwer. Bei den staatlichen Akten mußten sie nur in der Abgeschlossenheit des Palastes, vor einer kleinen Gruppe von Menschen agieren. An kirchlichen Feiertagen aber – und deren gab es unendlich viele – hatten sie mit jeder Geste vor Zehntausenden von Blicken zu bestehen, so etwa bei der *Prokypsis,* die am Vorabend des Weihnachtsfestes stattfand. Sie begann nach dem Abendgottesdienst und war eine Zeremonie, über deren Bedeutung sich die Gelehrten nicht ganz klar sind.

In dieser Weise etwa lief sie ab: Am Eingangstor der Hagia Sophia war eine große Holzbühne aufgeschlagen. Vor ihr formierten sich in Abteilungen von jeweils fünfhundert Mann die Palastgarden und Abordnungen der einzelnen Truppenteile. Nach dem Ende der Vesper, die derweil im Inneren der Kirche gefeiert worden war, gesellten sich auch der Klerus, der Adel und die Vertreter der Zirkusparteien zu den Soldaten. Hornisten, Posaunenbläser, Zymbelschläger und Flötenspieler nahmen Aufstellung und warteten schweigend, von Fackeln rötlich angestrahlt, auf das Erscheinen der Majestät. Endlich kam auch der Kaiser aus dem Gotteshaus. Er bestieg das von einem Vorhang verhüllte Gerüst und kleidete sich hinter dessen purpurnen Bahnen um. Über alle diese Vorgänge wurde das wartende Volk von einem Hofbeamten durch Gesten informiert. Nach seinem dritten Zeichen flog der Vorhang auf, ein tausendstimmiges Ah! ebbte über die Köpfe hin, und inmitten seiner Familie, von Lampen angestrahlt, zeigte sich der Basileios. Er trug den *Sakkos,* eine kurze reichgeschmückte Tunika, die *Stemma,* das Diadem und in der Hand das Kreuzeszepter. Wie auch die Thronfolger war er von den Knien an sichtbar, während die übrigen Angehörigen des Herrscherhauses nur mit Brust und Kopf über den Rand der Schaubühne ragten – ein sorgfältig arrangiertes, symbolträchtiges, lebendes Bild.

Vielstimmig rauschte nun der Gesang der Chöre auf. Die Musiker fielen ein. Gesänge, die eigens für diese Feier komponiert worden waren, und Weihnachtslieder wechselten miteinander ab. Unbeweglich wie eine Statue verharrte der Herrscher in seiner Stellung, und die Menge sog sein Bild stumm in sich ein. Eine Art Kaiserchoral beendete dann die Zeremonie. Die Vorhänge schlossen sich wieder. Das Licht erlosch. Feldzeichen, Fahnen und Standarten versanken im Dunkel. Schweigend zerstreuten sich die Zuschauer. Sie hatten, ob ihnen das nun klar war oder nicht, an einer Feier heidnischen Ursprungs teilgenommen. Denn, so meint der Historiker Otto Treitinger, es ist gänzlich unmöglich, die Prokypsis »von ihrem logischen Ausgangspunkt, dem antiken Kaiser-Helios-Kult, zu trennen«. Der 25. Dezember galt ja seit Jahrhunderten als der Geburtstag des Sonnengottes. Der Kaiser aber war die Sonne, war Christus und die personifizierte Herrlichkeit des Reiches.

Jeder Tag ein Feiertag

Bei einer anderen Zeremonie, deren Sinn noch weniger klar ist als der der Prokypsis, pflegten die Majestäten im *Blachernenpalast,* der sich am Südufer des Goldenen Horn erhob, feierlich zu baden und anschließend zu beten. Am Tag der »Einholung des Herrn« prozessionierten sie mit ihrem Gefolge und dem Klerus über blumengeschmückte Straßen zur Apostelkirche und wieder in den Palast zurück. Die erste Haarschur eines neugeborenen Kronprinzen wurde in der Palastkirche gefeiert, in der sämtliche Provinzgouverneure sich versammelt hatten, um nach einem Gottesdienst die Locken des kaiserlichen Kindes entgegenzunehmen und sie härchenweise unter sich zu verteilen.

Erschöpft ist die Liste der kaiserlichen Auftritte mit dieser kurzen Zusammenstellung jedoch keineswegs. In Wirklichkeit dürfte es kaum einen Tag gegeben haben, an dem der Basileios nicht in einer Wolke von Weihrauch durch die Stadt ziehen mußte, um irgendeinen Heiligen zu ehren, ein Volksfest zu besuchen oder seine Majestät zu demonstrieren.

Purpurgesäumte Tücher schmückten bei besonders feierlichen Anlässen die Straßen. »Auf ihnen waren Bilder Christi und der Heiligen eingewirkt, Meisterwerke der Webkunst, die zu leben und zu atmen schienen«, berichtet Niketas Choniates, ein Hofbeamter des 12. Jahrhunderts. Der Kaiser pflegte einen weißen Hengst zu reiten. Auf einem Esel von derselben Farbe begleitete ihn der Patriarch. Das Volk war durch eine unsichtbare Mauer von beiden getrennt. Nur wenn Hungersnöte, Kriegslasten oder anderes Ungemach die Bevölkerung bedrückte, wagte sie es noch, die Kaiser im Zirkus anzugreifen, anzuflehen oder zu beschimpfen. Und nur am Gründonnerstag stieg er, wie heute noch der Papst, zu ihr herab, besuchte Krankenhäuser und wusch zwölf alten Männern im Palast die Füße. Die Christusrolle, die ihm zugewiesen war, verlangte auch das von ihm.

Märchen aus Gold und Marmor

Im übrigen aber spielte sein Leben sich vor einem Hintergrund von überwältigendem Glanz und Luxus ab. Der »Kreml« der Kaiserstadt war ein steinernes Märchen.

Durch eine Kolonnade, deren Säulen aus grünem Marmor

und rotem Onyx gehauen waren, betrat man den großen Wohnraum im Magnaurapalast. Das kaiserliche Sommerschlafzimmer hatte eine Decke von purem Gold. Die Wände im Gemach der Basilissa bestanden aus Marmor in verschiedenen Farben. In allen Räumen hingen kunstvoll gewebte Seidentapisserien hinter Schränken und Kommoden aus schwarzem, mit Perlmutt eingelegtem Ebenholz. Elfenbeintüren, die sich auf silbernen Gleitschienen bewegten, schlossen die einzelnen Appartements ab.

Über das Bukoleion, das Sommerschloß Justinians, berichtet ein französischer Ritter, der mit dem Vierten Kreuzzug nach Konstantinopel gekommen war: »Es gab in diesem Palast fünfhundert Zimmer, alle durchgehend und alle ausgelegt mit Goldmosaiken; und es gab darin gut dreißig Kapellen, große wie kleine. Es gab eine, die hieß Sainte Chapelle... und das Pflaster darin war aus weißem und so glattem und klarem Marmor, daß es schien, als wäre es aus Kristall.« Eingebettet waren alle diese kaiserlichen Residenzen in Parkanlagen von verschwenderischer Pracht. Höfe, die durch versteckte Wasserröhren gänzlich überflutet werden konnten, wurden von »hängenden« Söllergärten überragt, deren Ränder blühende Schlinggewächse säumten. Eichen, Platanen, Obstbäume wuchsen so dicht beisammen, daß ihre Kronen ein undurchdringliches Schattendach bildeten. Rosen und Narzissen verbreiteten einen durchdringenden Duft. Gartenhäuschen standen zwischen den Baumgruppen, daneben Wasserbassins, Springbrunnen oder jene mechanischen Spielzeuge, die, von hellenistischen Technikern entwickelt, das ganze Entzücken der Byzantiner bildeten. Ein Marmorbrunnen im Hof des Heiligen Palastes gab an Fest- und Feiertagen Wein von sich. Am Becken anderer Fontänen saßen goldene Vögel, die mit Flügeln schlugen und trillerten, bronzene Ziegen scharrten mit den Füßen, während ein Hirtenjunge sie molk, kupferne Stiere wackelten mit den Köpfen und brüllten dazu. Aber auch lebendiges Getier war in die Anlagen »eingebaut«, Käfige voll Tiger oder Leoparden, frei weidende Rehe und buntschillernde exotische Vögel in riesigen Bauern.

Die Marmormauern, die die einzelnen Höfe voneinander schieden, waren wiederum mit Mosaiken geschmückt. In ihren Nischen standen goldene und silberne Orgeln, deren sanfte Klänge mit dem Wind durch die Bäume wehten und hinausgetragen wurden über die azurblaue Fläche des Marmarameeres tief unten und über die purpurroten Prunkbarken des Kaisers, die dort vor Anker lagen.

Die Diener lebten gefährlich

Dennoch dürfte es kein reines Vergnügen gewesen sein, in dem orientalischen Märchenpalast zu leben. Das Libretto der politisch-religiösen Oper, die ohne Unterlaß vor dieser aufwendigen Kulisse gespielt wurde, regelte die Ab- und Auftritte nicht nur der Hauptdarsteller bis ins Detail. Auch Hofbeamte und Diener bewegten sich in den Gleitschienen des Zeremoniells puppenhaft starr, wie die Figuren einer Spieluhr. Sie stellten mindere Gestirne dar, die die kaiserliche Sonne ruhelos zu umkreisen hatten, und das war eine höchst anstrengende, ja lebensgefährliche Aufgabe.

Ein Servierer etwa, dem im Speisesaal ein Tablett oder auch nur ein Glas aus der Hand fiel, wurde sofort abgeführt und ohne Verzug dem Henker übergeben. Er hatte ein Sakrileg begangen, denn jede kaiserliche Mahlzeit war ein Gottesdienst, eine tägliche Neuinszenierung des letzten Abendmahls. Vor dem Beginn des Essens nahm der Herrscher das Brot »und brach's«, nach dem Essen segnete er seine Tischgenossen – es waren nie mehr als zwölf – mit dem Kreuzeszeichen. Je enger aber ein Bediensteter durch seine Arbeit mit der kaiserlichen Inkarnation Christi in Berührung kam, je tiefer er in dessen Intimsphäre eindringen mußte, desto höher war sein Rang und desto gefährdeter sein Leben. Einem Kammerdiener etwa, der die Kleider des Basileios zu pflegen hatte, stand schon beinahe priesterlicher Rang zu, denn diese Gewänder waren sakrale Gegenstände. Vor einem Altar kniend, eine Kerze in der Hand, nahm er deshalb auch seine Bestallung entgegen. Und selbstverständlich hatte er vorher einen ganzen Tag lang gefastet und gebetet. Die kaiserlichen Sohlenkitzler und Masseure gar waren dem gewöhnlichen Leben schon nahezu völlig entrückt. Die Strahlen der heiligen

Sonne, in deren Bereich sie existierten, hatten alle menschlichen Eigenheiten und Schwächen in ihnen verbrannt. Sie waren Engel und Erzengel in einem irdischen Himmel.

Was lag näher als der Gedanke, sie durch eine kleine, nicht ungefährliche Operation auch noch des menschlichsten aller Triebe zu berauben und sie auf diese Weise den Zwängen der Natur vollkommen zu entreißen? Waren die Engel im Himmel Gottes denn nicht ebenfalls geschlechtlose Wesen? Am Hof von Konstantinopel hat es Eunuchen nicht nur gegeben, sie haben ihn zuzeiten sogar vollkommen beherrscht. Auch das war ein Erbe des Orients.

Engel von künstlichem Geschlecht

In Asien wurden Männer schon seit undenklichen Zeiten verschnitten. Der Potiphar der Josephslegende soll ein Kastrat gewesen sein. Die persischen Könige haben sich mit geschlechtslosen Dienern umgeben. Die Göttinnen Artemis und Kybele hatten Eunuchenpriester, und selbst Christus sprach in einer Diskussion über die Ehescheidung von denen, »die sich selbst verschnitten haben um des Himmelreichs willen« (Matthäus 19, 12). Der Kirchenvater *Tertullian* (150–225) erklärte, daß das Paradies den Eunuchen offenstehe, und sein jüngerer Zeitgenosse Origenes zog die Konsequenz aus solchen Überlegungen, indem er sich kastrieren ließ, um allen irdischen Versuchungen zu entgehen und den Engeln seines neuplatonisch strukturierten Himmelreiches näher zu sein.

Die Römer haben Eunuchen zuerst bei den Ägyptern kennengelernt und sich dann allmählich an sie gewöhnt. »Ihr Aufstieg«, schrieb Gibbon, »geschah rasch... Zurückgedrängt von den strengen Edikten Domitians und Nervas, gehegt vom hochmütigen Diocletian, durch die Klugheit Konstantins wieder zu bescheidener Stellung verurteilt, bevölkerten sie die Paläste seiner entarteten Söhne und erwarben unmerklich die Kenntnisse sowie allmählich die Leitung der geheimen Räte des Constantius.«

Unter Arcadius errang sich ein Eunuch die Konsulwürde. Unter Justinian I. stieg der Castrato Narses zum Oberbefehlshaber der kaiserlichen Heere und zum Provinzgouverneur auf. Später wurde es in Konstantinopel sogar üblich, daß ehrgeizige Väter ihre Söhne verschneiden ließen, um ihnen den Zugang zu den höchsten staatlichen Ämtern zu ermöglichen. Eunuchen konnten Hofbeamte, Minister und Admirale werden. Im Grunde war ihnen nur eine Stellung in der Hierarchie unzugänglich, die des Kaisers selbst, denn Christus war ja auch kein Engel gewesen.

Die Essenz des ganzen Eunuchenkults ist ein seltsames Mixtum aus religiösen und praktischen Motiven. Die »Bartlosen« gaben einerseits gute Staatsdiener ab, weil sie keine Söhne hatten, für die ein Erbe zusammengetragen werden mußte, und weil sie dem Kaiser selbst niemals gefährlich werden konnten. Andererseits aber waren sie wie keine anderen Wesen geeignet, in der heiligen Oper die Rolle der Engel zu übernehmen. Sie sangen: »Wir die Cherubim...« und näherten sich verhüllten Hauptes ihrem Herrn. Bei Audienzen stützten sie die Besucher mit ihren Schultern, als ob dort Flügel gewachsen seien. Bei den Krönungsfeierlichkeiten überreichten sie dem Kaiser die Insignien seiner Macht. Befehle des Herrschers wurden von ihnen an die unteren Ränge der Hierarchie weitervermittelt. Ihre hohen Stimmen waren von einer unwirklichen, unirdischen Qualität.

Mit ihrem Flüstern aber konnten sie »die öffentlichen Räte lenken und mit ihren boshaften Andeutungen Ruf und Vermögen der angesehensten Bürger zerstören« (Gibbon). Sie waren trotz allem doch sehr menschliche Engel. Wenn der Geschlechtstrieb sie auch nicht mehr korrumpieren konnte, die Macht hat es sehr oft getan.

Die Technik der Illusion

Der Hof von Konstantinopel war eine für unsere Begriffe unnatürliche, ja unmenschliche Welt. Über die Ursachen, denen sie ihr Entstehen verdankt, können wir nur rätseln. Zweifellos war sie stark von persischen Vorbildern beeinflußt, sicherlich bewahrte sie altes neuplatonisches Erbe, andererseits verkörperte sie aber auch noch den römischen Anspruch auf Weltherrschaft.

Die byzantinischen Griechen scheinen sich darauf konzentriert zu haben, ein perfektes Inbild der Macht und der

Herrlichkeit zu errichten, die das alte Imperium einmal besessen hatte. Ungeheuere schöpferische Kräfte stauten sich in dem Druckkessel Konstantinopel und schufen das goldene Modell eines Reiches, das Himmel und Erde umfaßte.

Ihm aber widmeten sich die Oströmer mit solch absoluter Hingabe, daß sie die Realität darüber aus den Augen verloren und schließlich sogar als lästig empfanden. Ihre Welt ist denn auch nicht nur wirklichkeitsfremd, sondern geradezu wirklichkeitsfeindlich. Eunuchen an Stelle von normalen Männern bei Hofe, künstliche Tiere in den Gärten, Fabelgeschöpfe, wie kein Auge sie je in der Natur erblickt, an den Wänden der Prunkräume und all das eingeordnet in ein Bild des Kosmos, das den naturwissenschaftlichen Erkenntnissen der Zeit vollkommen widersprach.

Tatsächlich haben die Byzantiner weder die Natur geliebt noch die Naturwissenschaften. Im Gegenteil, sie verachteten beide und die Technik dazu. Aus Herons Dampfkugel, die ihnen bekannt war, entwickelten sie nicht die Dampfmaschine, sondern »nutzlose« mechanische Spielereien. Mit dem von Philon erfundenen unterschlächtigen Wasserrad trieben sie keine Schöpfwerke an, sondern kunstvolle Brunnen. Zentralheizungen, wie sie die Römer zur Perfektion entwickelt hatten, waren ihnen unbekannt. Höher als praktische Einrichtungen schätzten sie die Technik der Illusion. Das Diesseits war kein Ort, an dem zu leben lohnte, und da sie keinen Himmel zu Händen hatten, zauberten sie sich einen.

Kein Maßstab für Byzanz

Wir sind heute kaum mehr in der Lage, dies alles zu verstehen und recht zu würdigen. Gerade deswegen aber sollten wir uns auch hüten, es in Bausch und Bogen zu verurteilen, denn zu groß wäre die Versuchung dabei, die Maßstäbe unserer Welt zugrunde zu legen. Das »Tugend-Ideal« der christlichen Griechen sei »gegen die ursprüngliche Anlage und Natur des menschlichen Geschlechts« gewesen, meinte zu Beginn des 19. Jahrhunderts der bayerische Historiker Jacob Philipp Fallmerayer. Aber seine Schlußfolgerung ist schon deshalb nicht richtig, weil »die Natur des menschlichen Geschlechts« zu den unerforschtesten Phänomenen der Welt gehört. Menschen sind imstande gewesen, den goldenen Kosmos von Byzanz zu konstruieren und darin zu leben, also entspricht diese Fähigkeit auch ihrer Natur. Menschen haben einen Himmel auf Erden konzipiert, also ist auch die ungeheuere Jenseitssehnsucht und Daseinsangst, die sie dazu angespornt haben mochte, ein Bestandteil ihres Wesens.

Unsere Welt erkennt den Menschen als das Maß aller Dinge an, sie ist humano-zentrisch. Die der Byzantiner war es nicht, sie war deo-zentrisch. Das menschliche Leben galt ihr als die kleinste aller denkbaren Einheiten, und naturwissenschaftlich geschulte, in liberalen, humanistischen Traditionen aufgewachsene Zeitgenossen müssen sie deshalb ablehnen. Aber sie sollten sich dabei nicht in dem Glauben wiegen, die Wahrheit über Byzanz zu wissen. Die Harmonien und Disharmonien der Geschichte klingen an einem Ort zusammen, an dem wir uns nicht befinden.

Uns mag der Himmel auf Erden ein Luxushotel oder ein Warenhaus sein. Den Konstantinopolitanern war er die heilige Oper, in der jeder einzelne seinen festgelegten Part hatte, die von außen nach innen völlig geordnete Welt. Der Kaiser war *Autokrator,* absoluter Selbstherrscher, seine Untertanen *Douloi,* Sklaven. Aber in dem Glanz, der ihn umgab, badete noch der Geringste, und so machtlos er als einzelner auch sein mochte, in der Masse seiner Leidensgenossen war er Partikel eines Willens, den auch der Basileios respektieren mußte. Die beste Definition dieses Organismus hat wahrscheinlich der spanische Theologe Francisco Suarez gefunden, der einmal schrieb, das Oströmische Reich sei ein »corpus politicum mysticum« gewesen, eine sakrale und weltliche Gemeinschaft, ein Staat, der sich in juristischen Kategorien allein nicht fassen läßt.

Blutdunst in den Straßen

Freilich ist dieses erhabene Bild nur das eine Gesicht der byzantinischen Medaille, ihre Kehrseite bietet ein anderes. Die perfekte hierarchische Ordnung, die in Byzanz angestrebt wurde, konnte oft nur mit äußerster Brutalität realisiert werden. So machte die Tatsache, daß der Staat heilig war, jeden, der sich gegen ihn verging, nicht nur zum Gesetzesbrecher, sondern zum Gotteslästerer. Die Strafe mußte entsprechend hart sein, und es gab viele Regeln, die ein unwissender Bürger verletzen konnte.

René Guerdan etwa berichtet über ein Mädchen, das, während der Regierungszeit von Theodosius II., deshalb zum Tode verurteilt wurde, weil es achtlos aus dem Fenster gespuckt und dabei den Sarg der Kaiserin Eudokia getroffen hatte, der eben an ihrem Haus vorbeigetragen wurde. Kein böser Wille beflügelte ihre Richter. Das Mädchen hatte, absichtlich oder nicht, ein Sakrileg begangen und mußte dafür hingerichtet werden.

Noch Schlimmeres geschah natürlich jenen, die sich bewußt gegen den Träger der höchsten Autorität, den Basileios, auflehnten. Von einem Usurpator wird berichtet, man habe ihn mehrere Tage lang mit einem eisernen Kragen an eine Steinsäule gefesselt und dem Straßenpöbel Gelegenheit gegeben, ihn zu bespucken, ihm die Zähne auszuschlagen und sogar eine seiner Hände abzuschneiden. Anschließend band man ihn nackt unter ein gastritisches Kamel, und zwar dergestalt, daß sein Gesicht zwischen den Hinterbeinen des Tieres hing und dessen Exkremente auf ihn heruntertropften. Das Kamel trieb man zum Hippodrom. Auf dem Weg dorthin wurde ihm ein Auge ausgerissen, eine Frau leerte ihren Nachttopf über ihn aus, und ein Mädchen begoß ihn mit siedendem Wasser. Im Zirkus aber hängte ihn der Schinder kopfunter an einen Pfahl, schnitt ihm die Nase ab, zog ihm die Haut vom Leibe und stieß ihm endlich ein Schwert in den Bauch. Als er im Sterben den blutenden Armstumpf zum Munde hob, soll ein Augenzeuge noch bemerkt haben: »Jetzt, da er nicht mehr das Blut des Volkes lecken kann, leckt er sein eigenes auf!«

Die Byzantiner waren grausam. Ihr eigenes Leben galt wenig in einem Staat, der die Menschen nur als Statisten in einem großen Spektakulum bewertete. Das ihrer Mitmenschen schätzten sie noch geringer ein. In nahezu jeder byzantinischen Chronik findet sich denn auch eine Häufung der scheußlichsten Details.

»Es wurde«, berichtet etwa der heilige Theophanes, »der Häuptling der Skamaren *(eines räuberischen Grenzstammes)*, Christianos, festgenommen, der vom Christenglauben abgefallen war. Man ließ ihm beim Hafendamm die Hände und Füße abschlagen, dann brachte man Ärzte und schnitt ihn, obwohl er noch lebte, von der Scham bis zur Brust auf, um den menschlichen Körperbau zu studieren. So übergab man ihn dem Feuer.« Und über die Verfolgung aufsässiger Mönche schrieb er: »Andere ließ Konstantin *(VI.)*, in Säcke gebunden und mit Steinen beschwert, in das Meer versenken, nachdem er sie geblendet, ihnen die Nase abgeschnitten und sie ausgepeitscht hatte.«

All das wird steinernen Gesichts erzählt. Verurteilt hat der fromme Chronist nur die Martern, denen ein bilderfeindlicher Kaiser seine eigenen, bilderfreundlichen Gesinnungsgenossen unterwarf. An ketzerische oder heidnische Opfer dagegen verschwendet er auch nicht einen Funken Mitgefühl. Das Gesetz der irdisch-himmlischen Harmonie rechtfertigte jede Greueltat. Christos Pantokrator war ein strenger und unnachsichtiger Herr.

Aber die Möglichkeit, Menschen zu schinden, scheint, abgesehen von allem anderen, auch ein Ventil gewesen zu sein, durch das sich die in eine unmenschlich straffe Ordnung gepreßten Byzantiner Luft machten. Da man sie bei allen möglichen Gelegenheiten zu Engeln emporstilisierte, gebärdeten sie sich bei anderen wie Teufel und köpften, häuteten, blendeten mit satanischer Lust einen jeden, der aus dem Gefüge der Ordnung herausgefallen war. Usurpatoren ebenso wie abgesetzte Kaiser oder betrügerische Bäckermeister.

Basileios I. (867–886), der Begründer der makedonischen Dynastie, galt als milde, weil er verbot, den Verbrechern mehr als ein Auge auf einmal auszureißen und mehr als eine Hand auf einmal abzuschlagen. Er wäre, berichtet ein Zeitgenosse, noch milder gewesen, hätte die Staatsräson es zugelassen. Doch ein totaler Staat muß grausam sein, besonders wenn er versucht, die himmlische Ordnung widerzuspiegeln. Das Maß der Engel ist nicht das unsere, und der Mensch, der es anwendet, schafft allemal ein Prokrustesbett. Er muß versuchen, die Mängel der irdischen Natur mit dem Schwert oder dem Henkersbeil auszugleichen. Darin unterscheidet er sich letztlich nicht von dem, der das Maß der Teufel anwendet.

Traumstadt der Sänger

Den Westeuropäern jener Zeit dürften die grausamen Züge der byzantinischen Zivilisation nicht besonders ins Auge gefallen sein. Mit Scheußlichkeiten sahen sie sich in ihrem eigenen Alltag oft genug konfrontiert. Vielmehr beeindruckt haben sie die märchenhaften Züge dieses Staates und vor allem seiner Hauptstadt. Konstantinopel stand Modell für ihre Träume von fremden Zauberreichen. Sagenhaftes wurde von dort berichtet.

»Es gab«, berichtet der Kreuzfahrer Robert von Clary, »in der Stadt ein Tor, das man den Goldenen Mantel nannte. Über diesem Tor war eine goldene Kugel, die mit solchem Zauber hergestellt war, daß die Griechen sagten, kein zündender Blitzstrahl würde in die Stadt fallen, solange die Kugel sich dort befindet... Woanders in der Stadt gibt es ein anderes Tor, das man das Goldene Tor nennt. Über diesem Tor befanden sich zwei aus Kupfer gegossene Elefanten, so groß, daß es ein herrliches Wunder war.«

Der Ritter von Clary ist selbst in Konstantinopel gewesen und hat alle die Dinge, über die er berichtet, mit eigenen Augen gesehen. Wenn aber er schon in den Märchenerzählerton verfiel, um wieviel mehr mußten die Nachrichtenkolporteure ins Schwärmen geraten, die nur Berichte und Gerüchte aus zweiter Hand verwerten konnten. Sie raunten von dem riesigen Karfunkelstein, der auf dem Dach des Heiligen Palastes leuchte, von der Schlangensäule, aus deren Drachenmäulern Milch und Honig flössen, von der singenden Kolumne des Arcadius, der wundertätigen Ikone im *Pantokrator-Kloster* und überhaupt von den vielen heiligen Reliquien, die sich im Schloß des Kaisers stapelten. Der Stab Mosis sei dort zu finden, die Nägel, mit denen Christus ans Kreuz geschlagen wurde, und die Lanze, die seine Seite geöffnet hatte.

Von der Hagia Sophia, der Königin aller Kirchen, wußte man zu berichten, ihr Südtor sei aus den Brettern der Arche

Noah gezimmert, insgesamt aber habe sie dreihunderteinundsechzig Eingänge, was jedoch deshalb nicht nachgeprüft werden könne, weil sich immer neue vor dem Zählenden auftäten, andere durch einen Zauber wieder verschwänden.

Sänger und Erzähler ließen ihre Sagenhelden nach dem fernen Konstantinopel reisen und dort märchenhafte Abenteuer erleben. Herzog Ernst von Württemberg, der Held eines weitverbreiteten Volksbuches, erreichte die Kaiserstadt nach schweren Mühsalen. Die Urheber der Karlssage sahen die Titelfigur ihrer Geschichten durch eines der Tore im thrakischen Landwall reiten.

Konstantinopel war den westeuropäischen Trivialliteraten das gleiche, was ihren Kollegen vom besseren Tuch der heilige Gral war, eine ferne Vision halb irdischer, halb himmlischer Natur. Ihre Zuhörer aber konnten nie sicher sein, ob es auch wirklich existierte. Und noch fühlten sie sich nicht selbstsicher genug, nach diesem Kleinod zu greifen.

Kapitel 10

AUF DEM LETZTEN HÖHEPUNKT

Zu den Kleinodien des Bamberger Domschatzes gehört ein ungefähr vier Quadratmeter großes Stück Tuch, das unter Kennern als eines der bedeutendsten Werke der abendländischen Webkunst gilt. In unerhörter Feinheit, aus Seide gefertigt, zeigt es zwischen stilisierten Rosen auf purpurviolettem Grund eine männliche Figur zu Pferde, der von zwei weiblichen Gestalten jeweils eine Krone dargebracht wird. Dieser Wandteppich figuriert in den Katalogen der Kunsthistoriker als *Gunthertuch.* Bauarbeiter fanden ihn um 1830 im Bischofsgrab des Bamberger Doms. Archäologen haben ihn seither untersucht, Restauratoren konserviert. Heute hängt er in der Schatzkammer der oberfränkischen Bischofsresidenz – ein Zeugnis der versunkenen Herrlichkeit Konstantinopels.

Der deutsche Bischof Gunther, der 1065 von einer Pilgerfahrt aus dem Heiligen Land zurückkam, hatte das Tuch in Byzanz zum Geschenk erhalten. Es stammte aus dem kaiserlichen Haushalt und soll, als Vorhang, unter der Herrscherloge im Hippodrom gehangen haben, wenn immer der Monarch den Pferderennen beiwohnte. Als Bahrtuch ist es dann nach Bamberg gelangt und dort mit seinem Besitzer beerdigt worden. Gunther war noch in Ungarn gestorben.

Heute glaubt man zu wissen, daß die männliche Figur auf dem Wandteppich niemand anderes ist als Kaiser *Basileios II.*, der zusammen mit *Konstantin VIII.* von 963 bis 1025 im Magnaurapalast residierte. Die beiden Frauen aber seien, so behauptet der führende Gunthertuchexperte, die Stadtgöttinnen von Athen und Konstantinopel, die den Herrscher zu seinem großen Sieg über die Bulgaren beglückwünschten.

Tatsächlich hat Basileios, nach seinem erfolgreichen Feldzug gegen den westbulgarischen Herrscher *Samuel,* in beiden Städten seinen Triumph gefeiert und sich beim Einzug durch das Goldene Tor von Konstantinopel eine *toufa,* einen von Pfauenfedern gezierten Kronreif, überreichen lassen, wie das Bild es darstellt. Er war einer der tatkräftigsten Herrscher, die jemals am Bosporus residierten, und einer der brutalsten Feldherrn aller Zeiten. Nach seiner letzten großen Schlacht gegen den Khan der Bulgaren (1041) hatte er 14 000 Gefangene blenden lassen und sie dann zu ihrem Herrn zurückgeschickt. Dessen Widerstandswillen war daraufhin völlig zusammengebrochen. Westbulgarien, ein Gebiet, das von der heutigen albanischen Mittelmeerküste bis zur Donau reichte, wurde byzantinische Provinz. Das Reich stand auf einem letzten Höhepunkt seiner Macht. Es beherrschte nahezu die gesamte adriatische Küste, dazu Apulien, Kalabrien und Venetien, das heutige Griechenland und das heutige Bulgarien, es hatte Zypern, Kreta und Westsyrien zurückerobert, seine Heere waren noch einmal bis nach Syrien vorgestoßen und erst kurz vor Bagdad zum Halten gezwungen worden, seine Flotte kontrollierte das östliche Mittelmeer.

Basileios, mit dessen Namen diese byzantinische Reconquista vor allem verbunden ist, ging als *Bulgaroktonos,* als Bulgarenschlächter in die Geschichte ein. Vom Glanz seiner Erfolge kündet heute noch das Gunthertuch und überstrahlt den Blutdunst, der ihn umgab, in unschuldsvoller Schönheit.

Goldenes Zeitalter unter den Mazedonen

Begonnen aber hatte der Wiederaufstieg des Reiches lange vor Basileios II. mit dem Regierungsantritt der Dynastie, der er angehörte, der *mazedonischen.* Ihr Begründer, *Basileios I.* (867 –886), hatte erfolgreich mit dem Erbe gewuchert, das von seinen Vorgängern über die Stürme der Zeit hinweg gerettet worden war. Das karolingische Reich im Westen zeigte damals die ersten Zeichen des Verfalls. Das Kalifat, der große Feind im Osten, löste sich allmählich auf. Basileios I. und sein Nachfolger *Leon VI.* (886–912) aber fanden im Windschatten dieser Ereignisse Zeit und Muße genug, ihre brennendsten Probleme zu lösen, die Bulgaren, die mehr als einmal bis in die Außenbezirke Konstantinopels vorgedrungen waren, zurückschlagen, die arabische Seeräuberplage zu bekämpfen und das Reich auch im Innern zu festigen.

In einer großen Gesetzessammlung, der *Basilika,* ordneten sie das juristische Erbe von Byzanz und stabilisierten den Absolutismus der Kaiser gegenüber dem Staat und der Kirche. Das Bauerntum wurde gegen Ausbeutung durch reiche Großgrundbesitzer gesichert, das geistige und künstlerische Leben nach Kräften und mit Erfolg gefördert.

Das Volk hat diese Anstrengungen der beiden ersten mazedonischen Herrscher 200 Jahre lang dankbar honoriert. Es hielt an ihrer Dynastie selbst dann noch fest, wenn die Macht in Wirklichkeit von Usurpatoren oder Gegenkaisern ausgeübt wurde, und das geschah oft genug.

Konstantin VII. Porphyrogennetos (912–959) etwa, ein Schöngeist und Literat, der Schriften über die kaiserliche Verwaltung und das Hofzeremoniell hinterließ, blieb anerkannter Herrscher, obwohl er 25 Jahre lang der Autorität seines ehemaligen Admirals und Mitkaisers *Romanos I. Lakapenos* (919–944) unterstand. Und Basileios II. überlebte samt seinem Bruder Konstantin VIII. sogar die Regentschaft zweier Generale, die des genialen *Nikephoros Phokas* (963–969) und die des nicht weniger begabten Feldherrn *Johannes I. Tzimiskes* (969–976), der den Nikephoros ermorden ließ.

Als Tzimiskes (armenisch: Pantöffelchen) dann starb, hatte Basileios gerade das Mannesalter erreicht und konnte die Kette der Erfolge verlängern, die die beiden Generale für das Reich und die mazedonische Dynastie erzielt hatten. Denn auch darin bewährte sich das Glück der Mazedonen, daß alle die Offiziere, die sie zeitweise von der Macht fernhielten, begabte Feldherrn und gute Politiker waren. Während die Prinzen von kaiserlichem Geblüt ihren Liebhabereien nachgingen oder zu Männern erzogen wurden, errangen ihre Regenten einen glänzenden Sieg nach dem anderen, vergrößerten das Reich und füllten die Schatzkammern des Palastes.

Das Zeitalter der mazedonischen Dynastie war in der ganzen Welt eine schwerterdurchklirrte Epoche, eine Hoch-Zeit des Krieges und der Balladensänger, die ihn verherrlichten. Aus Skandinavien waren die Wikinger aufgebrochen, um sich, begleitet von stabreimenden Barden, in Frankreich, Britannien, Sizilien und Rußland neue Reiche zu erobern. In Persien schrieb *Firdausi* das große Heldengedicht seines Volkes *Schah-nameh,* mit der Ballade von Rustam, der wie die Titelfigur des Hildebrandliedes im Zweikampf seinen Sohn erschlägt, weil der sich ihm nicht rechtzeitig zu erkennen gab. Und in Byzanz jubelte der Chor des Palastes:

Die Lust am Kriege

»Siehe, der Morgenstern geht auf, das Gestirn des Ostens erscheint und überstrahlt mit seinem Glanze selbst das Licht der Sonne. Es ist Nikephoros, der Herrscher, der bleiche Tod der Sarazenen.«

Krieg war das große Thema auch in Konstantinopel, Siegesmeldungen ein langentbehrtes Rauschmittel. Die militärische Technik machte in diesem Klima ungeheuere Fortschritte. Byzanz konnte sich rühmen, die modernste, bestausgerüstete und schlagkräftigste Armee der damaligen Welt zu haben, befehligt von den fähigsten Generalen. Ihren Waffen widerstanden weder Heere noch Mauern, selbst amphibische Operationen wurden mit maschinenhafter Perfektion durchgeführt.

Pro Skalp ein Silberstück

Als Nikephoros Phokas im Jahr 949 – er war damals noch nicht Kaiser – die Insel Kreta angriff, ritten seine Soldaten über schnellerrichtete Brücken aus den Schiffen an Land, formierten sich dann auf dem Ufergelände und zerstreuten die ob dieses Schauspiels völlig verwirrten Muhammedaner.

Später wurden die Mauern der Inselhauptstadt Candia von byzantinischen Pioniertruppen regelrecht unterminiert und gesprengt, obwohl ihnen dazu weder Pulver noch Dynamit zur Verfügung stand.

Leon Diakonos, ein Geheimschreiber Basileios' II., hat diese Aktion miterlebt und so beschrieben: »Mit Hilfe der Wurfmaschinen, die einen dichten Hagel schwerer Steine gegen die Barbaren schleuderten, wurden diese mühelos zurückgedrängt. Und während der Widder *(ein Mauerbre-*

cher) mit gewaltigen Stößen die Wälle erschütterte, ließen sich zahlreiche Männer, mit Werkzeugen zum Brechen der Steine ausgerüstet, in den Graben hinab und begannen von dort aus die Bollwerke zu unterwühlen... Als aber die mit den Zerstörungsarbeiten betrauten Leute ihr Werk pflichtgemäß vollbracht hatten und die Mauerzinnen infolgedessen gleichsam in der Luft hingen, stützten sie diese mit Holzbalken, schichteten trockenes Brennmaterial auf, zündeten das Feuer an und verließen darauf den unterirdischen Stollen. Sowie nun die Stützen in den Flammen verkohlt waren, barsten plötzlich zwei Türme mit dem sie verbindenden Mauerstück, fielen langsam in sich zusammen und stürzten mit lautem Getöse zu Boden.«

Die Byzantiner drängten sich durch die entstandene Bresche in die Stadt hinein und schlachteten ihre Gegner erbarmungslos ab. Es kostete, wie Diakonos weiter berichtet, den Feldherrn viel Mühe, der blutrünstigen Raserei des Heeres Einhalt zu gebieten.

Ähnliche Szenen haben sich bei fast allen anderen Auseinandersetzungen im Rahmen der byzantinischen Reconquista abgespielt. Massenhinrichtungen, Blutbäder, unerhörte Grausamkeiten waren an der Tagesordnung. Die Soldaten verrohten schnell im Wirbel der nie abreißenden Feldzüge, und es ehrt ihre Feldherren, daß sie, wie Nikephoros aber auch Tzimiskes, immer wieder versuchten, an das christliche Gewissen ihrer Untergebenen zu appellieren und dem Morden dann Einhalt zu gebieten, wenn es seinen strategischen Sinn verloren hatte.

Diesen byzantinischen Heerführern waren ritterliche Züge durchaus eigen. Sie lebten einfach, teilten das Los ihrer Soldaten auch in den schlimmsten Lagen und haben nur selten Versuche gemacht, sich an der Kriegsbeute zu bereichern. Vor der Schlacht pflegten sie ihre Truppen in anfeuernden Reden vom tieferen Sinn des Kampfes zu überzeugen, danach ließen sie Dankgottesdienste abhalten und kümmerten sich um die Versorgung der Verwundeten.

Während der Schlacht jedoch war ihnen jedes Mittel recht,

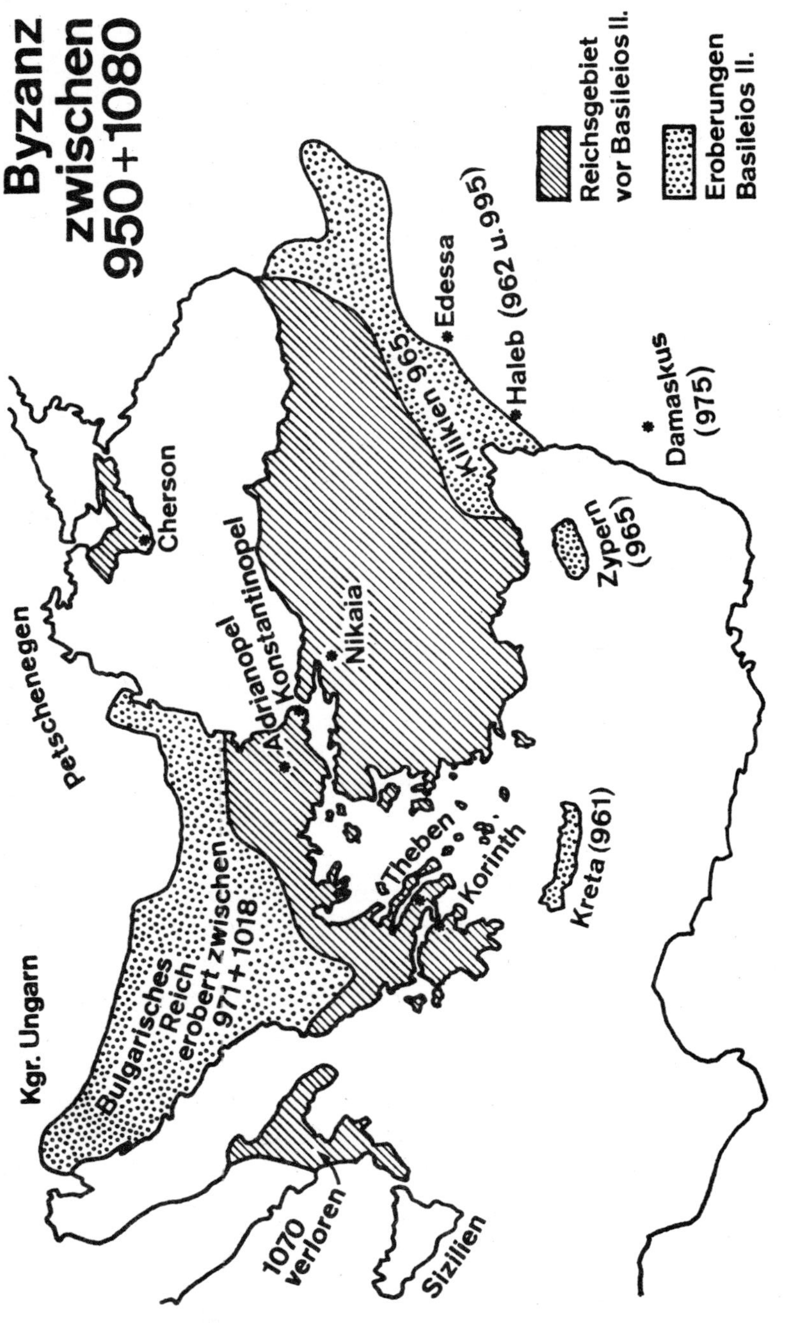
Byzanz zwischen 950+1080
Reichsgebiet vor Basileios II.
Eroberungen Basileios II.
Kgr. Ungarn
Petschenegen
Cherson
Bulgarisches Reich erobert zwischen 971+1018
Adrianopel
Konstantinopel
Nikaia
Theben
Korinth
Kreta (961)
Zypern (965)
Kilikien 965
Edessa
Haleb (962 u. 995)
Damaskus (975)
1070 verloren
Sizilien

den Feind niederzuwerfen oder seelisch zu zermürben. Sie blendeten Gefangene und schickten sie mit blutenden Augenhöhlen zu ihren Kriegsherren zurück, sie ließen Tausenden von Gefallenen die Köpfe abschlagen und schossen diese mit Wurfmaschinen ins feindliche Lager, oder sie setzten Kopfpreise auf jeden getöteten Gegner aus. Ein abgeschlagenes Feindeshaupt brachte dem Lieferanten ein Silberstück ein, und da es vielen byzantinischen Kriegern zu mühsam war, die Schädel sackweise anzuschleppen, begnügten sie sich damit, ihre toten Gegner zu skalpieren und diese blutigen Belege beim Zahlmeister abzugeben.

Im übrigen waren die kaiserlichen Armeen glänzend durchorganisiert und die Aufstellung, in der sie dem Gegner entgegentraten, ein Konzentrat aus allen Erfahrungen, die die Oströmer im Kampf mit barbarischen Völkern gesammelt hatten.

Die erste Linie der Schlachtordnung bildeten meist die gefürchteten Panzerreiter, die *Kataphraktoi.* Hinter ihnen standen die Bogenschützen und Schleuderer, die das Vorgehen der Kavallerie durch gezieltes Schützenfeuer deckten. Links und rechts waren diesen Gruppen zwei bewegliche Truppen angegliedert, mit der Aufgabe, den Feind im richtigen Augenblick zu überflügeln und von den Flanken her aufzureißen. Gesteuert wurden alle diese Bewegungen durch Hornsignale.

Für die Führer selbst gab es keinen Feldherrnhügel. Sie kämpften an den Spitzen ihrer Einheiten und mußten infolgedessen im Nahkampf so erfahren sein wie in der Strategie. Aber auch für ein Handgemenge waren sie gut ausgerüstet. Wenn die Schwerter der byzantinischen Soldaten an den feindlichen Schilden stumpf geworden waren, pflegten sie die Ersatzwaffe vom Gürtel zu lösen, eine eiserne Keule, und damit auf die Gegner einzuhauen. »Traf so ein Schlag den Kopf oder das Gesicht, dann hatte das vernichtende Wirkung«, schreibt Niketas Choniates. »So brachen die Rhomäer die fest geschlossenen Reihen der Gegner auf.«

Während der knappen zwei Jahrhunderte, die die mazedonische Dynastie regierte, galt Byzanz bei allen seinen Nachbarvölkern als unüberwindlich, als eine Macht, mit der man sich nur ungern anlegte. Seine Feldherren waren wirklich »der bleiche Tod der Sarazenen« und der Schrecken der Bulgaren. Auch ihren jüngsten Feinden, den Russen, brachten sie sehr bald das Fürchten bei.

Aber während es den Kaisern in Konstantinopel mit den Jahren gelungen war, die bulgarische Gefahr für immer einzudämmen, blieben die Beherrscher der nördlichen Schwarzmeerküste ein Gegner, der niemals vollkommen niedergerungen werden konnte. Er mußte durch andere Mittel besiegt werden.

Drachenboote im Marmarameer

Das Rußland des 10. Jahrhunderts war eine normannische Schöpfung. Schwedische *Waräger* (auch Warangen genannt) waren von der Ostseeküste her, entlang dem Dnjepr, bis nach Kiew gekommen, zunächst wahrscheinlich nur in der Absicht, sich die alte Handelsstraße nach Konstantinopel, den »griechischen Weg« zu sichern, angezogen also vom Glanz dieser Stadt.

Sie stießen mit ihren Drachenbooten mehrmals (813, 865, 907) bis unter die Mauern der Bosporusmetropole vor, ohne dort jedoch mehr als nur vorübergehenden Schrecken hervorrufen zu können. Immerhin gelang es ihnen nach ihrem letzten Angriff, den Byzantinern einen Vertrag abzunötigen, der das Privileg enthielt, ihre Waren oder auch ihre Kampfkraft vor den Wällen der Kaiserstadt frei und ungeschoren anbieten zu dürfen. Viele Waräger traten in das byzantinische Heer ein, mit Vorliebe in die kaiserliche Leibwache, die sich bald nur noch aus stoppelbärtigen Skandinaviern rekrutierte.

Um diese Zeit hatten sich die verschiedenen normannischen Handelsniederlassungen in Rußland bereits zu einem staatsähnlichen Gebilde verdichtet. Die Fürsten in Kiew regierten mit ihren Gefolgsleuten, der sogenannten *Druschina,* über die Teilfürsten in anderen Städten und über die unterworfenen Slawen, mit denen sie sich nur zögernd zu vermischen begannen. Byzanz beobachtete alle diese Vorgänge mit großer Aufmerksamkeit. Es bemühte sich, die neue Macht rechtzeitig unter Kontrolle zu bekommen und in das Netz seiner weltumfassenden Aktivitäten einzugliedern.

Nikephoros Phokas machte den ersten Schachzug. Er forderte die Fürsten von Kiew auf, gegen die Bulgaren vorzugehen, in der Hoffnung wohl, die beiden fremden Völker würden sich gegenseitig aufreiben oder wenigstens so dezimieren, daß beide dann von ihm selbst vollends beseitigt werden könnten.

Aber Nikephoros hatte sich getäuscht. Die Russen – *Tauroskythen* hießen sie bei den Byzantinern – schlugen die Bulgaren, besetzten deren Land, drangen in Thrakien ein und bedrohten Konstantinopel selbst. *Swjatoslaw,* ihr Führer, ließ den Kaiser wissen: »Er werde das fruchtbare Land nur unter der Bedingung aufgeben, daß ihm die Rhomäer eine gewaltige Summe Geldes entrichteten... Wenn sie sich dazu aber nicht bereit erklärten, dann sollten sie Europa, auf das sie keinen Anspruch hätten, schleunigst verlassen und sich hinüber nach *(Klein-)*Asien begeben. Nur so dürften sie hoffen, daß die Tauroskythen in einen Friedensschluß einwilligen würden« (Leon Diakonos).

Nikephoros konnte ihm keine entsprechende Antwort mehr geben. Er war mit anderen Problemen beschäftigt.

Sein Nachfolger Tzimiskes erst sah sich in der Lage, gegen Swjatoslaw vorzugehen und ihn aus Bulgarien zu vertreiben. Achtunddreißigtausend Russen sollen bei der letzten Schlacht, die er ihm lieferte, im Jahr 971 umgekommen sein, der Rest ihres Heeres wurde auf dem Rückmarsch nach Kiew von den türkischen *Petschenegen* erschlagen, die sich in der nördlichen Ukraine niedergelassen hatten. Auch Swjatoslaw fiel unter ihren Schwertern.

Massentaufe à la russe

Nach dieser Auseinandersetzung begann das Verhältnis zwischen den Fürsten von Kiew und Byzanz sich allmählich zu verbessern. Swjatoslaws Sohn *Wladimir* (980–1015), ein blutdürstiges Scheusal, das in seinem Harem über achthundert Frauen gehalten haben soll, stellte Kontakte zu Konstantinopel her, dem er kurz vorher noch seine Krimprovinz entrissen hatte, und begann, sich nach den Bedingungen zu erkundigen, unter denen ihm ein Freundschaftsabkommen gewährt werden würde.

In Byzanz konnte diese Offerte als die Frucht einer missionarischen Aktion gewertet werden, die lange vor dem Feldzug gegen Swjatoslaw gestartet worden war. Um die Seelen der Ostslawen wurde bereits seit Jahren erbittert gerungen, aber nicht nur von den Oströmern. Der Papst hatte seine Sendboten in das Dnjepr-Gebiet vorgeschickt, die deutschen Kaiser boten den warägischen Herrschern Königskronen an, und auch die selbstbewußten bulgarischen Zaren ließen für sich und ihre Kirche werben.

Wladimir, so will es die Legende, hat alle diese Angebote sorgfältig und kühl wie ein Kaufmann geprüft. Er schickte seinerseits Kundschafter nach Deutschland, Italien und Konstantinopel, aber auch nach Bagdad und Jerusalem, um zu erfahren, welche dieser Zivilisationen für sein Reich die erstrebenswerteste sei.

Die Berichte aus der Bosporusmetropole, die bei den Russen *Zargrad* hieß, Kaiserburg, sollen ihn dabei am stärksten beeindruckt haben.

Der griechische Patriarch hatte seine Boten zu einem Gottesdienst in die Hagia Sophia eingeladen, hatte allen Pomp des orthodoxen Rituals vor ihren Augen entfaltet und sie damit so überwältigt, daß sie, wie es in der *Laurentius-Chronik* heißt, »nicht mehr wußten, ob sie sich im Himmel oder auf Erden befanden«.

Über die Gottesdienste der römisch-katholischen Deutschen dagegen berichteten sie: »Wir sahen in den Kirchen viel Dienst verrichten, aber Schönheit sahen wir nicht«, und die strengen Muslimin hatten sie noch weniger überzeugen können. Byzanz also schien ganz eindeutig die Siegespalme zu gebühren, es war am prächtigsten und am größten. »Jedes rohe Volk«, meinte der schwäbische Religionshistoriker Ludwig Timotheus von Spitteler, »hält den Gott für den besten Gott, dessen Bekenner mächtig und reich sind.« Konstantinopel hatte gewonnen, zumindest steht es so in den alten Chroniken.

In Wirklichkeit freilich dürften noch eine Reihe von ganz anderen Gründen die Überlegungen des Kiewer Fürsten beeinflußt haben. Der Papst forderte als Bedingung für die Christianisierung der Ostslawen die Einführung der lateinischen Kirchensprache. Das war für Wladimir nicht akzeptabel. Die deutschen Kaiser konnten ihm keine sonderlich große politische Unterstützung als Zubrot bieten, und das gleiche galt von den geschlagenen Bulgaren.

Byzanz dagegen repräsentierte eine Macht, deren Unterstützung sehr wohl eine Messe wert sein mußte. Entsprechend formulierte denn Wladimir sein Angebot: Der Kaiser Basileios II. solle ihm seine Schwester Anna zur Frau geben und ein Bündnis mit ihm abschließen. Dafür wolle er sich dann, samt seinem ganzen Volke, zum griechischen Glauben bekehren, wolle einen byzantinischen Patriarchen in Kiew akzeptieren und auch sonst ein freundlicher Nachbar sein.

Byzanz nahm an. Wladimir wurde zusammen mit seiner Druschina getauft und befahl, die Götzen abzuschaffen. »Den Perun *(den Hauptgott der Ostslawen)* ließ er einem Pferd an den Schwanz binden und ihn die Anhöhe hinab durch den Boritschew zum Rutschai schleifen; und er stellte zwölf Männer hin, ihn mit Ruten zu schlagen« (Nestorchronik).

Dann trieb er die Bürger von Kiew am Dnjepr zusammen, zwang sie in die Fluten und erklärte sie nach dieser Massentaufe durch den Mund eines Priesters zu Christen. Söhne wurden ihren weinenden Eltern weggerissen und in schnell gegründete Klöster gesteckt. Wo die Götzen gestanden hatten, ließ er Kirchen »zimmern«, und über den heiligen Hainen wuchsen Kreuze empor. Mit ähnlichen Gewaltmethoden sollte später Peter der Große seine Bojaren europäisieren.

Wladimir aber erhielt, nachdem er solcherart seine Vertragsbedingungen erfüllt hatte, die geforderte Kaiserschwester zugesprochen, heiratete sie und gab die eroberten byzantinischen Gebiete auf der Krim an ihren Bruder zurück. Kiew wurde Metropole. Ihr Oberhirte, ein Grieche, war vom Kaiser in Konstantinopel ernannt worden.

Für Byzanz war die ganze Aktion ein unbezahlbarer politischer Erfolg. Rußland öffnete sich von nun an oströmischem Staatsdenken, war quasi eine Brudernation geworden. Die Hauptstadt am Dnjepr blühte prächtig auf und wurde – ein Konstantinopel en miniature – zur »goldenen Mutter« des späteren Zarenreiches, dessen Herrscher sich auch stets als die Nachfolger der oströmischen Kaiser begriffen haben.

»Aller Anfang, alle Ursachen und aller Anlaß bei uns in Rußland ist Wladimir«, sagte später *Feofan Prokopowitsch,* der Hoftheologe Peters des Großen. Die russische Kirche bestätigte es. Sie hat den Massentäufer heiliggesprochen.

Die Leiden des Liudprand

Mit den Herren des ersten Rom, den deutschen Kaisern, haben die Byzantiner sich nach langen diplomatischen und kriegerischen Auseinandersetzungen ähnlich gut arrangiert, wie mit den Fürsten von Kiew. Aber das Feilschen, das diesem Arrangement vorausging, war langwieriger, die Verhandlungen und Gespräche schwieriger.

Otto I. (936--973), der sich 962 in Rom zum Kaiser krönen ließ, beanspruchte unter anderem auch den Titel eines Königs von Italien. Das konnte Konstantinopel nicht hinnehmen. Auf dem Fuß der Apeninnenhalbinsel wehte ja immer noch die byzantinische Flagge. Kalabrien und Apulien waren byzantinisches Reichsgebiet, und die Herzöge in Capua und Benevent standen unter der Oberhoheit des oströmischen Kaisers. Nachdem Otto sie gezwungen hatte, ihn als Lehnsherren anzuerkennen, griff deshalb der byzantinische Statthalter in Unteritalien zu den Waffen und entfesselte einen Krieg gegen die Deutschen, der sich, ohne daß eine Entscheidung gefallen wäre, über Jahre hinzog.

Aber von einer Entscheidung konnte sich ohnehin keine der beiden Parteien viel versprechen. Otto war nicht weniger als seine fränkischen Vorgänger darauf bedacht, die Quellen der kaiserlichen Legitimität, die er in Konstantinopel vermutete, anzuzapfen, und Nikephoros, dem regierenden Kaiser, durfte an einer zweiten Front in Italien nicht gelegen sein, um so mehr aber an einer Verständigung mit den Deutschen und an dauerndem Frieden im Westen.

Dennoch hielt er Otto, der die Hand einer byzantinischen

Prinzessin für seinen Sohn forderte, hin. Er wußte um den Wert des Gutes, das er zu bieten hatte. Als Preis dafür verlangte er nicht weniger als die Herrschaft über Rom.

Darauf wiederum wollte der Deutsche nicht eingehen. Der Botschafter, den er an den Bosporus sandte, um alle Streitfragen zu klären, Bischof *Liudprand von Cremona* (gest. 972), ein gelehrter magenkranker Herr aus langobardischem Adel, mußte für die Weigerung seines Herrn bitter büßen.

Die Hofbeamten des Kaisers machten ihm, als er in Konstantinopel ankam, das Leben zur Hölle. Sie taten alles, ihn zu erschrecken und zu zermürben, und behandelten ihn wie den Abgesandten einer Räuberbande.

Schon der Empfang, der ihm in der Kaiserstadt bereitet wurde, war nichts weniger als höflich. Stundenlang ließ man ihn im Regen vor der Goldenen Pforte warten. Als sie endlich doch aufgetan wurde, erwarteten ihn nicht, wie es üblich war, jubelnde Menschen und eine kaiserliche Abordnung. Auf Seitenwegen schleppte man ihn vielmehr zu einem halbverfallenen Marmorpalast, in dem er, notdürftig versorgt, mehrere Wochen lang ohne eine Nachricht vom Hof ausharren mußte.

Noch deprimierender war die erste Audienz, die Nikephoros ihm gewährte. An einem regendurchtosten kalten Tag führte ein Bediensteter ihn zum Palast, vor dessen Eingang er wiederum stundenlang ausharren mußte, ehe die Wache ihn durchließ. In dem berühmten achteckigen Audienzsaal erfuhr er dann sofort eine neue Demütigung. Der Kaiser durchbrach das vorgeschriebene zeremonielle Schweigen, überschüttete ihn erst mit einer Flut von Schimpfworten und beendete den Empfang so abrupt, daß der Lombarde nicht einmal dazu kam, seine Botschaft anzubringen.

Auch die folgenden Wochen waren eine einzige Qual. Man lud Liudprand zu kaiserlichen Banketten und placierte ihn am untersten Tafelende, man zwang ihn, an einem Jagdausflug teilzunehmen, obwohl er ein miserabler Jäger und Reiter war. Man sandte ihm ölhaltige Speisen, die sein kranker Magen nicht vertrug, und saure Weine, die ihm Sodbrennen und Übelkeit verursachten.

Als er endlich einsehen mußte, daß seine Mission gescheitert war und um Entlassung bat, bereitete man ihm wiederum jegliche Schwierigkeit, verhinderte seine Abreise, beraubte ihn der Seidenstoffe, die er erworben hatte und vertraute ihn endlich einem Schiff an, das nur mit Mühe die Küste von Korfu erreichte.

Die Byzantiner hatten eine ihrer beiden wichtigsten diplomatischen Waffen gegen ihn eingesetzt. Sie pflegten Gesandte fremder Staaten entweder mit gloriosen Demonstrationen des Reichtums und der Macht zu überwältigen oder sie durch eine entsprechend brutale Behandlung einzuschüchtern.

Der schriftgewaltige Cremoneser indes rächte sich mit einer der galligsten Beschreibungen, die wir von Konstantinopel und seinen Kaisern haben. Er schildert die Bosporusmetropole als ein schmutziges Nest, durch dessen Straßen der Unrat abfloß, dessen Häuser verfallen waren und dessen Würdenträger in zerfransten, schmutzigen Gewändern herumliefen.

Über Nikephoros selbst etwa berichtet er: »Sein Kopf ist groß, seine Augen sind die eines Schweines, ein dicker Bart entstellt ihn völlig. Sein Gesicht hat die Farbe eines Äthiopiers, und man möchte ihm ganz und gar nicht in der Mitte der Nacht begegnen. Ich muß hinzufügen, daß er einen dicken Bauch hatte, schmale Hüften, Oberschenkel, die für seine kurze Gestalt viel zu lang waren, kurze Beine und unproportionierte Füße. Gekleidet war er in ein kostbares, jedoch sehr altes Hofgewand von verblaßter Farbe, das so roch, als ob es zu lange getragen worden sei.«

Die Psalter, die den Kaiser beim feierlichen Einzug in die Hofkirche überschwenglich feierten, wären seiner Meinung nach der Wahrheit nähergekommen, wenn sie gesungen hätten: »Du erloschene Kohle, Du hinkendes altes Weib, Du struppiger Faun, Du Tier in Menschengestalt.«

Bei diesem Bericht hat Liudprand zweifellos der Zorn die Feder geführt, er ist alles andere als objektiv. Dennoch muß er als einer der wichtigsten Dokumente zur byzantinischen Geschichte gewertet werden, und sei es nur deshalb, weil er es ermöglicht, die überschwenglichen Berichte der Hofhistoriographen zu relativieren. Auch in Konstantinopel gab es neben den strahlenden Palästen Slums, Schmutz und Kloaken. Die vielbesungene Kaiserstadt war durchaus von dieser Welt.

Die Byzantinerin und die Deutschen

Otto freilich hat sich durch den abschätzigen Bericht des Gesandten keineswegs von seinem Ziel abbringen lassen. Er wollte unter allen Umständen verwandtschaftliche Verbindungen mit Byzanz und setzte seinen Willen schließlich auch durch.

Der widerborstige Nikephoros wurde erschlagen. Sein Nachfolger Tzimiskes zeigte sich den Anträgen des Deutschen schon deshalb geneigt, weil die Russen unter Swjatoslaw eben in Thrakien eingefallen waren und er also dringend die Lage im Westen bereinigen mußte, um den Rücken frei zu haben.

Theophanu, eine Prinzessin von unbekannter, wahrscheinlich armenischer Abkunft, wurde dem Sohne Ottos versprochen und kam 972 nach Deutschland, wo ihre »unchristlichen Sitten« den Hofstaat zunächst tief schockierten. Pflegte die Prinzessin doch seidene Gewänder zu tragen, Parfüms zu verwenden und sich zu schminken. Aber bald machte ihr Beispiel sogar Schule, und ihr fremdartig-hoheitsvolles Wesen nahm das Volk für sie ein. Das *St.-Nikolaus-Fest* kündet noch heute von der Verehrung, die man ihr entgegenbrachte, denn Theophanu erst hat diesen griechischen Heiligen im Westen bekanntgemacht. Als sie 991 in Nijmwegen gestorben war, wurde ihre Leiche nach Köln überführt und dort in der Kirche St. Pantaleon beerdigt. Ihr Grab ist noch heute zu sehen.

Im Bild der deutschen Geschichte ist Theophanu mehr als nur ein Tupfen von byzantinischem Gold. Sie symbolisiert vielmehr eine Epoche enger diplomatischer und kultureller Beziehungen zwischen dem Hof der deutschen Kaiser und dem Magnaurapalast in Konstantinopel. Die Byzantiner, die nach dem Tode Karls des Großen keinen deutschen Herrscher mehr als Imperator anerkannt hatten, weil sie diesen Titel für sich alleine beanspruchten, bequemten sich allmählich dazu, ihre westlichen Rivalen wieder aufzuwerten, und fabrizierten schließlich einen Kompromiß, der es beiden Seiten gestattete, Gesicht und Würde zu wahren.

Der regierende Hauptkaiser und Herr der Welt erhielt die Bezeichnung *moderator Romanorum* zugewiesen (das Wort *Moderator* ist uns heute vor allem vom Fernsehen her vertraut), sein jeweiliger Mitkaiser rückte zum *Imperator* auf, und damit wurde dieser Rang auch für den Rivalen im Westen verfügbar.

Die Ottonen freilich konnten diesen Triumph nicht mehr verbuchen (erst Barbarossa wurde er zuteil), sie mußten sich damit begnügen, verwandtschaftliche und freundliche Beziehung zum Hof in Konstantinopel hergestellt zu haben, und benutzten dieses Alibi dazu, ihren Herrschaftsapparat dem byzantinischen soweit wie möglich anzupassen.

Otto der Große etwa ernannte, nach oströmischem Vorbild, seinen Sohn zum Mitkaiser, in der Absicht vor allem, den Papst damit in die Rolle eines Zeremonienmeisters zu zwingen, der einen bereits ernannten Herrscher nur noch zu salben hatte, aber kein Recht mehr besaß, ihn zu bestimmen. Und *Otto III.* (983–1002), der stark unter dem Einfluß seiner griechischen Mutter stand, übernahm die wichtigsten byzantinischen Kanzleigebräuche, um sich Konstantinopel nicht mehr als auswärtige Macht, sondern als Kaiser des einen großen Römischen Reiches, dem beide Höfe angehörten, präsentieren zu können.

Alle Ottonen standen in ständigem Kontakt mit Konstantinopel und haben einen großen Teil ihrer politischen Anschauungen von dort bezogen. Ihre Vorliebe für das Griechische aber – bei Otto III. trat sie besonders stark, fast kraß zutage – hat sich natürlich auch nach unten auf Hof und Klerus ausgebreitet. In Essen und Würzburg bevorzugte man zu ihrer Zeit an hohen Feiertagen den byzantinischen Ritus vor dem römischen, eine Äbtissin von Gandersheim gräzisierte ihren Namen und ließ ihn in griechischen Lettern verewigen, griechische Mode, griechische Sitten und Gebräuche bürgerten sich in Deutschland ein, zumindest in Adelskreisen. In Köln stellten byzantinische Händler ihre Waren auf dem »Griechenmarkt« zur Schau, der sich als Straßenname bis heute erhalten hat.

Byzanz strahlte bis zum Harz und bis zur Nordsee. Aber es war sich dessen auch bewußt und nährte stolze Träume. Als im 12. Jahrhundert Kaiser *Manuel I.* (1143–1180) *Bertha von Sulzbach,* die Schwägerin des Stauferkönigs *Konrads III.* (1138–1152), zur Frau nahm, jubelte ein byzantinischer Poet: »Wenn das Alte Rom *(das Deutsche Reich)* die Braut sendet, du *(Byzanz)* aber den Bräutigam, und der Mann das Haupt des Weibes ist, so bist auch du das Haupt geworden, und das Alte Rom ist nur mehr ein Glied von dir.«

Der kaiserliche Geheimdienst

Doch Poetenträume und politische Wirklichkeit sind zweierlei. Die Blütezeit der deutsch-byzantinischen Freundschaft ging mit dem Tode Ottos III. eigentlich schon zu Ende. Sein Nachfolger Heinrich II. (1002–1024) lag bereits wieder im Krieg mit den Oströmern, die immer noch versuchten, ihren unteritalienischen Besitz auszudehnen. Und auch Ungarn avancierte in diesen Jahrzehnten zum Zankapfel zwischen den beiden Reichen.

Unter Konrad III. erst kam es noch einmal zu einem Bündnis zwischen Byzanz und Deutschland, aber als dessen Sohn *Friedrich I. Barbarossa* (1152–1190) Italien unter seine Botmäßigkeit zu bringen suchte, kämpfte er wieder weitaus häufiger gegen byzantinische Agenten und byzantinisches Geld als gegen den Selbständigkeitswillen der einheimischen Fürsten und Städte.

»In jeder italienischen und auch noch in entfernteren Städten hatte Kaiser Manuel Leute, die ihm durch Eid verbunden und treu ergeben waren. Selbst was die abendländischen Feinde der Rhomäer gleichsam in der geheimsten Kammer ausheckten und anzettelten, all das erfuhr der Kaiser« (Niketas Choniates).

Byzanz verfügte als älteste Großmacht im Mittelmeerraum über ein erprobtes Nachrichtennetz, über Tausende von bezahlten Helfern und natürlich über die notwendige Erfahrung im Umgang mit diesen Werkzeugen der Geheimpolitik. Die Kaiser im Magnaurapalast hielten mehr Fäden in der Hand als alle ihre Gegner zusammen. Sie vermochten auf Ereignisse einzuwirken, die sich Hunderte Kilometer von ihrem Sitz entfernt begaben, ohne auch nur einen einzigen Soldaten in Marsch zu setzen.

Ihre Mönche und Gelehrten unterwanderten die westliche Welt, ihre Kaufleute und Diplomaten taten ein übriges, um byzantinische Sitten und Moden zu verbreiten, und ihre planvolle Heiratspolitik schließlich verschaffte ihnen Verbindungen bis in die Höfe der feindlichen Staaten hinein. Das Ergebnis aller dieser Aktionen war byzantinische Allgegenwärtigkeit im westlichen Europa.

Das Zweite Rom blieb ein Faktor abendländischer Politik, auch dann noch, als der kriegerische Ruhm, den Phokas, Tzimiskes und Basileios II. für das Reich erworben hatten, schon längst wieder verblaßt war.

Die Doppeladlerreiche

Noch kräftiger als seine Machtpolitik hat das pure Beispiel Ostroms auf die westeuropäischen Staaten gewirkt. Besonders das *Römische Reich Deutscher Nation* war ganz von ihm geprägt und blieb auch dann noch in seinem Bann, als es längst feststand, daß das caesaropapistische System, der von einer irdisch-himmlischen Autorität überragte Staat, in Westeuropa nicht verwirklicht werden konnte.

Die Ottonen waren die letzten gewesen, die es fertiggebracht hatten, sich den Päpsten gegenüber als Herren der Kirche zu behaupten. Doch schon ihre Nachfolger mußten in den Auseinandersetzungen mit der Kurie schwere Niederlagen hinnehmen. Der Investiturstreit endete mit dem Gang *Heinrichs IV.* (1056–1106) nach Canossa. Damit hatte sich in Deutschland ein anderes als das byzantinische Prinzip durchgesetzt, weltliche und geistliche Macht wurden von verschiedenen Repräsentanten wahrgenommen, was nicht zuletzt auch der adeligen Freiheit zugute kam.

Wenn das deutsche Imperium unter Barbarossa die Bezeichnung »Heilig« annahm, so hatte das zwar handfeste politische Gründe – die sakrale Würde des Staates sollte gegenüber der »Sancta Ecclesia« betont werden –, war aber doch nur der Versuch, an eine Tradition anzuknüpfen, die der Realität nicht mehr entsprach.

Aber natürlich ist auch die Tradition selbst dann eine

prägende Kraft, wenn sie auf Träumen beruht. Die Kaiser, die zuletzt in Wien residierten, haben bis ins zwanzigste Jahrhundert hinein davon gezehrt und ihren Staat als ein »corpus politicum mysticum« à la Byzanz begriffen, als einen Organismus, der von geheimnisvolleren Kräften zusammengehalten wird als jenen der politischen Zweckmäßigkeit allein. Ein Stückchen Ostrom lebte deshalb auch im spanischen Hofzeremoniell noch fort und ist erst 1916 mit dem Tod *Franz Joseph I. von Habsburg-Lothringen* völlig verschwunden.

Bezeichnend mag es in diesem Zusammenhang auch sein, daß das Wappentier des Habsburger Reiches der byzantinische Doppeladler war, jenes seltsame Fabeltier, das nach zwei Seiten, nach Ost und West gleichzeitig zu blicken vermag. Die Russen haben es ebenfalls übernommen. Es schien das Symbol einer geographischen und geistigen Mittellage zu sein, die es nie gestattete, sich auf eine Himmelsrichtung allein zu konzentrieren. Tatsächlich war es ja das gemeinsame Schicksal der Doppeladlerreiche, daß sie immer nach dem Abend wie nach dem Morgen hin Ausschau halten und die Konflikte zwischen Asien und Europa nicht selten innerhalb ihrer eigenen Grenzen auszufechten hatten. Das galt für Rußland und für das alte Österreich, wie es schon ganz besonders für das Reich der geradezu »extremen« Mittellage, für Ostrom, gegolten hatte.

In der Wiener Schatzkammer sind noch heute die Purpurschuhe zu sehen, die zum Krönungsornat der deutschen Kaiser gehörten. Ähnliche Fußbekleidungen waren in Byzanz das Herrschersymbol schlechthin gewesen. So nahe ist uns das untergegangene Kaiserreich.

Die Welt, ein Symbol

Den Menschen des hochmittelalterlichen Westeuropas war es näher und ferner zugleich. Es wirkte als politische Kraft unmittelbar auf ihre Staaten ein und überragte sie turmhoch an Reichtum, Einfluß und kulturellem Glanz. Immer noch konnte Byzanz, selbst im 11. Jahrhundert, als der am höchsten zivilisierte Staat Europas gelten.

Immer noch verfügte es über den perfektesten Verwaltungsapparat, über ein durchdachtes Steuersystem und über die einzige Weltstadt von Bedeutung. Konstantinopel, nahezu dreimal so groß wie Köln, die größte Siedlung des mittelalterlichen Deutschlands, war nach wie vor der Hauptlieferant asiatischer Luxusgüter für den Westen und ein Zentrum der Wissenschaften und der Künste.

Auch sein Bildungswesen stand auf einem außerordentlich hohen Niveau. Mit sechs bis acht Jahren schon wurden die Kinder byzantinischer Eltern den Lehrern überantwortet, um das Lesen und Schreiben sowie die alte klassische Sprechweise zu erlernen. Mit zwölf studierten sie bei den Grammatikern Homer und die anderen griechischen Klassiker Zeile für Zeile. Wer sich dann noch weiterbilden wollte – oder konnte –, bezog anschließend mit sechzehn bis zwanzig Jahren die Universität, an der Rhetorik, Musik, Geometrie, Astronomie und Theologie, vor allem aber Philosophie gelehrt wurde.

Von der Logik wurden die jungen Leute zur Spekulation geführt, von Aristoteles zu Platon und zu Plotinos. Die scharfe Trennung der Fakultäten, die für moderne Hochschulen charakteristisch sind, gab es in Byzanz noch nicht. Über die Astronomie führten Wege zur Theologie, und Philosophie war das »einigende Band«, das alle Lehrgebiete umschloß. Die Naturwissenschaften kamen in dieser Ordnung am schlechtesten weg. Physikalische und chemische Experimente stellten nur einige wenige Außenseiter an. Aber selbst die *Alchimisten,* die in ihren Kellern werkelten, strebten mehr nach geistiger Erleuchtung, nach der mystischen Vereinigung mit Gott, als nach der Verwandlung der Materie in ihren Kolben und Töpfen. Gold war für sie vor allem ein Symbol der Vollkommenheit.

Die theologische Illuminierung der Realität scheint auch charakteristisch gewesen zu sein für die Art und Weise, in der die Byzantiner Geisteswissenschaft betrieben.

Psellos, der »Voltaire von Byzanz«, der im 11. Jahrhundert Universitätsprofessor und Großkämmerer in Konstantinopel war, entdeckte die Dreieinigkeit bei Homer und interpretierte die Ilias etwa so, wie die Zeugen Jehovas es heute mit der Bibel tun: Troia war ihm nicht nur die Stadt am Eingang zu den Dardanellen, sondern gleichzeitig »das Irdische« an sich, und das hölzerne Pferd des Odysseus versinnbildlichte ihm die Dämonen, die die Menschen in Alpträumen heimsuchen. Platon bezeichnete er als einen frühen Kirchenvater und Alexander den Großen als Vorläufer Christi.

Neue Gedankengänge freilich haben die byzantinischen Philosophen kaum noch entwickelt. Sie begnügten sich im wesentlichen damit, die Klassiker neu zu edieren und zu kommentieren.

Schon *Photios,* ein Patriarch und gefeierter Gelehrter, der im 9. Jahrhundert gelebt hatte, war als Philologe größer gewesen denn als Philosoph, als Bewahrer bedeutender denn als bahnbrechender Denker, und von seinen Nachfolgern auf den Lehrstühlen der Universitäten galt das noch in viel stärkerem Maß. Erst mit *Gemistos Plethon* trat zu Anfang des 15. Jahrhunderts noch einmal ein originaler Geist auf den Plan, ein Freidenker, der davon überzeugt war, daß das Christentum mit zunehmender Aufklärung verschwinden würde. Aber, wie gesagt, Plethon stellte eine späte Ausnahme dar.

Insgesamt war der Blick der Byzantiner mehr zurück als nach vorne gerichtet. So wie sie den kleinasiatischen Provinzen die Namen der alten römischen Provinzen gaben, um sich die Illusion zu erhalten, das Imperium sei noch unzerstört um sie, so sogen sie auch ihre ganze Widerstandskraft aus der Überlieferung, aus den Berichten über das klassische Hellas und aus ihrer eigenen großen Vergangenheit. Selbst ihre Kirchen und Paläste bauten sie mit Vorliebe aus den Trümmern älterer Bauten und nicht aus neuem Material. Der Hang zum Alten artete zur Manie aus.

Schriftsteller setzten ihren ganzen Stolz darein, möglichst viele Homer- oder Bibelzitate in ihren Texten unterzubringen, und befleißigten sich eines gestelzten und unnatürlichen Stils. Den einfachen Tatbestand »verheiratet sein« etwa umschreibt Niketas Choniates, einer der bedeutendsten byzantinischen Historiographen des 12. Jahrhunderts, mit Wendungen wie: »sie war dem oder jenem in bezug auf das Lager verbunden«, »er hatte sie sich als eheliche Frau angefügt«. Die Hauptstadt seines Landes nannte er nur selten beim Namen, sondern beschwor sie mit unzähligen Titeln, Ehrentiteln und Beinamen.

Das Ergebnis solcher Bemühungen war eine kunstvoll-künstliche Literatur, waren Schriften von Kennern für Kenner, von Feinschmeckern für Feinschmecker. Wer einen Bezug im Text oder ein Zitat erkannte, freute sich seiner Beschlagenheit und fand darin den erstrebten Genuß.

Indes, so meint der Altphilologe Franz Grabler, »man darf auch nicht vergessen, daß das Griechische zur Zeit des Niketas bereits zwei Jahrtausende Literatursprache war, viermal länger als das Deutsche heute. Bei einem solchen Alter kann es wohl vorkommen, daß die Sprache verbraucht und abgegriffen wird, daß man... daher nach neuen Ausdrucksmöglichkeiten sucht«.

Wahrsager und Bohemiens

In Konstantinopel, das unter der mazedonischen Dynastie noch einmal prächtig aufgeblüht war, gaben die Gelehrten den Ton an. Angesehene Gelehrte verkehrten bei Hofe und wurden mit Ämtern und Würden überschüttet. Rechtsgelehrte waren Justizminister, Professoren der Rhetorik Hofräte. Titel wie »Konsul der Philosophie« wurden vergeben und mit Würde getragen. Daß hohe Herren hin und wieder barfuß und unrasiert zum Galadiner kamen, wie Liudprand es schildert, rechtfertigt also nicht unbedingt den Schluß, die Byzantiner seien einfach ein verkommenes Volk gewesen. Das alles kann auch für einen Hof charakteristisch gewesen sein, an dem Bohemiens den Ton angaben, und sollte dann eher als ein sympathischer Zug notiert werden. Man war souverän genug, die Äußerlichkeiten zu verachten, und gab sich entsprechend leger.

Dafür blühte der Aberglaube um so mehr. Handlinienleser, Sterndeuter, Wahrsager und Verkäufer von Liebestränken hatten sich, rund um das Hippodrom, in kleinen Buden etabliert. Traumbücher und das sogenannte *Testamentum Salomonis*, eine Zauberschrift aus dem dritten Jahrhundert, waren ein begehrter Lesestoff, aber auch ein gefährlicher.

Magier, die mit ihren geheimnisvollen Kräften allzuviel

Unheil angerichtet hatten, wurden von den Gerichten erbarmungslos abgeurteilt. Den *Isaakios Aaron* etwa, einen Scharlatan aus Korinth, verurteilte die kaiserliche Justiz seiner Lästerreden und seiner Geisterbeschwörungen wegen zur *Schildkröte.* Er wurde in ein enges Gehäuse gesteckt, das von außen dem Panzer eines solchen Kriechtieres glich. Dann schlug von oben her ein Bolzen so lange auf seinen Brustkorb ein, bis er Besserung gelobte.

Erfreulicheres ist dagegen über die sportlichen Aktivitäten der Byzantiner zu berichten. Im Hippodrom übten sich an spielfreien Tagen junge Adelige im *Polo,* jenem uralten Reiterspiel, das aus Tibet über Persien nach Kleinasien gekommen war. Auf dem Goldenen Horn fanden an den hohen Festtagen Ruderregatten statt, an denen die Galeeren der kaiserlichen Flotte ebenso teilnahmen wie die Privatjachten der Reichen und die festlich aufgeputzten Boote der Fischer von Konstantinopel.

Byzanz – ein sozialistischer Staat?

Byzanz war aber auch ein Staat mit sozialistischen Zügen und ist darob von nicht wenigen marxistischen Schriftstellern gerühmt worden. Jack Lindsay, einer von ihnen, meint, es habe sowohl die fortschrittlichen historischen Kräfte repräsentiert, als auch »den rebellischen Traum von einer gültigen *(sozialen)* Harmonie«. Die Essenz seiner Geschichte sei die Transformation der antiken in die feudale Gesellschaftsordnung, aus der sich dann der Kapitalismus entwickelt habe, der zwangsläufig wieder in Kommunismus umschlagen müsse. Erste Spuren des Sozialismus seien sehr wohl in der politisch-ökonomischen Struktur des späten Ostrom zu entdecken. Lindsays These stützt sich vor allem auf die Tatsache, daß Byzanz streng staatswirtschaftlich organisiert war.

Nach wie vor unterlag die blühende Industrie der Kaiserstadt strengen obrigkeitlichen Vorschriften. Den Handwerkern wurde genau vorgeschrieben, welche Materialien sie zu verwenden hatten. Die Fabrikanten durften bestimmte Rohstoffe nur bei bestimmten Importeuren erwerben. Die Weber mußten ihre Tuchfarben von den regierungseigenen Produktionsstätten beziehen. Kartelle oder Trusts waren strengstens verboten, die Preise für alle Waren amtlich festgesetzt, der Handel mit Weizen und Purpur ein staatliches Monopol.

Der Motor dieser Wirtschaftspolitik war die Kirche, die den freien Wettbewerb für unmoralisch, ja für eine milde Form des Bürgerkrieges hielt. Der Staat, als die irdische Repräsentanz des Himmels, sollte die Güter verteilen und darauf achten, daß keiner zuwenig hatte, aber auch kein anderer über Gebühr reich wurde.

Gegen das Treiben der Großgrundbesitzer freilich, die kleine Bauern mit den übelsten Advokatentricks um ihren Grundbesitz prellten und selbst enorme Reichtümer ansammelten, waren auch die Priester machtlos.

Dennoch mußte niemand in Konstantinopel verhungern. Unzählige Armenhäuser, Altersheime und Hospitäler hielten ihre Tore offen. Fast jeder, der im Kampf um das tägliche Brot endgültig unterlegen war, konnte damit rechnen, früher oder später von irgendeiner barmherzigen Institution aufgenommen und dort einigermaßen ausreichend versorgt zu werden.

Im *Pantokrator-Krankenhaus* hatte jeder Patient ein eigenes Zimmer, ein Bett mit Matratze, Daunendecke und Kopfkissen, einen Bettvorleger, einen Kamm, einen Nachttopf und eine Waschschüssel. Er mußte zweimal wöchentlich ein Bad nehmen und erhielt dazu jeweils frische Handtücher, Waschlappen, Bademäntel und ein Stück Seife. Die Räume wurden regelmäßig gereinigt, ihr Fußboden mit Sägemehl bestreut. Ausgebildete Ärzte kümmerten sich um die Kranken. Pfleger betreuten die Bettlägerigen. Patienten mit ansteckenden Krankheiten wurden in Isolierstationen untergebracht.

Die größten Pflegestätten Konstantinopels waren Städte für sich, unterteilt in Blindenheim, Militärlazarett, Frauenklinik, Waisenhaus und Altersasyl. Eigene Brunnen versorgten sie mit Wasser, eigene Gärtnereien mit Gemüse. Eines dieser Institute, es lag am Goldenen Horn, beherbergte nicht weniger als 7000 pflegebedürftige Menschen.

Das war die menschliche Seite der »sozialistischen« Gesellschaft Konstantinopels. »Es galt keineswegs als Schande, im Leben gescheitert zu sein, sollen nicht die letzten auf Erden im Himmelreich die ersten sein? In Byzanz gab es keine gesellschaftlichen Vorurteile« (Guerdan). Der Kommunismus der Oströmer wurzelte im Christentum, unterschied sich aber kaum von dem der islamischen Staaten seiner und späterer Zeiten.

Eine Stadt Utopia, in der alle menschlichen Probleme gelöst sind und in der eitel Zufriedenheit herrscht, war Konstantinopel natürlich trotz alledem nicht. Nur die Christen unter seinen Bürgern wurden der staatlichen und privaten Fürsorge teilhaftig. Angehörige anderer Religionen hatten, soweit sie nicht Staatsgäste waren, nur mindere Rechte und Ansprüche. Die Juden waren nahezu völlig rechtlos.

Sie, die noch unter Justinian eine eigene privilegierte Handelsniederlassung am Goldenen Horn besessen hatten, konnten im byzantinischen Mittelalter weder Staatsbeamte noch Advokaten werden und durften vor Gericht nicht gegen einen Christen zeugen. Öffentliche Badehäuser und Gasthöfe verweigerten ihnen den Zutritt. Sie lebten in einem Getto jenseits des Goldenen Horns. Wer vom Christentum zum Judentum konvertierte, beging ein Staatsverbrechen, der Bekehrer konnte mit dem Tod bestraft werden.

Selbst das suspekte Privileg, Geld zu verleihen und Zinsen zu nehmen, das man den Juden im mittelalterlichen Westeuropa zugestand, wurde ihnen in Konstantinopel verweigert. Als einfache Industrie- und Hafenarbeiter mußten die Kinder Israel ihren Lebensunterhalt verdienen, gebrandmarkt von dem schrecklichen Vorwurf, »Christusmörder« zu sein.

Den Fremden, die Konstantinopel besuchten, blieben diese dunklen Seiten des Lebens in Europas größter Stadt meist verborgen. Sie sahen die mechanischen Goldfiguren auf den öffentlichen Plätzen, die mit Glockenschlägen die Tageszeiten markierten. Sie sahen Zisternen von der Größe eines ganzen Fußballfeldes, sahen mechanische Berieselungsanlagen, mit denen an heißen Tagen die Straßen gesprengt wurden, und staunten darob.

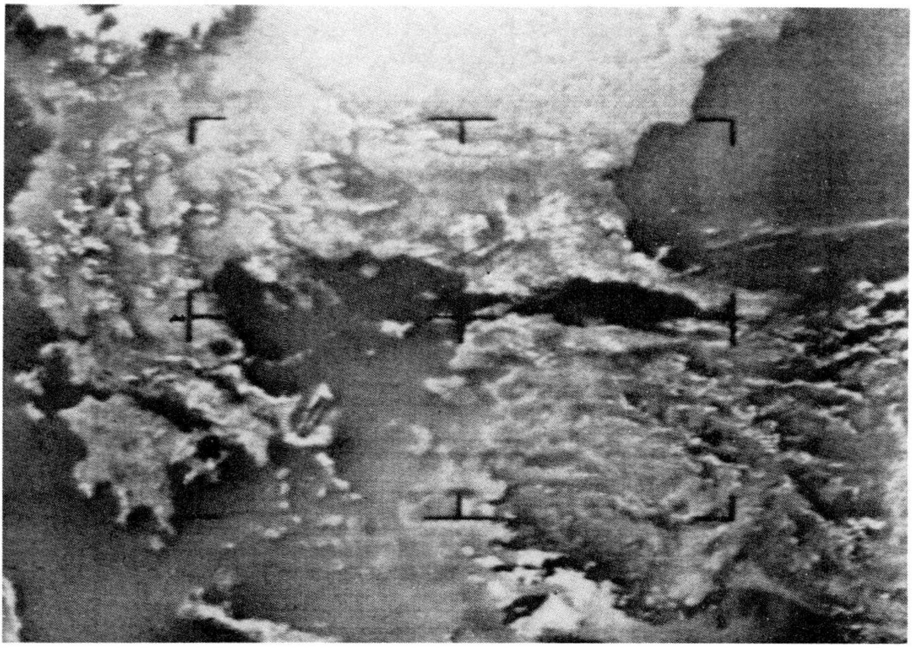

oben: Diese Aufnahme des Satelliten Nimbus zeigt die Nahtstelle zwischen Europa und Asien: In der Mitte des Bildes die Meerenge der Dardanellen, rechts davon das Marmarameer und sein Ausgang zum Schwarzen Meer, der Bosporus

unten: Blick auf Istanbul

Die Felsenhöhlen von Göreme wurden bis ins neunzehnte Jahrhundert als Kultstätten benutzt. In den einzelnen Felsenkapellen sind farbenprächtige Fresken bis heute erhalten geblieben.

oben: Ein Abendmahl-Fresko *unten:* Blick in das Tal von Göreme

Bis nach China waren Berichte über die Wunder von *Fu Lin,* der Stadt am Bosporus, gedrungen. Aber hatten die Reisenden, die sie verfaßten, auch mit ihren Bewohnern gesprochen? Hatten sie etwas von der tiefen Resignation und Müdigkeit gespürt, die sich der Byzantiner wie eine schleichende Krankheit allmählich bemächtigte? Wahrscheinlich nicht. Wenn sie von einem Ende Konstantinopels zum anderen und zurück gewandert waren, lag ein Fußmarsch von mehr als zehn Kilometern hinter ihnen. Sie waren müde, verschwitzt und von der Fülle der Eindrücke halb erschlagen.

Einige registrierten wohl außer den Palästen und Kirchen auch schmutzige Straßen und stinkende Kloaken, aber die Bewohner der Metropole verblaßten ihnen fast alle zu schemenhaften Figuren vor einer gigantischen Kulisse aus Stein. Die Stadt erdrückte sie, war Märchen und Alptraum zugleich, eine ungeheure, kompakte Masse, die zu ertragen und zu bewältigen fast unmöglich zu sein schien.

Das sinnlose Leben

Auch die Konstantinopolitaner selbst ertrugen und bewältigten ihre Umwelt immer weniger. Die blondgefärbten Playboys mit ihren übertrieben engen Hosen, die Lebedamen des Palastes, die ihre Gesichter mit mehreren Schichten von Pudern und Cremes überzogen, alle Bettgeschichten und Orgien der Reichen und die heitere Sorglosigkeit der akademischen Boheme, das war nur die Oberfläche des Lebens in Byzanz. Im Unterbewußtsein dieser Stadt lebte bereits das Wissen um ihren bevorstehenden Untergang. Man glaubte, daß das Datum ihres letzten Tages unter dem Putz eines öffentlichen Gebäudes in die Mauer gegraben sei und flüsterte sich zu, der Geist Justinians streiche bei Nacht unheildrohend durch die Hallen des Magnaurapalastes.

Ein General namens *Kekaumenos,* der es in Krieg und Frieden zu hohen Ehren gebracht hatte, zog sich, des Stadtlebens überdrüssig, auf seine Güter zurück und verfaßte dort für seine Söhne ein Lehrbuch des höfischen und militärischen Lebens, von dem einzelne Passagen reine Satire wären, wenn er sie nicht so bieder ernst gemeint hätte.

»Lehne Einladungen zu Gastereien ab«, heißt es da. »Es

gibt dabei allzuviel Gerede und Geschwätz... Achte mit besonderer Genauigkeit auf die Vorgänge in der Stadt... wie etwas vorfällt, mußt du es erfahren!... Die Herrin des Hauses verehre in Wahrheit als deine Herrin, Mutter und Schwester. Will sie ihr Spiel mit dir treiben, so gehe ihr schleunigst aus dem Wege!« Kekaumenos schildert ungewollt ein Leben, das man nur unter Anwendung der äußersten Vorsicht bestehen konnte.

Aber nicht jeder, den ein ähnliches Mißbehagen überkam wie ihn, besaß ein komfortables Refugium in der Provinz, in das er sich schmollend und grollend zurückziehen konnte. Minderbemittelten Zivilisationsflüchtlingen blieb nur ein anderer Weg offen, und Tausende haben ihn damals beschritten, der Weg ins Kloster. Sie nahmen die Kutte, um dem Militärdienst zu entgehen, um einem Leben zu entfliehen, dem sie keinen Sinn mehr abgewinnen konnten, um einer Welt zu entsagen, deren sie müde geworden waren. Es kam vor, daß ganze Familien das Mönchskleid anlegten. Die Sehnsucht nach einem Leben in unweltlicher Stille artete fast zu einer Modekrankheit aus, und Heilige avancierten zu Massenidolen, Säulenheilige vor allem.

Mittelalterliche Beatniks

Symeon Stylites aus Antiocheia (5. Jahrhundert) war der erste dieser seltsamen Büßersekte gewesen. Er hatte dreißig Jahre lang auf einer zwanzig Meter hohen Säule ausgeharrt und Weltruhm eingeheimst.

Daniel, einer seiner Nachahmer, lebte unweit von Konstantinopel dreiunddreißig Jahre über dem Boden, ertrug Stürme, Frost, Hagel, Sommerhitze und Schnee und mußte, als sein Leichnam endlich heruntergeholt wurde, gewaltsam gestreckt werden, weil seine Kniegelenke in der Hockhaltung, die er bevorzugt hatte, erstarrt waren.

Der *Heilige Lukas* verbrachte jenseits des Bosporus bei Chalkedon ein ähnliches Dasein, predigte von seiner luftigen Kanzel herab, heilte Kranke und zog ein großes Publikum an. Andere eiferten ihm nach, darunter auch Frauen. Bis ins 12. Jahrhundert hinein konnte man hier und da in Kleinasien bärtige Gestalten finden, die auf schwankenden Gerüsten hoch über der Erde, auf Felsklippen oder in Bäumen hausten und ihren Bewunderern über die Visionen berichteten, die ihnen bei diesem Leben zuteil geworden waren.

Andere Einsiedler hatten in Kappadokien, unweit des heutigen Kayseri, eine wahrhaft surrealistische Klosterstadt geschaffen. Hunderte von spitzen Felsennadeln ragen dort aus dem Grund des weiten Tales von *Göreme.*

Sie sind aus einem weichen Sandstein, der sich mit den primitivsten Werkzeugen bearbeiten läßt, und schon zu Zeiten der letzten antichristlichen Imperatoren sollen Flüchtlinge sich diesen Vorteil zunutze gemacht haben. Sie gruben Höhlen in die Flanken der Naturtürme, kleine Zellen, mehrzimmerige Wohnungen und schließlich regelrechte Gotteshäuser mit Apsen, Säulengängen, Altarnischen und Krypten.

Heute zählt man dort über dreihundert Kultstätten und Klausen, darunter ein Refektorium mit steinernen Tischen und Bänken und einer aus dem Fels geschlagenen Weinkelter. Die größten dieser Kapellen sind mit Wandmalereien ausgestattet, deren leuchtende Farbenpracht sich fast vollständig erhalten hat. Sie wurden bis ins 19. Jahrhundert hinein benutzt.

Im 10. und 11. Jahrhundert aber galt das Tal von Göreme den frommen Byzantinern als ein »zweites Jerusalem«. Tausende flüchteten in seine Höhlen, ließen sich Bärte wachsen, meditierten in steinernen Klausen oder blinzelten geruhsam in die lichtflimmernden Nachmittage hinaus, während auf dem Grund der quelldurchflossenen, sonnenglühenden Schluchten ein prächtiger Wein heranreifte und Bergfalken hoch über ihnen ihre gleichmäßigen Kurven zogen.

Erst gegen Anfang des 12. Jahrhunderts begann der Kreis der Höhlenmönche sich langsam zu lichten. 963 hatte der *Heilige Anastasios* die *Magistri Lawra,* das erste Großkloster auf dem *Berg Athos,* gegründet, 1045 erhielt das neue Eremiten-Territorium den Ehrennamen *Heiliger Berg* verliehen. Die weltmüden Orthodoxen, darunter auch Russen, begannen nun Griechenland zu bevorzugen und klebten ihre Klöster an die steil aus dem Wasser aufschießenden Felswände des neuen christlichen Olymp.

Ähnliche Gemeinschaften gab es aber auch in Mysien und Bithynien, in der Troas und an den Hängen des Taurus. Das berühmteste Refugium in der Nähe der Hauptstadt, im heutigen Tschubuklu, war das *Kloster der schlaflosen Mönche,* dessen Bewohner schichtweise beteten und schichtweise ruhten, so daß der Gottesdienst am Altar nie ein Ende fand. Der Senator *Studios* hatte es im 5. Jahrhundert gegründet. Es war Johannes dem Täufer, dem Lieblingsheiligen der Byzantiner, gewidmet.

Von diesen Klöstern sammelten viele im Lauf der Jahre erklecklichen Reichtum an. Neue Ordensbrüder überschrieben ihnen ihren Besitz, und Wallfahrer hinterließen hohe Spenden. Trotzdem waren es nicht nur die Verlockungen eines angenehmen, sorgenfreien Lebens, die die Weltflüchtlinge dort hinzogen. Die meisten von ihnen suchten Frieden, Erlösung und einen festen Ort, an dem sie vor dem Wirbel der historischen Stürme sicher sein würden. Eremiten und Styliten waren die Führer dieses Auszugs aus der Zivilisation gewesen – Nachfahren des Diogenes und Vorfahren der jugendlichen Zivilisationsflüchtlinge von heute. Die große Masse folgte ihnen nach, Protestierer gegen eine Welt, die sich auf der Jagd nach Macht, Reichtum und leerem Glanz zugrunde richtete. Sie waren die ersten, die der Festigkeit des Bodens unter ihren Füßen nicht mehr trauten.

Die heiteren Kirchen

Der Zwiespalt der Lebensauffassungen, pralles Dasein dort und Lebensangst hier, tritt auch in der byzantinischen Kunst jener Zeit deutlich zutage. Während die Mosaiken in den Kirchen der Hauptstadt lebensvoll, frisch, fast üppig wirken, mit rotbäckigen Heiligen und Kaisern, mit lieblichen Madonnen und Engeln, setzte sich in den Klöstern ein strengerer Stil durch. Dort hatten die Väter und Propheten schmale, durchgeistigte, leidgeprüfte Gesichter, die mit dem goldenen Heiligenschein, der sie wie ein Mond umgab, seltsam kontrastierten. Große, tiefliegende Augen beherrschen die Köpfe, fromm sind die Hände vor der Brust gefaltet oder zu feierlich segnenden Gebärden erhoben. In den Farben dominieren neben dem traditionellen Rot und Gold ein leuchtendes Kobaltgrün und ein azurenes Blau. Allgemein galt für die mönchischen Künstler das auf dem Konzil von Nikaia (787) aufgestellte Gesetz: Die Kirchenväter ordnen an, was dargestellt werden soll und schreiben die Form vor, die Maler führen aus.

Für die Künstler in den kaiserlichen Werkstätten galt diese Vorschrift dagegen nicht. Sie entwarfen nach wie vor Löwen, Elefanten, Greifen und Falken in prunkenden Farben, stellten prächtig gekleidete Herrscher dar, die zur Jagd ausritten und schmückten ihre Tapisserien mit Ornamenten von persischer Herkunft. Elfenbeinschnitzereien entstanden in ihren Ateliers, kostbare Kassetten mit klassischen Motiven verziert, Bronzetüren und gehämmerte Plaketten aus vergoldetem Silber. Venedig bestellte sich in Byzanz die *Pala d'oro,* die gold- und juwelengeschmückte Altartafel von San Marco.

Im staatlichen Kirchenbau entwickelte sich ebenfalls ein neuer heiterer Stil. Die von Basileios I. erbaute *Nea,* die Neue Kirche, erinnerte in nichts mehr an die Basiliken, deren Form noch den Aufbau der Hagia Sophia bestimmt hatte. Der Grundriß war jetzt ein in einem Quadrat eingeschlossenes Kreuz. Fünf Kuppeln, eine am Schnittpunkt der Kreuzesarme, die anderen an den vier Ecken des Gebäudes, krönten das Bauwerk. Später ging man noch dazu über, die Mittelkuppel auf eine hohe Trommel zu setzen und sie so zur Dominante des Bauwerks zu machen.

Die neuen Gotteshäuser wirkten leichter und gefälliger als die älteren aus der Zeit Justinians I. Während die Kuppel der Hagia Sophia wie eine schwere, zwischen Bäumen hängende Wolke wirkt, ragen die ihren munter und fast verspielt in den Himmel empor, Pyramiden aus Halbkugeln, die in der Zentralkuppel kulminierten.

Auch das Innere der Kirchen wurde lichter und luftiger. Die schweren Pfeiler wichen schlanken, eleganten Säulen. Glasierte Fayenceplatten leuchteten in den Nischen, strahlende Mosaiken und reichverzierte, glänzend emaillierte Altartafeln reflektierten das durch die Fenster einfallende Licht. Am Dom von *San Marco* in Venedig lassen sich einige dieser Details heute noch studieren. Er ist die besterhaltene, wenn auch durch neuere Zutaten grausam verunstaltete, spätbyzantinische Kirche in Europa. Er ist geprägt von einem Stil, der in sein Rokoko-Stadium getreten und also geeignet war, das Thema »Memento mori« gelassen zu paraphrasieren.

Kapitel 11

AM RANDE DER KREUZZÜGE

Mit dem Tod von Basileios II. hatte Byzanz den Höhepunkt seines letzten Goldenen Zeitalters überschritten. Konstantin VIII., der nach ihm die Alleinherrschaft übernahm, war, im Gegensatz zu seinem Bruder, ein kultivierter, gebildeter Mann, aber ein schlechter Feldherr. Indes reichte die Erinnerung an die Taten des Bulgarenschlächters auch während seiner dreijährigen Regierungszeit (1025–1028) noch hin, das Reich vor den Angriffen übermütiger Nachbarn zu bewahren.

Und als er starb, zeigte es sich, daß der Name der mazedonischen Dynastie gut genug war, selbst das Treiben seiner Tochter *Zoë* zu decken, der er den Thron überlassen hatte.

Diese, eine fünfzigjährige, guterhaltene Dame, nahm sich einen jungen Liebhaber, von dem Psellos schreibt, »sie liebte ihn wirklich, ohne daß er sie im mindesten begehrt hätte«, zwang ihn in ihr Bett und ließ sich dort, noch zu Lebzeiten ihres Mannes, *Romanos III.* (1028–1034), mehrmals zusammen mit ihm ertappen.

Michael, so hieß der rotbackige Jüngling, war Epileptiker, und man sagte von ihm, daß ihm zuweilen Geister erschienen. Aber das alles stellte sich erst heraus, nachdem die liebestolle Zoë ihren Gatten bereits beseitigt und den Epheben zum Kaiser und neuen Ehemann hatte erheben lassen.

Als *Michael IV.* (1034–1041) herrschte er an ihrer Seite, ein geängstigter, den irdischen Genüssen abgeneigter junger Mann, der einen großen Teil seiner Zeit darauf verwendete, Kirchen zu bauen, Armenhäuser zu errichten und ein Magdalenenkloster für ehemalige Prostituierte zu gründen. Er suchte die Gesellschaft der Einsiedler, der Mönche, ging in die Hospitäler, um mit eigener Hand die Kranken zu pflegen, und da es ziemlich unwahrscheinlich schien, daß er mit Zoë noch Kinder zeugen würde, ließ er sich von einem Palasteunuchen zur Adoption von dessen Neffen überreden, der wieder Michael hieß. Kurz nachdem dies geschehen war, dankte er zu Gunsten dieses jungen Mannes ab und verschwand in einem Kloster, ohne sich von seiner Frau auch nur verabschiedet zu haben. Wenig später ist er dort gestorben.

Zoë beweinte ihn heftig, dann wollte sie sich wieder ins Leben stürzen. Aber *Michael V.* (1041–1042), ein hübscher Bursche wie sein Vorgänger, hatte nicht die geringste Lust, sich mit der alten Dame abzugeben. Er schickte sie nach *Prinkipo,* einer Insel im Marmarameer, die schon seit Jahrhunderten als Verbannungsort für mißliebige Mitglieder des Herrscherhauses diente, und verbot ihr die Rückkehr nach Konstantinopel.

Die Palastbeamten lobten ihn dieses Entschlusses wegen. In Wirklichkeit hatte er damit einen Fehler begangen, der ihn Thron und Augenlicht kosten sollte. Das Volk von Konstantinopel, das zwei Jahrhunderte lang zum mazedonischen Herrscherhaus gehalten hatte, empörte sich über diese Maßnahme, stand wider ihn auf und zwang ihn, die Basilissa zurückzuholen. Gewaltsam schleppte es dann die Befreite zusammen mit ihrer jüngeren Schwester *Theodora* in die Hagia Sophia, zog beiden die kaiserlichen Purpurgewänder über und rief sie zu gemeinsamen Herrscherinnen des Reiches aus.

Michael, der mit seinem Onkel vor diesem Aufstand geflohen war, wurde ebenfalls wieder eingefangen, geblendet und davongejagt. Auf dem Thron im Magnaurapalast saßen nun zwei mausgraue Schwestern, die sich gegenseitig nicht ausstehen konnten, als die letzten Repräsentantinnen einer ruhmreichen Dynastie.

Doch ihre Herrschaft währte nur wenige Monate. Zoë nahm den dritten Mann und ließ ihn als *Konstantin IX. Monomachos* (1042–1055) zum Kaiser erheben. Nach der Krönung zog sie sich resigniert in ihre Gemächer zurück, um dort für den Rest ihres Lebens zu verharren. Sie ergab sich privaten Andachten und langen Diskussionen mit Traumdeutern, Handlesern und Astrologen. Sie vernachlässigte ihr Äußeres und welkte langsam dahin. Daß Konstantin seine Geliebte mit in den Palast gebracht hatte und als Basilissa behandeln ließ, störte sie offenbar nicht mehr im geringsten. Das seltsame Dreigespann lebte mehrere Jahre lang friedlich zusammen und bildete schließlich fast so etwas wie eine Familie.

Konstantin schlug sich erfolgreich mit den Russen und zwei aufständischen Provinzstatthaltern herum, er förderte das Studium der klassischen Literatur und der Jurisprudenz an der Universität von Konstantinopel und starb, einige Jahre nach der ihm offiziell angetrauten Kaiserin, in seinem Bett.

Theodora, die jüngere der beiden Schwestern, übernahm nun die Regierungsgewalt und führte, von fähigen Ministern beraten, ein Jahr lang (1055–1056) die Geschäfte. Daß es kurz vorher noch zum letzten schwersten Bruch zwischen der Kirche von Byzanz und der Westroms gekommen war, zum sogenannten *Großen Schisma,* ist weder ihre Schuld noch die Konstantins gewesen.

Der Bruch mit Rom

Protagonisten dieser Auseinandersetzung waren vielmehr zwei ebenso großartige wie hitzköpfige Geistliche, in Konstantinopel der prunkliebende, herrschsüchtige, aber ungemein gescheite Patriarch *Kerullarios* und im Westen der Cluniazensermönch *Humbert Kardinal von Silva Candida,* einer der feurigsten Kirchenreformatoren des Hochmittelalters und ein rabiater Kämpfer wider das Bündnis von Thron und Altar, in das, seiner Ansicht nach, die Päpste von den deutschen Kaisern hineingezwungen worden waren.

Die reine, über den politischen Mächten stehende »Geistkirche« wollte der Burgunder. Den Primat des Ostens über Rom und seine Bischöfe vertrat mit nicht minder großer Härte der Byzantiner.

Aber ihr Streit entspann sich nicht in einer Diskussion über solche Prinzipien, sondern an einer Auseinandersetzung über theologische Details, die einem Laien fast belanglos anmuten müssen.

Der Patriarch warf den Katholiken des Westens vor, sie hätten das nicaeno-konstantinopolitanische Glaubensbekenntnis durch den Zusatz der Formel *filioque* verfälscht. Mit diesem kleinen Wort, das besagt, daß der Heilige Geist vom Vater und vom Sohn gemeinsam ausgehe, leugneten sie, nach der Meinung des Kerullarios, die »anfangslose Ursprungslosigkeit« des Vaters und minderten seinen Rang herab. Richtig sei es dagegen, den Geist nach östlichem Brauch vom Vater durch den Sohn ausgehen zu lassen und damit einen letzten Rest jenes rabiaten Monotheismus zu verteidigen, für den Origenes und Arius eingetreten waren.

Humbert, der schon deshalb keine Ursache gehabt hatte, das filioque zu verteidigen, weil es von den Karolingern, nicht von den Päpsten in die Liturgie eingeführt worden war und weil die römisch-katholische Kirche die Ursprungslosigkeit des Vaters ja keineswegs leugnen wollte, zog es dennoch vor, den Streit darüber nicht zu vermeiden.

Als er 1054 in Konstantinopel war, ging er seinerseits zum Angriff über, machte den Byzantinern ihren Brauch, gesäuertes Hostienbrot zu verwenden, zum Vorwurf und reagierte sein hitziges Temperament mit einer Schelte ab, die in dem Vorwurf gipfelte, das cäsaropapistische Regime Ostroms stehe dem Islam bedeutend näher als der Welt des Westens.

Dann stapfte er, am 16. Juli 1054, zum Altar der Hagia Sophia, legte dort eine Bannbulle gegen Kerullarios nieder und reiste nach Rom zurück.

Der Patriarch war ob dieses Zornausbruches so verblüfft, daß er sich erst nachträglich revanchieren konnte. Er verfluchte seinerseits den regierenden Papst *Leo IX.* (1049–1054) und machte damit den Bruch zwischen den beiden Kirchen perfekt.

908 Jahre lang sprachen nun, von einem kurzen Zwischenspiel im 15. Jahrhundert abgesehen, die Päpste nicht mehr mit den Kirchenfürsten von Konstantinopel. Erst 1962 reiste wieder ein römischer Kardinal ans Goldene Horn, um den dort residierenden Patriarchen *Athenagoras* (geb. 1886), den Ehrenprimas der griechisch-orthodoxen Kirche, zu besuchen.

Es war der Erzbischof von Wien, *Kardinal König*. Und erst 1965 hob Papst *Paul VI.* den Bannfluch Leos IX. wieder auf. Ein Jahr vorher war auch er mit Athenagoras zusammengetroffen. 1967 besuchte er ihn in Istanbul, um die Wiedervereinigung der getrennten Kirchen voranzutreiben. Im Oktober des gleichen Jahres wurde der Streit dann endgültig beigelegt. Der Patriarch des Zweiten Rom kam in die Mutterstadt auf Besuch und tauschte mit dem Papst den Friedenskuß. Damit besiegelten beide Erzpriester die Verzeihung für alles, was die eine oder andere Seite gegen das »Einheitsgebot des Herrn« gesündigt hatte. Die »Verbundenheit in der Liebe Christi« war wiederhergestellt.

In dem dazwischenliegenden knappen Jahrtausend jedoch herrschte unverhohlene und nunmehr auch sanktionierte Feindschaft zwischen den beiden Erzstühlen. Humbert setzte in Westeuropa den Kampf um die Reinigung der Kirche fort, wobei er es wirklich schaffte, den Herrschaftsanspruch der Kaiser über die Päpste erfolgreich zu unterminieren. Kerullarios aber ließ sich in Konstantinopel von seinen Anhängern feiern und genoß es, daß selbst seine Feinde, die Philosophen der Universität, ihm ihre Zustimmung nicht verhehlten. Zu hochmütig war der Lateiner aufgetreten, zu sehr hatte er den Stolz der Oströmer getroffen. Das Abendland war für sie endgültig feindliches Gebiet geworden, und noch in den letzten schweren Jahren der Kaiserstadt wollte die Mehrheit ihrer Bürger »lieber türkisch als päpstlich« sein.

Abendsonne über Byzanz

Über der oströmischen Bühne hob sich nun der Vorhang zum fünften Akt. Er sollte mehr als vierhundert Jahre lang dauern und immer noch überstrahlt sein vom Glanz eines Hofes, der im christlichen Abendland kein Ebenbild hatte. 1071 begann er.

In diesem Jahr wurde Kaiser *Romanus IV. Diogenes* (1067–1071) bei Mantzikert an der armenischen Grenze von den aus Persien eingedrungenen türkischen *Seldschuken* vernichtend geschlagen. Wenig später erstand dem Reich im Westen ein neuer Feind, die *Normannen,* die sich bereits auf Sizilien niedergelassen und dort ein eigenes Königreich gegründet hatten. Und nochmals einige Jahre danach, 1091, standen Heere der Petschenegen, die im Donauraum saßen, vor den Mauern Konstantinopels.

Kaiser *Alexios I.* (1081–1118), aus dem alten Adelsgeschlecht der *Komnenen,* konnte allen diesen Feinden noch einmal Einhalt gebieten. Er stoppte den weiteren Vormarsch der Seldschuken, schlug die Petschenegen zurück, hielt die Normannen mit venezianischer Hilfe von der Küste der balkanischen Provinzen fern und bereitete sogar eine neue Offensive gegen die Eindringlinge aus Ost und West vor. Aber er bezahlte für diese Erfolge einen hohen Preis.

Der *Goldsolidus,* im Abendland *Byzantinus* genannt, der seit Diocletian die Schlüsselwährung Europas war, mußte abgewertet werden. Gleichzeitig erhielten die Venezianer für ihre Hilfe gegen die Normannen das Privileg zugesprochen, im ganzen byzantinischen Reich ohne Zollabgaben Handel treiben zu dürfen. Damit wurde dem oströmischen Außenhandel der Todesstoß versetzt. Venedig aber, das offiziell immer noch unter der Oberhoheit Konstantinopels stand, avancierte zur führenden Levantemacht und wurde für Byzanz zu einer Gefahr, die man am Bosporus weder rechtzeitig erkannte noch ernst genug nahm.

Die Herren von San Marco

Die Basis und das Zentrum der neuen Weltmacht war ja nichts weiter als die kleine, vier Kilometer vom italienischen Festland entfernt liegende Inselgruppe *Rialto* (von *Rivo Alto,* Hochufer), die einen Umfang von knapp 11 000 Metern besaß und höchstens 200 000 Einwohnern Raum bot.

Ursprünglich hatte sie einigen vor den Hunnen geflüchteten Venetern als Zufluchtsort gedient. Aber was war inzwischen daraus geworden? »Eine Stadt, die reich ist an Gold, aber reicher noch an Ruf und Namen, die mächtig ist an militärischer und wirtschaftlicher Kraft, aber mehr noch durch Bürgertugend... und die, besser als durch das Meer, durch die Klugheit und Weisheit ihrer Söhne beschützt und beschirmt wird« (Petrarca).

Venedig hatte immer zum byzantinischen Reich gehört, hatte sich gegen den Zugriff aller ausländischen Machthaber erfolgreich gewehrt und es nie zugelassen, daß man ihm von Rom aus in kirchliche Angelegenheiten hineinredete. Der heilige Theodor war ursprünglich sein Schutzheiliger gewesen, aber nachdem es im Jahr 828 zwei venezianischen Kaufleuten gelungen war, aus Alexandrien den Leichnam des Evangelisten *Markus* zu rauben und nach Europa zu bringen, machte die Stadt sein Wappentier, den geflügelten Löwen, zu dem ihren und nannte sich später auch *Republik von San Marco*.

Sie stellte dem von Byzanz eingesetzten Herzog, dem *Dogen* (von lateinisch *dux,* der Führer), einem kaiserlichen Beamten, ihren Großrat, die *Signoria* zur Seite, beschränkte damit dessen Rechte und kümmerte sich immer weniger um Anordnungen aus dem fernen Konstantinopel, das jedoch nach wie vor einer ihrer Haupthandelsplätze blieb.

Am Goldenen Horn besaßen die Venezianer schon seit dem 6. Jahrhundert eigene Niederlassungen. Ihre Kontore, Lagerhäuser und Docks befanden sich im alten Sykae, dem damaligen Justiniani, das später nach einem dort lebenden reichen Galater, einem Kelter also, *Galata* genannt wurde, während diesseits der Bucht, unterhalb des kaiserlichen Palastes, die Kaufleute von *Amalfi, Pisa* und *Genua* saßen.

Aber diese Situation änderte sich nach dem gemeinsamen Sieg der Lagunenmetropole und Konstantinopels über die Normannen sehr rasch. Die Venezianer siedelten nun in die eigentliche Hauptstadt über und verdrängten die Amalfianer, während die Pisaner 1162, nach einer bitteren Fehde mit ihren Nachbarn, den Genuesen, ausgewiesen wurden und diese nach Galata hinüberwechselten.

Im Konkurrenzkampf um den Markt der oströmischen Hauptstadt standen sich von jetzt an die Vertreter der beiden mächtigsten italienischen Stadtstaaten allein gegenüber, aber die Venezianer waren dabei in Vorhand. Sie zahlten keinen Zoll mehr, erhielten Zuschüsse für ihre Kirchen und genossen im Palast allerhöchstes Wohlwollen. Ihr *Podestà* (Bürgermeister) ging bei Hofe aus und ein und nützte geschickt das wachsende Desinteresse am Seehandel des mit den Komnenen an die Macht gekommenen Landadels aus.

Diese Barone nämlich wollten die Risiken der Seefahrt nicht eingehen, legten deshalb ihr Geld lieber in Grundstükken an und gewöhnten sich schließlich daran, alle auswärtigen Geschäfte via Venedig abzuwickeln. Den Venezianern konnte das nur recht sein. Sie hatten keinen Grund, die Kaiser darauf hinzuweisen, daß Byzanz sich durch solche Politik einer der wichtigsten Quellen seines Reichtums, der Stütze seiner Weltgeltung, beraubte und auf dem maritimen Schachbrett selbst mattsetzte. An den Gewinnen, die Ostrom sich entgehen ließ, wurde die Republik von San Marco reich, so reich und mächtig schließlich, daß sie davon zu träumen begann, sich der Bosporusmetropole selbst zu bemächtigen und das alte Herren-Untertanen-Verhältnis umzukehren.

»Wie Bienenschwärme«, schrieb Niketas Choniates, »vertauschten die Eneter *(Venezianer)* ihre Heimat mit Konstantinopel und verbreiteten sich von hier aus über das ganze rhomäische Reich... Als sie nun großen Reichtum erworben hatten, wurden sie so eingebildet und unverschämt, daß sie sich nicht nur den Rhomäern gegenüber Willkürlichkeiten erlaubten, sondern auch Weisungen und Drohungen des Kaisers mißachteten.«

1171 eröffneten sie sogar einen regelrechten Kriegszug gegen Byzanz, besetzten einige griechische Inseln und plünderten die Küste von Boiotien. Der Basileios Manuel I. mußte ein Flottengeschwader gegen sie ausschicken und ihre Schiffe in die Adria zurückjagen.

Daraufhin verbündete sich San Marco mit den sizilianischen Normannen und ließ sich nur gegen eine hohe Geldsumme aus diesem Vertrag wieder freikaufen. Außerdem mußte ihnen Manuel für den Rücktritt von der Offensive weitere Privilegien zugestehen. Die Venezianer in Konstantinopel wurden nun auch noch mit den Bürgern Ostroms gleichgestellt und aller staatsbürgerlichen Rechte teilhaftig – ohne dafür entsprechende Steuern zahlen zu müssen.

Die Barbaren aus dem Westen

Aber zu der Zeit, da dies geschah, hatten die Byzantiner schon längst mit anderen Vertretern der westlichen Welt auf eigenem Boden Bekanntschaft geschlossen, Vertretern, deren einen *Anna Komnena*, die Tochter des Kaisers Alexios I., so beschreibt: »Es ging von diesem Krieger ein gewisser Zauber aus, der indessen teilweise gestört wurde durch etwas unbestimmbar Erschreckendes, das von seinem Wesen herrührte. Denn der ganze Mann, die ganze Person war hart und wild... und selbst sein Lachen ließ seine Umgebung schaudern.« Der Geschilderte hieß *Bohemund von Tarent* und war ein normannischer Adeliger, der sich dem *Ersten Kreuzzug* (1069–1099) angeschlossen hatte.

Alexios selbst war es gewesen, der die abendländischen Ritter in sein Land rief. Als die Seldschuken bis ans Marmarameer vorgedrungen waren, hatte er eine Botschaft an *Papst Urban II.* (1088 –1099) geschickt und ihn um Hilfe gegen die heidnischen Scharen gebeten. Urban hatte sofort reagiert. Auf der Synode von Clermont hielt er am 26. November 1095 eine berühmt gewordene Rede, in der er den europäischen Adel aufforderte, Jerusalem, das ebenfalls in die Hände der Seldschuken gefallen und von ihnen für christliche Pilger gesperrt worden war, zurückzuerobern.

Tausende folgten seinem Ruf. *Robert von der Normandie, Gottfried von Bouillon* und *Balduin von Flandern* wurden zu Führern des Unternehmens bestimmt. Konstantinopel sollte der Sammelpunkt für die aus allen Richtungen zusammenströmenden Heerhaufen sein.

Aber Konstantinopel wußte plötzlich nicht mehr, ob es über den Erfolg seines Hilferufes glücklich oder erschrocken sein sollte, als die eisenklirrenden Massen nun heranbrandeten.

Die abendländischen Herren traten ziemlich arrogant auf und inszenierten, nachdem der Kaiser sich ihren übertriebenen Hilfsforderungen nicht gebeugt hatte, sogar einen Angriff auf das Stadtviertel *Blachernai* im Nordwesten von Konstantinopel. Alexios wehrte ihn ab.

Als es schließlich doch noch gelang, ein Übereinkommen zwischen den beiden Mächten zu treffen, in dem die Kreuzfahrer sich verpflichteten, den Komnenen als ihren Lehnsherrn anzuerkennen und ihm alle Gebiete zurückzugeben, die sie den Türken entreißen würden, war die Stimmung auf beiden Seiten bereits vergiftet.

Die Byzantiner hatten gehofft, daß der Westen nun endlich ihre Wachtdienste an der Ostgrenze Europas honorieren und getreulich für ihre Interessen kämpfen würde, aber sie waren zu gute Menschenkenner, um nicht schnell zu erraten, welches die eigentlichen Motive dieser abenteuerlustigen Ritter waren. Gewiß mochten viele von ihnen gläubige Idealisten sein, die als kriegerische Pilger nach Jerusalem ziehen wollten. Ihre Fürsten jedoch träumten in erster Linie von der Eroberung eigener Königreiche an den Küsten des östlichen Mittelmeeres. Byzanz aber war für sie nur irgendeiner dieser orientalischen Staaten. Es reizte bestenfalls ihre Beutelust.

Die schreibgewandte und gescheite Anna Komnena hat aus ihrer Verachtung für die Kreuzritter denn auch kein Hehl gemacht. »Diese Menge«, notierte sie, »konnte nicht wie einst die Griechen von Heroldsrufen gezügelt werden. Ausgewählte starke Soldaten mußten darauf achten, daß sie die Befehle des Kaisers nicht ständig verletzten.« Sie benahmen sich bäurisch und ungezogen, ließen höfische Erziehung vermissen, pöbelten, rülpsten und zeigten ungescheut ihre Verachtung für die zivilisierten Byzantiner.

Aber ihr Verhalten war ebenso ein Zeichen der Unsicherheit gegenüber einer fremden Welt wie auch ein Ausdruck ihres Staunens. Der Jenaer Hofrat und Philosophieprofessor *Friedrich Schiller,* der die Kreuzfahrer rund siebenhundert Jahre später glorifiziert hat, urteilt deshalb wahrscheinlich gerechter als Anna Komnena über die Söhne des wilden Europas, wenn er schreibt: »Erstaunt sieht er *(der abendländische Ritter)* in neuen Völkern sich an... errötet in Byzanz über seinen rohen Geschmack, seine Unwissenheit und seine Wildheit und erschrickt in Asien über seine Armut.«

Da staunten die Ritter

Tatsächlich hat Byzanz die empfindsameren unter den Rittern tief beeindruckt. Sie, die auf ihren kleinen Burgen in Frankreich oder Deutschland saßen, von bäurischem Gesinde umgeben, winters vor primitiven Kaminen frierend, hatten eine Stadt von solcher Größe und Pracht noch nie gesehen, ja nicht einmal gewußt, daß es derartiges überhaupt gab. Sie kamen aus einem kaum zivilisierten Land und fanden sich nun plötzlich an einem Hofe wieder, der unter den Komnenen noch einmal zu strahlendem Leben erwacht war.

Im Hippodrom wurden Darbietungen gezeigt, die jedem modernen Großzirkus Ehre gemacht hätten. Löwen, Bären, Leoparden, Seiltänzer, Jongleure, Komiker traten auf. Die Höflinge produzierten sich in golddurchwirkten Kleidern, die Palastgarde unter leuchtenden Standarten paradierte vor der Kaiserloge. Das Marmarameer tief unten war von farbigen Segeln übersät, und wenn morgens noch zähe Nebelwolken durch die Straße gekrochen waren, am Mittag spätestens riß der Vorhang auf und gab den Blick frei auf die großartigste Kulisse der Welt.

In Blachernai über dem Goldenen Horn war eine zweite Palaststadt entstanden, die den Glanz von Magnaura zu überstrahlen begann. Etwas weiter stadteinwärts erhob sich das Schloß des Konstantin Porphyrogennetos mit seiner edlen Fassade aus rotem Ziegelstein und gelbem Marmor über die Stadtwälle. Und mit der Hagia Sophia konkurrierte an Pracht und Schönheit die *Apostelkirche* auf dem vierten der sieben Hügel von Konstantinopel, wie vor den Toren der Seepaläste das kostbar ausgeschmückte Gotteshaus *St. Sergios* und *St. Bacchos*.

Insgesamt gab es 36 größere Kirchen in der Kaiserstadt, daneben unzählige kleine Kapellen, die sich am Ende dunkler Gassen plötzlich öffneten und mit mattem Goldgeflimmer lockten.

Alle diese Kleinodien aber lagen eingebettet in ein gigantisches Häusermeer, das wiederum nur Teil einer das ganze Marmarameer umgebenden Stadtlandschaft war. »Sie konnten gar nicht glauben, daß es eine so prächtige Stadt in der Welt gab, als sie die hohen Mauern und die vielen Türme sahen, von denen sie ganz umschlossen war; und diese prächtigen Paläste und hohen Kirchen, von denen es so viele gab, daß keiner es glauben konnte, wenn er es nicht mit eigenen Augen sah, und die Länge und Breite der Stadt, die von allen anderen die Herrscherin war«, berichtete Gottfried von Villehardouin aus der Champagne, einer der Kreuzritter.

Byzanz war immer noch ein steinernes Wunder, und die europäischen Krieger mögen ihr Bild noch lange mit sich herumgetragen haben, auch dann noch, als sie schon längst Jerusalem erobert hatten und über den geheiligten Boden schritten, den zu befreien die gläubigen unter ihnen ausgezogen waren.

Goldene Propaganda

Der Erste Kreuzzug verlief ja durchaus erfolgreich für die Franken und für die Byzantiner. Die europäischen Ritter entrissen den Seldschuken große Teile Kleinasiens und gaben sie getreulich an den Kaiser in Konstantinopel zurück. Gottfried von Bouillon aber errichtete das Königreich von Jerusalem und ließ sich als dessen Herr vom Papst bestätigen. Damit war am östlichen Mittelmeerufer ein neues christliches Machtzentrum entstanden, das Byzanz den Rücken abdeckte und einen Teil der türkischen Kräfte band.

Manuel I. (1143–1180) suchte die neue Situation sofort auszubeuten. Er unternahm noch einmal den Versuch, Süditalien zurückzugewinnen, aber es wurde ein kläglicher Mißerfolg. Papst, Kaiser (Barbarossa), die sizilianischen Normannen und die norditalienischen Städte ließen sich auf die Dauer nicht gegeneinander ausspielen, und als der Basileios im Jahr 1176 auch noch eine schwere Niederlage im Kampf gegen die Seldschuken hatte hinnehmen müssen, gab er alle Großmachtpolitik auf und konzentrierte seine Energien auf die Verteidigung des Teiles von Kleinasien, der ihm noch geblieben war.

Nach wie vor hielt er glanzvoll Hof in Blachernai und Magnaura und korrespondierte mit den Fürsten Westeuropas.

Als *Kilidsch Arslan II.*, ein Sultan der Seldschuken, ihn besuchte, ließ er ihm 80 Tage lang zweimal täglich Speisen und Getränke auf goldenem Geschirr servieren, ohne das Geschirr zurückzufordern. Als der Türke sich verabschiedete, überschüttete er ihn mit Kostbarkeiten, und als jener sich ob dieser Freigiebigkeit verwundert zeigte, fragte er ihn, »ob wohl einer von seinen Gegnern dem Angriff der Rhomäer widerstehen könnte, wenn er diesen Schatz für sein eigenes Heer und für Söldner aufwendete. Der Sultan versicherte bewundernd, wenn er selbst Herr dieser großen Schätze wäre, hätte er schon längst alle seine Feinde unterworfen« (Niketas Choniates).

Es war der alte byzantinische Trick, Feinde durch Prachtentfaltung einzuschüchtern.

Doch er fiel den Kaisern schwerer als jemals zuvor. Nur unmenschlich hohe Steuern ermöglichten noch die Pflege des traditionellen Herrschaftsstils. Das Volk brach unter der Last, die Manuel ihm aufbürdete, fast zusammen. Revolutionäre Demagogen fanden ein immer geneigteres Publikum, und schließlich brach in Byzanz, als letzte Krankheit, die diesen alten Staat heimsuchen sollte, der nationalistische Fremdenhaß aus.

Das Scheusal von Byzanz

Maria von Antiocheia, die Frau Manuels, die nach dessen Tod die Regentschaft für ihren zwölfjährigen Sohn übernommen hatte, öffnete unwissentlich der angestauten Wut die Schleusen. Ihre Praxis, sich vor allem mit fränkischen Beratern zu umgeben, war den Demagogen ein besonderer Dorn im Auge. Aber nicht an der Basilissa reagierten sie ihren Unwillen ab, sondern an den Venezianern, Pisanern und Genuesen, die in Konstantinopel lebten.

Im Jahr 1180 überfielen sie die Quartiere der Lateiner, plünderten Lagerhäuser, Kirchen, Hospitäler und töteten mehr als 6000 Menschen, darunter den päpstlichen Legaten.

An ihrer Spitze wütete *Andronikos,* ein Prinz aus dem Haus der Komnenen, den schon Manuel für so gefährlich erachtet hatte, daß er ihn zu seinen Lebzeiten fast ständig gefangenhielt. Jetzt, nach diesem Gemetzel, mußte Maria den »Richard III. der byzantinischen Geschichte« als Mitkaiser ihres Sohnes Alexios anerkennen.

Andronikos (1183–1185) war ein Schürzenjäger und ein Scheusal. Jahrelang hatte er durch seine Liebesaffären von sich reden gemacht. Aus den Gefängnissen, in denen ihn sein Onkel hielt, war er unter abenteuerlichen Umständen immer wieder entkommen, und stets hatte er dabei von dem Tag geträumt, an dem es ihm gelingen würde, die Macht an sich zu reißen und sich selbst zum Kaiser aufzuschwingen. Als er nun endlich gekommen war, brach der genährte Haß ungezügelt aus ihm heraus.

1183 ließ Andronikos den kleinen Alexios mit einer Bogensehne erdrosseln und die Leiche ins Meer werfen. Dann nahm er sich ein Mädchen, das noch nicht einmal elf Jahre alt war, und schändete es.

Indes, so unsympatisch der letzte Komnene auch sein mochte, die Byzantiner hatten es leichter unter ihm als unter Manuel. Er senkte die Steuern und straffte die korrupt gewordene Verwaltung. Als Staatsmann war er nicht unbegabt. Viel jedoch konnte er nicht mehr erreichen. Allerorten erhoben sich Aufständische gegen ihn. Nach zwei Jahren an der Macht wurde er vom Thron gefegt. Im Hippodrom hat ihn das Volk dann buchstäblich zerfetzt. »Ein ruchloser Kerl bohrte ihm ein langes Schwert in den Schlund, und einige Lateiner trieben mit beiden Händen ein Krummschwert in sein After, um zu sehen, wessen Waffe schärfer sei« (Choniates).

Der Fuchs von Venedig

Mit Andronikos trat die glanzvolle Dynastie der Komnenen, die Byzanz zur letzten späten Blüte seiner Macht und Kultur verholfen hatte, nach genau 104 Jahren ab. Die ihnen nachfolgenden *Angeloi* hielten sich nur 19 Jahre, haben jedoch in dieser kurzen Frist nicht sonderlich viel Ruhm an ihr Wappen geheftet. Sie waren unfähige, unentschlossene Geldaristokraten und führten Byzanz in seinen zweiten großen Untergang.

Isaak II. Angelos (1185–1195) überantwortete den Staat vollkommen seinen adeligen Standesgenossen, zog die Steuerschraube noch brutaler an, als Alexios II. es getan hatte, und wurde schließlich von einer der vielen Revolten, die in seiner Regierungszeit ausbrachen, hinweggefegt.

Alexios III. (1195–1203), der ihm nachfolgte, war nicht um ein Haar besser und deshalb auch keinen Tag seines Lebens und seines Thrones sicher. Dennoch erlag er nach acht Jahren nicht seinen inneren, sondern seinen äußeren Feinden.

Noch stärkere Gegner als in den eigenen Reihen waren ihm in Europa erwachsen. Dort hatte sich unter dem Eindruck des Lateiner-Massakers von 1180 so etwas wie eine Einheitsfront gegen Byzanz gebildet. Normannen und Staufer waren durch die Heirat von *Heinrich VI.* (1190–1197) und *Constanze von Sizilien* einander nähergerückt. Der Papst, in Sorge um Jerusalem, das 1187 von dem großen *Salaheddin* (Saladin) erobert worden war, hätte es ganz gerne gesehen, wenn ihm Konstantinopel als Aufmarschbasis für die Befreiung der Heiligen Stadt zur Verfügung gestanden hätte, und Venedig lauerte nach wie vor im Hintergrund auf seine große Chance, die Mutterstadt zu überwältigen.

Heinrich VI. war schließlich derjenige, der die Pläne zur Beseitigung der oströmischen Macht verwirklichen wollte. Mit dem Kreuzzug, den er kurz vor seinem Tode vorbereitete, sollte nicht nur Jerusalem, sondern auch das Byzantinische Reich erobert werden.

Aber der Kaiser starb noch im Verlauf des Unternehmens, und die führerlos gewordene Schar mußte sich damit begnügen, den Muhammedanern einen Küstenstrich bei Antiocheia entrissen zu haben.

Die Byzantiner, die die Pläne Heinrichs gekannt haben dürften, glaubten, noch einmal davongekommen zu sein. In Wirklichkeit jedoch waren sie stärker bedroht als jemals zuvor.

Der Zufall hat den Abendländern damals eine äußerst gefährliche Waffe in die Hand gespielt, eine Waffe, die sie hätten besser nicht bestellen können: Isaaks II. Sohn *Alexios* floh nach Deutschland an den Hof *Philipps von Schwaben,* des Gatten seiner Schwester *Eirene,* und beschwor den Schwager, Isaak wieder zur Krone zu verhelfen. Dadurch entstand eine völlig neue Situation, die Philipp nicht gleich mit all ihren Möglichkeiten erfaßte, wohl aber die Herren von San Marco.

Sie empfingen damals gerade die Heerscharen des *Vierten Kreuzzugs* (1201–1204), die von Venedig aus ins Heilige Land fahren wollten, denen aber das Geld fehlte, die Überfahrt zu bezahlen.

Enrico Dandolo (1192–1205), der Doge der Lagunenstadt, ein neunzigjähriger blinder Mann, von dem es hieß, Manuel I. habe ihm die Augen ausstechen lassen, nutzte sofort die

Gelegenheit und formte sie für seine Zwecke zurecht. Die Kreuzfahrer, so schlug er vor, sollten für Venedig die Stadt Zara in Dalmatien zurückerobern, dafür würde man sie dann zu einem verbilligten Preis transportieren.

Notgedrungen stimmten die Ritter zu, und Dandolo, der gerissenste alte Fuchs, der jemals über San Marco geherrscht hatte, war dem eigentlichen Ziel seiner Pläne ein gutes Stück nähergekommen. Alexios lag nämlich zu dieser Zeit auch schon dem Papst in den Ohren, versprach beträchtliche Geldsummen für die Wiedereinsetzung seines Vaters und lockte wohl auch mit dem Angebot, er werde die byzantinische Kirche in den Schoß der römischen zurückführen.

Der Doge hatte davon gehört. Als Zara erobert war und das Kreuzfahrerheer sich damit abgefunden hatte, andere als das geplante Abenteuer hier und da zu bestehen, hielt er deshalb die Zeit für gekommen, den Rittern seinen lebendigen Vorwand für die Gewinnung Konstantinopels zu präsentieren. Er schilderte ihnen das furchtbare Unrecht, das dem Vater des Prinzen widerfahren war, beschrieb das Begehren des jungen Mannes als gut und gerecht und erwärmte sie so allmählich für den Gedanken, ihm zu helfen.

Den Rest tat der Anblick Konstantinopels. Als das Zweite Rom, mit seinen ragenden Türmen, mit den Kuppeln seiner Dome und den funkelnden Palastdächern, am 26. Juni 1203 vor der Kreuzfahrerflotte aus dem morgendlichen Dunst wuchs, einer Feenburg ähnlicher denn einem von Menschen errichteten Bau, da gab es keinen, »dem nicht das Herz erzitterte« und der den Wunsch noch hätte unterdrücken können, diese Stadt zu gewinnen.

Den Rittern war ihr eigentliches Ziel, Jerusalem zu erobern, vollkommen aus dem Sinn geschwunden. Dandolo hatte erreicht, was er wollte, alles übrige fiel ihm fast in den Schoß.

Konstantinopel fällt

Die Kreuzritter nahmen Galata im Handstreich ein, fuhren ihren Prinzen an den Seemauern entlang, zeigten ihn den auf der Krone des Walles versammelten Byzantinern und forderten sie auf, ihn als ihren Herrn anzuerkennen. Der Kaiser ließ mit einem Steinbombardement antworten.

Daraufhin griffen die Kreuzfahrer an. Alexios versuchte, sie mit einem Ausfall zurückzutreiben, aber mitten im Gefecht, das vor den Wällen der Stadt tobte, verließ ihn plötzlich der Mut. Als die venezianischen Galeeren von der See her in das Kampfgeschehen eingriffen, floh er in die Stadt zurück, packte seine Schätze zusammen und entwich bei Nacht und Nebel in die Walachei. Am nächsten Morgen mußten die Rhomäer feststellen, daß sie keinen Kaiser mehr hatten. Nun bekamen sie es mit der Angst zu tun. Sie holten den alten Isaak aus dem Schlupfwinkel, in den er sich verkrochen hatte, führten seinen Sohn in die Stadt und krönten sie beide zu Kaisern. Die Kreuzfahrer hatten ihrer Sache zum Sieg verholfen.

War es das, was Dandolo wirklich gewollt hatte? Der Alte spielte in Ruhe seine Trümpfe aus. Es zeigte sich bald, daß das Regime der beiden Angeloi auf schwachen Füßen stand. Die Byzantiner wurden mißtrauisch, als in ihrem Gefolge immer mehr lateinische Priester in die Stadt einströmten, sie begannen zu murren, und *Alexis Ducas,* genannt *Murtzuphlos* (der mit den zusammengewachsenen Augenbrauen), warf sich schließlich zum Führer der Unzufriedenen auf. Er ließ *Alexios IV.* (1203–1204) erdrosseln und bestieg selbst den Thron. Isaak starb, als er von dem grausamen Ende seines Sohnes hörte.

Dandolos Zeit war nun gekommen. Erneut begannen Verhandlungen mit den Kreuzfahrern. Murtzuphlos bot 5000 Pfund Gold für ihren Abzug. Aber natürlich wies der Doge das Angebot weit von sich. So leicht wollte er sich die Beute nicht entgehen lassen, die er schon in der Hand hielt.

Am 9. April begann der neue Angriff der Lateiner. Drei Tage später befand sich »die von Gott beschützte Stadt« in ihrer Hand. Die gigantischen Mauern, die ausgeklügelten Verteidigungssysteme waren der Attacke eines Heeres von 30 000 Mann in knapp drei Tagen erlegen. 250 Jahre später sollten sie – auch im April – einem doppelt so starken Heer siebenmal solange widerstehen.

Dandolo triumphierte, aber er wahrte auch jetzt noch das

Decorum als Verteidiger des byzantinischen Throns. Der griechische Adelige *Konstantin Laskaris* wurde ins Hauptquartier der Kreuzfahrer befohlen und zum Kaiser ausgerufen. Er regierte keine Stunde.

Die abendländischen Ritter, nicht gesonnen, derlei Finessen zu respektieren, betrachteten die Stadt als ihr Eigentum und beschlossen die Gründung eines lateinischen Kaiserreiches von Konstantinopel. *Graf Balduin von Flandern und Hennegau* (1204–1205) wurde zu seinem Herrn gewählt. Nach byzantinischem Zeremoniell ließ er sich wenige Tage später in der Hagia Sophia krönen. Das Byzantinische Reich schien endgültig untergegangen zu sein.

Vorausgegangen aber war diesem Akt eine der fürchterlichsten und erbarmungslosesten Plünderungen, die eine Stadt jemals über sich ergehen lassen mußte.

»Am Morgen, als die Sonne aufgegangen war«, berichtet ein russischer Reisender, der sich damals in Konstantinopel aufhielt, »drangen sie *(die Lateiner)* in die Sophienkirche ein, und nachdem die Türen ausgehoben waren, zerstörten sie den Chor, der mit Silber und zwölf silbernen Säulen geschmückt war, wo sich die Priester aufhielten *(das Allerheiligste hinter der Ikonostasis)*. Sie zertrümmerten an der Wand vier mit Ikonen geschmückte Altarblätter und den heiligen Tisch und zwölf Kreuze auf dem Altar. Sie nahmen auch einen bewundernswerten Tisch mit Edelsteinen und einer großen Gemme, ohne zu wissen, welchen Schaden sie anrichteten... aber sie plünderten auch die Marienkirche von Blachernai... und viele andere Gebäude außerhalb wie innerhalb der Mauern und Klöster, deren Zahl wir nicht angeben und deren Schönheit wir nicht beschreiben können.«

Sie zerschlugen Bronzestatuen aus antiker Zeit, den Herakles des Lysippos und die Hera von Samos. Sie raubten Gold in unvorstellbaren Mengen, stahlen Edelsteine, Teppiche, Seidengewebe und Reliquien, darunter den Kopf Johannes des Täufers, die Ikone der siegreich blickenden Madonna, den Garanten der Uneinnehmbarkeit von Byzanz und den Leib des heiligen Andreas, der heute in Amalfi liegt und von der

Ostkirche immer noch zurückgefordert wird. Sie soffen in den Kirchen und hurten vor Altären, sie mordeten, rafften, grölten durch die Gassen. Sie waren Edelleute aus Frankreich und Deutschland, die Blüte der abendländischen Ritterschaft.

Auch Dandolo brachte, nachdem er das wichtigste, das politische Ziel erreicht hatte, seine Schäfchen ins trockene. Mochte in Byzanz von nun an ein flämischer Graf regieren, in Wirklichkeit gehörte das neue Kaiserreich Venedig. Es war von seiner Flotte abhängig, es lebte von seinem Geld und seinem Wohlwollen.

San Marco hatte sich als die beherrschende Macht im östlichen Mittelmeer etabliert, hatte die alte Mutterstadt unterjocht und erwog den Plan, den Sitz seiner Hauptmacht dorthin zu verlegen. Dandolo hat ihn befürwortet, aber er starb noch im Jahr der Eroberung.

Für Byzanz indessen war das »Sacco di roma nova« der Anfang vom Ende. Es hat sich von diesem Schlag nie wieder erholt.

Für die Kultur des Abendlandes war es einer der größten Verluste, die sie je hinnehmen mußte. Unschätzbare Werte wurden blindwütig vernichtet oder weggeschleppt. Unsere Kenntnis über die Welt der Antike wäre weitaus größer, hätten wir die Kunstwerke noch, die damals in Konstantinopel vernichtet wurden.

Nur einen Bruchteil von ihnen können wir heute noch in Venedig bewundern: die Quadriga des Lysippos, die im Hippodrom gestanden hatte, auf dem Hauptportal von San Marco, die Brustkreuze der oströmischen Kaiser im Schatzhaus der Kirche und die vier gekrönten Krieger an ihrer Südfassade – der fehlende Fuß des einen wurde 1966 in Istanbul gefunden.

Und der historische Sinn dieser Eroberung? Sie hatte keinen. Zwar meinte Friedrich Schiller: »Scheint es nicht, als hätte der fränkische Heldengeist in das hinsterbende Byzanz noch ein flüchtiges Leben gehaucht? Unerwartet rafft es mit seinen Komnenen sich auf, und durch den Besuch der Deutschen gestärkt, geht es von jetzt an einen edleren Schritt zum Tode.«

Aber solche Sätze wären seiner Feder wohl kaum entflossen, hätte er sich mit diesem Stück Historie intensiver befaßt.

Genauer trifft Ferdinand Gregorovius, der große Beschreiber italienischer Landschaften, den Nagel auf den Kopf, wenn er schlicht konstatiert: »Jener mißgeschaffene ritterliche Feudalstaat der Lateiner gehört zu den wertlosesten Erscheinungen der Geschichte.«

Sinnloser, das steht jedenfalls fest, ist selten ein Reich vernichtet worden.

Kapitel 12

IM VORFELD DER SELDSCHUKEN

Die zivilisierten, reichen Staaten des Westens wie des Ostens haben stets goldenen Inseln geglichen, die aus einem Meer der Armut und der Barbarei emporragten. Sie neigten zuweilen dazu, sich als den Nabel der Welt, ja die Welt schlechthin zu betrachten, aber lange waren ihnen diese Illusionen nie vergönnt. Immer wieder brandeten die Massen der Unterprivilegierten aus Steppen und Urwäldern heran, warfen sich gegen ihre Grenzwälle und versuchten, etwas von dem Reichtum zu rauben, den sie hüteten.

»Gesandter von Han«, herrschte im dritten Jahrhundert vor Christus ein Nomadenhäuptling den Botschafter des Kaisers von China an, »sprich nicht zuviel! Sind die Waren, die ihr zu liefern habt, vollständig und gut, dann sind unsere Geschäfte erledigt. Sind sie es aber nicht, dann kommen unsere Reiter, zerstampfen eure Ernten und heimsen sie ein.« Der Häuptling hieß *Mao-tun* (209–174 v.Chr.) und war Herrscher eines turkmongolischen Volkes, das die Chinesen *Hiung-nu,* die Europäer, sieben Jahrhunderte später, *Hunnen* nannten.

China konnte sich damals der wilden Völker, die in den öden Hochsteppen Innerasiens, am Fuße des Altaigebirges, zu Hause waren, nur mühsam erwehren. Es mußte die riesige Chinesische Mauer errichten und hunnische Reitertaktiken übernehmen, um ihnen nicht zu erliegen. Jahrhundertelang hat es gegen die barbarischen Horden gekämpft, hat einige von ihnen abgeschlagen, die meisten ihrer Stämme aber schließlich aufgesogen oder seinem Ordnungsgefüge eingegliedert.

Von allen diesen Vorgängen im Fernen Osten wußte das Abendland so gut wie nichts. Es war deshalb höchst überrascht, als im vierten Jahrhundert hunnische Vortrupps an den Grenzen des römischen Imperiums auftauchten und ähnlich wie die Horden Mao-tuns in wilden Überfällen Ernten zerstampften und Dörfer ausplünderten. *Attila* (434–453) hatte einen Teil der von den Chinesen verdrängten Stämme um sich gesammelt und war mit ihnen nach Westen vorgestoßen. Den Europäern schien er eine Ausgeburt der Hölle zu sein.

»Eunuchen ähnlich, alle von dicken kräftigen Gliedern und fleischigen Nacken, von Gestalt wie furchtbare Mißgeburten«, so beschreibt Ammianus Marcellinus (330–400), der bedeutendste Geschichtsschreiber seiner Zeit, die reitenden Steppensöhne. »Gleichsam ein Volk auf der ständigen Flucht... nach jedem Windhauch einer neuen Hoffnung sich drehend, alles dem jähesten Sturm des Gemüts überlassend«, vegetierten sie dahin, von Wurzeln und rohem Fleisch lebend, in grobes Leinen und Felle gehüllt, ohne Achtung vor Göttern oder Menschen, unersättlich in ihrem Goldhunger, grausam und wild.

Für die Menschen, die im zerfallenden, aber immerhin noch relativ festen Bau des Römischen Reiches lebten, war das Auftauchen dieser Horden ein Schock, den sie nie wieder vergessen sollten. Es hat ihr Bewußtsein ähnlich stark geprägt wie einst die persische Bedrohung das der Hellenen und noch in ihrem Unterbewußtsein tiefe Spuren hinterlassen.

Das hunnische Erbe

Die modernen Historiker betrachten den Vorstoß der Hunnen als die Ouvertüre einer Völkerwanderung, die ein Jahrtausend lang währen sollte. Sie sprechen vom Westzug der Turkvölker, denn alle diese Nomadenstämme gehörten ja der großen Völkergruppe der *Turkmongolen* an, die Hunnen ebenso wie die nach ihnen kommenden *Awaren* und *Onoguren,* die *Chasaren, Petschenegen, Oghusen, Kumanen, Magyaren* und *Bulgaren* nicht weniger als die Horden jenes *Temudschin* (1155–1227), den seine Anhänger *Dschingis Khan* nannten, Großen Häuptling, und das Volk, das heute in Kleinasien haust und den Halbmond im Wappen führt.

Türkische Soldaten, die 1950 als Verbündete der Amerikaner nach Korea kamen, stellten fest, daß sie imstande waren, viele Grundworte der dort gesprochenen Sprache zu verstehen. Linguisten haben längst herausgefunden, daß die ungarische, die türkische, die finnische und die estländische Sprache miteinander verwandt sind. Ja wir wissen heute sogar, daß sich auch in den Dialekten der mittelamerikanischen Indianerstämme Spuren jenes *ural-altaischen* oder *turanischen* Idioms finden, das sowohl die Hunnen als auch die Bulgaren vor ihrer Slawisierung gesprochen haben. All das aber läßt den Schluß zu, daß die Völker aus den innerasiatischen Hochsteppen sich in jahrhundertelangen Wanderungen über nahezu die ganze Erde ausgebreitet haben, daß sie die Beringstraße überquerten und nach Amerika kamen, daß sie bis an die Ostsee gelangten und weit nach Europa hinein.

Die Türken von heute, die immer noch auf der Suche nach der eigenen Frühgeschichte sind, versuchen schon lange, diese Forschungsergebnisse für ihre Bewußtseinsbildung auszubeuten. Stolz bekennen sie sich zu Attila als einem ihrer Vorfahren, stolz nennen sie ihre Kinder Tschengiz (nach *Dschingis-Khan)* oder Timur (nach *Timur Lenk,* dem anderen großen Mongolenführer).

Vieles von dem, was sich unserem Geschichtsbewußtsein als eine Katastrophe darstellt, ist ihnen ein Stück großer Tradition und ruhmvolle Überlieferung. Die Sprache, der Spiegel des Unterbewußtseins ganzer Völker, hat das schon immer dokumentiert. Unter einer *Horde* etwa verstehen wir seit den Tagen, da die *ordus* der Hunnen über Europa hereinbrachen, einen wilden, ungezügelten, barbarischen Haufen. Für die Türken dagegen ist Ordu der Inbegriff der Disziplin und Ordnung schlechthin.

Dieses Wort bedeutet bei ihnen Armee. Und nichts anderes als wandernde Armeen waren die turanischen Völker, die zu Beginn des 11. Jahrhunderts an der Ostgrenze des Byzantinischen Reiches auftauchten und seine Existenz bedrohten.

Die Oströmer waren derlei Angriffe seit Jahrhunderten gewöhnt. Als Vorposten Europas, als Inbegriff römischer

Die bildungs-hungrigen Nomaden

Weltmacht und unendlichen Reichtums, als die goldenste aller goldenen Inseln im Meer der Armut, hatte Byzanz ja immer wieder die Angriffe beutegieriger Steppen- und Wüstenvölker auf sich gezogen und war mit allen fertiggeworden. Es hatte die Araber abgewehrt, die Awaren zurückgeschlagen, die Bulgaren überwältigt, die Russen zivilisiert. Es besaß große Erfahrung im Umgang mit Goten, Chasaren, Kumanen und Petschenegen. Es wußte, wie man Wagenburgen erobert oder Reiterangriffe zersprengt. Aber es bewahrte trotz allem auch die Angst vor solchen Völkerstürmen in seiner Erinnerung auf. Prophetische Erzählungen, in den Tagen der Hunneneinbrüche geboren, kursierten in ständig neuen Variationen. Da war vom Nahen des Antichrist die Rede, von einem letzten Friedenskaiser, der sich nach Jerusalem zurückziehen und die Insignien seiner Herrschaft an Gott zurückgeben würde, von einem furchtbaren Völkersturm, der die Erde verwüsten und die Herrschaft der abgefallenen Engel einleiten sollte.

Beim Auftauchen der seldschukischen Türken (der Name wird abgeleitet von dem eines Häuptlings *Seldschuk,* gestorben um 1030) mögen alle diese Ängste jäh wieder ins Kraut geschossen sein. Und als sich gar die Kunde verbreitete, Romanos IV. Diogenes sei in Armenien von den »Heiden« vernichtend geschlagen worden (Mantzikert 1071), waren viele seiner Untertanen davon überzeugt, daß jetzt das Ende Ostroms gekommen sei. Solche Ahnungen waren nicht unbegründet.

Kleinasien gehörte nach dieser Niederlage den Byzantinern nicht mehr allein. Ein türkisches Volk begann sich auf ihrem Reichsboden niederzulassen und einen mächtigen wohlorganisierten Staat zu errichten.

Die Türken, die in Kleinasien eingefallen waren, waren längst keine ungebildeten Barbaren mehr. Um die Zeit, da ihr Führer *Alp Arslan* (1063–1072) den Sieg bei Mantzikert errang, gehörte ihnen bereits ein Reich, das vom Kaspischen Meer bis zum Persischen Golf reichte und also auch den Lebensraum eines der ältesten Kulturvölker der Welt umfaßte, des persischen.

Als eine wilde Reiterschar waren sie in den Staat der abbasidischen Kalifen eingefallen, hatten sich diesen zunächst als Leibgardisten und Hausmeier zur Verfügung gestellt und sie später von ihren Thronen verstoßen. Sie waren zum Islam übergetreten und nicht nur gläubige Muhammedaner, sondern vor allem auch lernbegierige Schüler der persischen Literaten, Astronomen, Philosophen und Mystiker geworden. Ihre Führer nahmen den Titel *Sultan,* der Herr, an, versammelten hochgebildete Höflinge um sich und sogen deren Wissen mit einer geradezu unersättlichen Gier in sich auf. Denn auch das war ja ein Charakteristikum der Völker aus dem Osten: Die meisten von ihnen strebten nicht nur nach Reichtum und Macht, sondern in mindestens ebenso starkem Maß nach Bildung und Kultur. So wie die Sozialrevolutionäre der neueren europäischen Geschichte danach verlangt hatten, Zutritt zu erhalten zu der Welt der Bildung, so wollten auch sie ein Teil werden jener zivilisierten Aristokratie, von der sie bis dahin nicht nur auf Grund ihrer Armut, sondern auch auf Grund ihrer Unkultur ausgeschlossen gewesen waren.

Doch das seldschukische Glück in Persien währte nur kurze Zeit. Schon wenige Jahre nach dem Sieg von Mantzikert begann ihr iranisches Reich wieder zu zerfallen. Alp Arslan (Arslan heißt: der Löwe) fiel in die Hände der Oghusen, die, gejagt von den nachdrängenden Mongolen, in sein Gebiet eingefallen waren. Das Grab des großen Heerführers trägt die Inschrift: »Ihr, die ihr Alp Arslans Größe bis zum Himmel erhöht gesehen habt, schaut hier dieselbe erniedrigt bis unter den Staub.«

Den Seldschuken blieb jetzt nur noch ein Zufluchtsort offen: Kleinasien. Sie wechselten auf byzantinisches Gebiet über und setzten sich hier, unter Arslans Nachfolger *Süleyman* (gest. 1086), fest. *Ikonion,* eine uralte griechische Stadt, Schauplatz angeblich des Kampfes zwischen Perseus und der Medusa, machten sie zum Hauptort des neuen Gemeinwesens und gaben ihm den Namen, den es heute noch trägt: *Konya.* Ihr Imperium aber nannten sie, historische Bildung beweisend, das *rum-seldschukische,* das türkische Reich auf römischem Boden, oder, wie der Historiker Richard Peters es übersetzt: »Römisches Reich seldschukischer Nation«. Zum Wappentier erkoren sie den byzantinischen Doppeladler.

Konya, ein kleines Rom

Beides, Namens- und Wappenwahl der Seldschuken, mag verblüffen, ist aber bei Licht betrachtet nicht besonders ungewöhnlich. Die türkischen Krieger, die generationenlang heimatlos durch die Steppen gestreift waren, reagierten auf ihr Zusammentreffen mit einer etablierten Ordnung nicht anders als vor ihnen die Goten, nachdem sie in Italien, oder die Franken, nachdem sie in Gallien eingefallen waren. Sie wollten das, was sie vorfanden, keineswegs zerstören, sie wollten es übernehmen und von ihm übernommen sein, wollten nicht fürderhin Heimatlose bleiben, sondern sich in einem eroberten Bau einnisten.

»Herren von Rum und Großkappadokien« nannten sich ihre frühen Fürsten, spätere Sultane nahmen auch noch die Bezeichnung *Padischah* (Beschützerkönig) an, das muhammedanische Äquivalent zum westlichen Kaisertitel. Sie fühlten sich dazu berechtigt. Ein beträchtlicher Teil Kleinasiens befand sich in ihrem Besitz. Die byzantinischen Kaiser umschmeichelten sie mit Geschenken und Auszeichnungen. Ihr Staat blühte. Ihre Armee war mächtig und wohlgeordnet.

Zwar gelang es *Raimund von Toulouse* während des Ersten Kreuzzugs, ihnen die Stadt Ankara vorübergehend zu entreißen, zwar drang im Verlauf des Dritten Kreuzzugs (1189–1192) Barbarossa bis vor die Mauern Konyas vor und besiegte dort ein türkisches Heer. Aber ernsthaft erschüttert werden konnte Rum weder von den abendländischen noch von den oströmischen Feldherren. Das seldschukische Reich überstand alle Angriffe und sog aus jeder Niederlage neue Widerstandskraft.

Seine Blütezeit fiel in die erste Hälfte des 13. Jahrhunderts. Der Sultan *Alaeddin Keykubat I.* (1220–1237), genannt der »Justinian der Seldschuken«, versuchte aus seiner Hauptstadt ein neues Bagdad zu machen. Er errichtete die *Alaeddin-Dschami* auf dem Burghügel von Konya, eine prachtvolle Säulenmoschee, in der Form eines unregelmäßigen Rechtecks, die heute zu zerfallen droht. Er baute *Medresen* (Koranschulen), *Imarets* (Krankenhäuser), *Hans* (Karawansereien) und Paläste.

Konya, in einer weiten fruchtbaren Hochebene gelegen, erblühte unter ihm zu einer strahlenden und farbenprächtigen Metropole. Der marokkanische Weltreisende *Ibn Battuta,* der sie im 14. Jahrhundert besuchte, rühmte ihre breiten Straßen, ihre großen Basare und die blühenden Gärten, in die sie eingebettet war. Ein türkisches Sprichwort jener Zeit lautete: »Sieh die Welt – vor allem aber sieh Konya!«

Insgesamt muß die Stadt unseren Vorstellungen von Tausendundeiner Nacht recht nahe gekommen sein. Die Seldschuken hatten in Persien die Kunst des Fayencebrennens erlernt und liebten es, die Außenwände ihrer Bauten mit leuchtenden glasierten Kacheln in vorwiegend grüner oder blau-grüner Farbe zu verkleiden. Persische Stilelemente mischen sich mit indischen. In Divrigi, unweit von Sivas, erhebt sich eine *Ulu-Dschami* (Große Moschee), übersät mit üppigen, nahezu barocken Ornamenten und mit steinernen Blüten, deren Vorbilder irgendeinem tropischen Urwald zu entstammen scheinen, denn weder Persien noch Anatolien weisen ähnliche Dschungelgewächse auf.

Stumpfe Kegel, stämmige Minaretts, flächige Prunkmauern mit großen, von spitzen Nischen überragten Toren sind charakteristisch für die Bauten aus seldschukischer Zeit. Kathedralen ähnlich erheben sich die Ruinen riesiger Hans an den Straßen, die die wichtigsten Städte dieses Reiches verbanden. Viele der Medresen und Türben (Mausoleen), die in den Glast mittäglicher Hitze emporragen, vermitteln den Eindruck mühsam gebändigter Wildheit. Aber auch Zierliches findet sich in der Zentrale des untergegangenen Reiches, die *Karatay-Medrese* in Konya mit Ornamenten aus schwarzen und blauen Fayenceplatten, das *Ince-Minarett* – Stein, der zum Blühen gebracht wurde.

Beherrschendes Bauwerk der ehemaligen Metropole jedoch ist der grünleuchtende Spitzkegel des Klosters der tanzenden Derwische im Zentrum von Konya.

Dschellâleddin, Dichter und Mönche

Der Derwischorden der *Mevlevi* ist wahrscheinlich der bedeutendste Beitrag der Seldschuken zur islamischen Kultur, ein Produkt vor allem ihrer persischen Schulung. Schon im 9. Jahrhundert waren im Iran Mönchsvereinigungen entstanden, deren Mitglieder sich in wollene Mäntel hüllten und deswegen *sufîs,* die mit Wolle Bekleideten, genannt wurden. In ihren Gruppen hatte sich eine Religiosität entwickelt, die derart von pantheistischen und mystischen Zügen geprägt war, daß manche Wissenschaftler sich fragen, ob sie überhaupt noch als muhammedanisch bezeichnet werden kann. Andere freilich meinen, erst die Sufîs hätten den Islam über den Rang einer provinziellen Ideologie hinaus zur Weltreligion erhoben.

Geist von ihrem Geist wehte auch durch die Klöster der türkischen Mevlevi. *Dschellâleddin Rumi* (1207–1273), ein Dichter, den die Türken – mit Recht – als ihren größten bezeichnen, obwohl er ausschließlich in persischer Sprache schrieb, hat den Orden begründet.

Dschellâleddin war 1228 zusammen mit seinem Vater, einem berühmten Gelehrten aus Belh im Iran, nach Konya gekommen. Der kunstsinnige Alaeddin Keykubat bot ihnen Unterkunft, Arbeit, Lohn und Ehren, und beide, Vater wie Sohn, machten am Hof des Seldschukenfürsten rasche, glanzvolle Karriere. Der Vater erhielt eine Professur, Dschellâleddin aber avancierte zum bewunderten Mittelpunkt eines Kreises schwärmerischer Theologiestudenten, die ihn *Mevlâna* nannten, unser Herr – und das nicht ohne Grund.

Der Turkmene aus Belh muß eine bezwingend liebenswerte Persönlichkeit gewesen sein, sanft von Wesensart, allen Dingen aufgeschlossen, geistreich, unendlich gebildet und doch stets wie in Träumen gefangen. Unbefriedigt von dem, was Bücher und Schulen ihm geboten hatten, suchte er sich immer wieder neue Lehrer, um von ihnen weitergeführt zu werden auf einem Pfad, von dem er nicht wußte, wohin er führen sollte. Aber es waren schließlich nicht die Gelehrten, die ihm das Ziel wiesen, sondern die Mönche. Als er siebenunddreißig Jahre alt war, trat der Sufî *Schemseddin Mehmet* aus Täbris in sein Leben und entriß ihn der Wissenschaft.

Schemseddin war Mystiker. Er bewegte sich auf jenem uralten Nebenweg der Gotterkenntnis, von dem schon Aristoteles geschrieben hatte, wer ihn einschlage, solle »nicht etwas lernen, sondern etwas erleben und sich in eine Stimmung versetzen lassen, die ihn empfänglich macht – vorausgesetzt, daß er dieses Zustandes überhaupt fähig ist«.

Dschellâleddin war dieses Zustandes fähig. Er lernte die sanften Verzückungen kennen, die durch Meditation und Versenkung erschlossen werden, er vernachlässigte seine Schüler und seine Aufgaben in den Medresen, er glitt durch kristallene Nirwanen, Zwiesprache suchend mit Gott und sang:

»Ich bin das Sonnenstäubchen, ich bin der Sonnenball,
zum Stäubchen sag ich bleib und zu der Sonn' entwall'!
Ich bin der Morgenschimmer, ich bin der Abendhauch,
ich bin des Haines Säuseln, des Meeres Wogenschwall...«

Der Mann aus Belh wandelte sich zum Naturlyriker und Gottsucher. Er wurde ein weiser Heiliger, der stets bemüht blieb, alles zu verstehen und alles zu verzeihen. Die Lehre, die er entwickelte, war verwandt mit dem Zen-Buddhismus und der des Deutschen Meister Eckhardt, mit den Gedanken des Plotinos und den Predigten des heiligen Franziskus, sie war nicht spezifisch islamisch, sondern ein Extrakt aller östlichen Religiosität schlechthin, war pantheistisch, liberal und human in einem.

»Komm, komm, wer du auch seist, komm,
Ungläubiger, Heide oder Götzendiener: Komm!
Unser Haus ist kein Haus der Verzweiflung,
Drum seist du gleich hundertmal meineidig, komm!«

heißt es in einem anderen seiner Gedichte. Als es entstand, war er bereits das Haupt des von ihm gegründeten Mevlevi-Bundes, jenes Ordens der tanzenden Derwische, dessen Mitglieder sich bei den Andachten, Arme ausgestreckt, Handflächen nach oben gewendet, in immer schnellerem Tempo um ihre eigene Achse drehten, bis ihnen die Welt versank und das brausende Nichts sie hinwegtrug.

Im ekstatischen Wirbeltanz glaubte Mevlâna, wie schon die

persischen Sufis, die Methode gefunden zu haben, die es erlaubte, den eigenen Körper zu verlassen und so die Seele zu befreien. Es war eine uralte Praxis von schamanischer Herkunft. Sie setzte musikalische Begleitung voraus, Trommeln – das Urinstrument Asiens – und lydische Flöten.

Der Mevlevi-Orden erwies sich später als eine der bedeutendsten gesellschaftsprägenden Kräfte im türkischen Weltreich und blieb bis ins 20. Jahrhundert hinein eine nicht unbedeutende geistliche Macht. Erst Atatürk hat seine Klöster dann aufgelöst.

Das Erbe Dschellâleddins aber ist in der Türkei immer noch lebendig, sein poetisches Werk nahezu vollkommen erhalten. Im Mevlevi-Kloster zu Konya liegt er begraben – einer der wenigen Dichter der Welt, zu dessen Grab auch heute noch einfache Menschen gepilgert kommen, um zu beten.

Das Glück der Kontemplation

In dem farbenprächtigen Schauspiel, das sich während des 13. Jahrhunderts auf der kleinasiatischen Bühne entwickelt hatte, ist das Leben Mevlânas mehr als nur ein besonders hübsches Genrebild am Rande des eigentlichen Geschehens. Der Dichter aus Rum spiegelt die Geistigkeit der eingefallenen »Barbaren« wider und repräsentiert in seltener Klarheit jene uralten östlichen Strömungen, mit denen sich die westlichen Anrainer und Bewohner des anatolischen Zwischenkontinents von allem Anfang auseinanderzusetzen gehabt hatten – was ihnen nicht immer leichtgefallen war.

Mystik kommt von *myein,* die Augen schließen, ist also das Gegenprinzip aller Klassik, die nur das verherrlicht, was im Lichte ist. Dennoch hat gerade das geheimnisvolle Dunkel, der diffuse Raum, in dem der Mensch mit dem Göttlichen verschmelzen kann, ohne den mühsamen Umweg über Worte und Symbole gehen zu müssen, auch die Verfechter bildhafter Begrifflichkeit immer wieder eine unwiderstehliche Anziehung ausgeübt. Ihre überanstrengten Gehirne sehnten sich nach dem Tauchbad, in dem sie vergehen konnten, nach einem Wissen jenseits alles Erkennbaren, Wägbaren und Meßbaren.

Auch die christliche Kirche des Westens mußte diesem

Verlangen wieder und wieder hart entgegentreten und hat im Ringen damit schließlich ihre eigene Form gefunden. Sie verteidigte Platons Klarheit gegen die Unklarheit der Neu-Platoniker und verdammte den Origenes, weil er sich für esoterische Geheimlehren östlicher Herkunft ausgesprochen hatte.

Gewonnen jedoch hat sie den Kampf gegen die Mystik eigentlich nie. Die »Anti-Theologie« stand im zwölften Jahrhundert mit Bernhard von Clairvaux wieder auf, im dreizehnten mit Meister Eckhardt. Schließlich hat sie auch den jungen Luther noch beeinflußt. »Ein Knecht grüble nicht über den Willen seines Herrn«, sagte der Reformator im Marburger Religionsgespräch von 1529, *»Man muß die Augen schließen«*. Die Mystik ist eine uralte Unterströmung aller klassischen Philosophien und der auf ihr basierenden Religionen. Die römisch-katholische Kirche erkennt heute ihre Existenzberechtigung an, lehnt aber nach wie vor die Anwendung aller asketischen und psychischen Techniken zur Erreichung eines entrückten Zustandes ab. Damit hält sie weiterhin ihre Tore gegen alle östlichen Einflüsse streng verschlossen.

Die Byzantiner dagegen haben von solcher Striktheit weniger gehalten. Als im 14. Jahrhundert der Theologe *Gregorios Palamas* (1296–1359) das Glück der Kontemplation, der Versenkung in Gott zu preisen begann, fielen nicht nur das Volk ihm zu, sondern auch die Kirchenväter und vor allem die Athosmönche.

»Um zu beten«, so beschrieb Nikephoros, einer von ihnen, die neue Praxis, »mußt du die Tür deiner Zelle schließen, ganz ruhig werden, dich niedersetzen, deinen Kopf auf die Brust neigen, auf die Mitte deines Bauches schauen und mit deinem Geist versuchen, die Stelle deines Herzens zu finden, während du die Anrufung Jesu Christi wiederholst.« Mit der Zeit hat dieser *Hesychasmus* (von *hesycheia,* die Ruhe) dann auch das gesamte östliche Mönchstum und die ganze byzantinische Kirche durchdrungen.

Daran aber wird deutlich, daß sich von Konya nach Konstantinopel ein weiter Bogen spannte, daß rhomäische und seldschukische Fromme sich auf denselben Bahnen bewegten und Gott in der gleichen Dunkelheit suchten. Freilich die einen riefen dabei Allah an, die anderen Jesus Christus, aber war das wirklich ein so großer Unterschied? Für uns, die wir Jahrhunderte von ihnen entfernt sind, sieht es zumindest so aus, als hätten die beiden feindlichen Parteien bereits unter einer großen gemeinsamen Kuppel gewohnt und seien sich auf Grund einer seltsamen Osmose des Geistes näher gewesen, als es ihnen selbst bewußt gewesen sein mag.

Goethe und die Seldschuken

Indes, die Seldschuken haben es gewußt. In Konya wurde nicht nur Platon als Heiliger verehrt, die Mevlevi-Derwische und der von Hadschi *Bektasch* gegründete Bektaschi-Orden scheinen auch tatsächlich eine Vereinigung von Christentum und Islam angestrebt zu haben. »Der Glaube dieser Mönche«, schrieb ein zeitgenössischer albanischer Historiker, »ist ein breiter Weg beleuchtet von Weisheit, Brüderlichkeit, Freundschaft, Liebe, Menschlichkeit und allen anderen Tugenden... Die Bektaschi verwerfen keine Religion noch deren Bücher, sondern respektieren alle.«

Auch Alaeddin Keykubat, der als Flüchtling lange Zeit in Konstantinopel gelebt hatte, stand der byzantinischen Kirche durchaus nicht ohne Verständnis gegenüber, von Dschellâleddin, der ihre wichtigsten Lehren kannte, ganz zu schweigen. Christliche Reisende, die nach Rum kamen, wurden in den Derwischklöstern mit oft überströmender Herzlichkeit aufgenommen und in langwierige Diskussionen darüber verwickelt, worin denn nun eigentlich der Unterschied zwischen ihrer Religion und der der Türken bestünde. An die alten Zeiten, in denen seldschukische Sultane den Christen die Tore von Jerusalem versperrt hatten, wollte man in Konya nicht mehr erinnert werden. Solche Regungen galten als überwunden.

Die Byzantiner aber haben sich dieser Freundlichkeit durchaus als würdig erwiesen. Sie hatten den Bau einer Moschee in Konstantinopel gebilligt und machten keinerlei Versuche, die türkischen Studenten, die in ihre Hauptstadt gekommen waren, zum Christentum zu bekehren. Die Koexistenz zwischen den kleinasiatischen Staaten war also zu gewis-

Byzanz im 13. Jahrhundert

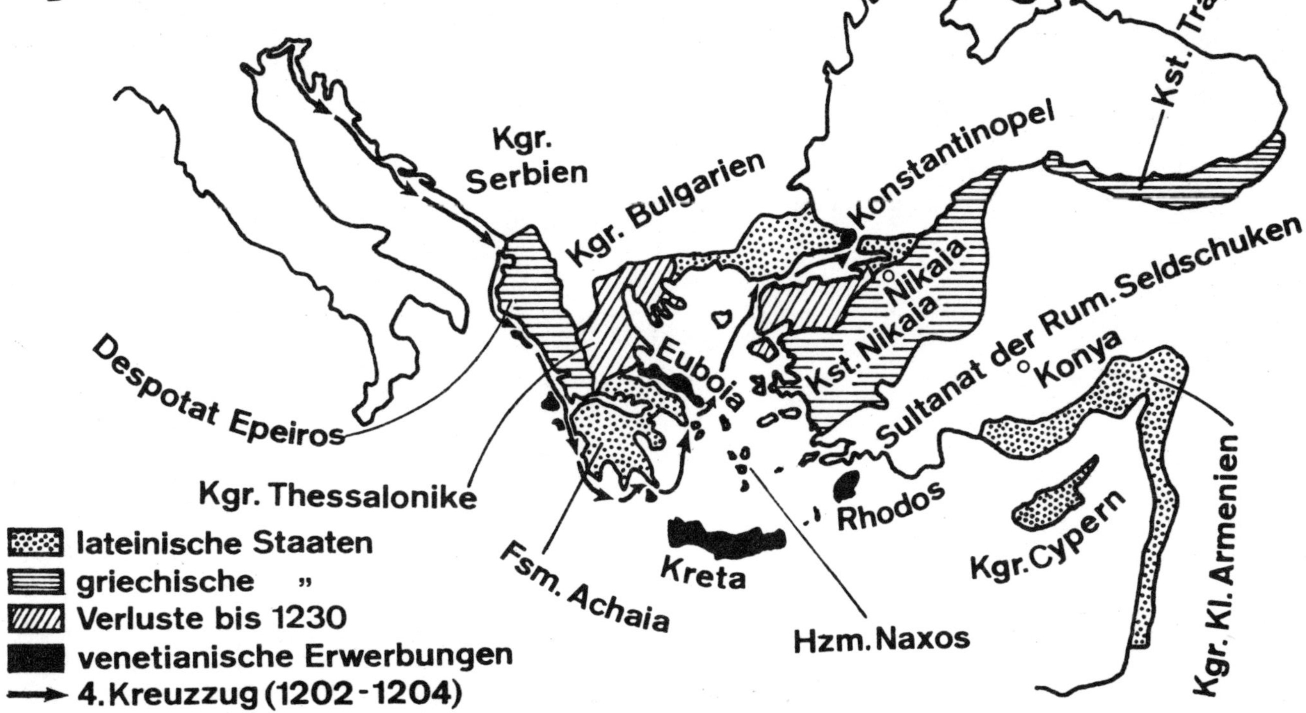

sen Zeiten durchaus von Harmonie und Übereinstimmung geprägt und dürfte beide befruchtet haben.

Noch Goethe, der die Werke der großen orientalischen Dichter im Alter kennenlernte, hat den Geist der Toleranz, der aus den Gedichten und Prosaschriften Dschellâleddins weht, gespürt und ihm gehuldigt. »Im ganzen«, so schreibt er über den Poeten von Konya, »sucht er durch die Einheitslehre alle Sehnsucht, wo nicht zu erfüllen, doch aufzulösen und anzudeuten, daß im göttlichen Wesen zuletzt alles untertauche und sich verkläre.«

Untergang des anatolischen Roms

Aber auch die Herrlichkeit von Konya war nur von kurzer Dauer. Bereits zu Lebzeiten Alaeddin Keykubats tauchten von Osten her neue Rivalen auf, die *Osmanischen Türken,* und im Jahr 1243 wurde das Heer der Fürsten von Rum bei Erzindschan von einer Horde der mongolischen *Il-Khan,* die seit der Mitte des 13. Jahrhunderts den Iran beherrschten, vernichtend geschlagen.

Nach diesem Debakel begann es mit dem »Römischen Reich seldschukischer Nation« bergab zu gehen. Seine Herrscher hielten sich noch bis zum Jahr 1307 an der Macht, dann kam der letzte Sultan aus dem Geschlecht Alp Arslans wiederum im Kampf gegen die Mongolen ums Leben. Rum zerfiel in zahllose kleine Provinzfürstentümer, und die Dynastie der *Karamanen* bemächtigte sich Konyas, ohne jedoch der seldschukischen Kultur und Staatsordnung wesentlich neue Züge aufprägen zu können.

Heute ist Konya eine etwas langweilige, staubüberhangene Landstadt, von kahlen Bergen und ausgedehnten Weizenfeldern umgeben. Sein hunderttürmiger Wall, den Moltke noch sah, als er 1838 durch die Türkei reiste, existiert nicht mehr, seine Moscheen zerfallen, und das Erbe der liberalen Mevlevi wird von einigen stockkonservativen Museumsbeamten verwaltet.

Durch die Moschee aber, in der Dschellâleddin Rumi begraben liegt, wandern Touristen aus aller Herren Ländern und lächeln halb amüsiert, halb unsicher, wenn irgendein anatolischer Bauer vor dem Sarkophag des Poeten mit nach oben gewendeten Handflächen Allah anzurufen beginnt.

Byzanz im Exil

Das seldschukische Reich hätte im 13. Jahrhundert kaum so stark und mächtig werden können, wenn zur gleichen Zeit das byzantinische Reich nicht so schwach gewesen wäre. Als Alp Arslan seine ersten Vorstöße auf kleinasiatisches Gebiet unternahm, war Ostrom durch die vorausgegangenen Auseinandersetzungen im Westen stark angeschlagen, und als die Sultane von Rum darangingen, sich in den eroberten Territorien zu etablieren, fiel Konstantinopel in die Hände der lateinischen Kreuzritter. All das kam den Herren in Konya natürlich zugute.

Zwar hatten Fürsten aus komnenischem Geschlecht in *Trapezunt,* an der Südküste des Schwarzen Meeres, ein neues Kaisertum errichtet, während ein anderer byzantinischer Adeliger namens *Theodoros I. Laskaris* (1204–1222) sich in Nikaia etablierte und ein dritter, aus der Familie der Angeloi, in Griechenland das *Despotat* (den Teilstaat) von Epeiros gründete, aber keines dieser Gemeinwesen war mächtig genug, den Türken ernsthaften Widerpart zu bieten. Ihre gegenseitigen Auseinandersetzungen beschäftigten sie vollkommen, ihr einziges Ziel war die Wiedereroberung der verlorenen Hauptstadt. Und da sie dieses keineswegs gemeinsam verfolgten, erreichten sie zunächst nichts weiter, als daß Trapezunt, der reichste der drei byzantinischen Staaten, eine Zeitlang den Sultanen von Rum tribut- und lehnspflichtig wurde.

Die lateinischen Kaiser von Byzanz waren für die Seldschuken ebenfalls keine große Gefahr. Sie hatten alle Hände voll damit zu tun, ihren dahinkümmernden Staat am Leben zu erhalten. Ständiger Geldmangel behinderte sie in ihrer Bewegungsfreiheit, Venedig saugte sie aus, Europa hatte das Interesse an ihnen verloren. Das Reich der fränkischen Kreuzritter begann, kaum daß es entstanden war, schon wieder auseinanderzubrechen.

Profitiert haben von dieser zunehmenden Schwäche, außer den Türken, vor allem die Herrscher von Nikaia. *Johannes II. Dukas Batatzes* (1222–1254) brachte ganz Westkleinasien unter seine Botmäßigkeit, nahm den Lateinern alle großen Inseln an der ägäischen Küste ab und versuchte 1236, zusammen mit den Bulgaren, Konstantinopel zurückzuerobern. Sein Angriff wurde abgeschlagen. Entmutigen ließ er sich dadurch nicht.

Er fuhr fort, seine strategische Basis zu vergrößern, eroberte Thessalonika, unterwarf den Despoten von Epeiros seiner Botmäßigkeit, heiratete eine Tochter Friedrichs II. von Hohenstaufen und stieg auf diese Weise allmählich zum mächtigsten unter den Nachfolgern der oströmischen Kaiser empor.

Als Batatzes starb, war Nikaia größer, reicher und stärker denn das Reich der Lateiner und das von Trapezunt. Der Sultan in Konya zählte zu seinen Verbündeten. Siegeswille und byzantinischer Nationalstolz waren in dem Teilfürstentum neu gewachsen. Konstantinopel mußte seinen Herrschern früher oder später doch wieder zufallen.

Das Ende der Lateiner

1261 war es soweit. Im Juli dieses Jahres marschierte der nikaianische General *Melissene* mit einer kleinen Armee an der Küste des Marmarameeres entlang auf den Dardaneneingang zu, um dort nach Griechenland überzusetzen. Da meldeten ihm seine Späher einen Trupp lateinischer Söldner aus der Armee *Balduins II.* (1237–1261), des damaligen Herrschers von Konstantinopel. Reiter schwärmten aus, sie zu ergreifen. Die Lateiner ergaben sich und wurden Melissene vorgeführt.

Sie servierten ihm die Stadt Konstantinopel auf dem Tablett. Kaiser Balduin und der größte Teil seiner Streitkräfte, so berichtete der Anführer der Söldner, hätten die Residenz verlassen und seien am oberen Bosporus damit beschäftigt, Befestigungsanlagen auszubauen. Die Stadt sei also praktisch völlig unbewacht und wehrlos.

Melissene reagierte sofort. Er gab den Gefangenen alles Gold, das seine Kriegskasse enthielt, und befahl ihnen, nach Konstantinopel zurückzukehren, dort die Tore zu besetzen und sie aufzutun, sobald er mit seiner Streitmacht angerückt käme. Weitere Geldgeschenke würden ihnen dann zuteil. Die Söldner schlugen ein. Die Nikaianer aber machten kehrt und strebten in Eilmärschen auf den Bosporuseingang zu.

In der Nacht vom 26. auf den 27. Juli 1261 drangen sie in kleinen Trupps auf das hügelige Gelände diesseits der thrakischen Landmauer vor, sammelten sich an vorbestimmten Punkten und schoben sich auf die mächtige Befestigungsanlage zu, die schwarz und drohend in den dunkelblauen Nachthimmel emporragte.

In der Stadt schien niemand etwas von ihrer Anwesenheit zu ahnen. Gelassen schlenderten die Doppelposten auf der Mauerkrone dahin.

Dann kam das vereinbarte Zeichen. Mit Geschrei rannten die Nikaianer los, durchbrachen die Hindernisse des Vorfeldes, stürmten auf das Torwerk zu – und fanden die eisenbeschlagenen Türflügel weit geöffnet. Konstantinopel war wieder byzantinisch.

Als Balduin II. von dem Überfall erfuhr, wandte er sich mit allen seinen Granden ohne Zögern zur Flucht. Er wußte, daß es keinen Sinn mehr haben würde, um das Reich zu kämpfen, das, durch Heimtücke und Verrat erworben, durch Verrat auch wieder verlorengegangen war.

Neubeginn in den Ruinen

Die griechische Welt aber jubelte auf, als die Kunde von dem erfolgreichen Handstreich sich verbreitete. *Michael VIII. Palaiologos* (1261–1282) zog im Triumph in die Hauptstadt ein, in der seine Vorfahren, als Mitglieder eines der mächtigsten Adelshäuser, residiert hatten. Nun begründete ihr jüngster Sproß die letzte kaiserliche Dynastie des byzantinischen Reiches.

Es war ein verwüstetes, heruntergewirtschaftetes Erbe, das er übernahm. Die Lateiner hatten Konstantinopel, dieses einzigartige Freilichtmuseum griechisch-römischer Kunst – das freilich durch Konstantins Raubzüge zustande gekommen war –, völlig ausgeplündert. Leer gähnten die Fensterhöhlen der Paläste am Marmarameer, leer die Kirchen und die Villen der Reichen. Die Säulenreihen am Rande der Prachtstraßen waren zusammengestürzt und teilweise durch Baumzeilen ersetzt worden. Weinberge, ja sogar Kornfelder breiteten sich zwischen den Ruinen aus. Auf dem alten Akropolis-Hügel, der heutigen Serailspitze, befand sich ein Olivenhain. Nur in den Vierteln am Goldenen Horn und an der Marmaraküste wimmelte noch buntes Leben.

Trotzdem herrschte eitel Freude unter den zurückgekehrten Byzantinern. Der im Exil erwachsene Nationalgeist beflügelte sie zu grenzenlosem Optimismus und ließ sie an die Wiederkehr der alten ruhmvollen Zeiten glauben.

Michael VIII., der ein fähiger und tatkräftiger Herrscher war, machte sich daran, die Stadt »von italienischem Rauch und Dunst« zu säubern. Er restaurierte vor allem die Seemauern und ermunterte die Künstler dazu, den Glanz der Kirchen wiederherzustellen.

Tatsächlich blühte unter ihm und seinem Nachfolger *Andronikos II.* (1282–1328) die byzantinische Kunst noch einmal auf. Der Minister *Theodoros Metochites* ließ die Chorakirche mit herrlich leuchtenden Mosaiken ausschmücken (den einzigen, die noch heute erhalten sind). Bis zum Athos und nach Serbien strahlten die Impulse dieser »großartigen künstlerischen Bewegung des vierzehnten Jahrhunderts« aus. Selbst die westeuropäische Kunst ist davon nicht unbeeinflußt geblieben.

Aber die herrlichen Zeiten von einst konnten dennoch nicht wieder heraufbeschworen werden. Der byzantinische Staat bestand nur noch aus den kümmerlichen Überresten des alten Reiches, er war, wie der französische Byzantinist Charles Diehl schreibt, »ein schwächlicher, verrenkter, kränklicher Körper, auf dem ein riesiges Haupt lastete – Konstantinopel«.

Die Lateiner hatten zwar die Bosporusstadt aufgeben müssen, aber sie beherrschten immer noch das *Herzogtum von Athen* und das *Fürstentum Achaia.* Euboia, Kreta und die meisten anderen Inseln des Archipelagos waren in venezianischer Hand, den Genuesen gehörten Chios und große Landstreifen an der Mittel- und Schwarzmeerküste Anatoliens. Außerdem waren Trapezunt und Epiros nach wie vor starke Rivalen. Auch das bulgarische Reich hatte sich noch einmal mächtig entfaltet und die Serben, unter *Stephan Nemanja* (1151–1195), einen unabhängigen Staat mit eigener Nationalkirche geschaffen.

Byzanz sah sich also ringsumher von Feinden umgeben, Feinden überdies, die ihm finanziell, wie auch militärisch, weit überlegen waren. Trotzdem ging Michael VIII. kühl und entschlossen auf der ganzen Linie zum Angriff vor. Er eroberte bulgarisches und epirotisches Gebiet zurück und brachte sogar Serben und Bulgaren dazu, noch einmal die weltliche und kirchliche Oberhoheit Konstantinopels anzuerkennen. Dann machte er seinen kühnsten und geschicktesten Zug: Er bot Papst *Gregor X.* (1271–1276) die Kirchenunion an, um seine Gegner im Westen, die aus Konstantinopel vertriebenen Exkreuzritter, des wichtigsten Motivs zu berauben, mit denen sie die Rückeroberung der Kaiserstadt rechtfertigen wollten.

Aber gerade damit hatte er die Grenzen seiner Möglichkeiten überschritten. Die byzantinischen Griechen wehrten sich erbittert gegen das Ansinnen, sie sollten mit den verhaßten Lateinern noch einmal gemeinsame Sache machen. Patriarch *Johannes Bekkos* (1275), der den geplanten Pakt der beiden Kirchen theologisch begründet hatte, wurde gestürzt. Michael war mit seinem diplomatischen Unternehmen gescheitert. Die Folgen zeigten sich sofort.

In Sizilien rüstete *Karl von Anjou* (1265–1285), dem Balduin II. alle »Rechte« auf das lateinische Kaiserreich Konstantinopel übertragen hatte, zum Angriff auf Byzanz. Der Basileios mußte seine ganze Geschicklichkeit aufwenden, um dessen ehrgeizige Pläne zu vereiteln. Auf alte byzantinische Praktiken zurückgreifend, wiegelte er die Bevölkerung Palermos gegen den verhaßten Franzosen auf und erzielte damit auch wirklich einen blutigen Erfolg. Am 30. März 1282 erhoben sich die Sizilianer gegen die Beamten ihres Zwingherrn. In der *Sizilianischen Vesper* wurden Tausende von ihnen erbarmungslos abgeschlachtet. Karl mußte Sizilien räumen. Alle seine Träume von einem neuen lateinischen Reich im Osten waren damit für immer zerplatzt.

Zum Jubeln bestand indes nach wie vor kein Anlaß in Konstantinopel. Dem ersten Palaiologen-Kaiser war es zwar gelungen, durch geschickte, skrupellose Manöver die Gefahr aus dem Westen zu bannen, aber über diesen europäischen Aktivitäten schien er die größte Gefahr, die sich im Osten zusammenbraute, aus den Augen verloren zu haben. Dort begann aus einer winzigen Keimzelle das Reich der osmanischen Türken emporzuwachsen.

Kapitel 13

IM TODESGRIFF DER OSMANEN

Zweitausend Seelen stark war die Reiterhorde gewesen, die, aus der nordpersischen Landschaft *Khorasan* kommend, zu Beginn des 13. Jahrhunderts in Anatolien einfiel. Ihr Führer hieß *Ertugrul* (1231–1288), ihr Reichtum bestand aus Pferden und etwas Vieh. In Leder und grobe Leinwand gehüllt, brachten diese Türken, wie der osmanische Chronist Derwisch Achmed berichtet, »den Sommer auf ihren Almen und den Winter auf ihren Winterweiden zu«. Sie dürften den Hunnen in vielem geglichen haben, vor allem aber darin, daß sie der Gelegenheit, hier und da leichte Beute zu machen, nur selten widerstanden.

Alaeddin Keykubat I., in dessen Reich unzählige Nomadenstämme herumwimmelten, hatte eine erprobte Methode, mit solchen Wegelagerern und Streunern fertig zu werden. Er pflegte sie ganz einfach in die Grenzprovinzen zu schicken und ihnen dort ein eigenes Herrschaftsgebiet zuzuweisen – ein Herrschaftsgebiet jenseits der Grenzen, das sie erst erobern mußten.

Legitimiert wurden diese Siedlungspraktiken mit glaubenskämpferischen Motiven, die der seldschukischen Liberalität eigentlich widersprachen. Jene nomadischen Markgrafen durften sich *Gazi* (Christentöter) nennen und als Vollstrecker des Gesetzes fühlen, das Muhammed ihnen gegeben hatte. Ihre Gegenspieler auf nikaianisch-byzantinischer Seite, denn auch das gab es, waren die sogenannten *Akritai,* selbständige Kriegsherren, deren Idol, der Ritter *Digenes Akrites,* in den Araberkämpfen Ruhm und Volkstümlichkeit erworben hatte.

Zwischen diesen beiden Gruppen tobte ein ständiger Kleinkrieg. Herden wurden überfallen und weggeführt, Dörfer geplündert, Hinterhalte gelegt, Frauen geraubt, Männer gemartert. Die Grenzen zwischen dem seldschukischen und den byzantinischen Reichen waren fließend, und so gut ihre diplomatischen Beziehungen zuzeiten auch sein mochten, im Niemandsland, in den Hügeln und Ebenen Anatoliens, kamen die Waffen nie zur Ruhe.

Ertugruls Sohn *Osman I.* (1288–1326) hatte von seinem Oberherrn in Konya die Stadt *Eskischehir,* ungefähr 200 Kilometer westlich von Ankara, als Sitz und ganz Bithynien als zu eroberndes Herrschaftsgebiet zugewiesen bekommen. Das war ein bescheidenes Startkapital, aber eine große Chance. Außer Bithynien gab es damals für die Gazis kaum noch etwas zu erobern, und Osman nahm die Chance wahr.

Er zog die kühnsten und unternehmungslustigsten Nomadenführer Kleinasiens in seiner bescheidenen Hauptstadt zusammen. Dann drang er in immer kühneren Zügen auf christliches Gebiet vor. 1301 schlug er eine größere byzantinische Streitmacht in *Baphaeum,* nahe Nikaia. 1308 eroberte er Ephesus, den letzten ägäischen Hafen Ostroms, und in den folgenden Jahren bemächtigte er sich auch noch der wenigen Hafenplätze an der Schwarzmeerküste, die den Herren von Konstantinopel bis dahin geblieben waren.

Diese Eroberungen machten ihn zu einem der mächtigsten und gefürchtetsten unter den kleinasiatischen Gazis. Die Byzantiner waren schon bald keine ernstzunehmenden Rivalen mehr für ihn. Den Konkurrenten im eigenen Lager aber blieben auf die Dauer nur zwei Möglichkeiten: sich ihm anzuschließen oder von ihm geschlagen zu werden. Osman steckte sich seine Ziele immer höher. Er nannte sich Sultan, gab seinem Besitz den stolzen Namen *Mémalik i Osmaniyé,* Osmanisches Kaiserreich, und hatte die in dieser Situation erforderlichen prophetischen Träume. So sah er einmal, wie aus seinem Nabel ein Baum emporwuchs, »dessen Schatten über die ganze Welt reichte. Und in seinem Schatten lagen Berge, und am Fuß jedes Berges entsprangen Flüsse, und die

Menschen tranken von diesen Flüssen oder bewässerten Gärten oder speisten Brunnen damit.« Es war ein echter Nomadentraum von Kühle und Wasser und grünenden Weiden. Als er einem Derwisch davon berichtete, rief der begeistert: »Heil dir, mein Sohn Osman – Allah der Erhabene hat dir und deinem Geschlecht das Herrschertum zugedacht! Gesegnet sei es euch!« (Achmed)

In Bursa, der schönsten Stadt Bithyniens, liegt der Sohn Ertugruls heute begraben. Seinen Sarkophag ziert die Inschrift: »Sultan, Sohn des Sultans aller Gazis, Gazi Sohn von Gazis, Markgraf bis zum Horizont, Held der Welt.« Er war einen weiten Weg gekommen, vom Hirtenzelt in den Steppen Anatoliens bis zur letzten Ruhestätte im Schatten des mystischen Olymps. Lebend freilich hat er Bursa nicht mehr betreten.

Bursa, Wiege eines Weltreiches

Diese Stadt, die angeblich von Hannibal gegründet worden war, eines der vornehmsten Modebäder der hellenistischen Welt und eine starke Festung, widerstand den Türken mehr als zehn Jahre lang. Nikaia und Nikomedia hatte Osman noch selbst erobern können. Bursa jedoch ergab sich auf Befehl der Kaiser von Byzanz erst seinem Sohn *Orhan* (1326–1359).

Für die Osmanen stellte dieser Sieg einen der triumphalsten Höhepunkte ihrer bisherigen Karriere dar. Sie waren in eines der Zentren der byzantinischen, der zivilisierten, der reichen, goldenen Welt vorgedrungen, und sie hatten einen Ort gewonnen, der ihren nomadischen Vorstellungen vom Paradies recht nahekommen mußte: grüne waldige Hügel, fruchtbare Täler, kristallene Bäche von den Flanken der Berge herab, mildes Seeklima, heiße Quellen und allerorten kostbar ausgeschmückte Marmorvillen. Nach Eskischehir und *Afyon Karahissar* avancierte Bursa zur dritten der insgesamt fünf Hauptstädte, die das osmanische Reich nacheinander besitzen sollte, und blieb die von allen am meisten geliebte.

In Bursa betätigten sich die Osmanen auch zum erstenmal als Bauherren. *Murad I.* (1359–1389), der Sohn Orhans, errichtete eine Moschee, die gleichzeitig als Medrese diente. *Beyazid* (1389–1403), genannt *Yildirim,* der Blitz, baute die mächtige und strenge *Ulu Dschami* (Große Moschee), und *Mehmet I.* (1413–1421) schuf die *Yeschil Dschami* (Grüne Moschee) mit der *Yeschil Türbe* (Grünes Mausoleum), zwei der schönsten Juwele türkischer Baukunst: Fayencen und Brunnen im Inneren der hohen edlen Räume, außen feine Steinmetzarbeit, ornamentale arabische Schriftzeichen, die als Fries rund um die Türen laufen und – an der Türbe – leuchtend grüne Kacheln.

Bursa wurde zur eigentlichen Wiege des osmanischen Reiches. Waren Osman und Orhan im wesentlichen gute Kriegsführer und erfolgreiche Räuber gewesen, so erwiesen sich ihre Nachfolger Murad I. und Murad II. vor allem auch als hervorragende Organisatoren. Unter rationaler Ausnützung aller ihnen zur Verfügung stehenden Möglichkeiten konzipierten sie ihren Staat als ein militant-religiöses Gemeinwesen, das einem einzigen riesigen Kriegslager glich.

Die türkische Fremdenlegion

Das Heer, das bisher nur ein buntscheckiger Haufe nomadischer Krieger gewesen war, wurde in zwei Gruppen aufgeteilt, die *Sipahi* (Reiterei) und die *Piyade* (Infanterie). Als Elite-Einheit entstand außerdem noch die *Yeni-Tscheri,* die neue Truppe, eine der genialsten Schöpfungen der Militärgeschichte. Diese »Janitscharen« nämlich waren nicht einfach angeheuerte oder zum Dienst gepreßte Soldaten, sondern Mitglieder eines Männerbundes, der sich ausschließlich aus Kriegsgefangenen, später aus Söhnen christlicher Eltern rekrutierte. Murad I. hatte die Einheit geschaffen. Murad II. vervollkommnete ihr Rekrutierungssystem durch die Einführung der sogenannten *Knabenlese.* Alle fünf Jahre wurden die Kinder der unterworfenen Christen gemustert und die tauglichsten davon dem Janitscharen-Korps zugeführt, wo Derwische sie zu fanatischen Muslimin erzogen.

Heiraten durften die Janitscharen nicht. Rechte hatten sie nahezu keine. Ihr Lebenszweck war der Krieg, ihr Lohn ausreichende Mahlzeiten und der Ruhm, einer der besten Truppen anzugehören, die jemals existiert hatten. *Tschorbatschi-Baschi,* Chefsuppenkoch, nannten sich ihre Bataillonskommandeure, *Atschi-Baschi,* Chefkoch, hießen die Kompaniechefs. Ihre Standarte war ein riesiger Suppenkessel, ihre Rangabzeichen gekreuzte Löffel. Auf dem Kopf trugen sie die hohe weiße Filzkappe der Bektaschi-Mönche, dazu lange dunkle Uniformröcke, Schaftstiefel in verschiedenen Farben und – ohne Ausnahme – lange buschige Schnurrbärte. Die Ausbildung, die sie erhielten, war hart und sorgfältig, aber die Ergebnisse konnten sich sehen lassen. Janitscharen-Bogenschützen vermochten ihre Pfeile achthundert Meter weit zu schießen und hielten damit vor den zeitgenössischen Schotten, die auf fünfhundert Meter kamen, den absoluten Weltrekord.

Wenn die Krieger der Neuen Truppe, begleitet von den dröhnenden Klängen der *Mehter-Kapellen* – den Urgroßvätern aller europäischen Militärmusikzüge, insbesondere der deutschen – und mit gellendem Allah-il-Allah-Geschrei über das Kampffeld heranrückten, pflegten die Gegner sich auf ihre schwerste Stunde gefaßt zu machen. Diese türkische Fremdenlegion war schon wenige Jahrzehnte nach ihrer Gründung der Inbegriff des Schreckens und der Wildheit. Nur Attilas Horden hatten vor ihnen einen ähnlich blutigen Ruf gehabt.

Konstantinopel – Traum der Sultane

Die nomadischen Ursprünge der Osmanen begannen, als die Yeni-Tscheri gegründet wurde, bereits in mythischen Nebeln zu versinken. Binnen 150 Jahren war der wandernde Türkenstamm aus dem Nichts zur Weltmacht aufgestiegen. Das zerfallende Seldschukenreich fiel ihnen als Erbe zu, Griechenland ging in ihren Besitz über. Am 15. Juni 1389 errang Beyazid Yildirim in der Schlacht auf dem *Amselfeld* (bei Kossovo, nahe der albanischen Grenze) einen entscheidenden Sieg über die Serben und spaltete damit die Balkanhalbinsel für mehrere hundert Jahre vom christlichen Westen ab. Sofia und Nisch befanden sich zu dieser Zeit schon lange in türkischer Hand, und *Adrianopel* war 1365 zur vierten Hauptstadt des jungen Reiches erhoben worden – der ersten auf europäischem Boden. Das Abendland hatte dies alles nahezu tatenlos hingenommen.

Erst im Jahr 1396 rafften sich einige tausend deutsche und französische Ritter sowie die Ungarn zu einem Unternehmen auf, das manche Historiker den »letzten Kreuzzug« nennen. Aber auch damit konnten die Eroberungen der Osmanen nicht mehr zurückgewonnen werden. In der Schlacht von *Nikopolis* (dem heutigen *Nikopol* in Bulgarien) erlitten die adeligen Heerhaufen eine vernichtende Niederlage. Und Beyazid prahlte, er wolle nun »seine Pferde auf dem Hochaltar der Peterskirche in Rom Hafer fressen lassen«. Die Türken stießen bis in die Steiermark vor, sie nahmen Patras sowie den Peloponnes und hängten im ebenfalls eroberten Athen den letzten dort regierenden Fürsten aus florentinischem Patriziergeschlecht auf.

Vier Jahre später wollte Beyazid dann auch die Krone aller christlichen Balkanstädte erobern – Konstantinopel. Er schrieb an Kaiser *Manuel II.* (1391–1425): »Wenn du unser Freund sein willst, so ziehe von dannen, und ich werde dir eine Statthalterschaft geben – wenn du dies nicht willst, dann werde ich, bei Allah und seinen großen Propheten, euch alle zugrunde richten.«

Der Palaiologe wies die Kapitulationsaufforderung des Sultans nicht ohne Hochmut zurück.

Fühlte er sich so stark in der »von Gott beschützten Stadt«? Glaubte er ernsthaft, sie gegen die türkischen Heere halten zu können? Ein anderes Motiv überwog. Venezianische Spione hatten ihn wissen lassen, daß Beyazid selbst in größter Gefahr schwebte. *Timur der Lahme* (1370–1405), der fürchterlichste aller Mongolenführer seit Dschingis Khan, war in Anatolien eingefallen und drohte das Osmanische Reich vom Osten her aufzuknacken. Dem Sultan würde gar keine Zeit mehr bleiben, sich gegen Konstantinopel zu wenden.

Tatsächlich mußte Beyazid, wenige Tage nach der Übersendung seiner Kapitulationsaufforderung an den Kaiser, Europa verlassen und in Eilmärschen dem Mongolen entgegenziehen. Am 20. Juli 1402 traf er in der Ebene von *Tschubuk*, nahe Ankara, mit dem Gegner zusammen. Als die zwanzigstündige Schlacht vorüber war, existierte das osmanische Heer nicht mehr. Beyazid Yildirim war lebend in die Hände des Feindes gefallen und – Konstantinopel wieder einmal gerettet.

Das Osmanenreich 1451

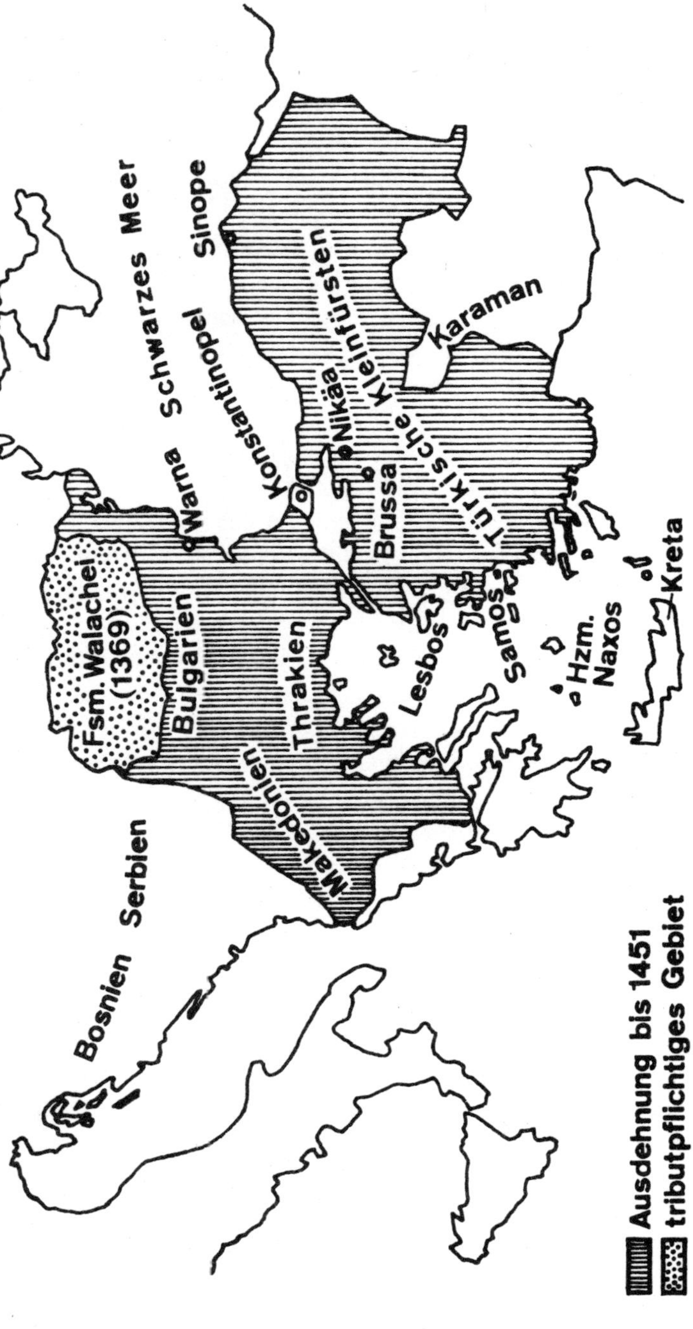

Mühelos hätte Timur nach diesem Sieg auf Bursa und Adrianopel vorstoßen können, aber der Preis für solche Mühe reizte ihn offensichtlich nicht. Er kehrte nach Osten zurück, um statt dessen China zu erobern, und ist bei den Vorbereitungen zu diesem neuen Unternehmen, drei Jahre später, gestorben.

Wie durch ein Wunder war also auch das Osmanische Reich seiner völligen Vernichtung entgangen. Überwunden jedoch hat es die Niederlage von Ankara lange nicht.

Die Zange schließt sich

Das unfertige Staatsgefüge wurde in den folgenden Jahren von Bürgerkriegen und einer veritablen kommunistischen Revolution erschüttert. Der Derwisch *Bedreddin* forderte die allgemeine Gütergemeinschaft. Prinzen und Heerführer verbrauchten ihre Energien in blutigen Thronkämpfen.

Erst Mehmet I., der seinen Bruder *Musa* (1411–1413) vom Thron vertrieben hatte, gelang es, das Reich wieder zu einigen und zu stärken. Friedlich von Natur, knüpfte er diplomatische Beziehungen mit Konstantinopel an, ließ sich von Kaiser Manuel an den Bosporus einladen und kehrte damit zu einer Politik zurück, die schon Murad I., der Sohn einer griechischen Sklavin, betrieben hatte.

In der gemeinsamen Geschichte dieser beiden Reiche gab es ja immer wieder Perioden durchaus friedlicher Koexistenz. Byzantinische Prinzessinnen wurden in die Harems der Sultane aufgenommen, Kaufleute kreuzten die Linien, Griechen fuhren nach Bursa und Türken nach Konstantinopel, um zu lernen und zu staunen.

Aber natürlich waren diese Zustände nie von allzu langer Dauer. Konstantinopel galt den Osmanen stets, auch wenn sie nicht davon redeten, als der höchste Preis, der auf Erden zu erringen war. Selbst ihre fernsten Unternehmungen galten nur dem einen Zweck: der Eroberung der Kaiserstadt, die zu Murads Zeiten bereits von nahezu allen Seiten umzingelt war. Beyazid hatte wenige Kilometer nördlich von Byzanz, auf dem asiatischen Ufer des Bosporus, die Festung *Güzel Hissari* (Schönes Schloß) errichtet, um den Verkehr auf dieser Seestraße überwachen zu können, und auch der Dardanelleneingang wurde damals längst von den Türken kontrolliert.

Die Byzantiner, die diese riesige Zangenbewegung mit Angst und Sorge verfolgten und sich keinen Illusionen über die wirklichen Absichten der Türken hingaben, dürften deshalb nicht allzu überrascht gewesen sein, als Murad II. die Politik seines Vaters jäh wieder beendete und im August 1422 mit einem mächtigen Heer vor den Mauern Konstantinopels erschien, um sie zu berennen.

Erfolg war den Türken aber auch bei diesem Unternehmen nicht beschieden. Die Mutter Gottes, so behaupteten die Byzantiner später, sei auf einer Zinne des thrakischen Walles erschienen und habe sie verjagt. In Wirklichkeit war den Oströmern zum letztenmal vor allem der Zufall zu Hilfe gekommen. Murads Bruder *Mustafa,* der in Nikaia, dem türkischen *Iznik,* residierte, hatte eine Verschwörung gegen den Sultan angezettelt. Der mußte zurückkehren, um sie niederzuwerfen.

Er fuhr nach Asien hinüber, überwältigte die Rebellen und ließ ihren Anführer im Bad erwürgen. Dann wandte er sich anderen Eroberungszielen zu. Die Bosporusstadt schien er fürs erste völlig aus den Augen verloren zu haben. Wahrscheinlich war ihm bei seinem Belagerungsversuch klargeworden, daß diese stärkste Festung der Welt selbst für seine sieggewohnten Janitscharen zu mächtig war. Noch fehlten den Türken die technischen Erfahrungen in der Bewältigung solcher Bollwerke, noch waren sie für ein »Unternehmen Konstantinopel« nicht gerüstet.

Doch das sollte sich ziemlich rasch ändern. Als Murad 1451 starb, waren Staat und Heer der Osmanen stärker und größer denn jemals zuvor und die Lage von Byzanz entsprechend verzweifelter.

Die Renaissance begann am Bosporus

Dennoch haben sie die Konstantinopolitaner auch in den letzten Lebensjahrzehnten ihres Kaiserreiches keineswegs der kopflosen Angst überlassen. Im Gegenteil, aus dem kulturellen Humus, auf dem sie angesiedelt waren, wuchsen ihnen noch einmal neue Kräfte und neue geistige Einsichten zu. Nicht mehr *Romaioi,* Römer, nannten sie sich jetzt, sondern Hellenen. Die Fiktion, ihre Stadt sei das Zweite und eigentliche Rom, wurde stillschweigend verabschiedet. Zurück zu den griechischen Wurzeln, hieß die neue Parole, und die Intellektuellen des Abendlandes nahmen sie begeistert auf. Dutzende von ihnen, darunter *Enea Silvio Piccolomini,* der spätere Papst *Pius II.* (1458–1464), pilgerten in die Kaiserstadt, um an ihrer Hohen Schule die griechischen Klassiker im Urtext zu studieren und später das erworbene Wissen in Europa zu verbreiten. Ehe es starb, hat Byzanz auf diese Weise noch die italienische Renaissance mit aus der Taufe gehoben.

Auf theologischem Gebiet dagegen fand ein ähnlicher Brückenschlag von Ost und West vorerst nicht statt, obwohl gerade hier eine Verständigung lebensnotwendig gewesen wäre. Die Patriarchen der byzantinischen Kirche, wie auch ihre Kaiser, hielten strikt an den alten Traditionen fest und wiesen jeden Gedanken an eine Kirchenunion weit von sich. Das Volk unterstützte sie dabei. Es war davon überzeugt, daß es sich leichter mit den Muhammedanern würde arrangieren können als mit den Katholiken des Westens. Entsprechende Berichte aus den türkisch gewordenen Provinzen bestärkten es in dieser Haltung.

Erst Kaiser *Johannes VIII.* (1425–1448) hat den Versuch, die geschmähte Union zustande zu bringen, in letzter Minute doch noch unternommen. Er tat es aus politischen Gründen. Konstantinopel, das wußte er, würde ohne Hilfe aus dem Westen verloren sein. Es konnte aber auf diese Hilfe nicht rechnen, wenn es keinen lohnenden Preis dafür bot.

So nahm er also Verbindung zu Papst *Eugen IV.* (1431–1447) auf und schlug ihm vor, ein allgemeines Konzil einzuberufen, auf dem die Angelegenheit diskutiert werden könne. Der Papst war einverstanden. 1438 wurden die Gespräche in Ferrara eröffnet und ein Jahr später in Florenz fortgesetzt.

Johannes selbst reiste mit einer Delegation, der vier Metropoliten und drei Laienphilosophen angehörten, nach Italien. Die Aufgabe, die ihn dort erwartete, war bitter und schwer. Allein über die Verfahrensfragen wurde monatelang gestritten. Wem kam der Vorsitz über die Versammlung zu? Wie sollte der Papst den Patriarchen von Konstantinopel anreden? Welche früheren Konzilsbeschlüsse konnten der Verhandlung zugrunde gelegt werden? Ohne Sympathie standen sich die beiden Parteien gegenüber. Die Griechen breiteten in langen Vorträgen den ganzen Schatz ihrer Gelehrsamkeit aus. Die Lateiner bestanden auf exakten juristischen und theologischen Formulierungen. Schließlich wurde der endgültige Beschluß nahezu gewaltsam herbeigeführt und die Union zwischen Rom und Byzanz feierlich besiegelt.

Die Ostkirche akzeptierte den Papst »als Nachfolger Petri und Stellvertreter Christi, Haupt der ganzen Christenheit, gemäß den Akten und Canones der alten Konzilien«. Auch der Heilige Geist ging jetzt wieder für alle Christen vom Vater und vom Sohne gemeinsam aus. Es war eine Übereinkunft, die auf tönernen Füßen stand. Das Volk von Konstantinopel lehnte die Wiedervereinigung nach wie vor kategorisch ab, und einige der Theologen, die Johannes nach Italien begleitet hatten, rückten unter dem Druck der öffentlichen Meinung sogar wieder von den Beschlüssen ab, die sie mit unterzeichnet hatten. Der unionswillige Patriarch *Metophanes* mußte seinen Stuhl räumen.

Ein nüchterner Beobachter mag diese Vorgänge unverständlich finden. Sahen denn die Konstantinopolitaner nicht, daß nur die Verbindung mit dem Westen, der Anschluß an das Abendland sie vor Tod und Vernichtung bewahren konnte? Glaubten sie, ohne die Hilfe der ganzen Christenheit gegen die Türken bestehen zu können? Nun, sie glaubten es keineswegs, aber sie mochten diesen Preis für ihr Überleben nicht bezahlen. Ihr Stolz auf das, was die Weltstadt am Goldenen Horn einmal repräsentiert hatte, die Verwurzelung mit dem hellenisch-römisch-byzantinischen Erbe war mächtiger als alle anderen Regungen, selbst der Lebenswille.

Ein tiefer Pessimismus, aus dem uralten Wissen geboren, daß ihre Stadt früher oder später doch einmal untergehen müsse, bestärkte sie in ihrer Haltung.

Populär blieb allein die Devise: »Lieber den Turban als den Kardinalshut.«

Mehmet, der freundliche Sultan

Dennoch hatte der Versuch Johannes VIII. bescheidenen politischen Erfolg gebracht. In Rom begann, nach dem Konzil von Florenz, ein gewisses Verantwortungsgefühl für die bedrohte Tochterstadt aufzukeimen. Silvio Piccolomini, der sich stets mit Stolz zu seinen Lehrjahren in Konstantinopel bekannte, warb für die Sache der bedrohten Byzantiner. Papst Eugen aber rief zu einem neuen Kreuzzug auf und vermochte auch wirklich den König von Ungarn und Polen, *Wladislaw III.* (1434–1444), zum Bruch des Friedensvertrages zu bewegen, den er mit Sultan Murad abgeschlossen hatte.

An der Spitze eines Heeres, das im wesentlichen aus Magyaren bestand, überschritt er, zusammen mit dem in Türkenkämpfen erfahrenen Wojwoden von Siebenbürgen, *Johann Hunyadi* (1385–1456), Anfang November 1444 die Donau. Bei *Warna,* an der bulgarischen Schwarzmeerküste, kam es wenige Tage später zu einer Schlacht, über die Georgios Sphrantzes, der Berater Johannes' VIII. und seines Sohnes Konstantin XI., folgendes berichtet: »Das Heer des Königs war dem türkischen weitaus überlegen... und richtete unter den Feinden ein gewaltiges Blutbad an. Der König drang bis zum Zelt des Sultans vor, und der Sultan wollte schon fliehen... da schlug ein Janitschar dem Pferde des Königs mit der Streitaxt, die er nach ihm warf, einen Hinterfuß ab, und als es zusammen mit seinem Reiter zu Boden stürzte, lief er hinzu und schlug dem König den Kopf ab... Als dies die Ungarn sahen, zerstreuten sie sich dahin und dorthin, und auf der Flucht wurden viele gefangen oder getötet.«

Der erste Versuch des Papstes, Konstantinopel zu entsetzen, war also mißlungen. Ein zweiter aber wurde gar nicht unternommen. Die gewaltsam angeknüpften Beziehungen zwischen den beiden Kirchen kühlten schnell wieder ab und mit ihnen auch das Interesse der europäischen Fürsten am Schicksal von Byzanz. Als Murad II. im Jahr 1451 starb und damit seinem Sohn, *Mehmet II.* (1451–1481), zur Herrschaft verhalf, glaubten viele von ihnen sogar, nun sei der Höhepunkt der Türkengefahr überwunden. Mit dem jungen Mann, der, wie gerüchteweise verlautete, eine französische Mutter hatte, werde sich schon reden lassen.

Auch die Venezianer und die Vertreter der *Republik des Heiligen Blasius* von Ragusa (Dubrovnik) schienen sich dieser Illusion hinzugeben. Scharenweise erschienen ihre Abgesandten am Hofe des jungen Osmanenherrschers in Adrianopel, um kostbare Geschenke gegen neue Handels- und Schiffahrtsverträge einzutauschen. Die Boten Ungarns und Serbiens folgten ihnen auf dem Fuß, selbst der Großmeister der Ordensritter von Rhodos, der oberste Vorkämpfer der Christenheit im östlichen Mittelmeerraum, bat um geneigtes Gehör.

Mehmet enttäuschte keinen von ihnen. Großzügig verteilte er Privilegien, schloß Abmachungen und bekundete sein Interesse für die Vorgänge in der westlichen Welt. Die Gesandten eilten beglückt zurück und berichteten ihren Auftraggebern, die Lage sei noch nie so günstig gewesen.

Skeptisch blieben allein der neue Kaiser in Byzanz, *Konstantin XI.* (1449–1453), und sein Vertreter Georgios Sphrantzes. Diese beiden wußten mehr über Charakter und Persönlichkeit des regierenden Sultans als ihre westlichen Zeitgenossen und trauten deshalb keinem der allzu optimistischen Berichte.

Sie waren auch die einzigen, die recht behalten sollten.

Der Prinz und die Generale

Mehmet II. (geb. 1432) war der kühnste, der fähigste, der entschlossenste und der skrupelloseste aller bisherigen Osmanensultane. Geboren von einer Sklavin, die sicherlich keine Französin gewesen ist, wie das Gerücht es wollte, aber möglicherweise eine Jüdin, war er zunächst im Harem des Palastes von Adrianopel, später in *Amasya,* dem Geburtsort Strabos, erzogen worden. Sein Vater schien ihn nicht sonderlich geliebt zu haben. Seine Erzieher stöhnten und klagten über ihn. Mehmet war ein eigensinniger, in sich verkapselter Charakter. Er schloß keine Freundschaften, noch akzeptierte er sie von anderen, und schon als Junge wußte er ziemlich genau, was er wollte. Der älteste Sohn Murads, der ihm den Weg zum Thron hätte versperren können, starb völlig unerwartet, als er seinen jungen Bruder in Amasya besuchte, der nächstältere wurde einige Jahre später in derselben Stadt unter geheimnisvollen Umständen ermordet.

Als Mehmet sieben Jahre alt war, holte ihn Murad nach Adrianopel, um ihn in einer pompösen Feier beschneiden zu lassen. Die erleuchtetsten Köpfe des Osmanenreiches wurden zusammengerufen und erhielten den Auftrag, sich des kleinen Prinzen anzunehmen. Sie lehrten ihn Arabisch, Griechisch, Lateinisch, Persisch und Hebräisch. Sie führten ihn in die klassische Philosophie ebenso ein wie in die islamischen Lehren, und selbstverständlich erhielt er auch eine solide militärische Ausbildung.

Nach dem Sieg, den sein Vater bei Warna errungen hatte, sollte Mehmet dann den amtsmüden Murad in den Regierungsgeschäften ablösen. Aber das Experiment mißlang auf der ganzen Linie. Der selbstherrliche Knabe begegnete den Wesiren und Generalen mit solcher Arroganz, daß es beinahe zu einer Revolte in der Armee gekommen wäre. Um das schlimmste zu verhüten, mußte der alte Sultan noch einmal auf den Thron zurückkehren.

Ausgelöst worden war der Streit zwischen dem Offizierskorps und dem Prinzen vor allem durch einen Plan, den der Zwölfjährige sorgfältig ausgearbeitet hatte und ohne Verzug verwirklicht sehen wollte – einen Plan zur Eroberung Konstantinopels.

Europa, an Byzanz nicht interessiert

Konstantin und Sphrantzes, die über alle diese Vorgänge am Hof von Adrianopel bestens informiert waren, wußten also genau, was sie von dem inzwischen zum zweitenmal an die Macht gekommenen Osmanensprößling zu erwarten hatten. Sie setzten alle Hebel in Bewegung, um im Westen doch noch tätige Anteilnahme am Schicksal von Byzanz zu erwekken. Doch sie predigten mehr denn je tauben Ohren.

Die Europäer waren von ihren eigenen Angelegenheiten und Affären vollkommen in Anspruch genommen. Kaiser *Friedrich III.* (1440 –1493) mußte alle Energie auf die Erhaltung seiner Stellung an der Spitze des Reiches konzentrieren; *Karl VII.* (1422–1461), der französische Herrscher, der es zugelassen hatte, daß Jeanne d'Arc auf den Scheiterhaufen kam, war mit Hofintrigen und den Problemen beschäftigt, die durch den eben beendeten Hundertjährigen Krieg mit England aufgeworfen worden waren; die moskowitischen Fürsten, die sich gerade erst von der tatarischen Vormundschaft befreit hatten, nahmen als strenge Schismatiker den Byzantinern die Unionsbeschlüsse von Florenz übel; und in Rom regierte als Nachfolger Eugens der fromme Humanist Papst *Nikolaus V.* (1447–1455), der an der Vervollkommnung der von ihm gegründeten vatikanischen Bibliothek mehr interessiert war als an den Vorgängen im Osten.

Lediglich Silvio Piccolomini, der treueste Freund Konstantinopels im Westen, bemühte sich immer noch um Verständnis für die Griechen. Aber auch er blieb ein Rufer in der Wüste.

Seine gelehrten Kollegen bewunderten die byzantinische Kultur und überhäuften die oströmischen Philosophen, die in Italien lebten, mit Ehren und Bewunderung – *Cosimo de Medici,* der inoffizielle Herrscher von Florenz, hatte zu Ehren des alternden Gemistos Plethon sogar eine platonische Akademie begründet –, doch engagieren wollte sich für Konstantinopel keiner von ihnen.

In Westeuropa blühte der Humanismus. Kunst und Wissenschaft waren zu neuem Leben erwacht. 1450 hatte *Gutenberg* in Mainz die erste Buchdruckerei eröffnet. 1452 wurde *Leonardo da Vinci* geboren. *Christoph Kolumbus* lebte schon, die Neuzeit brach an und eröffnete überwältigende Zukunftsaspekte, die alles, was die Angehörigen der führenden Schichten an Phantasie und Vorstellungskraft aufbringen konnten, vollkommen absorbierten. Schwarzafrika rückte ins Blickfeld der Europäer, die Reiseberichte *Marco Polos* über China und Indien wurden diskutiert und gelesen. Konstantinopel war nur noch eine historische, aber kaum mehr eine aktuelle politische Größe am Rande der Welt.

Die Zwingburg am Bosporus

Für Mehmet dagegen war es beides. Ihm schien die Kaiserstadt der Inbegriff all dessen zu sein, was das Leben lebenswert machte. Konstantinopel besitzen, das hieß nicht nur Mitglied, sondern Herr jener zivilisierten Welt geworden sein, deren goldener Glanz von jeher die Nomadenschwärme aus den Steppen Asiens angelockt hatte.

Der Türkensultan glaubte ja auch, daß der Titel *Kaiser der Römer* an den Besitz Konstantinopels geknüpft sei, und hoffte sich durch dessen Eroberung vor den Europäern, von denen er wußte, daß sie ihn für einen Barbaren hielten, als Fürst von Rang und Namen legitimieren zu können. Er strebte nicht nur nach dem Besitz einer berühmten Metropole, sondern ebenso nach »gesellschaftlicher Anerkennung«, was schon daran deutlich wird, daß er eine Zeitlang versuchte, seine türkischen Ahnen zu verleugnen und sich als einen komnenischen Prinzen auszugeben.

Aber so irreal die Motive auch sein mochten, die seinen Plänen zugrunde lagen, so methodisch und durchdacht war die Art und Weise, in der er sie zu verwirklichen begann.

Im Winter des Jahres 1451, wenige Monate nach seinem Regierungsantritt, versammelte er Tausende von Bauhandwerkern, Kalklöschern und Arbeitern am europäischen Bosporusufer, wenige Kilometer nördlich von Byzanz und begann dort – gegenüber der von Beyazid errichteten Burg *Güzel Hissari* (heutiger Name: *Anadolu Hissari,* Schloß von Anatolien oder Asien) eine riesige Festung errichten zu lassen. Damit wollte er den Konstantinopolitanern den Zugang zum Schwarzen Meer versperren, und diese erschraken, als sie seine Absicht erkannten. »Der Kaiser plante zunächst selbst den offenen Kampf, um ihn *(Mehmet)* an seinen Unternehmungen zu hindern. Aber einige aus dem Rat brachten ihn davon ab, indem sie sagten: ›Wenn er eine Festung baut, so werden wir sie mit Leichtigkeit einnehmen, da sie so nahe vor uns ist‹« (Sphrantzes).

Es war der schlechteste Rat, den man dem Basileios in dieser Situation hatte geben können. Mehmets Festung – die Osmanen nannten sie *Boghas-kesen,* Abschneider der Enge, heute heißt sie *Rumeli Hissari,* Schloß von Rumelien (Europa) – erwuchs mit atemberaubender Schnelligkeit zu einer der stärksten, die jemals gebaut wurden: Fünfzehn Meter hoch und drei bis sieben Meter dick die Mauern, mit Blei gedeckt die Dächer, über zwanzig Meter hoch und bis zu einundzwanzig Meter breit die drei Türme. Die Besatzung, die der Sultan in die Burg beorderte, war 400 Mann stark, ihre Kanonen vermochten Steinkugeln von 450 bis 600 Pfund Gewicht zu schleudern. Boghas-kesen war so gut wie uneinnehmbar, und die Byzantiner bekamen bald zu spüren, wie Mehmet sie damit zu erwürgen gedachte.

Am 25. November 1452 fuhr der venezianische Kapitän *Antonio Erizzo* mit einem Getreidefrachter, vom Schwarzen Meer her kommend, den Bosporus hinab, als plötzlich auf der Höhe des Türkenschlosses eine Kanonenkugel vor dem Bug seines Schiffes ins Wasser schlug und barsche Stimmen den Befehl herüberbrüllten, er solle die Segel einziehen und beidrehen. Erizzo, auf die Neutralität San Marcos vertrauend, ignorierte die Aufforderung. Da krachte es auf den Wällen von Boghas-kesen erneut. Eine zweite Kugel kam heulend herübergeflogen. Sie traf den Frachter mittschiffs und riß ihn in zwei Teile auseinander. Erizzo und einige seiner Matrosen schwammen, mühsam gegen die Strömung ankämpfend, an Land. Dort warteten bereits türkische Janitscharen auf sie. Wenige Stunden später überragten ihre aufgespießten Köpfe die Zinnen von Mehmets neuer Burg.

Mehmets Waffe, die Artillerie

Der unglückliche Kapitän hatte genauso wenig wie die Byzantiner gewußt, daß er nicht einer bewußten Provokation, sondern einem Experiment des Osmanensultans zum Opfer gefallen war. Die Kugel, die sein Schiff zerriß, war von keiner gewöhnlichen Kanone abgefeuert worden, sondern von Mehmets neuester Wunderwaffe, einem Geschütz, dessengleichen es bis dahin noch nicht gegeben hatte. Ein siebenbürgischer Stückegießer namens *Urban* war ihr Schöpfer, und der betrachtete das Riesenspielzeug keineswegs als das größte aller denkbaren Geschütze, sondern lediglich als die Vorstufe zu einem noch gewaltigeren.

Mehmet, sein Auftraggeber, war ja der erste Feldherr der Kriegsgeschichte, der begriffen hatte, daß die Schlachten der Zukunft nicht mehr von den Fußtruppen oder der Reiterei, sondern von der Artillerie entschieden werden würden, und auch der erste, der aus dieser Erkenntnis die Konsequenzen zog.

Über Murads II. Angriff auf Konstantinopel hatte der byzantinische Diplomat *Laonikos Chalkokondyles* noch berichtet: »Mit Geschützen versuchte er die Mauer zu zerschlagen, aber er vermochte sie nicht zum Einsturz zu bringen. Die Kugeln hatten nur ein Gewicht von drei Halbtalenten« (54 Kilogramm). Von Mehmet sollte man ähnliches nicht mehr erzählen können. Die mächtigen Wälle Konstantinopels vor Augen, beauftragte er Urban, eine Kanone zu bauen, die noch stärker sei als jene von Boghas-kesen. Und Urban, ermutigt durch sein erstes Probeschießen, machte sich ans Werk.

Fünf Monate später führte er das neue Monstergeschütz vor. Es war so groß, daß 50 Paar Ochsen und 700 Mann kaum ausreichten, um es vom Fleck zu bewegen, und es vermochte Kugeln von 600 Kilogramm Gewicht nahezu zwei Kilometer weit zu schleudern. Der Knall, den es beim Abschuß verursachte, war noch Stunden im Umkreis zu vernehmen. Als Mehmet diese Waffe sah, muß er gewußt haben, daß nun endlich die Eroberung Konstantinopels in greifbare Nähe gerückt war und seine Träume anfingen, Wirklichkeit zu werden. Dennoch tat er auch jetzt keinen einzigen übereilten Schritt, sondern handelte weiterhin wie ein Mann, der befürchtet, er werde das Versagen eines Unternehmens nicht verkraften können, an dem sein ganzes Sinnen und Trachten hängt.

Mit unendlicher Geduld komplettierte er seine Angriffspläne, studierte italienische und deutsche Schriften über Belagerungstechnik, umgab sich mit westeuropäischen Experten und überprüfte wieder und wieder die Skizzen der Befestigungen von Konstantinopel, die ihm zugänglich waren.

Das Licht in seinen Wohn- und Arbeitsräumen erlosch meist erst kurz vor Morgengrauen. In den Nächten aber, in denen er weder schlafen noch arbeiten konnte, durchstreifte er, verkleidet wie einst Harun al-Raschid, die Gassen Adrianopels, um herauszufinden, wie sein Volk über den geplanten Zug gen Konstantinopel dachte. Dabei stach er eigenhändig einen jeden nieder, der es wagte, ihn zu erkennen und als Sultan zu grüßen.

Der byzantinische Chronist Michael Dukas, der dies berichtet, behauptet auch, Mehmet habe Menschen getötet wie ein anderer Flöhe, und das Morden habe ihm sogar Spaß gemacht.

Krieg gegen die Türken, kein Geschäft

In Konstantinopel, wo Blut zuzeiten nicht weniger leichtfertig vergossen worden war als in Adrianopel, begann man sich, angesichts der neuesten Schreckensmeldungen, allmählich für die letzte Schlacht zu rüsten. Konstantin und seine Berater überprüften noch einmal ihre Hilfsmittel und Chancen und ordneten die Ergebnisse zu einem Überblick über die ganze Situation. Das ungefähr war die Lage:

Venedig, welches in Konstantinopel nach wie vor eine riesige Faktorei betrieb, konnte sich nicht entscheiden, ob es der bedrängten Stadt zu Hilfe kommen sollte oder nicht. Es bangte einerseits um seine Besitzungen am Goldenen Horn, wollte aber andererseits auch die günstigen Handelsbeziehungen zu den Osmanen nicht gefährden. Als das Schiff Antonio Erizzos auf dem Bosporus versenkt worden war, stimmte ein Teil der Signoria für den Abbruch aller Beziehungen zu den Türken, ein anderer jedoch wollte davon nichts wissen und gab Order an die Außenstationen, alles müsse beim alten bleiben.

Genua reagierte ähnlich unsicher. Zwar stellte es seinen Kaufherrn frei, sich für oder gegen die Türken zu entscheiden. Aber gleichzeitig befahl es dem Podestà in Galata, mit Mehmet ein Arrangement zu treffen, das die Unverletzlichkeit des genuesischen Besitzes garantierte. Die Ragusaner schließlich, die seit der Vertreibung der Lateiner ebenfalls in Konstantinopel vertreten waren, wollten Byzanz nur unterstützen, wenn eine große christliche Koalition gegen die Türken zustande käme. Und der Papst, der Friedrich III. vergebens beschworen hatte, der bedrohten Stadt beizustehen, mußte sich am Ende damit begnügen, einen Legaten mit einigen hundert Bewaffneten an den Bosporus zu senden.

Fazit also: Europa ließ Konstantinopel im Stich, die christliche Welt hatte ihre ehemalige Hauptstadt aus dem Gedächtnis gestrichen, das Abendland schützte wichtigere Geschäfte vor.

Die Stadt am Bosporus mußte sich auf die vorhandenen militärischen Kräfte verlassen.

Gefahr im Tal des Lygos

Doch auch damit war es nicht sonderlich gut bestellt. Im Hafen von Konstantinopel lagen einige venezianische Schiffe, deren Kapitäne es nicht übers Herz gebracht hatten, die bedrohte Stadt zu verlassen und samt ihren Besatzungen in byzantinische Dienste getreten waren. Aus Genua war außerdem noch in letzter Minute der berühmte Söldnerführer *Giovanni Giustiniani Longo* mit 700 Soldaten eingetroffen, um das Abenteuer einer Belagerung zu bestehen. Das ergab zusammen mit den Männern des päpstlichen Legaten eine Streitmacht von etwa 2000 Fremden.

Konstantinopel selbst konnte diese Truppe mit eigenen Kräften nur knapp vervierfachen. Die Metropole, die in ihren Glanzzeiten nahezu eine Million Einwohner gehabt hatte, brachte in diesem ihrem letzten Lebensjahr nicht mehr als 4973 waffenfähige Bürger auf die Beine. Auch seine Seemacht war erschreckend gering. Die Flotte, die im Goldenen Horn lag, umfaßte, die venezianischen und genuesischen Fahrzeuge eingerechnet, 26 Schiffe. In den Rüstkammern lagerten einige wenige Feldschlangen von geringem Kaliber, ein viel zu kleiner Vorrat an Pulver und ein paar Steinwerfer von vorsintflutlicher Bauart.

Aber die Bestandsaufnahme Konstantins enthielt auch einige nicht unbeachtliche Pluspunkte. Die Rüstungen der italienischen Soldaten waren denen der Türken weit überlegen, und die Befestigungsanlagen der Stadt konnten immer noch als nahezu unbezwingbar gelten.

Allein die dreifach gestaffelte thrakische Landmauer ersetzte ein ganzes Armeekorps. Sie war ein Meisterwerk der Festungsbautechnik. Hinter einem zwanzig Meter breiten Graben, der notfalls mit Wasser gefüllt werden konnte, erhob sich zunächst eine niedrige Brustwehr. Fünfzehn Meter weiter zurück stand der sieben Meter hohe Äußere Wall, der in Abständen von zwanzig bis dreißig Metern durch massige viereckige Türme gesichert war und wiederum von einer Brustwehr überragt wurde. Erst dann kam die ungeheuer dicke, achtzehn Meter hohe Innere Mauer, deren Zwanzigmetertürme die Räume zwischen den Bastionen des äußeren Walls deckten. Zwölf Tore durchbrachen diese Befestigungslinie, jedes davon stark gesichert und bewehrt.

Die Seemauern entlang dem Marmarameer und dem Goldenen Horn waren weniger mächtig als die Landwälle, aber dafür leichter zu verteidigen als diese. Den Eingang zum Goldenen Horn schließlich sperrte eine dicke Eisenkette, die an zwei Türmen diesseits und jenseits der Bucht befestigt war.

Normalerweise hätte es nicht allzu schwer sein dürfen, ein derart gigantisches Bollwerk zu verteidigen. Aber da von normalen Zuständen keine Rede sein konnte, kam allen diesen Pluspunkten letztlich doch ein geringerer Wert zu, als die Bestandsaufnahme es zunächst wahrhaben wollte. Die Byzantiner besaßen nicht genug Leute, um die insgesamt zweiundzwanzig Kilometer langen Mauern ausreichend zu besetzen.

Außerdem waren diese Wälle nicht eben in bestem Zustand. Ein letztes Handikap schließlich: Im Tal des Flusses Lygos, der die thrakische Mauer nördlich von ihrer Mitte durchbrach, fiel das Gelände dreißig Meter tief ab. Die Wälle paßten sich dieser Senkung an und waren hier also äußerst verletzlich.

Giustiniani, der erfahrenste Kriegsmann der Stadt, der rasch zum Oberkommandierenden aufgestiegen war, versuchte dennoch das Beste aus seiner Lage zu machen. Er postierte im Lygostal seine stärksten Truppen und verteilte den Rest der Besatzung schwerpunktmäßig über die ganze Anlage. Dann harrten die Byzantiner gemeinsam der Schrekken, die auf sie zukommen würden. Mehmet hatte den Krieg erklärt. Zusammen mit den letzten Störchen aus Asien traf er vor den Mauern der Festung ein.

»...ein unausgesetztes Gedröhn!«

»Am 2. April (1453)«, so berichtet Sphrantzes, »kam der Sultan mit einer unübersehbaren Menge von Reitern und Fußsoldaten herangezogen. Man errichtete ihm sein Zelt gegenüber dem Tore des Heiligen Romanos *(im Lygostal)*, und das Heer breitete sich wie Sand am Meer entlang der Umfassungsmauer auf dem Festland aus... Der Pascha *(Zaga-*

nos), der ein Verwandter des Sultans war, lagerte mit dem Heer, das ihm unterstand, oberhalb von Galata.«

Kaiser Konstantin befahl, die zur Verfügung stehenden Schiffe hinter der Sperrkette vor Anker zu legen. »Das waren die Vorkehrungen, die man im Hafen traf. Auf dem Land aber stellten die Feinde die ganz große Kanone auf *(die Urban gegossen hatte)* und viele andere Kanonen von beträchtlicher Größe. Sie errichteten eine hohe Schanze mit Palisaden und schossen von dort aus... daß es ein unausgesetztes Gedröhn war. Tag und Nacht hörten Kampf und Ansturm, Handgemenge und Beschießung nicht auf, denn der Sultan hoffte, die Stadt leicht einzunehmen, da wir wenige an Zahl waren und durch diese ständige Bedrängnis schnell ermüdet wurden.«

Aber der Sultan hatte sich getäuscht. So schwach die Kräfte der Byzantiner auch sein mochten, sie kämpften mit der Wut bedrängter Löwen und mit außerordentlichem taktischen Geschick. Die bei Tag angerichteten Beschädigungen wurden des Nachts wieder ausgebessert, und die Truppenverschiebungen innerhalb der Befestigungslinie klappten so ausgezeichnet, daß die Türken bei jedem Angriff auf massierten Widerstand stießen. Im Handstreich, das stellte sich bereits nach kurzer Zeit heraus, war Konstantinopel nicht zu nehmen.

Dann spielte auch noch die Technik dem Belagerungsheer einen bösen Streich. Das Gußmaterial der großen Kanone war, obwohl sie nur sieben Schüsse pro Tag abgeben konnte, schon nach kurzer Zeit so ermüdet, daß sie, als ein Kanonier die Lunte an das Zündloch hielt, plötzlich explodierte und nahezu ihre ganze Bedienungsmannschaft zerriß. »Der Sultan kränkte sich sehr, als er das erfuhr, und befahl, man solle eine neue, noch stärkere Kanone gießen, und bis dahin wurde nichts Nennenswertes gegen uns unternommen.«

Das war eine kleine Atempause, aber sie ging nur allzu schnell wieder vorüber. Am 15. April traf der Rest der türkischen Streitmacht vor der umkämpften Stadt ein, und die Byzantiner erkannten nun erst, wie sehr sie dem Türkenherrscher unterlegen waren. Sultan Mehmet verfügte jetzt über 420 Schiffe, die Mehrzahl davon kleinere Fahrzeuge, sowie

58 200 Mann reguläre Truppen und riesige Horden von irregulären Soldaten. Er war den Griechen also um mehr als das Zehnfache überlegen.

Aber seiner Stärke zum Trotz mußte er auch weiterhin Rückschläge einstecken. Ein Seeangriff auf das Goldene Horn wurde verlustreich zurückgeschlagen, ein Nachtangriff auf die Landmauer blieb im Pfeil- und Kugelhagel der Verteidiger stecken, und ein zweiter großer Angriff bei Tageslicht brachte ihm ebenfalls keinen Erfolg.

»An einigen Orten«, so schildert Sphrantzes diesen letzten Sieg der Byzantiner, »hatte der Feind mit Kanonen und Brandschleudern Breschen in die Mauer geschossen, und man wollte die Gräben ausfüllen, um mit dem Fußvolk an die offenen Stellen heranzukommen und durch sie in die Stadt einzudringen. Sie begannen uns mit Pfeilen zu beschießen und auf uns anzustürmen, inzwischen schaufelten sie Erde in die Gräben, warfen Zweige und anderes Material hinein, einige sogar im Eifer ihre eigenen Zelte. Es war schrecklich zu sehen, wie viele von ihnen allein schon wegen des Gedränges, das so entstand, umkamen. Die, die hinten nachkamen, warfen rücksichtslos Hölzer und Erde in den Graben auf die, die schon darin standen, und begruben sie lebendig. Andere wieder, die stärker waren, ergriffen im Eifer des Kampfes absichtlich die Schwächeren und warfen sie anstatt der Zweige und der aufgeschütteten Erde hinunter. Sie selbst aber kamen auch nicht mit dem Leben davon, denn die Kanonen und Armbrüste der Verteidiger töteten eine ganze Menge von Feinden... Die Unseren hielten sich gut, und es war erstaunlich, daß sie die Oberhand behielten, obwohl sie doch gar keine Kriegserfahrung besaßen.«

Die fahrenden Türme der Türken

Auch in den folgenden Tagen gelang es den Byzantinern und ihren Verbündeten, die Angriffsoperationen der Türken erfolgreich zu durchkreuzen. Mehmet, erschrocken über die hohen Verluste, die seine Truppen bereits erlitten hatten, versuchte nun die Befestigungsanlage zu unterminieren und in die Luft sprengen zu lassen. Aber ein Österreicher namens *Johannes Grant,* der in Konstantinopel hängengeblieben war, grub einen Gegenstollen und räucherte die feindliche Mine aus. »Einen unterirdischen Gang der Feinde jedoch hatte der brave Deutsche nicht bemerkt. In dem zündeten die Türken selbst das flüssige Feuer an, das sie dort vorbereitet hatten, aber sie richteten damit nichts aus.«

Dann griff Mehmet auf eine Belagerungsmaschine zurück, mit der schon Philipp von Mazedonien die Mauern Byzantiums berannt hatte: den fahrenden Turm. Aus Bohlen und Balken bauten ihm seine Soldaten drei mehrere Stockwerke hohe Gerüste, die mit Lederpanzern abgeschirmt und mit allerlei Wurfmaschinen und kleineren Feldschlangen bestückt waren. Auf quietschenden Holzrädern schob man sie gegen die thrakische Mauer vor.

Die Verteidiger erschraken zunächst, als sie die Monstren sahen, doch sie wurden auch mit ihnen fertig. In wütenden Kämpfen, die sich halb in der Luft zwischen Mauerkrone und den oberen Stockwerken der rollenden Türme abspielten, metzelten sie die Türken nieder, zerschlugen ihre Sturmleitern und zertrümmerten die ungefügen Bohlengerüste.

Als es Abend wurde, zogen die Türken sich zurück in der Hoffnung, durch die Breschen, die sie immerhin hatten schlagen können, am nächsten Morgen wenigstens bis zur Hauptmauer vorzustoßen. Doch wer beschreibt ihre Enttäuschung, als sie, im ersten Büchsenlicht heranpreschend, keine einzige der aufgebrochenen Lücken mehr erkennen konnten! Über Nacht hatten die Byzantiner, unter Giustinianis Leitung, die angerichteten Schäden ausgebessert, die zugeschütteten Gräben wieder ausgehoben und alles Belagerungsgerät, das die Janitscharen zurückgelassen hatten, verbrannt. Auch dieser Angriff war also gescheitert.

Mehmet muß an diesem Tag, es war der 19. April 1453, der Verzweiflung nahe gewesen sein. »Wenn auch 37 000 Propheten mir gesagt hätten, daß die Ungläubigen in einer Nacht dies tun können, was sie wirklich getan haben, ich hätte es nie geglaubt«, rief er aus. Und türkischen Quellen zufolge soll er nahe daran gewesen sein, das ganze Unternehmen abzubrechen.

Am 20. April traf ihn ein noch härterer Schlag. Drei genuesische Schiffe, die der Papst gesandt hatte, sowie ein kaiserliches Kornschiff aus Sizilien näherten sich bei günstigem Wind dem Goldenen Horn, durchbrachen die türkische Sperre und fuhren mit wehenden Fahnen und qualmenden Kanonen in den Hafen von Konstantinopel ein. »Der Sultan... tobte vor Wut, knirschte mit den Zähnen... biß sich wie ein Hund in die Hände und stampfte wütend auf den Boden... Dampf stieg aus seinem Munde auf. Er sann nach, was er tun sollte, um die Stadt noch härter zu bedrücken und sie zu Wasser und zu Lande einzuschließen.«

Es fiel ihm auch wirklich etwas ein. Zusammen mit einem Italiener aus seinem Stab konzipierte er nun die spektakulärste Einzelaktion dieses ganzen Krieges.

»Das Wunder der Wunder«

Dies war das Problem, das sich ihm stellte: Um die trapezförmige Stadt von allen Seiten her berennen zu können und sie gleichzeitig von ihrer letzten Verbindung zum Bosporus abzuschneiden, mußte er ins Goldene Horn eindringen. Aber das war auf dem Seeweg nicht möglich, weil die konstantinopolitanische Flotte den ganzen langgezogenen Golf beherrschte, und weil die Sperrkette an ihrem Eingang ein unüberwindliches Hindernis darstellte.

Was also war zu tun? Der Italiener wußte die Antwort. Hatte, so fragte er, Octavian in seinem Krieg gegen Marcus Antonius und Kleopatra die Schiffe seiner Flotte nicht über den Isthmus von Korinth gezogen, als widrige Winde ihm die Umseglung der Peloponnes verwehrten? Hatten die Venezianer in einer ihrer jüngsten Kampagnen nicht ein ganzes Galeerengeschwader vom Po über die Ebene, in der Mantua liegt, bis zum Gardasee geschleppt?

Die Türken befanden sich vor Konstantinopel in einer ähnlichen Situation wie diese Feldherrn. Warum also sollten sie nicht ein ähnliches Manöver unternehmen und ihre Schiffe über den Landvorsprung, zwischen Bosporus und Goldenem Horn hinweg, an Galata und der Sperrkette vorbei bis zum inneren Ufer des Hafens von Byzanz transportieren und sie dort wieder ins Wasser gleiten lassen?

Daß der Hügelkamm dieser Halbinsel siebzig Meter über der Wasseroberfläche lag, würde die Sache zwar erschweren, aber keineswegs unmöglich machen.

Mehmet war von der Idee des Italieners fasziniert und ging sofort daran, sie zu realisieren. Tausende von Hilfskräften wurden aus den umliegenden Dörfern zusammengetrieben. Die Ingenieure seiner Armee erhielten Auftrag, eine hölzerne Schiene zu bauen, auf der die Schiffe mit Hilfe kleiner stabiler Wagen aus dem Wasser gezogen und über die Hügel gerollt werden konnten. Die Arbeiten hatten unverzüglich zu beginnen.

Die Bewohner Konstantinopels und des neutral gebliebenen Galata bemerkten natürlich die ungewöhnlichen Aktivitäten am Bosporusufer, aber keiner von ihnen vermochte sich einen Reim darauf zu machen. Wahrscheinlich, so vermuteten die meisten, wollte der Sultan die Straße vom Lager des Zaganos Pascha, oberhalb der genuesischen Kolonie, zum Anlegeplatz seiner Flotte am Bosporusufer verbessern. Auf eine neue Teufelei von ihm war niemand gefaßt. Der Durchbruch der genuesischen Schiffe durch die Sperre an der Hornmündung hatte die Lebensgeister in der belagerten Stadt gestärkt. Die Byzantiner hofften wieder und überließen sich einer leichten Euphorie.

Um so größer war ihr Entsetzen, als am Morgen des 22. April auf der Spitze der Hügel über dem Hafen ein vollbeflaggtes Schiff erschien, dessen Ruder taktmäßig durch die Luft schlugen, so als ob es im Wasser läge. Und das kalte Grauen erfaßte sie, als das Fahrzeug wenig später klatschend auf den Wassern des Goldenen Horns aufschlug. Nun erst begriffen sie, was der Sultan vorhatte. Ihre gerade erst gewonnene Zuversicht brach jäh wieder zusammen. Noch ehe es dunkel geworden war, schwammen siebzig türkische Schiffe im Hafen der Kaiserstadt.

»Das Wunder der Wunder«, schrieb Stefan Zweig später, »eine ganze Flotte wanderte über den Berg.«

Von Galata verraten

In Konstantinopel hat diese Nacht kein Mensch geschlafen. Konstantin war so niedergeschmettert, daß er ein Kapitulationsangebot erwog. In den Kirchen wurde pausenlos gebetet. Nur die italienischen Berufssoldaten und Seefahrer behielten ihre Kaltblütigkeit und beratschlagten, was zu tun sei. Am nächsten Morgen glaubten sie es zu wissen: *Giacomo Coco,* der Kapitän eines trapezuntischen Schiffes, der mit den Venezianern geblieben war, sollte in einem Nachtangriff die eingedrungene Flottille überfallen und sie mit Hilfe zweier Brander auseinandersprengen.

Der Plan wurde akzeptiert und das Unternehmen vorbereitet. Aber als Coco sich am 28. April über die dunklen Wasser des Horns an die Türken herangearbeitet hatte, schlug ihm von dort plötzlich massiertes Artilleriefeuer entgegen. Sein Boot versank, die Galeere, die den Angriff decken sollte, begann zu brennen, und die Mannschaft mußte sich schwimmend ans eigene Ufer retten. Das Unternehmen Nachtangriff war mißglückt – wahrscheinlich, weil die Genuesen in Galata es den Türken verraten hatten.

Mit dieser Niederlage war die Halbzeit im Kampf um Konstantinopel erreicht. Der Sultan kam aus seiner Pechsträhne heraus und erzielte von jetzt an täglich neue Erfolge, die die Belagerer als einen Rückschlag nach dem anderen hinnehmen mußten.

Konstantins Abschied

Anfang Mai begannen die Vorräte knapp zu werden, und viele der Verteidiger verloren die Nerven. Die Venezianer gerieten mit den Genuesen in Streit und die Griechen mit allen Lateinern. Als dann auch noch eine Brigg, die die feindlichen Linien durchbrochen hatte, um nach einer angekündigten venezianischen Hilfsflotte Ausschau zu halten, mit der niederschmetternden Nachricht zurückkam, sie hätte weit und breit kein christliches Schiff gesehen, begann die Disziplin merkbar nachzulassen.

In dieser Situation hielten es die Senatoren von Konstantinopel für richtig, dem Kaiser die Flucht nahezulegen. Doch Konstantin wies diesen Vorschlag zurück. »Ich weiß, daß es mir einigen Nutzen bringen würde, wenn ich die Stadt verließe«, soll er einem slawischen Bericht zufolge gesagt haben, »doch ist es mir unmöglich wegzugehen... Niemals werde ich euch verlassen. Ich bin entschlossen, mit euch hier zu sterben!« Dann wandte der Kaiser sein Haupt ab, weil Tränen seine Augen füllten. Mit ihm aber weinten der Patriarch und alle, die anwesend waren. Draußen dröhnten pausenlos die Kanonen der Türken.

Am 6. Mai war Urbans zweites großes Geschütz fertig geworden und begann wieder zu feuern. Am 19. Mai erfolgte ein neuer Generalangriff zu Wasser und zu Lande. Immer noch konzentrierten sich die Angreifer auf die schwache Stelle der Landmauer im Lygostal, und jedesmal, wenn eine der sechshundert Kilo schweren Kugeln aus der Riesenkanone aufschlug, erbebten alle Türme in der Nachbarschaft. Den Byzantinern fiel es immer schwerer, die beschädigten Wälle wieder auszubessern.

Aber auch die Nerven der Türken waren nicht mehr die besten. Gerüchte von einer herannahenden päpstlichen Flotte machten die Runde, und *Chalil-Pascha,* der Großwesir, plädierte in einem Kriegsrat dafür, die Belagerung abzubrechen. Europa, so meinte er, werde den Fall seiner mächtigsten Festung niemals ungerächt hinnehmen können. Die Eroberung Konstantinopels beschwöre unendliche Schwierigkeiten herauf.

Doch Zaganos Pascha und Scheich *Ak Schemseddin,* der oberste geistliche Berater Mehmets, teilten diese Bedenken nicht. Der Theologe verwies auf die Prophezeiung Muhammeds, die sich auf die Eroberung der Stadt bezog, und der General auf die merkbare Schwäche der Verteidiger. Chalil wurde überstimmt. Indes scheint das bezeichnendste an dieser ganzen Unterredung nicht die plötzliche Beschwörung religiöser Motive, sondern allein die Tatsache zu sein, daß Mehmet, der entschlossene Einzelgänger, überhaupt der Aufmunterung durch seine Generale und Mitarbeiter bedurfte. Auch seine Zuversicht war offensichtlich ins Wanken geraten.

Immerhin beschloß der Kriegsrat nun, am 29. Mai, dem Tag nach Pfingstmontag, einen neuen großen Generalangriff zu unternehmen und dabei die Kräfte des türkischen Heeres konzentrierter als jemals zuvor einzusetzen. Christliche Soldaten im Heer des Sultans schossen Briefe über die Mauer und forderten die Verteidiger auf, sich für den schwersten aller Stürme vorzubereiten – den letzten möglicherweise. Die Konstantinopolitaner verzagten.

Nur Giustiniani, das Herz und die Seele der belagerten Stadt, behielt seinen klaren Kopf. Er nötigte dem General *Lukas Notaras,* der ihn nicht ausstehen konnte, einige zusätzliche Schiffsgeschütze ab und postierte sie am Tor des Heiligen Romanos, südlich des Lygostales, das heute, Urbans großer Kanone zu Ehren, *Topkapisi,* Kanonentor heißt. Dann befahl er den Priestern, an den besonders gefährdeten Plätzen des Walles Ikonen aufzustellen und dahinter Mönchschöre zu postieren, die durch ihren Gesang die Kämpfenden ermutigen sollten. Mit seinen Maßnahmen vermochte er auch wirklich die Lebensgeister der Verteidiger wieder aufzufrischen und neue Hoffnung zu wecken. Den Kaiser jedoch überzeugte er nicht. Konstantin scheint geahnt zu haben, daß der letzte Tag seiner Stadt heraufrückte, und bereitete sich auf den Tod vor. Er nahm an der großen Pfingstprozession vom Blachernai-Palast zur Hagia Sophia teil, dann sprach er noch einmal zu allen seinen Offizieren. »Ihr wißt«, sagte er, »daß die Stunde gekommen ist und der Feind unseres Glaubens uns mit allen seinen Künsten und Zurüstungen auf das ärgste bedrängen will... Ich vertraue diese glänzende und hochberühmte Stadt, unsere Vaterstadt, die Herrscherin über alle Städte, eurem Mute an!«

Er umarmte jeden einzelnen von ihnen und bat, ihm zu vergeben, wenn er ihn jemals verletzt haben sollte. In der Hagia Sophia wurde zum letztenmal die Liturgie zelebriert. Der Kaiser legte die Beichte ab und erhielt die heilige Kommunion. »Was für ein Weinen war da«, schreibt Sphrantzes, »und was für ein Klagen im Palast! Und wenn einer aus Holz oder aus Stein gewesen wäre, er hätte mitweinen müssen.«

Das Paradies ist nahe

Mit ähnlichem Ernst wie die Byzantiner bereiteten sich aber auch die Türken auf den Dienstag nach Pfingsten vor. Mehmet befahl seinen Soldaten, den ganzen 28. Mai über zu fasten, die religiösen Waschungen zu verrichten und nüchtern zu Allah zu beten. Am Abend dieses Tages rief er die Eliteregimenter zusammen und hielt eine Ansprache. »Liebe Kinder«, sagte er, »im Namen Gottes und Muhammeds, seines Propheten, und in meinem eigenen Namen, der ich der Diener Gottes bin, ermahne ich euch am morgigen Tag, Taten zu vollbringen, die des Ruhmes unserer Vorväter würdig sind... Diejenigen von euch, die fallen werden, sollen leiblich ins Paradies eingehen und mit Muhammed schmausen und trinken und mit Knaben und schönen Frauen auf einem grünen, von Blumen duftenden Rasen ausruhen... Drei Tage hindurch soll die Stadt zur Plünderung euch gehören. Was ihr erbeutet an Gold und Silber, Kleidern und Gefangenen – seien es Männer oder Weiber –, niemand soll es euch abfordern oder euch darum behelligen.« Er schloß seinen Aufruf mit dem Kredo der Muslimin: »Gott ist Gott und Muhammed ist sein Prophet!«

Erkenntnis, Tod des Helden

Die Nacht vor dem Sturm verging in absoluter Stille. Gegen Morgengrauen inspizierte der Kaiser zusammen mit Sphrantzes noch einmal die Stellungen. Dann ritt er wieder in die Stadt, und der Hofschreiber blieb auf dem Turm zurück, der heute noch seinen Namen trägt.

Beim ersten Hahnenschrei wurde es im Lager der Türken lebendig. Die Umrisse der großen Kriegsschiffe zeichneten sich im Frühdunst ab und rückten gespensterhaft näher. Die Räder der großen Belagerungsmaschinen begannen zu quietschen.

Mit dem zweiten Hahnenschrei, so berichtet Sphrantzes, brüllten dann rings um die Stadt plötzlich die Kanonen auf, und die erste Angriffswelle der Türken schob sich über das Vorgelände des thrakischen Walles heran. Trommeln dröhnten, Hörner schmetterten, die Roßschweife, die den Regimentern vorangetragen wurden, wehten im Wind. Das Allah-il-Allah-Geschrei begann sich zögernd in die Choräle der byzantinischen Mönche zu mischen.

Mehmet wollte die Belagerten diesmal zermürben. Er schickte zuerst seine unzuverlässigste Truppe vor, die *Baschibazuken,* einen aus Mitgliedern verschiedener Völker,

Ungarn, Russen, Italienern und Deutschen zusammengewürfelten wilden Haufen. Hinter ihnen kamen, geschlossener schon und disziplinierter, die anatolischen Divisionen. Aber beider Angriff wurde abgeschlagen.

Schon schöpften die Christen neuen Mut und hofften, der Kelch werde noch einmal an ihnen vorübergehen. Da verbreitete sich innerhalb ihrer Linien eine furchtbare Schreckensnachricht: Giustiniani war verwundet worden. Wenig später folgte das Gerücht, der Held aus Genua habe seine Stellung verlassen und sei mit seinen Söldnern nach Galata hinübergeflohen. Unglücklicherweise stimmte es.

Als Giustiniani eigenes Blut über den Harnisch hatte herabrieseln sehen, war sein ganzer Mut mit einem Schlag zusammengebrochen. Der strahlende Renaissanceritter, der Abenteurer aus Edelmut, schien zum erstenmal zu begreifen, daß auch er sterblich war, und diese Einsicht hatte ihn völlig vernichtet. Auf einer Tragbahre ließ er sich davontragen. Fast alle Italiener folgten ihm. Die Griechen standen dem Feind jetzt nahezu allein gegenüber. Europa hatte sie endgültig im Stich gelassen. Der Sultan erkannte seine Chance.

Die Stadt ist genommen

Mit dem Schrei »Die Stadt ist unser!« jagte er die Janitscharen nach vorn. Dichter als je hagelten Steine und Kugeln auf die Verteidiger herab. Und plötzlich entdeckte einer von ihnen, daß in der Nähe der *Kerkoporta,* am Palast des Konstantin Porphyrogennetos, türkische Standarten auf den Mauerzinnen wehten. »Healo he polis!« rief er entsetzt, die Stadt ist genommen. Genauso war es auch. Eine Gruppe von fünfzig Janitscharen hatte herausgefunden, daß eine Nebenpforte der Kerkoporta offenstand, und war durch sie in die Festung eingedrungen. Bei einem Ausfall hatte man vergessen, diese Hintertür zu schließen. (Zumindest lautet so die byzantinische Legende. In Wirklichkeit dürfte jedoch das Tor im Lyostal von Urbans Kanone zerschossen worden sein.)

Nun war kein Halten mehr. Panik brach unter den Verteidigern aus. Die wenigen verbliebenen Genuesen drängten ins Freie, um sich den Türken zu ergeben, und die Janitscharen kletterten über alle Mauern. Konstantin, der einen vergeblichen Versuch machte, die verzweifelten Männer noch einmal zu sammeln, mußte einsehen, daß die Stadt verloren war. Er riß seinen Purpurmantel ab, stürzte sich ins Getümmel und entschwand den Augen seiner Landsleute für immer. Niemand weiß, was aus ihm geworden ist.

Der Fama nach soll er später in einem Leichenhaufen gefunden und an seinen Purpurschuhen erkannt worden sein. Die Sage ist barmherziger, sie läßt ihn durch ein geheimnisvoll sich auftuendes Tor in den Mauern der Hagia Sophia verschwinden.

»So waren«, schrieb Sphrantzes, »am dritten Tage *(nach den Angriffsvorbereitungen Mehmets)* die Feinde im Besitze der ganzen Stadt; es war um halb neun Uhr vormittags, am 29. Mai des Jahres 1453... O wie unerforschlich und unbegreiflich ist dein weises Gericht, König Christus!«

Der Preis des Sieges

Drei Tage lang herrschte das Grauen in Konstantinopel. Die Türken plünderten, mordeten, brandschatzten, schändeten und marterten fürchterlicher als jemals ein anderes Heer, das vor ihnen in die Stadt eingedrungen war. Was an Kunstschätzen noch vorhanden war, wurde zerstört. Häuser gingen in Flammen auf, Altäre wurden zerschlagen, Heiligenbilder in blinder Wut von ihren Sockeln gerissen. Jegliches Ding, das nicht niet- und nagelfest war, verschwand in den Säcken der osmanischen Soldaten.

Mehmet selbst beteiligte sich an diesem Treiben nicht. Er empfing in seinem Zelt den Abgesandten des Podestà von Galata und verhandelte mit ihm über den künftigen Status der genuesischen Kolonie. Er ließ sich Bericht erstatten und sandte Boten hinaus, die seinen Sieg im ganzen Reich verkünden sollten.

Erst am vierten Tag nach der Eroberung zog er selbst in Konstantinopel ein, befahl das Ende der Plünderungen und nahm die Stadt in Besitz. Dann ritt er hinauf auf den Burghügel über dem Marmarameer, um seine neue Hauptstadt zu überblicken.

War er jetzt auf dem Gipfel der Welt? War er Kaiser der Römer geworden?

Wir wissen nicht, was er dachte. Fest steht jedoch, daß er schon nicht mehr der war, der er zu Beginn der Belagerung gewesen. Der Preis jedes Sieges ist Resignation, und auch Mehmet hat ihn bezahlt.

Kapitel 14

IM LICHT DER VERKLÄRUNG

Die Nachricht vom Fall Konstantinopels traf die Europäer wie ein Donnerschlag. *Papst Nikolaus V.* war bis ins Mark erschüttert, als ihm am 8. Juli 1453 ein Kurier der Signoria von Venedig die furchtbare Botschaft überbrachte, und Kaiser Friedrich III., den sie wenige Tage später erreichte, zog sich weinend in seine Gemächer zurück, um dort mehrere Tage lang im Gebet und in der Betrachtung menschlicher Hinfälligkeit zu verbringen.

Die einfachen Menschen aber fühlten sich durch diese Kunde in ihren düstersten Ahnungen bestätigt. Viele von ihnen glaubten, die Türken als die mythischen Völker *Gog* und *Magog* identifizieren zu können, von denen es in der Offenbarung Johannis (20, 7–8) heißt: »Und wenn tausend Jahre vollendet sind, wird der Satanas los werden aus seinem Gefängnis und wird ausgehen, zu verführen die Heiden an den vier Enden der Erde, den Gog und Magog, sie zu versammeln zum Streit, welcher Zahl ist wie der Sand am Meer.«

Andere wiederum wurden an die Schriften des kalabresischen Ordensstifters *Joachim von Fiore* (1130–1202) erinnert, der aus der Bibel herausgelesen hatte, daß der Christenheit nach dem ersten vorchristlichen noch zwei weitere Zeitalter bevorstünden, deren Ende durch das große Gottesgericht markiert würde. Das zweite dieser »Reiche« sollte zwar bereits um 1260 enden, aber es gab auch spätere Deutungen, die auf das 15. Jahrhundert als den Beginn des Umbruchs hinwiesen.

Uraltes sibyllinisches Gut, das schon seit Jahrhunderten im

Volk kursierte, wurde durch den Fall der Kaiserstadt nach oben gespült und aktualisiert. Die dem *Heiligen Methodius* (um 311) zugeschriebenen Weissagungen, welche den Ansturm des Volkes der *Agarener* auf Europa prophezeite, erfuhren die zeitgemäße Deutung, jene Kinder des Abraham-Sohnes Ismael seien nicht, wie man bisher geglaubt hatte, die Araber, sondern eben die Türken. Und der deutsche Astrolog Johannes Lichtenberger schrieb damals: »Darum sagt Methodius: Es wird die Zeit kommen, daß die Agarener noch einmal... aus der Wüstenei gehen werden und werden der Welt Kreis einnehmen... und die Priester werden sie an den geweihten Stätten erwürgen, daselbst werden sie bei den Weibern schlafen, und aus den heiligen Gefäßen werden sie trinken, und ihre Tiere werden sie an die heiligen Gräber binden.«

Auch der alten Endschlachtsagen, die den Untergang des Römischen Reiches Deutscher Nation voraussahen, erinnerte man sich jetzt. Am Untersberg sollte dieser letzte Kampf gegen Gog und Magog stattfinden, oder auch an einer Birke im Zentrum des heutigen Ruhrgebietes, unweit von Dortmund und noch an vielen anderen Stätten. Die Atmosphäre in diesem fünfzehnten Jahrhundert, das Will-Erich Peuckert ein »apokalyptisches Saeculum« nennt, war mit düsteren Ahnungen geladen. Als es jetzt vom Blitz der Schreckensmeldung durchzuckt wurde, schienen sich die drohenden Wolkengebilde plötzlich zu teilen und den Blick freizugeben auf die Szenerie des Weltgerichtes.

Konstantinopel war gefallen, konnte da das übrige Abendland noch lange bestehen? In der Stunde, da die Kaiserstadt unterging, begriffen die Europäer, wie eng deren Schicksal mit dem ihren durch eine mehr als tausendjährige gemeinsame Geschichte verflochten war.

Selbst die Untergangsvisionen, die die Westeuropäer aufgeschreckt hatten, waren zum großen Teil oströmischen Ursprungs, die Endschlachtprophezeiung nicht weniger als die Lehre Joachims von Fiore, der seine Weisheit auf langen Reisen durch Syrien und Palästina und während eines Aufenthaltes am Bosporus gesammelt hatte.

Kein Kreuzzug nach Konstantinopel

Die Reue darüber, daß man den Byzantinern nicht rechtzeitig beigestanden hatte, kam freilich ebenso zu spät wie alle Versuche der Politiker, dem Türkensultan seine Beute wieder zu entreißen.

Papst Nikolaus V. erließ eine Bulle, in der er die ganze Christenheit zum Türkenkreuzzug aufrief und Mehmet als den Vorläufer des Antichrist bezeichnete, als den roten Drachen aus der Offenbarung, der auf sieben Köpfen sieben Diademe und zehn Hörner trägt. Er verlangte zur Finanzierung dieses Unternehmens erhöhte Abgaben von allen Bistümern, Abteien, Klöstern und Kardinälen, versprach jedem, der sich dafür zur Verfügung stellte, den vollkommenen Ablaß, während er allen, die sich ihm widersetzten, mit dem Bann drohte. Aber er fand keine sonderliche Unterstützung bei den christlichen Fürsten.

Friedrich III. zwar schloß sich ihm mit bewegenden Appellen an, doch sein Kanzleisekretär Enea Silvio Piccolomini predigte tauben Ohren, als er 1454 auf dem Reichstag zu Frankfurt den Delegierten zurief: »Wenn wir die Wahrheit gestehen wollen, dann hat die Christenheit seit vielen Jahrhunderten keine größere Schmach erlebt als jetzt, denn in früheren Zeiten sind wir nur in Asien und Afrika, also in fremden Ländern geschlagen worden, jetzt aber wurden wir in Europa, also in unserem eigenen Vaterland, in unserem eigenen Haus, an unserem eigenen Wohnsitz aufs schwerste getroffen.«

Die Reichstagsmitglieder überschütteten den Sekretär der Eleganz seiner Rede wegen mit Komplimenten und erbaten sich Kopien davon, doch sie dachten nicht im Traum daran, ihre eigenen regionalen Interessen der größeren Idee unterzuordnen und sich eines untergegangenen Reiches wegen gegen die Türken zu engagieren. Piccolomini hatte die politische Imagination der deutschen Fürsten überfordert. Immerhin ging seine Rede als eines der frühesten Dokumente einer europäischen Bewußtseinsbildung in die Geschichte ein. Konstantinopel wurde von diesem Gelehrten und Weltmann als ein Teil Europas anerkannt – zu spät.

Nur eine europäische Macht reagierte auf des Papstes und des Kaisers Aufrufe zum Kreuzzug: Venedig. Die Herren von San Marco waren die einzigen, die wirklich begriffen, was der Verlust der Bosporusmetropole für das Abendland bedeutete, und erklärten sich bereit, an seiner Rückeroberung mitzuwirken. Dabei dachten sie freilich weniger in ideologischen als vielmehr in kommerziellen Begriffen.

Konstantinopel war das Tor zum Osten. Jeder, der dort saß, beherrschte die Straßen nach Indien, Persien, Arabien, Südrußland und China, kontrollierte also den profitablen Handel mit Seide, Weihrauch, Gewürzen, Perlen und den orientalischen Luxusgütern, an die sich die Abendländer seit den Kreuzzügen wieder gewöhnt hatten. Mehmet konnte dieses Tor entweder sperren oder mit Zöllen verbarrikadieren, welche die europäischen Händler um ihren Gewinn bringen mußten und die Mehrzahl ihrer Kunden um den Genuß von Pfeffer, Zimt, Nelken, Muskat sowie um die Freude an Musselinen aus Mossul, Teppichen aus Isfahan und Porzellan aus China. Gewürze aber waren in diesem Zeitalter der schwerverdaulichen Speisen weitaus lebensnotwendiger, als sie es heute sind, da man in der Lage ist, die Tätigkeit der Magensäfte mit anderen Mitteln zu regulieren.

Aus allen diesen Gründen zeigte sich die Lagunenstadt willens, größere Summen in den Kreuzzug zu investieren und auch einen beträchtlichen Teil ihrer Flotte dafür zur Verfügung zu stellen. Aber Nikolaus V. starb 1455, und die Fürsten Europas atmeten auf, als sich der Gruftdeckel über dem unbequemen Mahner geschlossen hatte. Seinem Nachfolger, Kalixtus II. (1455–1458), der mit ähnlichem Eifer für den Kampf gegen die Türken eintrat, gelang es immerhin, eine päpstliche Flotte zusammenzustellen, die im griechischen Archipel gegen Mehmets Schiffe kämpfte. Außerdem konnte er die Ungarn zu einem Kreuzzug begeistern, dessen Teilnehmer vor Belgrad einen triumphalen Sieg über die Muslimin errangen. Eine Einigung der Christen angesichts der Türkengefahr brachte jedoch auch er nicht zustande.

Dafür wurde den Venezianern plötzlich von ganz anderer

Seite ein Bündnisangebot gemacht. *Georg Podiebrad* (1448–1466), König von Böhmen, griff nach der Fahne Gottfrieds von Bouillon und proklamierte die Wiedereroberung Konstantinopels.

Letzte Rettung: Vereinigtes Europa

Auch der Böhme bemühte sich, das von ihm geplante Unternehmen zu einer gesamteuropäischen Angelegenheit emporzustilisieren. In einem Konföderationsvertrag, den er der Signoria und *Ludwig XI.* (1461–1483) von Frankreich vorlegte, hieß es unter anderem: »Wie sehr wir auch das Schicksal des griechischen Reiches beklagen und den Verlust Konstantinopels und anderer Gebiete bedauern, so müssen wir doch, wenn wir nach Ruhm streben, diese Gelegenheit begrüßen, die uns die Ehre bewahren kann, Verteidiger und Beschützer des christlichen Namens genannt zu werden.«

Er schlug den beiden Mächten, »um den Türken zu widerstehen«, die Gründung eines Bundes vor, der, wenn er zustande gekommen wäre, so etwas wie ein vereinigtes Europa en miniature mit Bundesversammlung, Bundesrat und Bundesgericht hätte sein können.

Konstantinopel sollte seinem Willen zufolge nicht nur erobert werden, sondern auch ein Schicksal beeinflussen, an dem es in seinen letzten Lebensjahren kaum noch Anteil gehabt hatte, sollte nach seinem Untergang den Anstoß zu einem Zusammenschluß der westlichen Christenheit geben. Das Abendland wurde, wie schon so oft, unter einem aktuellen Vorwand als antiöstlicher Verteidigungsblock entworfen.

Aber Podiebrads Plan, so vernünftig er in seinen Grundzügen auch war, besaß einen Haken, den die Venezianer und Franzosen niemals hätten schlucken können: Der böhmische Hussit hatte sich das vereinte Europa gleichzeitig auch als eine Auffangsposition gedacht, in welche er sich zurückziehen konnte, wenn der Papst ihn seines Bekenntnisses wegen aus dem katholischen Abendland hinausgedrängt hätte. Seine Föderation war also nicht nur antitürkisch, sondern auch antirömisch. Ein Kreuzzug schien ihm unter anderem dafür geeignet zu sein, eine christliche Gesinnung unter Beweis zu stellen, die ihm von der Kirche bestritten wurde.

Als die Signoria und Ludwig das erkannt hatten, winkten sie höflich ab, und der Plan, Konstantinopel zu befreien, fiel damit wieder an einen seiner frühesten Urheber zurück, den Gelehrten, Politiker und Weltmann Enea Silvio Piccolomini, der 1458 zum Papst gewählt worden war und den Namen Pius II. angenommen hatte. Damit vollendete sich als Nachspiel der großen Tragödie von 1453 das Drama eines Mannes, der wie kein anderer dem östlichen Kaiserreich bis zuletzt Zuneigung und Treue bewahrte und der vielleicht als einziger begriff, wie groß der Verlust war, den Europa durch die Abtrennung Ostroms von seinem Lebensbereich erlitt.

Das Ende eines Traumes

Pius II., Verfasser einer Kosmogonie und eines ziemlich lockeren Liebesromanes, vormals Student in Byzanz und Kanzleisekretär am Hofe von Wien, unternahm während seiner Amtszeit (1458–1464) mehrere verzweifelte Versuche, Konstantinopel zurückzugewinnen. Er wollte Mehmet II. durch ein apostolisches Schreiben zum Christentum bekehren und warb unermüdlich für die Kreuzzugsidee. Da aber beide Aktionen ohne das erhoffte oder erträumte Echo blieben, entschloß er sich kurz vor seinem Tode, an der Spitze eines Heeres selbst nach Osten zu fahren und um die Stadt, die sein ganzes Leben geprägt hatte, persönlich zu kämpfen.

Im Juni 1464 traf er in Ancona ein, um seine Truppen auf den Galeeren, die Venedig zur Verfügung gestellt hatte, einzuschiffen. Er war um diese Zeit bereits schwer krank, an den Lehnstuhl gefesselt und nahezu völlig bewegungsunfähig. Nur die Hoffnung und ein eiserner Wille hielten ihn noch am Leben.

Aber dann verließen ihn plötzlich auch diese beiden Kräfte. Er sah das Häuflein seiner Soldaten, sah die winzige Flottille im Hafen und vor seinen geistigen Augen die mächtigen Mauern der Bosporusmetropole. Sein Traum brach zusammen. Resigniert blies er den Feldzug wieder ab und seufzte: »Bis zu diesem Tag hat mir die Flotte gefehlt, nun muß ich der Flotte fehlen.«

Kurze Zeit später erlag er seinen Leiden. Der letzte große Abendländer, dem die Befreiung der Kaiserstadt wirklich

Herzenssache gewesen wäre, trat von der Bühne ab. Der Kreuzzugsgedanke geriet, zusammen mit der europäischen Idee, wieder in Vergessenheit. Der Traum war endgültig aus.

Statt Krieg – Kontaktaufnahme

Venedig stellte sich nun, ebenso wie seine große Rivalin Genua, vollkommen auf die neue Situation um. Da an eine Rückgewinnung der Bosporusmetropole in absehbarer Zeit nicht zu denken war, mußte jetzt alles getan werden, den durch ihren Verlust entstandenen Schaden so gut wie möglich auszubügeln. Die Verbindungen zum Sultanshof, die bereits früher – mit einer linken Hand gleichsam, die nicht wußte, was die rechte tat – angesponnen worden waren, wurden ausgebaut. Die Republik von San Marco begann die Diplomatie zu ihrer wichtigsten, schärfsten Waffe zu entwickeln und erreichte in deren Gebrauch schließlich eine Meisterschaft, die bis heute unübertroffen blieb – auch darin eine wohlgeratene Nachfahrin des alten Byzanz.

Genua war den Venezianern auf diesem Weg bereits einige Jahre früher vorausgegangen. Es hatte Botschafter mit Geldgeschenken an den Erobserersultan gesandt und schließlich erreicht, daß seine Kolonie am Nordufer des Goldenen Horns als christliche Enklave im türkischen Machtbereich anerkannt wurde.

Galata mußte seine Mauern schleifen, einen türkischen Gouverneur akzeptieren und aus den Kirchentürmen die Glocken entfernen. Sonst blieb nahezu alles beim alten. Als dann auch noch die *Banco di San Giorgio,* das mächtigste Finanzinstitut Oberitaliens, die Verwaltung der genuesischen Schwarzmeerkolonien am Nordufer der Krim auf eigenes Risiko übernahm und den ganzen Besitz in eine Art Aktiengesellschaft verwandelte, glaubten die Genuesen sogar, sie seien noch einmal mit einem blauen Auge davongekommen.

Daß das eine Täuschung war, stellte sich erst einige Jahre später heraus. Mehmet entriß ihnen auch ihre südrussischen Niederlassungen, und der Levantehandel der Seestadt erreichte nie mehr den Umfang, den er vor 1453 gehabt hatte. Die goldenen Zeiten waren für immer vorbei.

Portugiesen und Spanier übernahmen jetzt die führende

Rolle im Seewesen. Bei dem Bemühen, den türkischen Sperrriegel auf dem Westweg zu umgehen, entdeckten ihre Kapitäne Amerika, das Europa für den verlorenen Orient tausendfach entschädigte. Der Atlantik, ehemals die Grenze der bewohnbaren Welt, wurde zu einem neuen Mittelmeer und gewann größere Bedeutung, als das alte es jemals gehabt hatte. In den Jahren zwischen 1453 und 1492, zwischen dem Fall Konstantinopels und der Entdeckung der Neuen Welt, ging das Mittelalter zu Ende. Byzanz war endgültig tot.

Die Weltuntergangspropheten hatten die Stöße und Bewegungen, die diesem Umbruch voraufgingen, wohl wahrgenommen und registriert, aber sie hatten sie falsch interpretiert und mußten sich nun berichtigen.

Die Apokalypse bleibt aus

Als es sich zeigte, daß die türkischen Kanonen vor Konstantinopel doch nicht den Weltuntergang eingeläutet hatten, wurden auch die kursierenden Weissagungen und Zukunftsdeutungen wieder mit anderen Augen gelesen. Mehmets II. Scharen mochten die Agarener des Methodius sein, Gog und Magog, das Volk, das die letzte Schlacht heraufführt, waren sie offensichtlich nicht. Auch aus den joachitischen Prophezeiungen traten jetzt die Hinweise auf das kommende »Dritte Reich« des Heiligen Geistes gegenüber den Bildern des Untergangs in den Vordergrund. Allmählich erkannten die Abendländer, daß die Osmanen ein zwar gefährliches und fremdartiges Volk waren, daß man es aber durchaus mit menschlichen Mitteln bekämpfen konnte. Gleichzeitig schwanden die Erschütterung und der Schmerz über den Verlust Konstantinopels.

Nun, da es sich zeigte, daß man durch die Eroberung der Kaiserstadt am Bosporus nicht selbst unmittelbar bedroht war, fiel es leichter, das ganze Oströmische Reich als Verlust abzubuchen. Sollten die Toten ihre Toten begraben. Eine neue Zeit bot neue Aufgaben und neue Ziele. In Deutschland, Frankreich und Italien hatte sich der Bürgerstand von der Vormundschaft des Adels befreit. Die Fugger bauten ihr mächtiges Wirtschaftsimperium auf, der Kaufmannsbund der Hanse hielt ganze Königreiche in Schach, der französische

Nationalstaat wurde geboren, die Schweiz entstand als ein Bund freier Eidgenossen, in England waren nach langwierigen Bürgerkriegen die Tudors an die Macht gekommen und konnten ein starkes Königtum begründen, die Reformation stand vor der Tür.

Fast gleichzeitig mit dem oströmischen Kaisertum war auch das weströmische der deutschen Herrscher zerbrochen, obwohl es de jure noch weiterbestand, aber das alles wurde übertönt von den Fanfaren des Fortschritts.

Zwar blieben die Türken ein ständiger Stachel im Fleisch des Abendlandes, aber daran gewöhnte man sich mehr oder weniger ebenfalls. Die alte Angst vor ihren Heeren flackerte immer nur dann wieder auf, wenn sie zu einem neuen Vorstoß nach Westen ansetzten.

Indes haben selbst diese Bedrohungen den europäischen Einheitsgedanken nicht von neuem aufleben lassen. Sich der Scharen unter dem Halbmond zu erwehren, blieb eine Aufgabe der unmittelbar bedrängten Völker. Für alle, die weiter im Westen wohnten, waren die Sultane schließlich nur noch eine weitere Figur auf dem politischen Schachbrett, mit der man nicht anders umging als mit den bereits bekannten. Schon im 16. Jahrhundert konnte Franz I. (1515–1547), König von Frankreich, mit ihnen gegen seine Glaubensgenossen paktieren, ohne daß ihn ein Sturm der Empörung hinweggefegt hätte.

Byzanz war nicht nur tot, es war auch vergessen.

Murano-Glas aus Konstantinopel

Auch das kulturelle Erbe, das die Oströmer Westeuropa hinterließen, ist vom Wirbel der nun aufbrandenden Ereignisse und der losbrechenden Ideenstürme fast völlig überspült und verweht worden, obwohl es den Humus darstellte, aus dem viele der neuen Gedanken sprossen, und obwohl es in Italien lange Zeit fast so etwas wie eine byzantinische Mode gegeben hatte.

Die Flüchtlinge aus Byzanz wurden überall auf der Halbinsel mit offenen Armen aufgenommen. Man bestaunte sie als »Sprößlinge der homerischen Heldengeschlechter« und war eifrig bestrebt, sich von ihnen in die Geheimnisse der Antike einweihen zu lassen. Die Humanisten, die ja eben erst das alte Hellas wiederentdeckt hatten, nahmen bei Mönchen und Professoren aus Konstantinopel Unterricht in griechischer Sprache und klassischer Literatur. Sie benutzten umsichtig die einmalige Gelegenheit, ihre vor allem von den spanischen Arabern erworbenen Kenntnisse der platonischen und aristotelischen Schriften zu erweitern. Tatsächlich wüßten wir heute über die »exemplaria graeca« bedeutend weniger, wären die von den Türken vertriebenen byzantinischen Gelehrten damals nicht nach allen Regeln der Kunst ausgeholt und dazu bewogen worden, die alten Bücher wieder und wieder zu kopieren und weiterzureichen.

Allein *Bessarion,* ein griechischer Geistlicher, der schon nach dem Konzil von Florenz in Italien geblieben und dort zum Kardinal avanciert war, hinterließ der Republik Venedig eine neunhundertbändige Bibliothek, deren Marktwert er selbst auf 15 000 Dukaten schätzte, ohne damit jedoch ihrer wirklichen Bedeutung gerecht zu werden – was die Venezianer sehr wohl wußten.

Aber trotz solcher Geschenke in materieller und immaterieller Form hat das Entzücken der Italiener an den Byzantinern nicht lange vorgehalten. Die meisten dieser Flüchtlinge lernten die Sprache ihres Zufluchtslandes weitaus weniger schnell als ihre Gastgeber Griechisch. Sie konnten sich ihrer neuen Umgebung nicht anpassen, behielten ein geziertes, höfisches Gehabe bei, das Florentiner und Mantuaner gleichermaßen als lächerlich empfanden, lehnten es ab, ihre langen Bärte zu scheren, obwohl man im Abendland längst kunstvoll gestutzt ging, und klagten bei jeder Gelegenheit laut darüber, daß sie gezwungen seien, ihren Lebensunterhalt durch Liebedienerei bei »barbarischen« Fürsten durch niedrige Abschreibarbeiten und entwürdigenden Sprachunterricht zu verdienen.

Insgesamt dürften sie den russischen Flüchtlingen geglichen haben, die nach 1918 in den Westen geflohen waren und oft ein Leben lang weder ihr Heimweh loswurden noch imstande waren, sich der neuen Umwelt anzupassen.

Das alles galt freilich mehr oder weniger nur von den Angehörigen der oberen Klassen. Die einfachen Leute vom Bosporus lebten sich, wenn sie überhaupt geflohen waren, relativ schnell in Italien ein. Kunsthandwerker vor allem brachten es nicht selten zu Ansehen und neuem Reichtum. Ihre Emaillearbeiten, ihr Silberschmuck, ihre Webereien waren an den Fürstenhöfen sehr gefragt und ganz besonders auch die herrlich leuchtenden farbigen Gläser, die sie herzustellen vermochten. In Murano bei Venedig wird mit ihrem Erbe heute noch gewuchert.

Die Wiederentdeckung Konstantinopels

Das Wissen um Byzanz selbst, seine Kunst, seine Kultur, sein Staatswesen ist trotz des Zustroms an Informationen in der Zeit nach 1453 schnell wieder verlorengegangen, was zum Teil daran lag, daß die Humanisten sich für das griechische Kaiserreich weniger stark interessierten als für das klassische Erbe, das es verwaltet hatte. Konstantinopel, seine Paläste und seine Kirchen, das war ja für die Humanisten letzten Endes doch nur Mittelalter, war eine Form und ein Stil, die sie gerade zu überwinden suchten, indem sie eben auf die Alten zurückgriffen.

Erst unter Ludwig XIV., dessen Staat eine nahezu perfekte Kopie des oströmischen war, wuchs bezeichnenderweise wieder das Interesse an dem untergegangenen Reich in Kleinasien. *Charles Ducange* (1610–1688) begann damals als einer der ersten westeuropäischen Historiker damit, die Geschichte von Byzanz systematisch zu erforschen und zu interpretieren. Doch er fand keine Jünger, die seine Arbeit fortgesetzt hätten. Die Aufklärung, die erneut mit Hellas kokettierte und das Mittelalter verachtete, ließ seine Arbeit in Vergessenheit geraten, sie vermochte dem oströmischen Geschichtstorso keine interessanten Seiten abzugewinnen, empfand byzantinisches Wesen als zu unnatürlich und formte sich ihre Idole lieber aus parischem Marmor oder dem, was sie dafür hielt.

Erst das späte 19. Jahrhundert hat Byzanz wieder neu entdeckt und auf vielfältige Weise zu illuminieren versucht. Neben Kirchen und Fabrikhallen im gotischen Stil entstanden auch Gotteshäuser, die auf byzantinisch frisiert, oder Bankettsäle, deren Stirnwand mit Mosaiken à la Hagia Sophia geschmückt waren. Byzanz diente den Verfassern historischer Romane als dekorativer Hintergrund, und in Irland träumte sich *William B. Yeats* ein goldenes Konstantinopel zurecht, in dem die Weisen und die Philosophen herrschten. Er besang den mechanischen Thron der oströmischen Kaiser im Magnaurapalast und mit der großen Geste des Beschwörers den Untergang ihres Reiches.

1897 wurde dann in München der erste Lehrstuhl für Byzantinistik eingerichtet. Damit war eine Wissenschaft begründet, die seither einen raschen Aufschwung genommen hat und mit großen Namen wie *Charles Diehl, Henri Grégoire, Franz Dölger, Albert Erhard* und vielen anderen prunken kann. Dank der Arbeit dieser Männer wissen wir heute mehr über das Zweite Rom als irgendeine andere Generation vor uns.

Bezeichnend für unser Verhältnis zu dem versunkenen Reich in Kleinasien ist freilich auch jetzt noch die Tatsache, daß die Byzantinistik, neben der Ägyptologie, der Islamkunde, der Indologie, der Iranistik, der Sinologie, der Japanologie, der Altaistik, der Zentralasienkunde und Afrikanistik den Lehren von der nichteuropäischen Welt zugerechnet wird, der Orientalistik. Byzanz gilt uns immer noch als ein Reich von anderer Art als der unseren, byzantinisch nur als ein Synonym für heuchlerisch, unterwürfig, hinterhältig, autoritätstrunken. Doch auch das ist ein Erbe der Aufklärung. Europa beginnt Ostrom, eine der Wiegen seiner Kultur und jahrhundertelang ihr mächtigster Schutzwall, im Grunde erst jetzt als einen Teil seiner selbst zu erkennen. Die Wahrheit eines der populärsten Verse aus dem *Westöstlichen Diwan* wird erst allmählich erkannt. »Orient und Okzident sind nicht mehr zu trennen« hat Goethe gedichtet. In Wirklichkeit waren sie nie zu trennen gewesen, sind vielmehr seit Jahrtausenden miteinander verzahnt und verwachsen. Nur das Vorurteil und die humanistische Vorliebe für das heidnische Griechenland hindern uns bis jetzt noch daran, das zu erkennen.

Europa ist nun einmal nicht nur der »marmorne Sieg« der Hellenen über den Osten, sondern ebensosehr seine spätere Vereinigung mit ihm, die Byzanz vorgelebt hat.

Moskau, Erbe von Byzanz

Aktuell ist die Anerkennung von Byzanz durch die Europäer aber auch noch aus einem anderen Grund.

Mit den Oströmern hat das sogenannte »abendländische Bewußtsein« ja stets auch die unmittelbarsten Erben von Byzanz ins Abseits verdrängt: die Russen. Moskau mit seinen orientalisch anmutenden Kirchenkuppeln, mit den prunkvollen Gottesdiensten nach orthodoxem Ritus, mit dem Überschwang seiner Osterseligkeit und der weltfeindlichen Schwermut seiner Menschen, mit dem Gefangensein in der goldüberkrusteten, pyramidenförmigen Welt, über die ein vom Kaiser verkörperter Gott herrschte, dessen Strenge die Erlösertat des Sohnes in um so strahlenderem Licht erscheinen ließ, dieses Moskau galt immer als Inbegriff des Asiatischen, des Fremdartig-Bizarren und Unmenschlichen und war doch nichts anderes als eine slawisch modifizierte Kopie von Byzanz.

»Wer von der Höhe des Kremls zum erstenmal die Stadt Moskau an einem warmen, sonnigen Tag erblickt, der wird gewiß nicht glauben, daß er sich hier unter der Breite befindet, wo in Sibirien die Rentiere weiden«, schrieb Helmuth von Moltke im Jahr 1855. »Moskau macht den Eindruck des Südens und zugleich den des Fremdartigen, Niegesehenen; man glaubt sich nach Isfahan oder Bagdad oder sonst einen Märchenort versetzt!« Es ist bezeichnend, daß der weitgereiste Offizier, der die türkische Hauptstadt sehr gut kannte, nicht hinzugefügt hat »oder nach Konstantinopel«. Die Sultanresidenz war zu seiner Zeit längst nicht mehr Byzanz, war grau, staubig, vom Hauch des Verfalls überweht und orientalisch auf eine eher deprimierende Weise. Moskau aber strahlte noch in bunter Fremdartigkeit, war ein jüngeres Ostrom, das aus denselben Kraftquellen lebte wie jenes.

Präziser, wenn auch überpointiert, hat sich die geistreiche Madame de Staël ausgedrückt, als sie, einige Jahrzehnte früher denn Moltke, ihren Eindruck von der Zarenstadt in dem Wort: »Voilà la Rome Tatare« zusammenfaßte. Dabei ist freilich nur das »Rome« völlig korrekt, das »Tatare« so halbrichtig wie die Redensart »Kratz den Russen, dann kommt der Tatar heraus!« Die Grausamkeit und Wildheit, die wir bei den

Russen als mongolisch empfinden, stammt ja ebenfalls nicht nur aus der Erbmasse der Tataren-Khane, die im Mittelalter über Moskowien herrschten, sondern ist auch das Produkt jenes von Ostrom übernommenen Systems, in dem der Mensch um der höheren Ordnung willen gering geschätzt, ja verachtet wurde, in dem ein Leben wenig galt und das Leid des einzelnen verblassen mußte vor der Großartigkeit des Freskos, in dem sie alle figurierten.

Moskau war eine Tochter Konstantinopels und hat sich stets als solche empfunden. Als die Stadt am Bosporus unterging, griffen seine Herrscher mit eiligen Händen nach dem Purpur, den der letzte Konstantin im Getümmel der Schlacht von sich geworfen hatte, drapierten ihn kunstvoll um ihre eigenen Körper und erhoben fortan den Anspruch, Herren zu sein über das »Dritte Rom«, Beschützer der Christenheit am Rande der christlichen Welt – nicht anders als ihre Vorgänger im Palast von Blachernai.

Die Erfindung des Klosterbruders

Die kühne Usurpation war freilich mehr als nur ein politischer Schachzug, sie basierte vielmehr auf einer Legende, die in Jahrhunderten gewachsen war, und die im 14. Jahrhundert durch einen anonymen bulgarischen Mönch eine völlig neue Pointe erhalten hatte.

Rom selbst ist die Quelle dieser Überlieferung. Ihre Herren, die Caesaren sowohl als auch die Päpste, hatten alles getan, sie zur *urbs orbis,* zum Zentrum der Welt und zur ewigen Stadt zu erheben, und waren dabei, dem menschlichen Bedürfnis entgegenkommende markante Orientierungspunkte im fließenden Nebeneinander, im sphärisch-tellurischen Oben-Unten zu setzen, sichtbare Male und Heiligtümer, die aus dem irdischen in den überirdischen Bereich hineinragten. Als Konstantin der Große dann Byzantium zur Nova Roma ernannte, hat er erfolgreich von diesem Mythos gezehrt. Die christlichen Bischöfe erkannten 381 dem Patriarchen von Konstantinopel den vornehmsten Rang neben dem Heiligen Vater selbst zu, und die Metropole am Bosporus hat zeit ihres christlichen Daseins davon gezehrt, daß sie die Tochter, die Erbin aber auch die Überwinderin und Nachfolgerin der alten Roma sei. Jede Niederlage der Mutterstadt war ein Sieg für sie, aus jedem Schwächeanfall der päpstlichen Residenz wuchsen ihr Kräfte zu, und je mehr die Ost- und Westkirche sich voneinander entfernten, desto stärker wurde die Neigung der griechischen Christen, Konstantinopel als die Hauptstadt der Welt anzuerkennen. Je größer aber der Glanz war, den die byzantinischen Kaiser entfalten konnten, desto eher folgten ihnen auch die Christen Westeuropas auf diesem Pfad.

Doch dann kam die Zeit der türkischen Bedrohung. Für Westeuropa kehrte das alte Rom endgültig auf den Thron der urbs orbis zurück. Der Osten dagegen mochte diese Kehrtwendung nicht mitmachen. Er gewöhnte sich vielmehr an den Gedanken, daß das Zweite Rom fallen und seine Würden an ein Drittes Rom weiterreichen würde. Aber welche Stadt sollte dies sein?

Die Antwort gab der erwähnte bulgarische Mönch. Bei der Übersetzung einer byzantinischen Weltchronik aus dem 12. Jahrhundert, in der das neue zugunsten des alten Rom herausgestrichen wurde, ersetzte der Klosterbruder den Namen Konstantinopel kurzerhand durch den der bulgarischen Hauptstadt *Trnovo* und ließ die malerische Bergstadt damit zum »neuen Zargrad« und zur Erbin Roms avancieren.

Dieser lokalpatriotischen Anwandlung käme keine größere Bedeutung zu, wenn sie nicht mehr gewesen wäre als eine naive Geschichtsklitterung. Aber sie war mehr, war eine Manipulation, die das erwachende Selbstbewußtsein der slawischen Balkanvölker widerspiegelte. Bulgaren und Serben unternahmen in diesem 14. Jahrhundert alle möglichen Anstrengungen, sich von Byzanz abzulösen und ein eigenes Kaiserreich ins Leben zu rufen. Seit der Mitte des 13. Jahrhunderts führten die bulgarischen Herrscher den Zaren-, also den Kaisertitel, und etwas später taten die serbischen es ihnen nach. Beide aber lehnten sich immer stärker an die moskowitischen Großfürsten an, die ihrerseits wieder bestrebt waren, sich allmählich von Byzanz, dem sie kirchenrechtlich unterstanden, zu distanzieren.

Schließlich war es dann wieder ein Bulgare, der erkannte, daß die Herrscher seines Volkes wohl doch nicht imstande sein würden, die byzantinischen Kaiser abzulösen, und der daraufhin völlig ins russische Lager überging. Er hieß *Kiprian,* stammte aus Trnovo und brachte als Gastgeschenk die Legende vom Dritten Rom nach Moskau mit, wo er um 1390 den Metropolitenstuhl bestieg.

Die Sowjets und das Dritte Rom

Schon bald begann das bulgarische Samenkorn zu keimen, aufzugehen und reiche Früchte zu tragen. Großfürst *Iwan III.* (1462–1505), der Befreier vom tatarischen Joch, der die Nichte des letzten byzantinischen Kaisers geheiratet hatte, führte nicht nur das oströmische Hofzeremoniell in Moskau ein, sondern übernahm auch den Doppeladler als Staatswappen und erkannte seiner Frau den Titel einer »Zarewna von Zargrad«, Kaiserin der Kaiserstadt (Konstantinopel), zu. *Iwan IV.* (1533-1584), der Schreckliche, sein Enkel, übernahm dann als erster russischer Herrscher selbst den Zarentitel und organisierte seinen Staat nach dem Vorbild der oströmischen absoluten Monarchie, als eine hierarchische Pyramide, an deren Spitze er selbst in irdischer Vertretung Gottes residierte.

Die Theologen aber machten sich daran, diesen politischen Bau ideologisch zu untermauern. »Er *(der Zar)* ist auf Erden der einzige Herrscher über die Christen«, schrieb der Mönch *Philotheos* von Pskow an Iwan den Schrecklichen, »der Führer der Apostolischen Kirche, die anstatt in Rom und Konstantinopel in der heiligen Stadt Moskau steht. Sie allein leuchtet in der ganzen Welt heller als die Sonnen, denn wisse, du Frommer: Alle christlichen Reiche sind abgelaufen und den prophetischen Büchern entsprechend zusammen übergegangen in das Reich unseres Herrschers, das russische. Zwei Rome sind gefallen, das dritte wird Moskau sein und ein viertes wird es nicht geben.«

Damit war die Legende vom Dritten Rom etabliert und die Wurzel für die Entstehung des heiligen Rußland in den Boden gesenkt. Volkslieder und Volksbücher haben sie später beschworen, umrankt und ergänzt. Der Stammbaum der moskowitischen Großfürsten wurde bis auf Augustus zurückgeführt. Die Geschichte von der »Weißen Mitra«, die im 15. Jahrhundert entstand, krönte das ganze Gebäude auf eine nicht unpoetische Weise.

Sie berichtet von einer Krone, die Konstantin der Große als einen Teil der nach ihm benannten Schenkung dem Papst übergeben habe. Der jedoch wollte sie nach dem Großen Schisma nicht mehr tragen und schloß sie weg. Daraufhin befahl ihm ein Engel, die Kopfbedeckung nach Konstantinopel zu schicken und dem dortigen Patriarchen zu übergeben. Kaum aber hatte jener sie in den Händen, da erschien ein weiterer Himmelsbote und redete den Byzantiner folgendermaßen an: »Patriarch, laß ab von deinem Plan, die weiße Mitra selbst zu tragen, denn das Alte Rom ist vom christlichen Glauben an Gott abgefallen. Im Neuen Rom, in der Stadt Konstantins, wird der Glaube durch die Gewalt der Hagarssöhne *(der Araber bzw. Türken)* auch verderben: Im Dritten Rom aber, in Rußland, wird die Gnade des Heiligen Geistes aufleuchten. Und wisse, daß alle christlichen Reiche vergehen werden, und an ihrer Stelle wird allein das russische Reich stehen wegen seines Glaubens.«

Alle diese Erzählungen sind heute nahezu vergessen, aber tot sind sie genausowenig wie die Ideologie vom Dritten Rom. Die Zaren haben diese Überlieferung immer wieder in politisches Kapital umzumünzen versucht, und selbst ihre sowjetischen Nachfolger bemühen sich noch, sie für ihre Zwecke auszubeuten. So erklärte am 31. Januar 1945 der Patriarch Alexej von Moskau: »Unserer Kirche gebührt die Rolle in der orthodoxen Welt, die gleichermaßen der Zahl ihrer Gläubigen wie der Macht der Sowjetunion entspricht.«

Durchsetzen freilich konnte er sich mit diesem Anspruch nicht. Von den sieben Patriarchen der orthodoxen Kirche sind nie mehr als vier auf den sowjetischen Kurs eingeschwenkt, nämlich die von Moskau, Sofia, Bukarest und Antiochien (der in Damaskus residiert). Die Kirchenfürsten von Alexandrien, Konstantinopel und Jerusalem dagegen galten stets als prowestlich, um nicht zu sagen proamerikanisch. Denn auch die

USA, die mehrere orthodoxe Diözesen auf ihrem Boden beherbergen, beteiligen sich als jüngste Großmacht an dem uralten Streit um das Erbe von Byzanz.

Seit der Ökumenische Patriarch von Konstantinopel am 26. Oktober 1967 mit Paul VI. in Rom zusammentraf, hat sich zwar das Ansehen dieses vornehmsten Fürsten der Ostkirche wieder so sehr verbessert, daß er einer russischen Einflußnahme auf die nahöstliche orthodoxe Kirche kräftig entgegenwirken kann. Aber der Machtkampf, der 1453 begann, ist noch lange nicht völlig zugunsten der einen oder der anderen Seite entschieden. Noch immer wird der alte Streit sorgfältig gepflegt. Dabei treten die Sowjets, genau wie ihre Vorgänger im Kreml von Moskau, als Nachfolger der griechischen Kaiser von Konstantinopel auf.

Im übrigen fungiert die Hinterlassenschaft Ostroms auch als Kalkül in den Überlegungen der amerikanischen Strategen. Das *Hudson-Institut,* das für die Regierung der Vereinigten Staaten alle möglichen Kriegslagen durchspielt und durchdenkt, erklärte in einer Studie, man müsse bei der Abschätzung des sowjetischen Risikowillens stets bedenken, daß die Russen »byzantinischer Überlieferung entsprechend« den Krieg nicht romantisch oder heroisch, sondern »instrumental« bewerteten. Wie den Kaisern des alten Konstantinopels gelte ihnen die Auseinandersetzung mit der Waffe nur als eine von vielen politischen Möglichkeiten – nicht unbedingt als die einzige, aber auch nicht unbedingt als die verwerflichste. Das oströmische Erbe sei deshalb im Umgang mit ihnen als wichtiger Faktor zu betrachten.

Konstantinopel, heimliche Hauptstadt der Griechen

Abgesehen davon sind die Russen keineswegs die einzigen, die sich als die Erben Ostroms betrachten. Auch die Griechen halten diesen Anspruch bis heute aufrecht. Neben dem Thronsessel des russischen Konsuls, in der St.-Georgs-Kirche von Beirut, der die Schutzmachtstellung Rußlands über die orthodoxen des Nahen Ostens symbolisiert, stand nahezu hundert Jahre lang ein zweiter, der mit dem Wappen des Königs der Hellenen geschmückt ist und der dessen konsularischem Vertreter in der ehemaligen osmanischen Provinz Libanon vorbehalten war.

Im Gegensatz zu den Russen haben die Griechen allerdings nie den Versuch unternommen, das türkisch gewordene Zweite Rom durch ein drittes oder viertes zu ersetzen und etwa Athen zur neuen großgriechischen Hauptstadt auszurufen. Für sie blieb Konstantinopel stets das, was es bis zum Jahr 1453 gewesen war: der Mittelpunkt der hellenischen Welt und ihre heimliche Kapitale. Nicht die Akropolis ist das Nationalheiligtum dieses Volkes, sondern die Hagia Sophia.

Seit dem Jahr 1830, dem Geburtsjahr des Königreiches der Hellenen, haben die Griechen in immer neuen Anläufen den Türken ein Stück des ehemaligen byzantinischen Besitzes auf europäischem Boden nach dem anderen entrissen. 1881 rangen sie ihnen *Thessalien* bis zum Olymp und bis Epirus ab. 1908 holten sie sich *Kreta.* Im *Balkankrieg* (1912/13) fielen ihnen *Saloniki, Jannina,* ein Stück *Mazedoniens* sowie *Thasos, Imbros, Tenedos, Samos* und *Lesbos* zu, und nach dem Ersten Weltkrieg, als das Osmanische Reich zusammengebrochen war, konnten sie für kurze Zeit sogar wieder auf der kleinasiatischen Halbinsel Fuß fassen. *Smyrna* wurde ihnen von den Siegermächten als Mandatsgebiet zuerkannt. Doch *Mustafa Kemal Pascha* (1923–1938), der sich später *Atatürk* nannte, raffte die Reste der osmanischen Armee zusammen und warf ihre Truppen wieder aus dem Land hinaus. Eineinhalb Millionen Griechen, die bis zu diesem Zeitpunkt auf türkischem Gebiet gelebt hatten, mußten für den Invasionsversuch büßen und Kleinasien verlassen. Sie wurden nach Griechenland umgesiedelt, in ein Land, das ihnen fremd war, das sie nicht kannten und nicht als Heimat empfanden.

Tausende anderer Griechen sind jedoch auch damals in der neuen Türkei zurückgeblieben und hielten die Verbindung mit dem Mutterland aufrecht. Ihr Los war nicht beneidenswert. Anders als die Sultane, die nationale Vorurteile kaum gekannt hatten, waren die Gefolgsleute und Nachfolger Atatürks anatolische Nationalisten, zu deren Idealen die ethnische Reinheit des Volkskörpers gehörte. Sie unterwarfen die Griechen einer ganzen Reihe von Repressalien und drückten auch beide Augen zu, wenn fanatisierte Türken, was einige

Male vorkam, griechische Wohnviertel und Läden in Istanbul überfielen, ausplünderten und deren Besitzer entweder umbrachten oder davonjagten.

Indes hatten die Griechen auch nichts getan, die Abneigung und den Haß ihrer türkischen Mitbürger beizeiten zu beschwichtigen. Die meisten von ihnen fühlten sich den Anatoliern überlegen und machten keinen Hehl aus der Verachtung gegenüber diesen meist einfachen Menschen. Sie betrachteten sich nach wie vor als die eigentlichen Besitzer des Bodens und der Städte, vor allem Konstantinopels, und taten dies oft und laut kund.

Der uralte griechisch-türkische Konflikt, der 1964 wieder aufbrach, als der selbstherrliche Erzbischof Makarios von Zypern die türkische Minderheit auf der Insel gewaltsam majorisieren wollte, ist noch immer nicht endgültig beigelegt und droht ständig, einen Krieg zwischen Griechenland und der Türkei zu entfachen. Der streitbare Priester konnte nach Art, Erziehung und Überzeugung als ein Vertreter der byzantinischen Welt gelten, als Türkenhasser und einer derjenigen, die den heimlichen Traum von der Rückeroberung Konstantinopels träumten. Seine Politik war ein letzter irrlichternder Reflex jener großen Auseinandersetzung, die für die Geschichte 1453 zu Ende gegangen ist.

Das gleiche galt für die Reaktion der türkischen Regierung auf den von ihm heraufbeschworenen Konflikt. Mit Wirkung vom 30. April 1966 wiesen sie alle griechischen Bürger aus ihrem Machtbereich aus. Nur diejenigen konnten bleiben, die einen türkischen Paß besaßen. Aber auch ihnen begann bald der Boden unter den Füßen heiß zu werden. Und so dürfte wahrscheinlich erst in unseren Tagen, mehr als 500 Jahre nach dem Einzug Mehmets II. in die Hagia Sophia, die griechische Sprache in Konstantinopel endgültig verstummen.

Ein Türke ist Kaiser von Rom

Von den vielen Stimmen, die ihren Anspruch auf das byzantinische Erbe anmeldeten, wurde von den Europäern eine stets beharrlich ignoriert, die Stimme derjenigen, die das Erbe tatsächlich übernommen haben, der Türken. Sie wurden als die Eroberer verdammt, als asiatische Fremdlinge, als Eindringlinge in einen Besitz, um den man sich, als er noch zu haben oder zu retten gewesen wäre, nie gekümmert hatte. Zu Recht? Keineswegs.

Abgesehen davon nämlich, daß sie die christliche Überlieferung des griechischen Kaiserreiches nicht fortsetzten, waren die Sultane die einzigen, die sich wirklich als Nachfolger der Herren im Magnaurapalast fühlen konnten und gefühlt haben.

Diese Überzeugung aber entsprach nicht etwa nur ihrem Empfinden, sondern auch den damals geltenden Rechtsvorstellungen. Schon der Kreuzfahrerkönig Balduin von Flandern hatte sich, nachdem er in der Hagia Sophia gekrönt worden war, als »König der Könige« und Herr des ganzen Erdkreises gefühlt. Sollte nun ausgerechnet Mehmet, der Konstantinopel nie als Stadt allein, sondern stets als Gefäß der Universalmonarchie begehrt hatte, größere Bescheidung üben, nur weil er den Europäern als Barbar galt? In seinen eigenen Augen war er es ja nicht, zumindest nicht mehr nach jenem 29. Mai, an dem die Stadt in seine Hände gefallen war. Und wenn er es bis dahin noch gewesen sein sollte, ihre Inbesitznahme hatte ihn davon geheilt. Er war jetzt Kaiser der Römer und Herr der Welt, denn, so heißt es in einer Schrift des gelehrten Abenteurers *Georgios Trapezuntios:* »Der ist Kaiser, der mit Fug den Sitz des Kaiserreiches innehat, aber der Sitz des römischen Kaiserreiches ist Konstantinopel.«

Tatsächlich hat sich der Sultan voll und ganz in die Schuhe seiner byzantinischen Vorgänger gestellt, genauer gesagt, in die derjenigen unter ihnen, die noch über eine ähnliche Machtfülle verfügt hatten wie er. Die Republik Venedig, das deutsche Kaiserreich und das Papsttum rückten automatisch zu seinen großen Rivalen auf, denn wenn er das Erbe richtig wahrnehmen wollte, dann durfte er nichts Geringeres ins Auge fassen, als die Wiederherstellung eben des römischen Weltreiches. Er mußte versuchen, die Macht des Heiligen Vaters zu brechen, der bei den Türken »der goldene Apfel« hieß, und alles tun, um den Kaiser, der als »der rote Apfel« figurierte, von seinem Thron zu stoßen.

Zielbewußt sind denn auch er und seine Nachfolger in

immer neuen Vorstößen nach Westen aufgebrochen. Sie dehnten ihr Reich bis an die Stadtgrenze von Wien aus und wurden erst 200 Kilometer östlich von München zum Halten gezwungen.

Nach innen hin aber waren sie Herrscher über einen Vielvölkerstaat, in dem die Christen einigermaßen friedlich neben den Muslimin lebten und in dem eine Toleranz geübt wurde, die dem zeitgenössischen Europa unbekannt blieb. Die Bürger dieses Reiches nannten sich nicht Türken, sondern *Osmanli.* Ihre Sprache war ein künstliches Idiom aus arabischen, persischen, griechischen und turanischen Wörtern. Allein der Bauer auf dem Lande sprach noch das gemeine Türkisch, das denn auch bis in die zwanziger Jahre unseres Jahrhunderts ein unterentwickelter, nicht literaturfähiger Dialekt geblieben ist.

Im Osmanischen Reich verschmolzen Byzantiner und Türken zu einer Rasse, die ebenso viele europäische wie asiatische Züge aufwies und auch negroider Einsprengsel nicht entbehrte. In Anatolien trifft man heute noch auf echte Mohrenfamilien, die Türkisch sprechen und schon seit Generationen im Land ansässig sind.

Die herrschende Schicht aber rekrutierte sich nach wie vor aus den Nachkömmlingen der alten byzantinischen Geschlechter. Sie dienten den Sultanen als Minister und Berater oder ihrer eigenen Wohlfahrt als gerissene Großkaufleute, Bankiers und Reeder. Viele von den Griechen, die 1453 aus Konstantinopel geflohen waren, kehrten ja in den folgenden Jahren wieder zurück, wurden heimisch unter den neuen Herren, reüssierten und trugen mit zur Entwicklung einer Kultur bei, die uns als orientalisch gilt, die aber selbst in ihren Moscheen noch griechische Züge trägt.

Die Idee der Hagia-Sophia-Erbauer etwa ist erst von den Architekten der großen osmanischen Gotteshäuser in Konstantinopel in letzter Konsequenz verwirklicht worden. Schwereloser als die Kuppel der *Süleymaniye,* der schönsten Moschee in der Bosporusstadt, ruht keine andere auf ihren Säulen, und reinere Linien als dort findet man auch an den Bauten des klassischen Hellas nicht.

Übrig blieb Istanbul

Mehmets Traum, Kaiser und Römer zu werden, war also wirklich in Erfüllung gegangen. Er war der Nachfolger von 92 Herrschern, deren nicht mehr als 37 in ihren Betten gestorben waren. Die Stadt, die nun seine Hauptstadt war, hatte 65 Revolutionen erlebt, war 26mal belagert und viermal erobert worden. In ihrer Blütezeit hatte sie sechs Paläste aufzuweisen gehabt, dazu eine ganze Reihe palastartiger Bauten, 4388 Bürgerhäuser, 1352 Brunnen, eine Fülle von Kirchen, Klöstern, Schulen, öffentlichen Gebäuden, Werkstätten, Lagerhäusern, Fabriken und Villen. Sie lag am Schnittpunkt zweier Weltteile und einer der wichtigsten Seestraßen der damaligen Welt. Noch Napoleon I. rief (stark übertreibend) aus: »Wer Konstantinopel besitzt, besitzt die Welt!« Und noch im Ersten Weltkrieg wurde um den Besitz dieser Stadt erbittert gekämpft. Sie zu besitzen, konnte nur eine große Macht sich leisten, aber Mehmet fühlte sich so stark, daß er sogar darauf verzichtete, die Breschen, die seine Kanonen in den thrakischen Wall geschossen hatten, wieder auffüllen zu lassen. Für ihn war Konstantinopel nicht nur ein mühsam errungener und mühsam zu verteidigender Besitz, sondern vor allem der Punkt, an dem er den Hebel ansetzen wollte, um die Welt aus den Angeln zu heben. Beinahe wäre ihm das auch gelungen. Sein Volk gab ihm den Beinamen *Fatih,* der Eroberer. Achtundzwanzig Jahre lang, von 1453 bis 1481, hat er am Bosporus residiert und die Welt in Atem gehalten.

Aber als die osmanische Macht zu zerfallen begann, und das geschah bereits im 18. Jahrhundert, stürzten sich die Rivalen von allen Seiten her auf das türkische Reich, um ihm den kostbarsten Besitz zu entreißen, über den es verfügte: Konstantinopel. Allein mit den Russen, die zu ihrem Erbfeind erwuchsen, haben die Türken in den vergangenen dreihundert Jahren dreizehn Kriege geführt. Die Zaren begehrten die alte Kaiserstadt nicht nur deshalb, weil sie sich als Erben und Rächer des Zweiten Rom betrachteten, sondern mehr noch, weil Bosporus und Dardanellen für sie der einzige Zugang zum Mittelmeer waren und weil Konstantinopel diesen Zugang blockierte.

Der Mechanismus des europäischen Kräftespiels trieb die Türken so allmählich ins westliche Lager. Doch dessen Tore öffneten sich ihnen erst, als sie selbst nicht mehr stark genug waren, eine eigene Rolle in der Weltpolitik zu spielen. Und dann wurden sie erbarmungslos ausgeplündert. Die letzte Großmacht, die sich der Osmanen in Verfolgung eigener Pläne bediente, war das deutsche Kaiserreich. Mit ihm zusammen sind die Erben Mehmets 1918 untergegangen.

1923 wurde Konstantinopel als Hauptstadt entthront und drei Jahre später dazu verpflichtet, den bis dahin inoffiziellen Beinamen *Istanbul* von nun an als seinen offiziellen zu führen.

Heute ist es eine immer noch schöne und immer noch großartige, aber seltsam tote Metropole. Aller Glanz ist von ihm gewichen, staubig die Straßen, verfallen die Paläste. Nur vor dem kupfernen Abendhimmel präsentiert es sich noch als Schattenriß eines ausgeträumten Traumes von Größe und Weltherrschaft – die märchenhafteste Skyline der Welt, orientalischer als Damaskus und doch in Europa gelegen.

ANHANG

Die oströmischen Kaiser

Konstantin d. G., 324–337
Constantius, 337–361
Julian Apostata, 361–363
Jovian, 363–364
Valens, 364–378
Theodosius d. G., 379–395
Arcadius, 395–408
Theodosius II., 408–450
Markian, 450–457
Leo I., 457–474
Leo II., 474
Zeno, 474–475
Basiliskos, 475–476
Zeno (zum 2. Mal), 476–491
Anastasios I., 491–518
Iustin I., 518–527
Justinian I., 527–565
Iustin II., 565–578
Tiberios I., 578–582
Maurikios, 582–602
Phokas, 602–610
Herakleios, 610–641
Konstantin III., 641
Heraklonas, 641
Constans II., 641–668
Konstantin IV., 668–685
Justinian II., 685–695
Leontios, 695–698
Tiberios II., 698–705
Justinian II. (zum 2. Mal), 705–711
Philippiskos, 711–713
Anastasios II., 713–715
Theodosius III., 715–717
Leo III., 717–741
Konstantin V., 741–775
Leo IV., 775–780
Konstantin VI., 780–797
Eirene, 797–802
Nikephoros, 802–811
Staurakios, 811
Michael I., 811–813
Leo V., 813–820
Michael II., 820–829
Theophilos, 829–842
Michael III., 843–867
Basileios I., 867–886
Leo VI., 886–912, zusammen mit
Alexander, 886–913
Konstantin VII. Porphyrogennetos, 912–959, zusammen mit Romanos I. Lakapenos, 919–944

Romanus II., 959–963
Basileios II., 963–1025, zusammen mit
Konstantin VIII., 963–1028
Nikephoros II. Phokas, 963–969
Johannes I. Tzimiskes 969–976
Romanos III., 1028–1034
Michael IV., 1034–1041
Michael V., 1041–1042
Zoë und Theodora, 1042
Konstantin IX., 1042–1055
Theodora (zum 2. Mal), 1055–1056
Michael VI., 1056–1057
Isaak I., Komnenos, 1057–1059
Konstantin X., 1059–1067
Romanus IV., 1067–1071
Michael VII., 1071–1078
Nikephoras III., 1078–1081
Alexios I., 1081–1118
Johannes II., 1118–1143
Manuel I., 1143–1180
Andronikos I., 1183–1185
Isaak II. Angelos, 1185–1195
Alexios III., 1195–1203
Isaak II., zusammen mit Alexios IV., 1203–1204
Alexios V. Murtzuphlos, 1204

Oströmische Herrscher in Nikaia

Theodor I. Laskaris, 1204–1222
Johannes III. Dukas Batatzes, 1222–1254
Theodoros II., 1254–1258
Johannes IV., 1258–1261
Michael VIII. Palaiologos, 1259–1282

Rückeroberung Konstantinopels

Michael VIII., 1261–1282
Andronikos II., 1282–1328, zusammen mit
Michael IX., 1293–1320
Andronikos III., 1328–1341
Johannes V., 1341–1376
Johannes VI., 1347–1355
Andronikos VI., 1376–1379
Johannes V., 1379–1391 (zum 2. Mal)
Johannes VII., 1390
Manuel II., 1391–1425
Johannes VIII., 1425–1448
Konstantin XI., 1449–1453

LITERATURVERZEICHNIS

Altheim, Franz: »*Gesicht vom Abend und Morgen*«, Frankfurt 1954

Altheim, Franz: »*Reich gegen Mitternacht*«, Hamburg 1955

Altheim, Franz: »*Zarathustra und Alexander*«, Frankfurt 1960

Altheim, Franz: »*Der unbesiegte Gott*«, Hamburg 1957

Aschlik-Pascha-Sohn: »*Vom Hirtenzelt zur Hohen Pforte*«, dt. von Richard Kreutel, Graz 1959

Babinger, Franz: »*Mehmed, der Eroberer*«, München 1953

Barthold, Wilhelm: »*Zwölf Vorlesungen über die Geschichte der Türken Mittelasiens*«, Darmstadt 1962

Baynes, Norman H. and Moss, Henry St. L. B.: »*Byzantium*«, Oxford 1961

Beylié, L. de: »*L'habitation byzantine*«, Grenoble 1902

Bidez, Joseph: »*Kaiser Julian*«, Hamburg 1956

Burckhardt, Jacob: »*Die Zeit Constantins des Großen*«, Darmstadt 1955

Carcopino, Jerôme: »*Das Alltagsleben im alten Rom*«, Wiesbaden 1949

Chalkokondyles, Laonikos: »*Geschichtswerk des Laonikos Chalkokondyles*«, dt. von Günther Stökl, Graz 1954

Choniates, Niketas: »*Die Krone der Komnenen*«, dt. von Franz Grabler, Graz 1958

Choniates, Niketas: »*Abenteurer auf dem Kaiserthron*«, dt. von Franz Grabler, Graz 1958

Chrysoloras, Manuel: »*Zwei Briefe*«, dt. von Günther Stökl, Graz 1954

Clement, Clara Erskine: »*The City of the Sultans*«, Boston 1895

Dawson, Christopher: *»The Making of Europe«*, London 1934
Diakonos, Leon: *»Nikephoros Phokas und Johannes Tzimiskes«, dt. von Franz Loretto, Graz 1961*
Diehl, Charles: *»Histoire de l'empire byzantine«*, Paris 1919
Diehl, Charles: *»Constantinople«*, Paris 1923
Dirimtekin, Feridun: *»Saint Sophia Museum«*, Istanbul 1964
Dittmar, Heinrich: *»Der Kampf der Kathedralen«*, Düsseldorf 1964
Dölger, Franz: *»Beiträge zur Geschichte der byzantinischen Finanzverwaltung«*, Stuttgart 1927
Durant, Will: *»The Story of Civilization«*, Band 3, New York 1944
Eusebius: *»Kirchengeschichte«, 1902*
Fallmerayer, Jacob Philipp: *»Geschichte des Kaiserthums von Trapezunt«*, München 1827
Foerster, Rolf Hellmut (Herausg.): *»Die Idee Europa«*, München 1963
Friedell, Egon: *»Kulturgeschichte der Neuzeit«*, Band 3, München 1928
Gibbon, Edward: *»The Decline and Fall of the Roman Empire«*, London 1788
Gerland, Ernst: *»Geschichte des Lateinischen Kaiserreichs von Konstantinopel«*, Homburg v.d.H. 1905
Goethe, Johann Wolfgang: *»Der West-östliche Divan«*, München 1961
Guerdan, René: *»Vie, grandeur et misères de Byzance«*, Paris 1954
Haller, Johannes: *»Das Papsttum, Idee und Wirklichkeit«*, Band I, Urach 1950
Hammer-Purgstall, Joseph Frhr. von: *»Geschichte des Osmanischen Reiches«*, 4 Bände, Wien 1836
Heer, Friedrich: *»Europäische Geistesgeschichte«*, Stuttgart 1953
Herodot: *»Neun Bücher der Geschichte«*, 2 Bände, Leipzig 1911
Hiltebrandt, Philipp: *»Der Kampf ums Mittelmeer«*, Stuttgart 1953

Jedin, Hubert: »*Kleine Konzilsgeschichte*«, Freiburg 1959
Kekaumenos: »*Vademecum des byzantinischen Aristokraten*«, dt. von Hans-Georg Beck, Graz 1956
Kremer, Alfred von: »*Geschichte der herrschenden Ideen des Islam*«, Leipzig 1868
Kühner, Hans: »*Neues Papstlexikon*«, Frankfurt 1956
Langewiesche, Marianne: »*Venedig*«, Hamburg 1962
Langewiesche, Marianne: »*Ravenna*«, Hamburg 1964
Lindsay, Jack: »*Byzantium into Europe*«, London
Loewenich, Walther von: »*Geschichte der Kirche*«, Band I, Witten 1948
Mommsen, Theodor: »*Römische Geschichte*«, Leipzig 1856
Muller, Herbert J.: »*The Loom of History*«, New York 1961
Neschri, Mehmet: »*Geschichte der Osmanen*«, dt. von Theodor Menzel, Leipzig 1951
Ohnsorge, Werner: »*Abendland und Byzanz*«, Darmstadt 1963
Pernoud, Régine: »*Les Croisades*«, Paris 1960
Peters, Richard: »*Geschichte der Türken*«, Stuttgart 1961
Pettazzoni, Raffaele: »*L'omniscienza di Dio*«, Turin 1957
Peuckert, Will-Erich: »*Die große Wende*«, Hamburg 1948
Pirenne, Henri: »*Mahomet et Charlemagne*«, Paris 1963
Prokopius: »*Gotenkrieg*«, Leipzig 1923
Prokopius: »*Historia Arcana*«, Rom 1911
Radakrishnan, Sarwapalli: »*East and West: Some Reflections*«, London 1955
Ranke-Graves, Robert von: »*Griechische Mythologie*«, 2 Bde., Hamburg 1955
Réville, Jean: »*La réligion à Rome sous les Sévères*« , Paris 1886
Rostovtzeff, M.: »*The Social and Economic History of the Hellenistic World*«, Oxford 1941
Runciman, Steven: »*The Fall of Constantinople*«, Cambridge 1965
Sarton, George: »*A History of Science*«, Oxford 1953
Schachermeyr, Fritz: »*Die ältesten Kulturen Griechenlands*«, Wien 1955

Schaeder, Hildegard: *»Moskau, das Dritte Rom«*, Wiesbaden 1957

Schiller, Friedrich: *»Vorlesungen«*, Jena 1767

Spengler, Oswald: *»Der Untergang des Abendlandes«*, München 1923

Sphrantzes, Georgios: *»Die letzten Tage von Konstantinopel«*, dt. von Endre von Ivánka, Graz 1954

Spittler, Ludwig Timotheus von: *»Grundriß der Geschichte der christlichen Kirche«*, Reutlingen 1814

Stace, Walter T.: *»The Teachings of the Mystics«*, New York 1960

Stark, Freya: *»Alexander's Path«*, London 1958

Strabo: *»Geographika«*, 4 Bände, 1834

Sueton: *»De Vita Caesarum«*, Leipzig 1924

Tarn, William: *»Hellenistic Civilization«*, London 1927

Theophanes: *»Bilderstreit und Arabersturm in Byzanz«*, dt. von Leopold Breyer, Graz 1957

Thiess, Frank: *»Das Reich der Dämonen«*, Wien 1941

Thiess, Frank: *»Die Griechischen Kaiser«*, Wien 1959

Thukydides: *»Geschichte des Peloponnesischen Krieges«*, dt. von Joseph Feix, München 1959

Toutain, Jules: *»The Economic Life of the Ancient World«*, London 1930

Toynbee, Arnold J.: *»Greek Civilization and Character«*, New York 1953

Treitinger, Otto: *»Die oströmische Kaiser- und Reichsidee«*, Jena 1938

Tschizewskij, Dimitrij: *»Das heilige Rußland«*, Hamburg 1959

Waas, Alfred: *»Geschichte der Kreuzzüge«*, Freiburg 1956

Wucher, Albert: *»Kleine Papstgeschichte«*, Frankfurt 1957

Young, Georges: *»Constantinople«*, Paris 1934

Zbinden, Hans und Asad, Muhammad (Herausg.): *»Islam und Abendland«*, Olten 1960

Zemb, J.-M.: *»Aristoteles«*, Hamburg 1961

Register

INHALTSVERZEICHNIS

Hans Dieter Stöver
Die Römer

Taktiker der Macht.
464 Seiten, 19 Abbildungen, 19 Karten, gebunden.

E. E. Vardiman
Nomaden

Schöpfer einer neuen Kultur im Vorderen Orient.
480 Seiten, 24 Seiten Bildteil, zahlreiche Zeichnungen und Vignetten, gebunden.

Carl W. Weber
Athen

Aufstieg und Größe des antiken Stadtstaates.
368 Seiten, 16 Seiten Abbildungen, gebunden.

Carl W. Weber
Die Spartaner

Enthüllung einer Legende.
448 Seiten, 16 Seiten Bildteil, gebunden.

Dieter Zimmerling
Die Hanse

Handelsmacht im Zeichen der Kogge.
400 Seiten, 22 Abbildungen, gebunden.